Rolf Lamprecht

Ich gehe bis nach Karlsruhe

Rolf Lamprecht

Ich gehe bis nach Karlsruhe

Eine Geschichte des Bundesverfassungsgerichts

Deutsche Verlags-Anstalt

FSC
www.fsc.org
MIX
Papier aus verantwortungsvollen Quellen
FSC® C014496

Das für dieses Buch verwendete FSC®-zertifizierte Papier
Munken Premium Cream liefert Arctic Paper Munkedals AB, Schweden.

1. Auflage

Typographie und Satz: DVA/Brigitte Müller
Gesetzt aus der Minion
Druck und Bindung: GGP Media GmbH, Pößneck
Printed in Germany
ISBN 978-3-421-04515-7

www.dva.de

Inhalt

EINFÜHRUNG

Wie Recht entsteht – und Recht vergeht

Umlernen ist mühsamer als lernen. Das macht jeder Wandel im Recht deutlich. Die Alten können sich an das Neue nur schwer gewöhnen, die Jungen wachsen damit heran. Sie verinnerlichen schnell, was jeweils gilt. Eine Frau behält heutzutage, wenn sie will, nach der Heirat ihren Mädchennamen; ein unehelicher Vater kann, wie einst nur der eheliche, das Sorgerecht für sein Kind beanspruchen; der Homosexuelle darf, früher undenkbar, mit seinem Partner eine (Quasi-)Ehe schließen.

Was der Zeitgenosse hier und heute wahrnimmt, ist eine Momentaufnahme des Rechts, Teil einer fortschreitenden Entwicklung, die 1951 in Karlsruhe begonnen hat. Seitdem wird das Grundgesetz, das letztlich nur aus toten Buchstaben besteht, Tag für Tag mit Leben erfüllt – von den Richtern des Bundesverfassungsgerichts. Als sie mit dieser Mammutaufgabe anfingen, glich die Nation einem weißen Blatt, das bereitlag, beschrieben zu werden. Eine einmalige Chance. Ein Blick zurück verdeutlicht, wie und warum ihre Spruchpraxis Deutschlands Menschen verändert hat; nicht auf einen Schlag, sondern von Fall zu Fall, nicht alle Zeitgenossen auf einmal, oft erst deren Kinder und Kindeskinder.

Die Generation, die das Entstehen des Grundgesetzes und die Gründung des Bundesverfassungsgerichts bewusst erlebte, musste viele Erinnerungen an die Zeit der Rechtlosigkeit abbauen, Schicht um Schicht. So lebte die Furcht vor den Männern im schwarzen Ledermantel, die nachts »Staatsfeinde« aus dem Bett holten und ins KZ verschleppten, in versteckter Form weiter, als schwarzer Humor. Frage: »Was ist Demokratie?« Antwort: »Wenn es morgens klingelt – und es ist nur der Milchmann.«

Mit der neuen Verfassung kam der Rechtsstaat, wie er heute existiert, nicht etwa über Nacht. Für Frauen blieb der Satz »gleicher

Lohn für gleiche Arbeit« eine unerreichbare Utopie. Jede, die heiratete, musste den Namen ihres Mannes annehmen. In der Familie war er nach wie vor »Herr im Haus«, das Bürgerliche Gesetzbuch (BGB) räumte ihm einen »Stichentscheid« ein und bestimmte: »Die Vertretung des Kindes steht dem Vater zu.«

Wer demonstrieren wollte, wurde nach Möglichkeit vom Zentrum ferngehalten und auf die grüne Wiese am Stadtrand verbannt. Die Freizügigkeit war beschränkt, der Wohnraum bewirtschaftet, die Berufsausübung reglementiert. Schulen und Hochschulen bestanden darauf: Prüfungsentscheidungen sind nicht anfechtbar. Uneheliche Kinder warteten Jahrzehnte auf ihre Gleichstellung. Homosexuellen drohten Diskriminierung, Erpressung und Gefängnis. Eltern, die volljährigen Kindern die Übernachtung mit einem Partner des anderen Geschlechts unter ihrem Dach erlaubten, wurden wegen schwerer Kuppelei bestraft. Kritiker der Rechtsmoral spotteten: Der Abtreibungsversuch mit Zuckerwasser an einer nicht schwangeren Frau ist strafbar.

Das demokratische Alphabet buchstabieren lernen

Dieses Panorama ließe sich beliebig erweitern. Doch die Impressionen mögen genügen, um zu illustrieren, dass die Bundesrepublik in ihren Anfangsjahren, juristisch gesehen, über das Stadium eines Entwicklungslandes kaum hinauskam. Die Republik war wie eine Klasse von Abc-Schützen, die das demokratische Alphabet buchstabieren lernte, etwa, was die Grundrechte für jeden Einzelnen bedeuten. Auch Richter und Beamte brauchten Zeit, um zu begreifen, dass sich die Prioritäten, die sie aus dem Studium kannten, total verändert hatten. Die Verfassung hatte Vorrang, das einfache Recht kam erst danach.

Karlsruhe, die »Residenz des Rechts«, war der Ort, an dem Rechtsadressaten und Rechtsanwender das Studium der neuen Lehre absolvierten. Das Verfassungsgericht bezog seine unbestrittene Autorität letztlich nicht nur aus der Kompetenz, Machtfragen zu entscheiden, sondern vor allem aus der Kraft des Wortes.

Unversehens war dem Gericht damit eine weitere Funktion zugewachsen: Seine Urteile wurden, mithilfe der Medien, zugleich als Lektion in Staatsbürgerkunde verstanden.

Die Richter waren nicht nur Zuhörer, sondern auch Gestalter. Ihr Haus stand von Anfang an im Zentrum von Aktion und Reaktion. Es produzierte Nachrichten und provozierte Widerspruch. Es zog Grenzen und eröffnete Perspektiven. Es holte den Bürger aus der Nische der Sprachlosigkeit und brachte vorwitzige Politiker zum Schweigen.

Minderheiten schützen, Machtmissbrauch verhindern!

Dabei wurden die Grundprinzipien, die der Verfassungsidee zugrunde liegen, für jedermann sichtbar: Eine gewählte Mehrheit regiert auf Zeit, ihr Kanzler bestimmt die Richtlinien der Politik. Für Gegenkontrolle sorgt ein System von »checks and balances«, das jedem Übermut die Spitze nehmen soll. Den Verfassungsrichtern ist die Aufgabe zugewiesen, Minderheiten zu schützen und Machtmissbrauch zu verhindern.

Sie tun das auf vielfältige Weise. Ein Glanzlicht ihrer Rechtsprechung ist »das Prinzip der Verhältnismäßigkeit«. Es hat, so die Karlsruher Botschaft, selbst »verfassungsrechtlichen Rang«. Tatsächlich leben die Grundrechte, Gebote wie Verbote, von ihrem Bekenntnis zum rechten Maß – und nach einem Verhaltenskodex, den das Gericht entwickelt hat. Er besagt: Staatsdiener müssen, bevor sie »einschreiten«, drei Fragen beantworten: Ist der Eingriff geeignet? Ist er erforderlich? Ist er angemessen? Mit derselben Strenge haben sie anderen Regeln Respekt verschafft: dem »Gleichheitssatz«, der verlangt, dass die Obrigkeit nicht mit zweierlei Maß misst, und dem Anspruch auf »rechtliches Gehör«, der voraussetzt, dass die Staatsdiener dem Bürger zuhören.

Diese kontinuierliche Pflege der Grundrechte steht in Karlsruhe auf der Habenseite; sie gehört zu den Kulturleistungen der Nachkriegsepoche. Wenn Bürger das Gefühl haben, es lohne sich, in diesem Staat zu leben, dann meinen sie auch jene Freiheiten, die sie der Obrigkeit mithilfe des Gerichts abgetrotzt haben. Dabei haben sie gelernt, dass selbst eine freiheitliche Gesellschaft nichts freiwillig hergibt.

Nun wissen sie ziemlich genau, was sie verlangen dürfen und was sie hinnehmen müssen; wo ihre Privatsphäre beginnt und wo sie endet; wann sie sich als Individuum begreifen dürfen und wann sie Teil des Gemeinwesens sind; was »informationelle Selbstbestimmung« auf Deutsch bedeutet; wieweit ihre Grundrechte auf Gewissens- und Meinungsfreiheit oder auf Demonstrations- und Vereinigungsfreiheit reichen; und schließlich, wo die Grenzen zwischen der Eigen- und der Gemeinnützigkeit von Eigentum verlaufen.

»Vater Staat« in die Schranken fordern

Die Summe dieser Lektionen animierte im Laufe der Jahre immer mehr Bürger, selbst Verfassungsbeschwerde einzulegen. Das war 1951, im Gründungsjahr des Gerichts, noch ein kühnes Unterfangen – und ist heute eine schiere Selbstverständlichkeit. Der Weg ist mit Steinen gepflastert. Nur wenige gehen in Karlsruhe als Sieger nach Hause. Doch das tat der Beliebtheit des Gerichts keinen Abbruch. Unter dem Strich zählte letztlich nicht der momentane Prozesserfolg oder -misserfolg, sondern allein die Existenz eines obersten nationalen Schiedsgerichts. Die Tatsache, dass es da war, nahm vielen das Gefühl der Verlorenheit und versöhnte mit allen Enttäuschungen.

Wer die Möglichkeit der Verfassungsbeschwerde kannte und notfalls auch wahrnahm, musste sich nicht länger als Untertan begreifen. Die Landeskinder durften Vater Staat in die Schranken fordern. Auch Irrationales spielte mit. Wer keinen Ausweg mehr sah, klammerte sich an diesen letzten Strohhalm. Für ihn bekam der Gang nach Karlsruhe eine ähnliche Bedeutung wie die Pilgerfahrt eines Gläubigen. Eine Quelle dieses grenzenlosen Vertrauens waren Emotionen, doch die sollten in einer Demokratie, die auf Pathos verzichtet und sich mit Plebisziten schwertut, nicht unterschätzt werden. Sie sind das Unterfutter eines lebendigen Staates.

Eines Staates, der ohne das Bundesverfassungsgericht nicht mehr denkbar ist. Was es für die Republik und ihre Bürger bedeutet, hatte der berühmte Staatsrechtler Rudolf Smend schon 1962 in einem Satz zusammengefasst: »Das Grundgesetz gilt nunmehr praktisch so, wie das Bundesverfassungsgericht es auslegt.«[1]

Neun Präsidenten spiegeln die Geschichte des Angesichts

Das besagte Gericht hat ein Gesicht: Es ist das seines Präsidenten. Er allein tritt regelmäßig aus der Anonymität des »Spruchkörpers« hervor. Bei Staatsakten sitzt er, neben den Präsidenten des Bundestages und des Bundesrates, in der ersten Reihe. Wenn das Gericht attackiert wird, ist er sein berufener Verteidiger. Was er sagt, findet Gehör. Er ist die am deutlichsten vernehmbare Stimme der »Weisen von Karlsruhe«, ihr Wortführer. Ernst Benda, Roman Herzog, Jutta Limbach und Hans-Jürgen Papier haben die Bedeutung der Kontrollinstanz ins öffentliche Bewusstsein gerückt. Seit 2010 tut das Andreas Voßkuhle.

Präsidenten wie sie sind Leitfiguren des Verfassungsorgans, das sich von anderen, etwa dem Bundestag oder dem Bundesrat, in einem wesentlichen Punkt unterscheidet. Während diese für eng begrenzte Zeiten (vier oder fünf Jahre) amtieren, gibt es vergleichbare zeitliche Zäsuren beim höchsten Gericht nicht. Die Geschichte der »letzten Instanz« unterteilt sich in die unterschiedlich langen Amtsperioden seiner neun Präsidenten.

In jeder dieser Gezeiten gab es Höhepunkte – Urteile und Denkanstöße, die Deutschlands Bürger elektrisierten und Deutschlands Politiker frustrierten. Verhandelt wurden Kontroversen, die jeden Einzelnen angingen: Wiederbewaffnung, deutsche Einheit, Einführung des Euro. Manches Thema spaltete die Nation in zwei Lager: etwa die Frage, ob Abtreibung erlaubt oder bestraft werden soll. Politische Reizthemen heizten Emotionen an: Telefonüberwachung, Kruzifix im Klassenzimmer, »Soldaten sind Mörder«.

Unter jedem Präsidenten, unabhängig von Amtsperioden, tauchte – in Variationen – eine alte Frage immer wieder von

Neuem auf: Müssen die Bürger, wie Liberale meinen, vor dem Staat geschützt werden? Oder der Staat, wie Konservative verlangen, vor seinen Bürgern?

Bei der Urteilsberatung haben Präsidenten nur eine Stimme. Doch nach außen verkörpern sie das Selbstverständnis des Gerichts, die Bindungswirkung seiner Urteile und die Kraft seiner Worte. Nach innen sind sie Erste unter Gleichen – und müssen diesen Rang verteidigen: gegen Kollegen, die ihnen womöglich intellektuell und rhetorisch überlegen sind. Ihre Wahl war nie Bestenauslese. Sie hing von der Tagesform weniger »Obleute« ab, die eine Zweidrittel-Mehrheit für ihren Kandidaten zusammenbringen mussten; er durfte nicht zu weit links und nicht zu weit rechts stehen.

Der Zwang zum Kompromiss war nicht von Schaden. Alle, die am Ende gewählt wurden, wuchsen mit ihrem Amt – und machten eine gute Figur. Keiner glich dem anderen. Doch wes Geistes Kind einer war, spielte für das Binnenklima eine ebenso große Rolle wie für die Außenansicht. In der Person jedes Einzelnen spiegelten sich die Höhenflüge des Gerichts, aber auch manche Talfahrt. Hier verzeichnen die Annalen Irrungen und Verwirrungen, die dem Hohen Haus nicht zum Ruhm gereichen. Alle Präsidenten (einer nach dem anderen) taugen daher als Medium und eignen sich als illustrative Begleiter beim Gang durch die Geschichte des Gerichts: neun Präsidenten, neun Kapitel.

1

Geburtswehen und Pionierzeiten

Die Gründerväter richten sich in Karlsruhe ein

Die Präsidentschaft von Hermann Höpker-Aschoff
1951–1954

Der Glaspalast im Karlsruher »Schlossbezirk« wurde am 7. Juli 2001 zum Schauplatz einer kleinen Sensation. Das Bundesverfassungsgericht feierte sein 50-jähriges Bestehen. Jutta Limbach, die Präsidentin, hatte zu einem »Bürgerfest« eingeladen. Dem Ruf folgten, womit keiner gerechnet hatte, 20 000 Besucher. Nur aus der Region. Interessierte Bürger strömten durch die Beratungszimmer, bevölkerten den Plenarsaal, kamen mit den »Roten Roben« ins Gespräch. Es war eine Begegnung, die den Satz von der Volksfremdheit des Rechts und der Rechtsfremdheit des Volkes widerlegte – zumindest für ein paar Stunden.

Tatsächlich wirkte der Besucheransturm wie eine Abstimmung mit den Füßen. Unversehens war die Prestigeskala der Demoskopen, auf der das Gericht seit Jahrzehnten obenan steht, greifbare Wirklichkeit geworden. Jeder konnte sich durch Augenschein, auch am Bildschirm, davon überzeugen: Hinter den abstrakten Umfragewerten stehen konkrete Menschen. Diese Manifestation der Sympathie verdient deshalb Erwähnung, weil eine solche Solidarität zwischen Rechtsspendern und Rechtsempfängern nicht nur hierzulande Seltenheitswert hat. Der Tag der offenen Tür bestätigte einen soziologischen Befund: Karlsruhe ist ein Zufluchtsort der Deutschen; sie suchen und finden dort Schutz vor der All-

Politisches Umfeld
1949–1953: 1. Bundestag
Bundeskanzler: Konrad Adenauer (CDU)
Vizekanzler: Franz Blücher (FDP)
Koalition: CDU/CSU, FDP, DP

macht des Staates. Das Entstehen dieses Vertrauens und die wechselvolle Geschichte des Gerichts sind eng miteinander verwoben.

Die Popularität entstand schon in den Gründerzeiten. Da war sie an den Zeitungskiosken zu besichtigen. Am 11. Februar 1953 lachte der erste Gerichtspräsident von der Titelseite des »Spiegel«.[1] Herausgeber Rudolf Augstein schrieb, die Leser hätten sich bei einer Umfrage Hermann Höpker-Aschoff als Titelhelden gewünscht. Warum? Der grauhaarige Jurist war Chef des Gerichts, das über die umstrittene deutsche Wiederbewaffnung entscheiden sollte. Das Thema wühlte die Deutschen auf. Sie hatten nach dem Zusammenbruch von 1945, als sie vor den Gräbern von ein paar Millionen Toten und vor den Trümmern ihrer Städte standen, aus tiefem Herzen geschworen: »Nie wieder Krieg!« Die spannende Frage war, ob der Schwur noch galt. Regierende, die ihn vergessen wollten, mussten sich – das war neu – für ihr Tun verantworten: Es gab nun eine Instanz, die das »letzte Wort« hatte.

Räumliche Distanz zur Macht

Von diesem Zeitpunkt an war klar: Das Bundesverfassungsgericht würde eine gewichtige Rolle im Parallelogramm der politischen Kräfte spielen. Wie sehr, sollte sich im Laufe der Zeit herausstellen – mit jedem Urteil, das der politischen Klasse wehtat. Die Regierenden konnten auf ihre Kontrolleure nur einmal Einfluss nehmen, bei der Wahl des Präsidenten und der Richter. Danach waren die Gewählten in ihrem Urteil unabhängig, und sie machten von dieser Freiheit eifrig Gebrauch: indem sie ohne Rücksicht auf die Wünsche der Machthaber urteilten, oft zur Enttäuschung jener, die sie einst nominiert hatten. Bei der ersten Wahl ahnten sie noch nichts von dieser Dynamik. Höpker-Aschoff wurde von den Obleuten der CDU und SPD ins hohe Amts gehievt, weil sie ihn aus dem »Parlamentarischen Rat« kannten. So pragmatisch wie seine Kür war auch die Auswahl Karlsruhes als Sitz des Gerichts.

Für das badische Städtchen, die letzte Station seines Lebens, empfand Höpker-Aschoff wenig Sympathie. Das verrät ein Brief, den er an den Bundespräsidenten und an den Bundeskanzler schrieb. Er beklagte sich bei Theodor Heuss (FDP) und Konrad Adenauer (CDU) darüber, dass »der Gesetzgeber das Bundesverfassungsgericht in die dörfliche Einsamkeit einer ehemaligen Residenzstadt verbannt hat«.[2] Offenbar trauerte er den Zeiten nach, die er als Vollblutpolitiker in den Zentren der Macht verbrachte hatte. Letztlich ging es aber nicht nur um sein persönliches Befinden, sondern auch um Grundsätzliches – um eine Frage, auf die es seit damals immer wieder geteilte Antworten gegeben hat: Ob das Gericht die anderen Gewalten im Staat besser aus der Nähe oder besser aus der Ferne kontrolliert.

»Ich gehe bis nach Karlsruhe«

Die Spitze der Dritten Gewalt nicht am Sitz der Regierung anzusiedeln, hatte in Deutschland Tradition. Otto von Bismarck wollte das Reichsgericht in Berlin installieren, konnte diesen Wunsch aber in den parlamentarischen Gremien nicht durchsetzen. Die Abgeordneten hielten eine räumliche Distanz zur Hauptstadt für vernünftiger, sie entschieden sich mehrheitlich für Leipzig. Aus ähnlichen Gründen stand Bonn von Anfang an nicht zur Debatte, Konrad Adenauer plädierte für seinen Geburtsort Köln, ebenfalls ohne Erfolg. Viele Städte bewarben sich, zuletzt kamen noch drei in die engere Wahl, Karlsruhe überflügelte Kassel und Braunschweig.

Damals konnte keiner ahnen, dass Stadt und Gericht dereinst zu einer Einheit verschmelzen würden. Der selbstbewusste Satz »Ich gehe bis nach Karlsruhe« wurde zum geflügelten Wort der mündig gewordenen Bundesbürger. Und wenn die Medien titelten »Karlsruhe hat entschieden«, wusste jeder, wer gemeint war. Doch diese Zukunft lag noch in weiter Ferne. Hermann Höpker-Aschoff kannte nur die graue Gegenwart, er musste sich in das Unvermeidliche fügen. Seit dem 7. September 1951 amtierte er in einem Erkerzimmer des »Prinz-Max-Palais« zu Karlsruhe. Das war der vorläufige Dienstsitz des höchsten deutschen Gerichts, von Anfang an zu eng und zu klein – das Provisorium sollte 18 Jahre dauern.

Als Höpker-Aschoff sein hohes Amt antrat, war er 68, ein Kind des vorangegangenen Jahrhunderts. Die wechselvolle deutsche Geschichte hatte ihn geprägt: Kaiserreich, Erster Weltkrieg, Weimarer Republik, Hitler-Diktatur, Zweiter Weltkrieg, Zusammenbruch, Besatzung – und nun Neuanfang unter dem Dach des Grundgesetzes. Dieses Trommelfeuer an Herausforderungen konnte nur überstehen, wer sich nicht unterkriegen ließ, wer imstande war, Neues anzunehmen, ohne sich dabei zu verbiegen.

Ein typischer Jurist seiner Generation

Lebensläufe waren daher mit den üblichen Kriterien nicht zu messen. Auch die Vita Höpker-Aschoffs verlief anders, als sie ursprünglich vorgezeichnet schien. Anfangs war er nichts weiter als ein typischer Jurist seiner Generation. Er trat als Student einer schlagenden Verbindung bei, der Jenenser Burschenschaft »Arminia auf dem Burgkeller«, in seinem dritten Semester fungierte er sogar als ihr Sprecher. Sechzehnmal stand er in Bestimmungszensuren auf dem Paukboden: »Ich habe gern gefochten.«[3] Von dieser Sturm-und-Drang-Periode zeugten drei markante Schmisse auf Wange und Kinn. Im Ersten Weltkrieg stand er vom ersten bis zum letzten Tag an der Westfront, an der Somme und in Flandern, zuletzt als Hauptmann und Batteriechef, ausgezeichnet mit den »Eisernen Kreuzen« beider Klassen.

Biografien wie die seine führten damals eher ins rechte Spektrum der Politik (viele endeten in Hitlers NSDAP). Doch Höpker-Aschoff, von der »als schmählich empfundenen Abdankung« des deutschen Kaisers enttäuscht, suchte nach der Demobilisierung Anschluss im anderen Lager, bei der »Deutschen Demokratischen Partei« (DDP), bei den Liberalen. Ihn faszinierten zwei Denker dieser Schule, Friedrich Naumann und Max Weber. Beide propagierten ein sozial-fortschrittliches liberales Bürgertum. Zunächst amtierte der Kriegsheimkehrer als Oberlandesgerichtsrat in

Hamm. Doch schon 1921 wurde er als Abgeordneter Süd-Westfalens in den Preußischen Landtag gewählt.

Dort hatte er bis 1931 Sitz und Stimme. Sechs Jahre dieser Zeit verbrachte er als preußischer Finanzminister im Kabinett des Sozialdemokraten Otto Braun. Von 1930 bis 1932 vertrat er seinen Wahlkreis auch im Deutschen Reichstag. Dort freundete er sich mit dem späteren Bundespräsidenten Theodor Heuss an. Nachdem Hitler an die Macht gekommen war, tauchten beide in einer Nische unter; sie arbeiteten für Friedrich Naumanns Zeitschrift »Die Hilfe«, in der zwischen 1933 und 1936 noch liberale Publizisten zu Wort kamen. 1940 wurde Höpker-Aschoff von den Nazis dienstverpflichtet – als Chefjurist bei der »Haupttreuhandstelle Ost«, einer Dienststelle, die für die Beschlagnahme und Verwaltung privater polnischer Vermögenswerte zuständig war.

Der »Kommodore«

Eine undankbare Aufgabe. Gab es keine Möglichkeit, sich ihr zu entziehen? Wenn nein: Wie hat er sie erledigt – widerwillig oder pflichteifrig? Für die britischen Besatzer war die Polen-Episode jedenfalls Grund genug, 1946 seine Berufung zum Finanzminister in Nordrhein-Westfalen zu blockieren. 1948 wurde er Mitglied im Parlamentarischen Rat. Dort prägte er maßgeblich die Finanzverfassung des Grundgesetzes. Die Bundesbank verdankt ihm ihre Unabhängigkeit. Im ersten Deutschen Bundestag fungierte er als Vorsitzender des Finanzausschusses bis 1951, bis zu seiner Wahl ins Bundesverfassungsgericht.

Der erste Präsident des Gerichts, von seinen Mitarbeitern »Kommodore« genannt, wurde ein begehrter Interviewpartner. Er habe sich, schreibt ein journalistischer Besucher, »etwas Jungenhaftes bewahrt«.[4] Turnen, Fechten und Bergsteigen hätten ihm »jene Frische erhalten«, die ihn neben jedem »dreißigjährigen Sportsmann äußerlich noch bestehen lässt«. Dem Beobachter fiel die »lässige Eleganz« seiner Kleidung auf und das »kräftige, an den noch dicht bewachsenen Schläfen stärker ergraute Haar«.

Bei allem, was über den Rechtspolitiker bekannt ist, dürfte auch die weitere Einschätzung nicht falsch gewesen sein: Er sei ein Mann, »der nicht intellektuell brilliert, aber Verstand, Temperament, Charakter, Gefühl und Körper unter gleichmäßiger Kontrolle halten kann«.

So wohlwollend sahen ihn nicht alle. Die Föderalisten nahmen ihm seine Optionen für eine stärkere Bundesgewalt übel. Walter von Cube, Kommentator des Bayerischen Rundfunks, nannte ihn deshalb im März 1949 den »bösen Geist von Bonn«. Die Bayern waren auch die Einzigen, die bei seiner Wahl zum Gerichtspräsidenten nicht für ihn stimmten. Der »Geist von München« mochte offenbar das »Preußische« an Höpker-Aschoff nicht. Wohl auch nicht das Evangelische. Einer, der »die protestantische Selbstverantwortung vor dem eigenen Gewissen« seine ethische Maxime nannte, blieb vielen orthodoxen Katholiken fremd.

Was er, der erste Präsident, in die anspruchvolle neue Institution mitgebracht hatte, waren – kein Wunder bei seiner Biografie – viele althergebrachte Vorurteile. An die Demokratie tastete er sich nur vorsichtig heran: »Sie ist eine Frage der Person. Die demokratische Diktatur ist leider noch nicht erfunden.« Die Vielfalt der deutschen Rechtswege erregte sein Missfallen – »das ist des Guten ein bisschen zu viel«. Selbst an das Grundgesetz ging er mit kühler Distanz heran: Es sei »eine brauchbare Grundlage für eine künftige Nationalverfassung«.[5]

Machtkampf zwischen Bonn und Karlsruhe

Brauchbar oder nicht – Höpker-Aschoff musste mit der vorläufigen Verfassung arbeiten. Dabei kamen ihm die Erfahrungen zugute, die er als Politiker in vier deutschen Reichen hatte sammeln können. Als er im Februar 1953 dem »Spiegel« Rede und Antwort stand, war die erste Schlacht, die ihm ausgerechnet seine politischen Freunde in Bonn aufgezwungen hatten, in vollem Gange. Es zeigte sich: Auch Liberale wie der Bundesjustizminister

Thomas Dehler (FDP) waren gegen die Versuchung, Macht gegen Recht auszuspielen, keineswegs gefeit.

Der Eklat, der sich da anbahnte, lief langsam an, um sich dann rasant zu beschleunigen. Bundespräsident Heuss bat das Gericht um ein (damals noch gesetzlich vorgesehenes) höchstrichterliches Gutachten. Er wollte wissen, ob der deutsche Beitritt zur geplanten Europäischen Verteidigungsgemeinschaft (EVG) mit dem Grundgesetz vereinbar sei oder nicht. Dehler, an sich ein Befürworter der Verfassungsgerichtsbarkeit, plagten böse Vorahnungen. Er wusste: Bundeskanzler Adenauer trieb die deutsche Wiederbewaffnung und damit die Rückkehr auf das internationale Parkett vehement voran. Doch aus Karlsruhe drohte Gefahr. Bei dem Gedanken, das Gericht könne seinem Chef in die Quere kommen, verlor der Bundesjustizminister jede Kontenance. Er erklärte auf dem Parteitag der FDP in Bad Ems am 21. November 1952: »Ich möchte hoffen, dass sich beim Bundesverfassungsgericht der Geist des Sozialismus nicht auswirkt.«[6]

Dehler hatte auf die Zuständigkeit des Zweiten Senats gehofft, von dem es hieß, er sei der Regierung eher gewogen. Doch das Gericht beschloss, weil verschiedene Kläger beide Senate angerufen hatten, die Sache im Plenum zu beraten. Dort waren Adenauers Chancen ungewiss. Wegen der Spekulationen kam die Vollversammlung aller (damals noch) 24 Richter zustande. Ihr Wunsch: Das Gericht sollte »nicht im Spiele der Zuständigkeiten seine Autorität verlieren«.[7] Sie legten, um jedes weitere Missverständnis auszuschließen, zusätzlich fest, »dass ein Gutachten des Plenums beide Senate im Urteilsverfahren bindet«.

Diese Selbstverpflichtung fiel am 8. Dezember 1952. Zu Beginn der mündlichen Verhandlung am nächsten Morgen wandte sich Höpker-Aschoff gegen »herabsetzende Äußerungen« in der Öffentlichkeit, die sich sogar »zu Warnungen gesteigert hätten« – gegen Unterstellungen, dass »politische und nicht rechtliche Erwägungen« die Entscheidungen des Gerichts bestimmen könnten. Der Präsident sah »keine Veranlassung«, auf diese »Verdächtigungen im Einzelnen« einzugehen. Doch sein Urteil über das unqualifizierte Gerede war vernichtend: Das Gericht »betrachtet diese Äußerungen, die in anderen Staaten als Contempt of Court geahndet werden würden, als ein bedauerliches Zeichen für die mangelnde Achtung vor dem Eigenwert des Rechts«.[8] Jeder im Saal wusste, wer gemeint war. Der FDP-Mann Höpker-Aschoff rief den FDP-Mann Thomas Dehler zur Ordnung. Konnte man einem Justizminister noch Schlimmeres vorwerfen als mangelnde Achtung vor dem Recht?

Einen Tag danach nahm Heuss seinen Antrag zurück, mit einer nichtssagenden Begründung.[9] In Bonn waren alle Insider davon überzeugt, dass Adenauer und andere den weichherzigen alten Herrn unter Druck gesetzt hatten. Doch die Richter sahen die Absicht und reagierten verstimmt. Sie ließen sich nicht den Mund verbieten: Das »Gutachten sei zwar hinfällig geworden«, sie hätten ihren Beschluss aber trotzdem »gesondert abgesetzt und begründet« – er stelle Regeln auf, »die über den konkreten Anlass hinaus grundsätzliche Bedeutung haben«.[10]

Rechtsprechung »überwachen«

Die kühle Karlsruher Reaktion machte im Regierungslager (bestehend aus CDU/CSU und FDP) die Hoffnung auf den Zweiten Senat, der als »schwarz« galt, endgültig zunichte. Dehler empörte sich beim »Kanzlertee« über die Entscheidung der Richter. Sie hätten seiner Ansicht nach die Akten schließen müssen, nachdem Heuss seinen Antrag zurückgenommen hatte. Dehlers Entgleisung machte bundesweit die Runde: »Wir werden diesen Beschluss niemals anerkennen. Dieser Beschluss ist ein Nullum«.[11] Dehler war ein temperamentvoller, aber zugleich auch kluger Jurist. Was ihn bewogen haben mag, sich so weit hervorzuwagen, hat er nie preisgegeben. Doch vieles spricht dafür, dass er (wie die meisten Spitzenpolitiker) nicht wahrhaben wollte, welche weitreichenden Kompetenzen die Verfassungsväter dem neuen Gericht eingeräumt hatten – ohne die möglichen Folgen zu bedenken. Die Zauberlehrlinge wurden die Geister, die sie gerufen hatten, nun nicht mehr los.

Sechs renommierte Rechtsanwälte beschworen den Minister, Ansehen und Gewicht des höchsten Gerichts nicht noch weiter zu ramponieren. Dehler telegrafierte zurück: »Sie verkennen die Lage vollständig. Das Bundesverfassungsgericht ist in einer erschütternden Weise vom Wege des Rechts abgewichen und hat dadurch eine ernste Krise geschaffen«.[12] Ganz offensichtlich versagte hier sein Sinn für die Realität. Er begehrte auf gegen eine Macht, die er und seinesgleichen dem Gericht bei Verabschiedung des Grundgesetzes zugebilligt hatten. Es war ein letztes Gefecht, ein Kampf auf verlorenem Posten. In der Bundestagsdebatte verstieg er sich noch mal zu einem selbstentlarvenden Satz: Ich empfinde es als »Pflicht meines Amtes«, die »Rechtsprechung des Bundesverfassungsgerichts sorgfältig zu überwachen«. Das heißt, wie er schnell korrigierte, »zu beobachten«.[13]

Diese Redeschlacht im Parlament fand im März 1953 statt. Davor hatte es schon aus dem Kabinett heraus unverblümte Drohungen gegen das Gericht gegeben. Am 8. Dezember 1952 war der Beschluss, der Dehlers Missfallen erregte, verkündet worden. Schon unmittelbar danach, am 12. Dezember, deutete sich an, dass die Machthaber in Bonn den aufmüpfigen Gegner in Karlsruhe kaltstellen wollten. Im amtlichen Bulletin der Adenauer-Regierung hieß es: »Man könnte an die Möglichkeit denken, dass durch eine Novelle zum Gesetz über das Bundesverfassungsgericht das bisherige Gesetz ergänzt und nach den gewonnenen Erfahrungen präzisiert wird«.[14]

Wehret den Anfängen

Die Verfassungsrichter waren allesamt nicht gewillt, diesen zweiten Affront Dehlers auch noch hinzunehmen. Sie reagierten schroff und unmissverständlich, mit der klassischen Regel vor Augen: »Wehret den Anfängen!« Sie wurden in ihrer Haltung von der gesamten Presse unterstützt. Gerichtspräsident Höpker-Aschoff rief seinen Parteifreund Dehler in einer Rundfunkrede zur Ordnung. Wiederum: der FDP-Mann gegen den FDP-Mann! Das Plenum trat ihm in einer öffentlichen Erklärung bei: »Der

Bundesjustizminister hat in der Sitzung des Bundestages das Recht für sich in Anspruch genommen, die Rechtsprechung des Gerichts zu überwachen. Ein erschreckendes Wort! Nein, auch der Justizminister hat die Entscheidung des Gerichts zu achten und sich dem Spruch des Gerichts zu unterwerfen, auch wenn er die Entscheidung für falsch hält.«[15]

Dehlers Selbstherrlichkeit hatte tiefere Ursachen. Er war mit den Gepflogenheiten der deutschen Beamtenhierarchie groß geworden. Da durfte sich einer, der, wie er, über den Etat eines Gerichts verfügte, als dessen Dienstherr fühlen. Wenn er von »Überwachen« sprach, war das mithin kein falscher Zungenschlag. Er zehrte von der Erinnerung an graue Vorzeiten, in denen ein Justizminister noch als Chef »seiner« Richter auftrat. Wie der Herr, so's Gescherr. Dehlers Beamte dachten keine Sekunde daran, dass die Verfassungsrichter auf derselben Stufe standen wie ihre eigenen obersten Chefs, die Direktoren des Ministeriums. Sie behandelten die »Roten Roben« herablassend wie Angestellte einer entfernten Niederlassung. Die Geringschätzung zeigte sich auch im Alltag. Wegen der Wohnungsnot hatten die hohen Richter in Karlsruhe noch keine Bleibe gefunden. Die Bürokraten im Bonner Justizministerium erlaubten ihnen gnädig pro Vierteljahr eine Heimreise zu ihren Familien; ersetzt wurde nur eine Bahnfahrkarte der dritten Wagenklasse.[16]

Stilwidrigkeiten des Protokolls

Dehlers Irrglaube wirkte eine ganze Weile fort. Eine weitverbreitete Unsicherheit unter den Politikern kam ihm entgegen. Auch sie mussten erst lernen, wie und wo die für Deutschland fremde Instanz einzuordnen war. Das ließ sich ganz deutlich an Stilwidrigkeiten des Bonner Protokolls ablesen. Politiker und Ministeriale versuchten, dem Gericht einen nachgeordneten Platz zuzuweisen, nicht in der ersten, sondern in der zweiten Reihe unter »ferner liefen«. Der Präsident des Gerichts wurde zum Beispiel bei den Neujahrsempfängen des Bundespräsidenten stets an falscher Stelle platziert – bei den Präsidenten der anderen obersten Gerichtshöfe, die allesamt einer Dienstaufsicht unterstanden, ihr Sprecher war der Präsident des Bundesrechnungshofes.[17]

Damals wurde klar: Protokollfragen sind auch Machtfragen. Das Kräftemessen begann. Die Mehrheit der Richter realisierte schnell, dass die Misere am ungeklärten Status ihres Hauses lag. Es fehlte alles, was ein Verfassungsorgan ausmacht: die Verfügungsgewalt über einen eigenen Etat, Klarheit über den Status seiner Richter, die Diensthoheit über eigene Beamte. Das »Plenum« verabschiedete einen selbstbewussten Forderungskatalog, mit 22:2 Stimmen. Unter den beiden Neinsagern war auch Höpker-Aschoff. Offenbar scheute er davor zurück, mit den hierarchischen Strukturen so radikal zu brechen wie die anderen. Er hatte noch gelernt, dass Etat- und Personalhoheit unter das Dach eines Ministeriums gehören. Doch nun ging das Mehrheitsvotum, demonstrativ, nicht auf dem »Dienstweg« über Dehler an die anderen Verfassungsorgane, sondern direkt – erstmals ein Verkehr auf Augenhöhe.

Die Richter der ersten Stunde

Mit Höpker-Aschoff waren die »Juristen der alten Schule« wieder salonfähig geworden: vornehm, qualifiziert, eher konservativ als liberal. Sie besetzten nach dem Ende der Hitler-Ära hohe Ämter in den Ministerien und bei den Gerichten. Der Vizepräsident des Gerichts, Rudolf Katz, war von einem anderen Schlag, gleichsam der Gegenentwurf. Er gehörte zur kleinen Gruppe der rückgekehrten Emigranten, die sich den Verstrickungen der NS-Diktatur entzogen hatten. Von manchem neuen Kollegen trennten ihn Welten. Seine Biografie legte den Gedanken nahe, dass es noch eine andere, weniger bekannte Variante des deutschen Juristen gab – eine ohne braune Flecken und ohne Schmisse. Er übernahm den Vorsitz im Zweiten Senat. Vizepräsident blieb er bis 1961.

Katz, 1895 geboren, war früh zur SPD gestoßen. Er studierte Jura und promovierte über »die Stellung des Reichspräsidenten«.

Von 1924 bis 1933 arbeitete er als Rechtsanwalt und Notar in Hamburg-Altona. Als ihm wegen seines jüdischen Glaubens, von dem er sich längst abgewandt hatte, die Verhaftung drohte, musste er vor den Nazis flüchten. Er emigrierte erst nach Frankreich, dann wirkte er als Delegierter des Völkerbundes in China, von 1935 an schlug er sich in den USA durch – erst als Dozent an der Columbia University New York und an der »Rand School of Social Science«, dann als Direktor der akademischen Zeitschrift »The New Leader«. Nach seiner Rückkehr bekleidete er einige Jahre das Amt des Justizministers in Schleswig-Holstein – bis er Bundsverfassungsrichter wurde.[18]

Höpker-Aschoff und Katz waren die Leitfiguren der nunmehr höchsten deutschen Instanz, die am Anfang aus zwei Gremien, Senate genannt, mit jeweils zwölf Verfassungsrichtern bestand. Sie alle repräsentierten eine gebeutelte Generation von Juristen, eine bunte Mischung von Opfern, von Mitmachern und Mitläufern. Sie hatten Hitler »gedient«, sie waren vor Hitler geflohen, sie hatten sich unter Hitler durchgemogelt.

Mehr als ein Mitläufer

An den beiden Enden dieser Skala standen zwei profilierte deutsche Rechtsgelehrte, Willi Geiger (1909–1994) und Gerhard Leibholz (1901–1982). Geiger war SA-Rottenführer sowie Parteigenosse seit 1937 – und damit mehr als ein »Mitläufer«. Als katholischer Konservativer fiel er zwischenzeitlich in Ungnade, allerdings ohne nennenswerten Schaden für seine Karriere. Er wurde Staatsanwalt beim NS-Sondergericht Bamberg und erwirkte in mindestens fünf Fällen Todesurteile. In seiner Doktorarbeit von 1941 über »Die Rechtsstellung des Schriftleiters« rechtfertigte er die Berufsverbote für jüdische Journalisten: »Die Vorschrift hat mit einem Schlag den übermächtigen, volksschädigenden und kulturverletzenden Einfluss der jüdischen Rasse auf dem Gebiet der Presse beseitigt.«[19]

Geiger amtierte nach seiner Entnazifizierung als Richter in Bamberg. Später holte ihn Bundesjustizminister Thomas Dehler (FDP) mit anderen ortsansässigen Juristen auf die Bonner »Rosenburg« (Sitz des Ministeriums). Dort hatte eine konservative Beamtenelite, darunter viele »alte Kameraden«, die obersten Ränge besetzt. Aus diesem Milieu wurde Geiger erst in den Bundesgerichtshof (BGH) geschleust – und dann ins Bundesverfassungsgericht: für 26 Jahre. Bundesrichter wurden auf Lebenszeit gewählt, Geiger war 42, die Altersgrenze lag bei 68. Seine Wahl fiel ins Jahr 1951, in eine Zwischenphase, die von der Parole beherrscht wurde, man solle »die Vergangenheit endlich ruhen lassen«.

Die »Bewältigung« dieser Vergangenheit begann erst einige Jahre später, da hätte eine sensibel gewordene Öffentlichkeit seine Wahl nicht mehr hingenommen. Doch nun war er gewählt, seine Vergangenheit verblasste, er entwickelte sich allmählich zu einer beherrschenden Figur des Zweiten Senats, zu einem Präzeptor, der das deutsche Verfassungsrecht prägte. Er demonstrierte, dass ein überdurchschnittlich intelligenter, wortgewandter Jurist, der obendrein noch fleißig arbeitet und zielstrebig agiert, zur »grauen Eminenz« eines Gremiums werden kann.

Wie Feuer und Wasser

Leibholz war der lebende Kontrast zu Geiger. Er hatte bereits in der Weimarer Republik seinen Ruf als Staatsrechtler begründet. Früh zum Dr. phil. und Dr. jur. promoviert, war er mit 28 einer der jüngsten deutschen Professoren, erst in Greifswald, dann in Göttingen. 1935 entließen ihn die Nazis wegen seiner jüdischen Herkunft, 1938 emigrierte er mit seiner Frau nach London; sie war die Zwillingsschwester des Theologen Dietrich Bonhoeffer, der von den Nazis im KZ Flossenbürg umgebracht wurde. Leibholz kehrte nach Deutschland zurück und wurde gleich zu Beginn – wie mancher andere ähnlich renommierte Kollege – als »Star« ins neue Bundesverfassungsgericht gewählt.

Er amtierte 20 Jahre als Verfassungsrichter, von 1951 bis 1971, Geiger noch länger, von 1951 bis 1977. Beide saßen sich im Zweiten Senat bei jeder Beratung gegenüber. Es bedarf keiner großen

Fantasie, um sich vorzustellen, was das Opfer einer menschenverachtenden Partei von dem Erfüllungsgehilfen eben dieser Partei gehalten haben mag. Die Disharmonie war mit den Händen zu greifen. Im »Zweiten« waren die Gegensätze besonders groß. Zeitweise hätten, berichteten Insider, die verfeindeten Mitglieder des Senats nur schriftlich miteinander verkehrt.

Mit vielen Namen der Gründerjahre können selbst Experten nichts mehr anfangen. Ihr Ruf ist verflogen wie Schall und Rauch. Die Urteilsberatungen waren geheim, eine Bekanntgabe von »abweichenden Meinungen« gab es noch nicht, das Wissen um ihren Einfluss auf die Rechtsprechung haben sie mit ins Grab genommen. Doch ein paar Richter der ersten Stunde hinterließen über ihre Amtszeit hinaus Spuren: Erna Scheffler (1893–1983), Konrad Zweigert (1911–1996) und Ernst Friesenhahn (1901–1984).

Erna Scheffler war die einzige Frau im Gericht. Und aller Anonymität von Beratungen zum Trotz spricht alles dafür, dass sie den Gedanken der Gleichberechtigung von Mann und Frau im Gericht vorangetrieben hat. Sie kannte jede Benachteiligung aus eigener Erfahrung. Sie war, wovon sie oft erzählte, in einer Zeit jung, in der die Frau den Ehemann um Genehmigung bitten musste, wenn sie eine Stellung annahm, und der »Gatte« verfügte auch über das Vermögen, das sie mitgebracht oder erarbeitet hatte.

Gruppenbild mit Dame

Erna Scheffler studierte Jura und promovierte 1914. Doch Frauen durften überhaupt erst 1921 juristische Staatsexamina ablegen, sie absolvierte das erste 1922 und das zweite 1925. Unter Hitler erhielt sie wegen ihrer »nichtarischen Herkunft« Berufsverbot. Die Ehe mit ihrem späteren Mann, Georg Scheffler, wurde der »Halbjüdin« untersagt. Diese Biografie hatte sie gestählt. Galante Kollegen nannten sie »den einzigen Mann im Senat«. Diese Rolle spielten auch ihre Nachfolgerinnen. Es gab jahrzehntelang immer nur eine Richterin. Die Fotografen hatten sich deshalb auf das »Gruppenbild mit Dame« spezialisiert.

Zwei Gelehrte, die mit ihrem profunden Wissen das Gericht bereichert hatten, nahmen lange nach dem Ende ihrer Amtszeit noch mal Einfluss auf die Geschicke in Karlsruhe. Konrad Zweigert, Professor für ausländisches und internationales Privatrecht an der Universität Hamburg, und Ernst Friesenhahn, Staats- und Kirchenrechtler in Bonn, taten sich beim 68. Deutschen Juristentag 1968 in Nürnberg zusammen. Sie propagierten – der eine als Gutachter, der andere als Referent – die Einführung der »abweichenden Meinung« im deutschen Recht. Tatsächlich wurde das Sondervotum nach dem Vorbild des amerikanischen »Supreme Court« dann am 1.Januar 1970 beim Bundesverfassungsgericht eingeführt. Es reifte, davon später, zum Gütezeichen der höchsten Instanz.

Noch eine andere Kombination machte von sich reden: Friesenhahn und Leibholz. Sie prägten den Begriff vom Parteienstaat; der geisterte dann durch das Rechtsleben. Ihr Gedanke, dass der Parteienstaat einem möglichen Beamten- oder Bürokratenstaat vorzuziehen sei, leuchtete jedem Demokraten ein. Doch was die beiden Gelehrten nicht ahnen konnten: Die Parteien nahmen statt des kleinen Fingers, der ihnen da gutgläubig gereicht wurde, gleich die ganze Hand. Sie machten sich den Staat zur Beute. So sehr, dass Altbundespräsident Richard von Weizsäcker 1992 in einem Interview mit der »Zeit« beklagte, die Parteien seien »machtversessen und machtvergessen«. Sie hätten ihren Einfluss weit über das Maß hinaus ausgedehnt, das der Artikel 21 des Grundgesetzes ihnen einräume.

Das Gericht definiert seinen Status

Außer um das Parteienrecht machte sich Gerhard Leibholz um das eigene Haus verdient. Er trieb den intellektuellen Reifeprozess energisch voran. Dabei entwickelte er einen siebten Sinn für drohende Gefahren – seine Voraussicht kam dem Statusbericht zugute, den er 1957 im Auftrag seiner Kollegen formulierte. Die

Lektüre der 111 eng bedruckten Seiten ist noch heute ein intellektuelles Abenteuer. Das imponierende Werk, aus dem sich das Selbstverständnis des Gerichts ergibt, gehört zu den Lehrstücken der verfassungsrechtlichen Philosophie. Es verschaffte dem Gericht den Platz im Staat, der ihm zukommt – und es schuf die Grundlage für eine souveräne Rechtsprechung, von der die Bürger heute noch profitieren. Ohne den Statusbericht wäre der Karlsruher Schutzpatron ein zahnloser Löwe.

Die Richter zeigten Zähne, weil sie bereits die ersten Attacken aus Bonn, etwa Dehlers Flegeleien, erlebt hatten. Diese Erfahrungen erklären, warum sich der Statusbericht schon sehr dezidiert zum Umgang der Verfassungsorgane miteinander äußert.

Allen Zweiflern, die – typisch deutsch – auch bei Fragen des Anstands fragen, wo derlei normiert sei, erteilten die Richter eine Lehre: So eine Überlegung sei »rechtlich unhaltbar«. Ihr Statusbericht widerspricht der »Annahme, dass das Verhältnis der Verfassungsorgane zueinander, soweit es nicht ausdrücklich im Grundgesetz geregelt ist, in den rechtsleeren Raum falle«. Leibholz und seine Kollegen griffen das Bild der »Leere« auf und meditierten über die Konsequenzen: Dann bliebe »nur Platz für den guten Willen« und »die Regeln der politischen Moral«.[20] Das schien ihnen zu wenig. Stattdessen formulierten sie konstruktiv: Es sei geboten, dass die Verfassungsorgane »harmonisch zusammenwirken und alles unterlassen, was das Ansehen des anderen Verfassungsorgans schädigt und damit die Verfassung selbst gefährden könnte«.

Wie Verletzungen dieser selbstverständlichen Anstandsregel zu bewerten sind, sagt das Dokument mit erfrischender Klarheit: Ein Verfassungsorgan handle pflichtwidrig, wenn es »in der Öffentlichkeit durch Wort und Tat ein anderes Verfassungsorgan herabsetzt«. Das eine müsse dem anderen »den selbstverständlichen Respekt entgegenbringen, auf den jedes Verfassungsorgan einen Rechtsanspruch besitzt«. Die eherne Regel steht da, wie aus Stein gemeißelt. Was nicht verhinderte, dass verärgerte Politiker immer wieder mal aus dem Ruder liefen.

Doch zunächst mal bezeugten die Bonner den Karlsruhern Respekt – ein Meilenstein in der Geschichte des Gerichts. Die anderen Verfassungsorgane beugten sich der Realität und gaben 1953 ihren Widerstand gegen den ungewohnten Wettbewerber auf. Der Chronist Heinz Laufer hielt fest: »Das Bundesverfassungsgericht ist von den Verfassungsorganen Bundestag, Bundesrat, Bundesregierung und Bundespräsident als gleichberechtigtes und gleichgeordnetes Verfassungsorgan anerkannt worden.«[21]

Dem gerade geadelten Verfassungsorgan fehlte freilich die Muße zum Feiern. Es befand sich in einem kläglichen Zustand. Höpker-Aschoff musste den Aufbau einer gänzlich neuen Institution bewältigen. Er stand vor Problemen, für die es keine Vorbilder gab. Die Struktur des Hauses war am grünen Tisch entstanden, quasi am Reißbrett entworfen worden – und stimmte, wie sich zeigen sollte, vorne und hinten nicht. Einer der beiden Senate stöhnte vor Überlastung, beim anderen blieben die Aktenböcke leer.

Unhaltbarer Zustand

Nach einer Statistik von Anfang 1955 waren beim Ersten Senat 2979 Verfahren aufgelaufen, beim Zweiten dagegen ganze 32, allerdings ziemlich umfangreiche.[22] Die Ursache für dieses willkürliche Gefälle war eine starre, vom Gesetz vorgegebene Geschäftsverteilung, die beiden Senaten ohne Rücksicht auf ihre Arbeitskapazität Aufgaben zuwies. Der Bundestag befreite das Gericht schließlich von diesem Korsett: Fortan durfte das Plenum regulierend eingreifen – immer für das jeweils nächste Jahr, um den Verdacht jeder Manipulation auszuschließen.

Die zweite Hürde glich dem Mount Everest. Höpker-Aschoff als Vorsitzender des Ersten Senats und Vizepräsident Rudolf Katz als Vorsitzender des Zweiten mussten ihre Urteile in einer schwerfälligen Runde beraten: Jeder Senat bestand in den Anfangsjahren aus zwölf Richtern. Das ähnelte mehr einem Gemeinderat als einem Gericht. Bei öffentlichen Verhandlungen ging die Richterbank über die ganze Breite des Saals. Es bedarf keiner großen Fantasie, um sich vorzustellen, dass bei dieser Personenzahl vernünftige Diskurse schwierig, wenn nicht gar unmöglich waren.

Diese Misere führte zu einem lebhaften Echo in den Medien. Ernst Müller-Meiningen junior, damals der Primus unter den deutschen Justizjournalisten, brachte den unhaltbaren Zustand in der »Süddeutschen Zeitung« auf den Punkt: Zwölf hinter dem Richtertisch sei »ein völliges, eine gedeihliche richterliche Arbeit schlechthin verhinderndes Unding«, namentlich dann, wenn es sich nicht um Routineverfahren, sondern um »vitale Prozesse« handele. Der Autor machte das an einem Beispiel deutlich – er bemühte den Vorsitzenden eines fünfköpfigen Senats beim Bundesgerichtshof, der »sich mit seinen je zwei Kollegen links und rechts während der Sitzung unschwer verständigen« könne, »bei insgesamt zwölf Richtern hingegen ist das eine Unmöglichkeit«.[23]

Der Bedarf an »Hiwis«

Die zwölf wurden angesichts der Überlastung freilich als Arbeitskräfte dringend gebraucht. Dem Gericht wuchs erst viele Jahre später natürliche Hilfe zu. Hoch qualifizierte junge Juristen kamen als wissenschaftliche Mitarbeiter nach Karlsruhe. Sie wurden von den Bundesländern für jeweils drei Jahre »abgeordnet« – nicht zu ihrem Schaden. Alle hatten danach eine große Karriere vor sich. Dieses System wurde kontinuierlich verbessert. 2010 standen jedem einzelnen Verfassungsrichter vier »Hiwis« zur Seite. So viele waren anfangs dem ganzen Gericht zugeteilt.

Die Misere in der Gründerzeit bewirkte, dass eine notwendige Reform nur mühsam in Gang kam. 1956 beschloss der Bundestag, die Zahl der Richter in jedem Senat von zwölf auf acht zu reduzieren; für eine Übergangszeit bis 1959 sollten es aber noch zehn sein, die Frist wurde dann bis 1963 verlängert.[24]

In diesen Aufbruchjahren versuchten die regierenden bürgerlichen Parteien das Blatt zu wenden. Ihr Ziel war, das Gespenst in Karlsruhe, die unliebsame Kontrollinstanz, zu entmachten. Zwei Umstände versetzten sie in Panik. Zum einen fühlten sie mit jedem höchstrichterlichen Urteil die eigene Ohnmacht. Zähneknirschend. Zum anderen erkannten sie, dass sich mit den Ansprüchen der SPD und mit der Verringerung der Richterzahl (von insgesamt 24 auf 16) auch ihr Einfluss auf das Personaltableau verringerte. Ihr Plan, die Zweidrittelmehrheit für die Richterwahl zu verändern, verfing nicht. Wenn er gelungen wäre, hätten sie mit ihren eigenen Stimmen jede Richterwahl dominieren können – ohne Rücksicht auf die anderen Parteien. Es war der dreiste Versuch, das Gericht zu kastrieren. Er kam einem Staatsstreich ziemlich nahe, und er scheiterte an den Protesten einer aufmerksamen Öffentlichkeit.[25]

Zweifelhafte Kompromisse

Frieden brachte erst eine Reform im Jahr 1970 – nach langer Inkubationszeit. Als sie zustande kam, amtierte bereits der Nach-Nachfolger Höpkers-Aschoffs. Für die Richter, die bis dato unterschiedlich lange dienten, wurde eine einheitliche Amtsperiode eingeführt: zwölf Jahre, Altersgrenze 68, keine Möglichkeit der Wiederwahl (um den bösen Schein, dass einer willfährig auf eine zweite Amtszeit schielen könnte, von vornherein auszuschließen).

Beide Wahlgremien, der Bundesrat und die Wahlmänner des Bundestages, mussten sich zusammenraufen, um eine Zweidrittelmehrheit zu erzielen. Die großen etablierten Parteien fanden zu einem Arrangement: Im Wechsel stellt nunmehr das eine Lager den Präsidenten, das andere den Vizepräsidenten – und umgekehrt. Auch die Wahl der einzelnen Richter ist das Resultat von Kompromissen. Die Parteien haben, sagen Kritiker, auch hier wieder die »Beute« untereinander aufgeteilt; jedes »Lager« benennt jeweils für die Hälfte der Richterposten Parteimitglieder oder Sympathisanten. Kein ideales Verfahren. Doch die »Königsmacher« können für sich ins Feld führen, dass es im Laufe der Jahrzehnte nie einen nennenswerten »Ausreißer« gegeben hat.

Das sind Impressionen, die kühn über Jahre hinwegeilen (von 1953 bis 1970). Aus gutem Grund: Die Ursprünge reichen weit zurück – bis zu den ungelösten Problemen des Gerichts in der Zeit Höpker-Aschoffs. Gleichmäßige Verteilung der Arbeit auf beide Senate, Verkleinerung des Mammutgerichts und Neuregelung der Richterwahl – das waren Themen, die dem Haus damals und immer wieder Sorgen bereiteten. Die Geburtsfehler zu beseitigen, war nicht leicht. Dass es unendlich lange dauern würde, war nicht abzusehen. Ein Schneckengang. Der zähe Prozess des Reifens lässt sich nicht scheibchenweise erzählen. Seine Darstellung gehorcht einer eigenen Logik. Sie zwingt dazu, den Bogen, wie geschehen, weit zu spannen – von den frühen Anfängen bis zur endgültigen Lösung: notfalls über Amtsperioden hinweg.

Altlasten: Flüchtlingslager und Nazis

Tatsächlich blieben manche Themen – wie eine Hintergrundmusik, die nie verstummt – stets präsent. So kämpfte das Gericht auf Dauer mit seiner Überlastung und es musste in Intervallen neue Richter integrieren. Bei den Rechtsfragen, die zu entscheiden waren, traf es in unregelmäßigen Abständen auf die Folgen der deutschen Teilung. Schon 1953 sollte Höpker-Aschoffs Senat die Quadratur des Kreises lösen – prüfen, wie sich das Recht auf Freizügigkeit, nämlich hinzugehen, wohin man will, mit den Beschränkungen vereinbaren ließ, denen die Deutschen ausgesetzt waren, die aus der DDR geflohen waren.

Der Zweite Weltkrieg verfolgte – auch noch acht Jahre nach seinem katastrophalen Ende – die Deutschen im Allgemeinen und die Verfassungsrichter im Besonderen. Sie mussten sich mit der staatlichen Mangelverwaltung auseinandersetzen. Kaum waren die Versprengten und Verstreuten des Krieges halbwegs untergebracht, da setzte auch schon die Massenflucht aus jenem Teil Deutschlands ein, der sich bis 1990 hinter Mauer und Stacheldraht verschanzte – erst unter dem Kürzel SBZ (Sowjetische Besatzungszone) und dann als DDR (Deutsche Demokratische Republik).

Doch wer die Unterdrückung nicht mehr ertragen konnte und sein Heil in der Flucht suchte, fand im Westen eine Freiheit vor, die er sich so nicht vorgestellt hatte: Er landete zunächst einmal im Lager. Schlimmer noch: Viele mussten nicht nur in einer Baracke schlafen, sie kamen auch nicht wieder heraus: Weil ihnen der »Aufnahmeausschuss« des damals größten »Notaufnahmelagers« in Uelzen-Bohldamm die beantragte »Erlaubnis zum Aufenthalt in der Bundesrepublik« versagte.

Flüchtlinge mussten – sonst wurden sie nicht aufgenommen – die Voraussetzungen des Notaufnahmegesetzes (NAG) erfüllen. Von ihnen wurde der Nachweis verlangt, dass sie »wegen einer drohenden Gefahr für Leib und Leben« oder »für die persönliche Freiheit« ihre Heimat im Osten verlassen hatten. Ob die Gründe vorlagen oder nicht, war oft eine Ermessensfrage. Mancher, der abgewiesen wurde, klagte – einer ging durch alle Instanzen, bis nach Karlsruhe.

Die Rechtslage war ziemlich verworren. Gleich nach der Geburt des neuen westdeutschen Staates, als sich schon absehen ließ, dass die Fluchtbewegung zu einem Massenphänomen werden könnte, hatte auch die politische Frage im Raum gestanden: Wie sollte die Bundesrepublik auf den Ansturm der Flüchtlinge reagieren? Jener Menschen also, die von den Sonntagsrednern aller Parteien gerne »unsere Brüder und Schwestern aus dem Osten« genannt wurden. Zu guter Letzt stand fest: Auch sie hatten Anspruch auf die im Grundgesetz garantierte Freizügigkeit, also auf freie Wahl des Wohn- und Aufenthaltsorts.

Das ergab sich aus den Beratungen des »Parlamentarischen Rates«. Anfangs wollten einige die Freizügigkeit auf »Bundesangehörige« beschränken. Doch dann formulierten die Schöpfer der Verfassung den Artikel 11 ohne Wenn und Aber: »Alle Deutschen genießen Freizügigkeit im ganzen Bundesgebiet.« Sie sagten bewusst und mit Bedacht »alle Deutschen« und meinten damit auch jene, die hinter der Zonengrenze leben mussten.

Bei näherem Hinsehen zeigte sich allerdings, dass der Artikel 11 des Grundgesetzes konzipiert ist wie ein Radio-Eriwan-Witz:

Absatz 1 sagt »im Prinzip ja«, Absatz 2 »zwar aber« (beim Fehlen einer »ausreichenden Lebensgrundlage« dürfe die Freizügigkeit eingeschränkt werden). Vor einer naheliegenden falschen Auslegung warnten die Verfassungsrichter: Der Absatz 2 könne den Bürgern nicht »nehmen«, »was der Absatz 1 ihnen gewährt«.[26] Notwendige Begrenzungen müssten allerdings durch ein entsprechendes Gesetz abgesichert sein. Das Notaufnahmegesetz erfülle diese Voraussetzung. Es enthalte kein generelles Aufnahmeverbot, das wäre verfassungswidrig, weil dann »von der Freizügigkeit praktisch nur eine Art Asylrecht übrig« bliebe.[27]

An der Spitze des Fortschritts

Es war mager, was da unter dem Strich herauskam: Freiheit hinter Lagerzäunen. Der einzige Trost: Diejenigen, die abgelehnt wurden, hatten nichts zu befürchten. »Rückschiebungen in die sowjetische Besatzungszone«, schrieb die Bundesregierung an das Bundesverfassungsgericht, seien »bisher nicht durchgeführt worden und auch nicht beabsichtigt«.[28] Doch die Abgelehnten hausten lange in den Baracken. Irgendwann verließen auch die »illegalen« Zuwanderer die Quarantäne, sie profitierten vom Bau der »Mauer« 1961, da versiegte der Flüchtlingsstrom von selbst. – Die Brüder und Schwestern wurden im Westen sesshaft und trugen zum Wirtschaftswunder bei.

Mit diesem Urteil, das keinen wärmte, zeigte sich früh eine Grenze, an die das Gericht immer wieder stoßen sollte: die Erkenntnis, wie weit reine Lehre und schmutzige Wirklichkeit auseinanderklaffen. Oft bedurfte es vieler Anläufe und eines jahrelangen, wenn nicht gar jahrzehntelangen Atems, bis Theorie und Praxis einigermaßen zur Deckung kamen. Von Generation zu Generation wurden die »Roten Roben« auch mutiger und forderten den Politikern mehr ab als die Richter der ersten Stunde, die sich an ihre Machtfülle erst langsam gewöhnen mussten.

Manche Deutung von Recht und Gesetz hing auch schlicht vom Bewusstseinsstand der jeweiligen Zeit ab. Bei Problemfeldern wie sexuelle Selbstbestimmung, Emanzipation, Ehe und Familie vollzog sich der Wandel in dialektischen Sprüngen: kleiner Schritt nach vorn, lange Pause, weiterer Schritt nach vorn, wieder Pause und dann vielleicht der Befreiungsschlag. Oft ging die Gesellschaft dem Gericht voran, viel öfter jedoch stellte sich das Gericht an die Spitze des Fortschritts.

Und einige Male setzten die Richter der ersten Stunde Maßstäbe. Am 23. Oktober 1952 erklärte Höpker-Aschoffs Erster Senat die neofaschistische »Sozialistische Reichspartei« (SRP) für verfassungswidrig. Die Vergangenheit war noch frisch. Im Zentrum stand der politische Wille, Feinde der Demokratie nie und nimmer zu dulden – eine Entschiedenheit, die 2003 fehlte, als es um ein Verbot der NPD ging.

Keine Freiheit für Gegner der Freiheit

Damals sagten die Richter in einem für jedermann verständlichen schlichten Deutsch, wie weit die Freiheit der politischen Parteien reicht – und wo sie endet. Schon die Väter des Grundgesetzes hätten zu bedenken gegeben: »Die absolute Freiheit, auf der Grundlage jedweder politischer Idee Parteien zu bilden«, müsse »an der Anerkennung der tragenden Grundsätze jeder Demokratie ihre Schranken finden«.[29] Sie fragen konsequent weiter, »ob nicht Parteien, die mit den formalen Mitteln der Demokratie diese selbst beseitigen wollen, ausgeschaltet werden müssten«. Aber nicht willkürlich. Der eine oder andere Richter wusste offenbar aus Erfahrung, wozu Politiker im Nahkampf fähig sind. Solche Sorge (oder Vorsorge) verrät der nächste Satz, der an eine mögliche »Gefahr« erinnert: Dass eine Regierung »versucht« sein könne, »auf diese Art unbequeme Oppositionsparteien zu beseitigen«. Um jeden Missbrauch auszuschließen, sei das Bundesverfassungsgericht mit der Entscheidung über Parteiverbote betraut worden.

Zugleich räumten Höker-Aschoff und seine Kollegen den Parteien einen weiten Spielraum ein. Sie wollten ihre Freiheiten erkennbar nicht beschneiden. Sie sahen keinen Anlass zum

Einschreiten, wenn eine Partei »einzelne Vorschriften, ja selbst ganze Institutionen der Verfassung mit legalen Mitteln« bekämpfe. Nach dieser Philosophie sind die Grenzen der Toleranz dann überschritten, wenn eine Partei »oberste Grundwerte des freiheitlichen demokratischen Verfassungsstaates erschüttern wolle«.[30] Diese »wertgebundene Ordnung« sei das Gegenteil des »totalen Staates«. Was den ausmacht, konnten die Richter detailliert beschreiben. Schließlich hatten alle den Niedergang der Weimarer Republik und das Aufkommen der Hitler-Diktatur erlebt und erlitten.

An den charakteristischen Merkmalen, mit denen sie diese demokratiefeindliche Partei beschreiben, kann sich (wer will) auch heute noch jeder orientieren. Sie »ist gekennzeichnet durch die Lehre vom totalen Staat, die Rassendoktrin und den hierarchischen Aufbau: Führer und Gefolgschaft«.[31] Sie folgt den Grundsätzen: »Recht ist, was dem Volke nützt; Unrecht, was ihm schadet« und »Du bist nichts, Dein Volk ist alles.« Die Weltanschauung beruht »auf Schlagworten von Blut, Boden und Ehre«. Ziel so eines Systems sei »nicht mehr die an der Gerechtigkeit orientierte Rechtsidee, sondern die zum Gesetz erhobene Willkür«.

»Mit schleichenden Mitteln«

Was die Richter 1952 über die SRP sagten, gilt uneingeschränkt für rechtsradikale Parteien zu jeder Zeit. Sie arbeiten »mit schleichenden Mitteln« und »verwaschenen« Formulierungen. Ihr Programm »ergeht sich in Gemeinplätzen, stellt allgemeine Forderungen auf, die Gemeingut nahezu aller Parteien oder gar schon Wirklichkeit sind, und macht den verschiedenen Gruppen des Volkes vage, häufig utopische und miteinander kaum vereinbare wirtschaftliche Versprechungen«.

Derlei Klischees besagen nach Ansicht der Richter nichts. »Erst die Fülle der Einzelheiten – der Worte und Taten der Führenden und ihrer Anhänger – eröffnet den Weg zur Erkenntnis des Wesens der Partei und des hintergründigen Sinns ihres Programms.« In diesem Punkt hatten es die Richter von 1952 leichter als ihre Nachfolger ein halbes Jahrhundert später. Sie kannten ihre Pappenheimer – und zogen Schlüsse aus deren Biografie. Ein Wortführer der »Sozialistischen Reichspartei«, um die es ging, war Otto Remer (1912–1997), eine der zwielichtigsten Figuren der deutschen Nachkriegsgeschichte.

Remer hatte am 20. Juli 1944 als Kommandeur des Wachbataillons »Großdeutschland« den Umsturzversuch verhindert und war dafür von Hitler zum Generalmajor befördert worden. Nach dem Krieg wurde er zum Wortführer der SRP. Im Mai 1951 verunglimpfte er die Widerstandskämpfer als Landesverräter. Als die Verfassungsrichter sich daranmachten, den Geist oder Ungeist der SRP zu ergründen, stand ihnen dieser Parteiführer vor Augen: ein Mann, der erst seine rebellierenden Offizierskameraden an den Galgen gebracht und sie nach dem Krieg als Tote geschmäht hatte.

Ähnliches galt für die meisten Funktionäre der SRP – samt und sonders Hitlers Gefolgsleute. Dass ihnen »ein Bekenntnis zur Demokratie« fehlte und sie da weitermachen wollten, wo sie 1945 aufgehört hatten, war unschwer festzustellen. Heute ist die Beweisführung im Vergleichsfall nicht so leicht. Doch die Indizien, an denen das Gericht 1952 sein Verbot festmachte, treffen auf alle rechtsradikalen Parteien zu. Sie haben ohne Ausnahme nur ein Ziel: »Die anderen Parteien aus dem politischen Leben auszuschalten.«[32] Mithin bekämpfen sie nicht »eine jeweils andere Partei, sondern das für die freiheitliche Demokratie wesentliche Mehrparteienprinzip«.

Sätze wie diese sind Höpker-Aschoffs Vermächtnis. Er starb am 15. Januar 1954 in Karlsruhe. Am 19. Januar ehrte ihn der Deutsche Bundestag mit einem Festakt.

2

Der herrschende Zeitgeist

Minderheiten zu schützen, mussten die Richter noch lernen

Die Präsidentschaft von Josef Wintrich
1954–1958

Nachfolger Höpker-Aschoffs wurde Josef Wintrich, ein Berufsrichter, der vor seiner Wahl nur wenig Berührung zur Politik hatte. Umso mehr bot das, was er über seine Ideale sagte, Anlass zu großen Hoffnungen. »Der Mensch darf nie zum bloßen Mittel eines Kollektivs, zum bloßen Werkzeug oder zum rechtlosen Objekt eines Verfahrens herabgewürdigt werden.«[1] Damals konnte noch keiner wissen, dass dieses Credo zu einem tragenden Prinzip der Rechtsprechung werden würde. Auch ein anderer Gedanke erwies sich als Stichwort für die Zukunft: »Die bürgerlichen Freiheiten sind zwar in der Verfassung vorbildlich formuliert, aber leider noch nicht genügend in das Bewusstsein unserer Bevölkerung gedrungen.«[2] Dafür sorgte dann das Bundesverfassungsgericht mit kleinen Lektionen – von Fall zu Fall.

Politisches Umfeld
1953–1957: 2. Bundestag
Bundeskanzler: Konrad Adenauer (CDU)
Vizekanzler: Franz Blücher (FDP)
Koalition: CDU/CSU, FDP, DP

Der neue Präsident unterschied sich in vielerlei Hinsicht von den anderen Neuankömmlingen. Er wirkte auf den ersten Blick scheu, war aber wohl nur ein zurückhaltender Mensch. Ein Porträt jener Tage schlägt ungewöhnlich schwärmerische Töne an: »Es ist ein fast zeitloses Richtergesicht, edel und wägend, ein wenig kühl, doch man spürt im Blick eine warme, teilnehmende Menschlichkeit.«[3]

Das mag daran gelegen haben, dass Wintrichs Interessen immer über die engen Grenzen der Juristerei hinausreichten. Es fing damit an, dass sich der Jurastudent mehrere Semester lang in anderen Disziplinen tummelte: bei den Historikern, den Philosophen und den Volkswirten. Münchner Journalisten bestaunten bei ihm zu Hause eine Bibliothek von mehr als 5000 Bänden, in denen sich »in der Mehrzahl Werke der Belletristik, der Geschichte und der Kunstgeschichte« fanden.[4] Sie entdeckten einen Mann, der an seinem Wohnort im oberbayerischen Ebersberg ein beliebter Mitbürger war, ein Einheimischer, den viele ungeniert um Rechtsrat baten. Jeder kannte ihn. Dort streifte er mit Stift und Pinsel durch die Landschaft. Zum Maler und Zeichner passte gut die »Vorliebe für barocke Stiche und wertvolles Porzellan«. Hier und in München war der Mittelpunkt seines bisherigen Lebens.

Kein Wunder, dass es ihn – ebenso wie einst Höpker-Aschoff – nicht unbedingt nach Karlsruhe zog. Als er schon für das hohe Amt im Gespräch war, sagte er in einem Interview: »Die Aufgabe lockt mich schon, aber von München ginge ich höchst ungern fort.«[5] Wohl auch aus einem anderen Grund. Der Justizjournalist Ernst Müller-Meiningen junior notierte in der »Süddeutschen Zeitung«: »Wintrich, heute 63-jährig, ist ein begeisterter Alpinist, und es gibt in den Zentralalpen von der Silvretta bis zum Arikogel wenige, im Wilden Kaiser überhaupt keinen Gipfel, den Wintrich noch nicht betreten hätte.«

Die Karriereleiter

Der Reporter bewunderte »die Willenskraft« des Mannes, »von dem man weiß, dass er mit einer Hand klettert – die andere hat er durch eine Geburtsverletzung eingebüßt«; er knüpfte an den Respekt, den er da bezeugte, die Hoffnung, dass Wintrich »die nötige Härte haben wird«, den Parteiinteressen »als Damm so zu widerstehen, wie das sein Vorgänger Höpker-Aschoff vermochte«. Dafür sprach auch, dass Wintrich die ihm nachgesagte Mitgliedschaft in der CSU stets dementiert und sich zur richterlichen Distanz eindeutig geäußert hatte: »Es ist besser und zweckmäßiger, dass ein Richter nicht ein bestimmtes parteipolitisches Programm auf seine Fahnen geschrieben hat.« Lauter sympathische Züge. Doch sie boten, wie sich später zeigte, keine Gewähr für Widerstand gegen etablierte Kräfte und tradierte Vorurteile.

Wer dem Leben des 1891 als Sohn eines Postassistenten geborenen Juristen nachspürt, stößt auf eine scheinbar schnurgerade Biografie. Wintrich ist innerhalb der Justiz auf der Karriereleiter Stufe um Stufe emporgeklettert; zuletzt – 1953 – war er Oberlandesgerichtspräsident in München. Zur Justiz kam er, wie mancher andere, eher zufällig: »Das war einfach der Gesichtspunkt der Unabhängigkeit«, sagte er. »Wenn ich überhaupt Beamter werden wollte, dann nur Richter.«[6] Anfangs hat er sogar erst mal in einer Anwaltskanzlei gearbeitet. Später hielt er, neben dem Richterdienst, Vorlesungen in Verwaltungs- und Staatsrecht, zunächst als Dozent an der Bayerischen Verwaltungsakademie, dann an der Münchner Universität – offenbar nicht angepasst genug, denn die Nazis entzogen ihm 1936 die Lehrbefugnis.

Sie trauten ihm offenbar auch sonst nicht über den Weg. Als Hitler an die Macht kam, war Wintrich Erster Staatsanwalt beim Landgericht München-Land. Dazu gehörte der Kreis Dachau. Und weil er den »sprunghaft steigenden Todeszahlen im Konzentrationslager« nachging, »wurde er im November 1933 kurzerhand als Oberamtsrichter in die kleine Provinzstadt Ebersberg versetzt«.[7] Eine für die Wirren der Zeit makellose Biografie.

Konservativer Garant

Das alles hätte nicht gereicht, um die Gunst Konrad Adenauers zu erringen. »Der alte Fuchs«, wie er in einer Mischung von Ehrfurcht und kritischer Distanz genannt wurde, wollte diesmal mit dem Mann an der Spitze des Gerichts kein Risiko eingehen. Der konservative Münchner Jurist, Mitglied einer katholischen Studentenverbindung und trotz aller Dementis zumindest ein Sympathisant der bayerischen CSU, schien dafür die Gewähr zu bieten. Doch Wintrich, immerhin Mitbegründer und Vizepräsident des Bayerischen Verfassungsgerichtshofes, war nicht unbedingt erste Wahl. Zur Disposition standen außer ihm Hans Ehard, CSU-Ministerpräsident in Bayern, Reinhold Maier, das Urgestein der FDP, und Gebhard Müller, CDU-Ministerpräsident von Baden-Württemberg (der es dann Jahre später doch noch wurde).

Alle drei zögerten, und das hatte mit einem Tohuwabohu zu tun, das die Parteien beim Wahlmodus für die höchste Instanz angerichtet hatten. Manche Richter wurden für vier Jahre gewählt, andere für acht und alle, die aus den obersten Gerichtshöfen stammten, auf Lebenszeit. Wenn einer starb, rückte der Nächste nur für den Rest der Amtszeit des Toten nach. Vier Varianten. So musste sich der Nachfolger des plötzlich verstorbenen Höpker-Aschoff auf etwas mehr als ein Jahr einrichten. Den drei kampferprobten Politprofis, die aus Erfahrung wussten, wie schnell sich eine politische Großwetterlage ändern kann, war das Risiko zu groß. Sie trauten der Zusage einer Wiederwahl nicht über den Weg, letztlich war sie auch unverbindlich, nicht einklagbar.[8]

Zittern um die Wiederwahl

Wintrich ließ sich darauf ein. Mit ihm kam ein qualifizierter Fachmann nach Karlsruhe. Die Deutschen verdanken auch ihm, dass sie sich mit der Verfassungsbeschwerde gegen Willkürakte der öffentlichen Gewalt wehren können. Als das Gesetz über das Bundesverfassungsgericht beraten wurde, hörte der Bundestag Wintrich als Sachverständigen. Er plädierte engagiert dafür, den Bürgern diese Chance einzuräumen.[9]

Wintrich wurde im März 1954 für ein Jahr, 1955 noch mal für ein Jahr und 1956 für sieben Jahre gewählt. Was ihm die politische Klasse da abverlangte, war eine Zumutung. Das Grundgesetz, das in seinem Artikel 97 die »richterliche Unabhängigkeit« garantiert, war 1954 immerhin schon fünf Jahre in Kraft. Es bedarf keiner großen Fantasie, um sich vorzustellen, wie einem Richter zumute ist, der zweimal um seine Wiederwahl bangen muss. Das Publikum durfte mit gutem Grund fragen, wie unabhängig kann ein Richter in dieser persönlichen Lage eigentlich Recht sprechen? Der Laie, der sich mit juristischen Begriffen schwertut, konnte hier am Beispiel lernen, was »böser Schein« bedeutet.

Die KPD wird verboten

Wintrichs Amtszeit begann mit einer Hypothek. Höpker-Aschoff hatte ihm eine böse Altlast hinterlassen: den Antrag der Adenauerregierung, die »Kommunistische Partei Deutschlands« (KPD) als verfassungswidrig zu verbieten. Eingang bei Gericht: 28. November 1951, Eröffnung des Verfahrens: 24. Januar 1952. Höpker-Aschoff war, so munkelte man im Prinz-Max-Palais, ein erklärter Gegner des Verfahrens. Tatsächlich sieht es so aus, als ob er sich mit einer alten Beamtenregel durchmogeln wollte: »Erledigen durch Liegenlassen«. Die Fakten sprechen jedenfalls für diese Vermutung. Als Wintrich einen ersten Blick auf den Aktenbock hinter seinem neuen Schreibtisch warf, schmorte das Verfahren schon zwei Jahre und vier Monate.

Der Präsident arbeitete sich in die Materie ein – und wagte dann einen Schritt, der die Fachwelt an seinem juristischen Verstand zweifeln ließ. Er fuhr im Spätherbst 1954 nach Bonn, um sich mit Konrad Adenauer über das Verfahren zu unterhalten, ein Gespräch unter vier Augen zwischen dem Vorsitzenden Richter und dem Wortführer einer Prozesspartei.[10] Er riskierte damit einen Antrag wegen Befangenheit. Man hätte ihm diesen Kunstfehler, wenn er ein ins Gericht gewählter Politiker ohne Prozesserfahrung gewesen wäre, vielleicht durchgehen lassen. Doch als Berufsrichter wusste er genau, was sich nicht schickt.

Es boten sich nur zwei Erklärungen an. Die eine war so wenig schmeichelhaft wie die andere. Entweder hielt er, wie viele Konservative bis heute, die Kommunisten für politisch Aussätzige, bei denen man es mit der Fairness nicht so genau nehmen musste. Oder aber: Er schielte auf seine Wiederwahl im Herbst 1955, die im Wesentlichen von CDU-Vertrauten Adenauers abhing. Der

Verdacht, dass sich Richter mit kurzer Amtszeit die Chance der Wiederwahl nicht verderben wollten, schwebte im Raum – und war schwer zu entkräften. Wer unabhängig sein oder zumindest so erscheinen wollte, musste daher souverän auftreten und durfte sich keine Blöße geben.

Wintrich wurde jedenfalls von seiner schnell eingeholt. Bereits am zweiten Verhandlungstag der mündlichen Hauptverhandlung, die vom 23. November 1954 bis zum 14. Juli 1955 dauern sollte, stellte sich heraus, dass die KPD von seinem Gespräch mit Adenauer Wind bekommen hatte. Prompt lehnte ihn der Ostberliner Staranwalt Friedrich Karl Kaul »wegen Besorgnis der Befangenheit« ab. Das Gericht war in einer Zwickmühle. Es musste bestätigen, dass sein Präsident den »Alten« in Bonn besucht hatte, und zugleich den peinlichen Vorgang kleinreden: »Das war lediglich eine verfahrenstechnische Besprechung.«[11] Kauls Antrag wurde abgelehnt. Doch die Kausalität war auffällig genug. Das Gericht hatte sich jahrelang nicht gerührt und dann nur wenige Tage nach dem Tête-à-tête zwischen Wintrich und Adenauer den ersten Verhandlungstermin auf den 23. November 1954 angesetzt. Nur Naive glaubten da an einen Zufall.

»Ein Trauerspiel«

Der Erste Senat musste mehrere Klippen umschiffen. Nach seiner ersten Attacke ging Kaul den Präsidenten noch mal frontal an: Aus den Personalakten Wintrichs ergebe sich, dass ihn die Gauleitung der NSDAP 1940 für eine Beförderung zum Oberstaatsanwalt empfohlen habe. Hauptaufgabe der Staatsanwaltschaften sei es damals gewesen, den Kommunismus in Deutschland auszurotten, dieselbe Aufgabe habe er nun wieder. Er sei daher »als im höchsten Maße befangen« zu betrachten. Wintrich, im politischen Nahkampf ungeübt, reagierte hilflos: »Darf ich Sie darauf aufmerksam machen, dass das ja schon alles in der Entnazifizierung geprüft ist.«[12] Tatsächlich hatten ihn die Nazis nicht nur nicht befördert, sondern für zwölf Jahre kaltgestellt. Angesichts dieser bekannten Tatsache war Kauls Antrag eine Unverschämtheit.

Eine weitere Klippe: Verfassungsrichter Erwin Stein hatte einen Flüchtling, der in alliiertem Gewahrsam saß, in Frankfurt aufgesucht und befragt. Das Beweisprotokoll war der KPD vorenthalten worden, ebenso ein 17 Seiten langes Schreiben aus dem Bundesinnenministerium an das Gericht. Eine Serie von Pannen. Die Profis im benachbarten BGH schauten entgeistert zu, sie sahen die offene Angriffsflanke und nannten das Ganze ein »Trauerspiel«.[13]

Verbotsurteil: 308 Druckseiten

Am 14. Juli 1955 wurde die mündliche Hauptverhandlung geschlossen. Bis zum schriftlichen Urteil vom 17. August 1956 vergingen noch mal 13 Monate. Wintrich fuhr zwischendurch, um sich gründlich vorzubereiten, zur Universität in Salzburg. Er nahm dort an einem Kolleg des Jesuiten und Philosophiedozenten Gustav Wetter teil. Thema: »Die Weltmacht des dialektischen Materialismus«.[14] Das erworbene Wissen schlug sich in dem 308 Druckseiten starken Urteil nieder. Nicht nur das: Wintrich hatte in der mündlichen Verhandlung einschlägige Zitate aus 26 wissenschaftlichen Werken zum Thema verlesen lassen.

Aus der Tatsache, dass der dialektische Materialismus die Linie der Partei bestimmt, hatte die KPD freilich nie einen Hehl gemacht. Doch die Bundesverfassungsrichter waren der Überzeugung, dass Denken und Handeln bei den Kommunisten eine Einheit bilden. Sie entdeckten »eine aktiv kämpferische, aggressive Haltung gegenüber der bestehenden Ordnung«. Und sie versuchten, eine Grenze zu ziehen – »zwischen wissenschaftlicher Theorie«, die durch das Grundrecht auf Meinungsfreiheit geschützt ist, »und den politischen Zielen einer Partei«, die auf Umsturz zielen.[15]

Nicht nur Linke und Liberale hatten im Vorfeld Bedenken gegen ein Verbot geäußert, sondern auch konservative Pragmatiker. Alle erinnerten daran, dass die KPD seit 1953 bei 2,2 Prozent der Stimmen dahinsiechte. Sie hielten es daher für vernünftiger, die Partei dem Verdikt der Wähler zu überantworten, als ihr durch gerichtliches Verbot eine Märtyrerrolle zu verschaffen. Wer das Urteil aufmerksam liest, findet Passagen, die darauf hindeuten, dass es im Senat auch Richter gab, die sich beim martialischen Vorgehen der Staatsorgane – Antrag der Bundesregierung, Verdikt des eigenen Hauses – ziemlich unwohl fühlten.

Lob für »liberale Demokratien«

Es sei »kein Zufall«, meditierten sie, »dass die liberalen Demokratien des Westens ein Parteiverbot« nach deutschem Muster »nicht kennen«.[16] Sie mutmaßten: Dem »mag die optimistische Auffassung zugrunde liegen, dass die beste Garantie des freiheitlichen demokratischen Staates in der Gesinnung seiner Bürger liegt«. Wo freies Wahlrecht bestehe, könne sich die Abwehr staatsfeindlicher Parteien in der Versagung der Wählerstimmen ausdrücken: »So werden sie in ›systemkonformer‹ Weise von der politischen Willensbildung des Staates ausgeschlossen.«

Drei Absätze später hatten dann die Verbotsanhänger im Gericht wieder die Federführung übernommen. Das Grundgesetz, schreiben sie, habe bewusst »den Versuch einer Synthese zwischen dem Prinzip der Toleranz gegenüber allen politischen Auffassungen und dem Bekenntnis zu gewissen unantastbaren Grundwerten der Verfassung unternommen«. Wenn »die Staatsgefährlichkeit einen bestimmten Grad erreicht«, bleibe von diesen Grundwerten nichts übrig. Nach ihrer Überzeugung hatte die KPD genau diese Grenze überschritten.

Zugunsten der Richter sei unterstellt, dass sie nicht ahnten, was nach ihrem Urteil passieren würde. Die politische Polizei begann eine Jagd auf Kommunisten, die zu den traurigsten Kapiteln der jüngeren deutschen Geschichte gehört. Noch am Tag der Verkündung wurden 33 Funktionäre festgenommen. Was die Zahl der eingeleiteten Ermittlungsverfahren anbelangt, schwanken die Schätzungen der Experten zwischen 125 000 und 200 000. Die Zahl der rechtskräftigen Verurteilungen liegt zwischen 7000 und 10 000, nicht wegen krimineller, sondern wegen politischer Delikte.

Offenkundig war die gnadenlose Verfolgung auch ein Resultat des Konflikts zwischen Ost und West. Die waffenstrotzende Sowjetunion bedrohte den Westen mit seinen Panzern und Raketen. Zum Machtbereich Moskaus gehörte die DDR; dort regierte die »Sozialistische Einheitspartei« (SED); die KPD galt als ihr Ableger in der Bundesrepublik. Erhard Eppler, der große alte Mann der SPD, erinnerte 2010 als 83-Jähriger daran, wie er und seine Altergenossen »vier Jahrzehnte ihres Lebens im Kalten Krieg verbrachten«: In jener Zeit sei »der Antikommunismus fast zur Staatsreligion« geworden.[17]

Grausame Justiz

Tatsächlich war die KPD keine gewöhnliche Partei. Sie unterschied sich nicht nur wegen ihrer Ideologie von den anderen – ihr fehlte zudem der Vertrauensvorschuss, der Demokraten entgegengebracht wird. Zudem stand eine Frage stets im Raum: Waren ihre Mitglieder und Funktionäre womöglich Partisanen im Feindesland? Keiner konnte genau wissen, ob sie nur einen anderen politischen Gott anbeteten oder ob sie gleichzeitig als Agenten einer fremden Macht handelten.

Solche Zweifel rechtfertigten allerdings nicht den maßlosen Jagdeifer, der den Rechtsstaat diskreditierte. Der Fall Angenfort, der zur Zeit des KPD-Verbots seinen Anfang nahm und das Verfassungsgericht noch mal 1969 in ein schiefes Licht rückte, zeigt, wie grausam Justiz sein kann, wenn sie sich zum Büttel der Politik machen lässt. Auf dem Höhepunkt des Kalten Krieges wurden Kommunisten behandelt wie Schwerverbrecher. Josef (Jupp) Angenfort, einstmals Führer der kommunistischen »Freien Deutschen Jugend« (FDJ) in Westdeutschland und Abgeordneter der KPD im Düsseldorfer Landtag, war 1955 vom Bundesgerichtshof wegen »Geheimbündelei« zu fünf Jahren Zuchthaus verurteilt worden. Er verbüßte zwei Drittel, dann begnadigte ihn Bundespräsident Theodor Heuss.

Weil er sich weiter politisch betätigte und damit, wie es hieß, »verfassungsfeindlich« verhielt, widerrief Heinrich Lübke, der Nachfolger von Heuss, den »Gnadenerweis«. Angenfort setzte sich in die DDR ab, kehrte aber 1968 mit seiner Familie nach Düsseldorf zurück. Wieder im Westen beantragte er, ihm die Reststrafe zu erlassen. Vergeblich. Der BGH befand: Sieben Monate Zuchthaus sind noch zu verbüßen. Publik wurde die unerbittliche Härte aber erst durch einen Beschluss des Bundesverfassungsgerichts vom Februar 1969, das Angenfort endgültig ins Gefängnis zurückschickte.

Unter Niveau

Der Erste Senat des Gerichts, dem die liberalen Größen der späteren Jahre noch nicht angehörten, zog sich auf eine engherzige Begründung zurück. Er verwies auf »die Feststellungen im Strafurteil über die besonders wirksame Tätigkeit Angenforts in leitender Position der FDJ« und leitete daraus seine »besondere Gefährlichkeit für die freiheitliche demokratische Grundordnung« her. Das Gericht sah keinen Anlass, »die bestehen gebliebene Strafe als unverhältnismäßig hoch und deshalb jenseits rechtsstaatlicher Grenzen stehend anzusehen«.[18]

Die harte Linie reichte, wie sich hier zeigte, über ein Jahrzehnt hinweg, vom KPD-Urteil bis zur Bestätigung der Zuchthausstrafe für einen Unbotmäßigen. Weil die Nachwirkungen des gerichtlichen Parteiverbots so lange andauerten, macht der zeitliche Vorgriff Sinn. Auch aus einem anderen Grund. Bei einer Tour d'Horizon wird klar: Der Zeitgeist hatte das Gericht damals fest im Griff. Es fehlte noch jene Qualität, die »Karlsruhe« später berühmt gemacht hat: der unbedingte Schutz von Minderheiten. In den Anfangsjahren beugten sich die Richter immer wieder mal der herrschenden Meinung, ob es nun um einen abtrünnigen CDU-Mann ging oder um einen Hilfe suchenden Homosexuellen.

Ein Außenseiter verliert seinen Pass

Das Schicksal des katholischen Arbeiterführers Wilhelm Elfes (1884–1969) beweist auf eindrückliche Weise, wie es einem Politiker erging, der ähnliche Vorstellungen vom Weltfrieden hatte wie die Kommunisten. Elfes wurde zur Strafe in seiner Bewegungsfreiheit massiv behindert – die Behörden sperrten seinen Pass. Der Grund: Es sollte verhindert werden, dass er ins Ausland reiste und an internationalen Kongressen teilnahm, deren Ziele dem Weltbild der konservativen deutschen Politik widersprachen. Elfes suchte in Karlsruhe Schutz. Vergeblich.

Das Verdikt der Ausgrenzung traf einen Politiker, der im Gegensatz zu manchem seiner Verfolger keine braune Vorgeschichte hatte. Elfes, der sich von 1909 an in der katholischen Arbeiterbewegung engagiert hatte, gehörte bis 1933 dem Reichsvorstand der Zentrumspartei an, war Mitglied im Preußischen Staatsrat und seit 1927 Polizeipräsident in Krefeld. Die Nazis entließen ihn 1933 nach der »Machtübernahme« sofort aus dem Staatsdienst. Er überlebte als Zigarrenhändler und schloss sich dem »Kölner Kreis« an. So nannte sich eine Widerstandsgruppe um Jakob Kaiser, der 1945 die Ost-CDU gründete und später, nach seiner Flucht, als Minister für Gesamtdeutsche Fragen in Bonn amtierte.

Elfes wurde 1945 zum Oberbürgermeister von Mönchengladbach gewählt, später war er dort Oberstadtdirektor. Er gehörte zu den Mitbegründern der CDU, für die er im Landtag von Nordrhein-Westfalen saß. Nachdem er Kritik an Adenauer wegen dessen Wehrpolitik geübt hatte, fiel er in Ungnade. Die CDU schloss den Pazifisten aus.

Die Riten zu Zeiten des Kalten Krieges waren gnadenlos. Wer – wie Elfes – nicht bereit war, sich dem Freund-Feind-Denken zu unterwerfen, wurde geächtet. Das Schema war einfach: Wer nicht für uns ist, ist gegen uns. Die Regierenden ahndeten mit der Pass-Sperre, dass er im Dezember 1952 an einem Kongress der Völker für den Frieden in Wien teilgenommen hatte; die »Gesamtdeutsche Erklärung«, die er dort verlas, kam in der Tat dem »östlichen«

Konzept von Wiedervereinigung ziemlich nahe. Damit hatte er westdeutsche Tabus verletzt. Alles, was er danach tat, machte ihn noch mehr verdächtig, etwa Reisen nach Paris, Budapest und Ostberlin zu ähnlichen Veranstaltungen.

Diese Aktivitäten fielen nach Ansicht der Behörden (und der angerufenen Gerichte) unter eine rigide Gesetzesvorschrift. Danach darf ein Pass »versagt« werden, »wenn Tatsachen die Annahme rechtfertigen«, dass der Antrag stellende Bürger »die innere oder äußere Sicherheit oder sonstige erhebliche Belange der Bundesrepublik Deutschland oder eines deutschen Landes gefährdet«. Dass Elfes ein Sicherheitsrisiko sei, behaupteten nicht mal seine politischen Gegner. Doch sie trugen allen Ernstes vor, dass er mit seinen Auftritten im Ausland »sonstige erhebliche Belange« Deutschlands gefährdet habe.

Aus heutiger Sicht ein klarer Fall: Das Grundgesetz, das schon viele Jahre, seit 1949, in Kraft war, garantierte freie Entfaltung der Persönlichkeit, freie Meinungsäußerung und freie Bewegung (Freizügigkeit). Die Fakten: Der unbescholtene Bürger Elfes, der keinem etwas zuleide tat, durfte sich nicht entfalten und auch nicht so fortbewegen, wie er wollte. Warum? Weil er seine (missliebigen) politischen Ansichten im Ausland geäußert hatte.

Höchstrichterliches Armutszeugnis

Einem Hochschullehrer, der versuchte, den Verstoß gegen mehrere Artikel des Grundgesetzes so zu beschreiben, würde man vorwerfen, sein Beispiel sei ziemlich weit hergeholt. Doch Wintrichs Erster Senat konnte (oder wollte) kein Haar in der Suppe finden. Es lohnt, die Verrenkungen kurz zu beschreiben, mit denen er und seine Kollegen im Januar 1957 die Ablehnung der von Elfes eingereichten Verfassungsbeschwerde begründeten.[19]

Wer das Urteil liest, denkt zunächst, Elfes habe haushoch gewonnen. Am Anfang schwärmen die Richter von der Weisheit und Schönheit der Verfassung, vom »Menschenbild des Grundgesetzes«. Die Rede ist hier von Artikel 2, der jedem Bürger »das Recht auf freie Entfaltung der Persönlichkeit« verbürgt. Die Richter entdeckten den tieferen Sinn dieser Vorschrift in ihrer ersten Fassung. Sie habe gelautet: »Jeder kann tun und lassen, was er will.« Es waren, wie das Urteil betont, nicht »rechtliche Erwägungen, sondern sprachliche Gründe«, die zu weiteren Textversuchen führten. Die nächste Version präzisierte noch stärker: »Jedermann hat die Freiheit, innerhalb der Schranken der Rechtsordnung und der guten Sitten alles zu tun, was anderen nicht schadet.«

Die gültige Fassung kommt dem nahe, sie beschränkt die Freiheit mit den Worten: »Soweit er nicht die Rechte anderer verletzt und nicht gegen die verfassungsmäßige Ordnung oder das Sittengesetz verstößt.«

Zu fragen wäre mithin gewesen, ob Elfes der verfassungsmäßigen Ordnung zu nahe getreten ist – und wenn ja: wie? Oder ob er sich so schlecht benommen hat, dass ihm der Pass versagt werden musste?

Regierungsgegner oder Staatsfeind?

Die Richter begannen ihre Begründung mit dem Gesetz: Es respektiere »das Prinzip der freien Ausreise« und versage einen Pass nur »beim Vorliegen bestimmter Voraussetzungen«. Das Urteil knüpfte an das Passgesetz an, das »sonstige erhebliche Belange der Bundesrepublik« schützen will. Hatte Elfes diese Belange gefährdet? Die Verfassungsrichter verwiesen auf »die – vom Beschwerdeführer übrigens im Wesentlichen nicht bestrittenen – Tatsachen«; diese rechtfertigten die »Annahme«, dass Elfes im Ausland »erhebliche Belange der Bundesrepublik« gefährde. In der Logik nennt man so etwas einen unzulässigen Zirkelschluss. Statt zu begründen, was Elfes konkret vorgeworfen wird, wiederholte das Urteil noch mal den Gesetzestext.

Wo in späteren Jahren die Verfassungsrichter angefangen hätten, tiefer zu bohren, hörten Wintrich und seine Kollegen auf. Dabei häuften sich die Fragen, die zu klären gewesen wären. Dass kommunistisch infiltrierte Friedenskongresse den Interessen der deutschen Innen- und Außenpolitik zuwiderliefen, lag auf der Hand. Doch geriet mit der Teilnahme an so einem Treffen auch gleich die Bundesrepublik in Gefahr? Musste nicht herausgearbeitet werden, dass ein Gegner der Regierung nicht schon automatisch auch ein Gegner oder gar ein Feind des Staates ist? Offen blieb auch, was »sonstige erhebliche Belange der Bundesrepublik« bedeuten. Waren sie wirklich schon dadurch gefährdet, dass Elfes an einem Kongress teilnahm, der in aller Öffentlichkeit stattfand und nichts weiter als Reden und Resolutionen absonderte? Und hatte er, als er dort eine Denkschrift verlas, bereits den Schutz des Grundrechts auf Meinungsfreiheit verwirkt? Wintrichs Senat blieb alle Antworten schuldig.

Doch diese Bilanz, die ein Licht auf missglückte Anfänge in Karlsruhe wirft, macht zugleich die spätere intellektuelle Leistung des Gerichts überhaupt erst deutlich. Es hat im Laufe der Jahrzehnte akribisch die Kriterien entwickelt, mit denen sich heute und im Nachhinein die Defizite der Elfes-Entscheidung aufdecken lassen. Damals steckte die Interpretation des Grundgesetzes noch in den Kinderschuhen.

Feinheiten der Deutungshoheit

Die Verfassungsrichter der Gründerjahre waren in einer unvergleichlichen Lage. Anders als alle ihre Nachfolger, die das Grundgesetz als fertigen Text vorfanden, hatten sie ihn entweder aktiv mitgestaltet oder zumindest an jeder Phase des Entstehens Anteil genommen, womöglich sogar für die eine oder andere Variante Partei ergriffen. Sie kannten die Hintergründe, sie wussten, dass bei der parlamentarischen Beratung um manchen Satz gerungen wurde – und wie schließlich der Kompromiss, die endgültige Fassung, zustande kam. Auf den Mitschöpfer, der nun die Richterrobe trug, strahlte das Grundgesetz mithin keine eherne, gewachsene Autorität aus – er sah eher den Frischling, dessen Reifeprozess noch lange nicht abgeschlossen ist. Und mancher genoss wohl auch die Deutungshoheit, die er im Vorfeld nicht besaß. Nicht ausgeschlossen, dass Interpretationen, die im parlamentarischen Vorfeld nicht mehrheitsfähig waren, nun bei Gericht zum Zuge kamen. Doch das fällt unters Beratungsgeheimnis.

Das war in jener Zeit undurchdringlich. Die Möglichkeit, sich mit einer »abweichenden Meinung« hervorzuwagen, bestand noch nicht. Daher blieb alles geheim: ob in der Beratung die Meinungen aufeinandergeprallt sind, was die überstimmte Minderheit vorgetragen hat, wie die Entscheidung letztlich zustande gekommen ist, einstimmig oder mit knapper Mehrheit. Doch in manchem höchstrichterlichen Text sind, bei genauerem Hinsehen, Fingerzeige zu entdecken. Wie in dem Urteil vom Mai 1957, das prüft, ob es mit dem Grundgesetz vereinbar ist, wenn Homosexuelle für ihre Veranlagung schwer bestraft werden.

Homosexualität bleibt strafbar

Der Koch Günter R. und der Kaufmann Oskar K., beide aus Hamburg, hatten Verfassungsbeschwerde eingelegt. Der eine war zu einem Jahr, der andere zu 18 Monaten Gefängnis verurteilt worden. Mit ihrem Verfahren kam ein gesellschaftspolitisches Problem von einiger Brisanz auf den Richtertisch. Die Gesellschaft grenzte Homosexuelle aus, darunter viele Maler und Musiker, Dichter und Schauspieler. Jeder stand sein Leben lang mit einem Bein im Gefängnis. Er musste nicht nur den strafenden Staat fürchten, sondern vor allem auch Denunzianten und Erpresser. Zwischen dem berüchtigten Paragrafen 175 des Strafgesetzesbuches und der allgemeinen Verachtung bestand eine Wechselwirkung – allein der Rechtsbegriff »widernatürliche Unzucht« wirkte wie ein Totschlagswort; wer Homosexualität für verworfen hielt, konnte sich bestätigt fühlen.

Ob alle Richter des Ersten Senats oder nur einige über derlei Vorurteile erhaben waren, ist nirgendwo dokumentiert. Doch es gibt Indizien, die auf eine Konfrontation hindeuten. Die intensive Vorbereitung auf den Prozessstoff und das dürftige Endergebnis stehen in einem auffälligen Missverhältnis zueinander. Es gibt nur eine Erklärung: Einige Richter, vermutlich die später Unterlegenen, wünschten offenbar eine weit gefächerte wissenschaftliche Aufklärung. Die anderen haben sie gewähren lassen – und sind bei ihrer vorgefassten Meinung geblieben.[20]

Nachzulesen ist jedenfalls, wie sich die Richter dann dem vielschichtigen Phänomen mit einer forschenden Wissbegier genähert haben. Sie erarbeiteten – erkennbar nicht nur fürs Publikum, sondern auch für sich selbst – einen historischen Abriss: von der strengen Verurteilung im Alten Testament über die Strafe des Feuertodes in der »Constitutio Criminalis Carolina« von 1532 bis zum Preußischen Landrecht von 1794, das in seinem Paragrafen 1069 »gänzliche Vernichtung des Andenkens« sowie Zuchthaus mit anschließender Verbannung androhte: für »Sodomiterei und andere dergleichen unnatürliche Sünden, die wegen ihrer Abscheulichkeit hier gar nicht genannt werden können«.

Es folgen Skizzen zur Rechtsprechung in unterschiedlicher Zeit, die mal nur »beischlafähnliche Handlungen« bestrafte, nicht aber »gegenseitige Onanie«, die mal eine Strafe erst bei »Vollendung der körperlichen Vereinigung« verhängte und mal schon bei einer »auf geschlechtliche Befriedigung« gerichteten Aktivität. Auch die rechtspolitische Diskussion zum Thema wird in dem Überblick nicht ausgespart, mit Hinweis auf Reformideen: Seit 1900 werde die These vertreten, Homosexualität sei »weder Laster noch Krankheit«, sondern »eine durchaus normale Variante des Sexualtriebes«, »ihre Träger hätten daher dasselbe Recht auf Entfaltung ihrer Neigung wie heterosexuell empfindende Menschen«.

Studien dieser Art waren nur ein Teil der Vorbereitung. In einem zweiten Schritt baten Wintrich und seine Kollegen prominente Professoren um ihre sachverständige Meinung. Der Fragenkatalog verriet viel über die Zielrichtung, die sie einschlagen wollten. So wollten sie wissen, »in welcher Richtung männliche Homosexualität einerseits und lesbische Liebe andererseits eine soziale Gefährdung« darstellen und ob sich Männer und Frauen »in der Aktivität und Hemmungslosigkeit bei gleichgeschlechtlichen Handlungen«

unterscheiden. Adressaten dieser Fragen waren neben anderen: der Sexualforscher Hans Giese, der Psychiater Ernst Kretschmer und der Soziologe Helmut Schelsky.

Drei Sachverständige antworten

»Solange das homosexuelle Verhalten sich im Rahmen von Einzelbeziehungen oder Dauerbeziehungen mit dem gleichen Partner innerhalb der eigenen vier Wände halte«, könne er, sagte Giese, »eine soziale Gefährdung nicht sehen«. Kretschmer ging noch weiter: Bei »Homosexualität zwischen Erwachsenen« bestehe »ein öffentliches Interesse an der Bestrafung« nur dann, »wenn öffentliches Ärgernis erregt« werde. Schelsky schließlich, ein Wissenschaftler mit NS-Vergangenheit, hatte die braune Ideologie nicht überwunden: Männliche Homosexualität »gefährde die Volksgesundheit und die Sauberkeit des öffentlichen Lebens« und sie »untergrabe die Familie«.

Alle Sachverständigen waren sich einig, dass die Verführung Minderjähriger bestraft werden muss. Die Summe ihrer Antworten widerspiegelt den damaligen Stand der Wissenschaft, ohne nennenswerten Einfluss auf das Urteil. Die akribische Bestandsaufnahme hatte erkennbar nicht viel genutzt. Beide Verfassungsbeschwerden wurden abgewiesen. Ein Einwand war schnell vom Tisch. In der Tatsache, dass männliche Homosexualität bestraft wird, die lesbische Liebe aber nicht, sahen sie keinen Verstoß gegen das Gebot der Gleichbehandlung. »Biologische Verschiedenheiten« rechtfertigten eine unterschiedliche Behandlung.

In der zentralen Frage wichen Wintrich und Kollegen keinen Fingerbreit vom jahrhundertealten Verdikt ab: Homosexualität sei sittenwidrig. Die Bedeutung ihrer Entscheidung war den Verfassungsrichtern bewusst. Sie betonen eigens, dass der Gesetzgeber »zu besonderer Zurückhaltung« verpflichtet sei, »wenn es sich um einen Eingriff durch Strafgesetze handelt«, »also um die schärfste Sanktion, über die staatliche Gemeinschaft verfügt«. Sie verweisen sogar auf die im Grundgesetz verankerte »freie Entfaltung der

Persönlichkeit«. Doch dann kommt das große Aber: Sie ende dort, wo das »Sittengesetz« verletzt sei. Die Richter drehten und wendeten den Begriff, der nirgendwo definiert ist. Die Worthülse wurde dabei nicht klarer. Sie versuchten es mit einer Umschreibung: Das Bedürfnis nach Bestrafung werde »eher bejaht«, wenn »die soziale Gemeinschaft die Handlung *eindeutig* als im Widerspruch zu dem Sittengesetz stehend betrachtet, das sie allgemein als für sich verbindlich anerkennt«. Was Sittengesetz bedeutet, versinkt im Nebel allgemeiner Empfindungen.

Einfluss der Kirchen

Die hier beschworene »soziale Gemeinschaft« ist ebenso wenig greifbar wie das »Sittengesetz«. Wer ermittelt, was die Menge fühlt – und auf welche Weise? »Das persönliche Gefühl des Richters«, sagt das Urteil, »kann hierfür nicht maßgebend sein«, und »ebenso wenig die Auffassung einzelner Volksteile«. Doch dann folgt die entscheidende und zugleich entlarvende Passage des Urteils: »Von größerem Gewicht ist, dass die öffentlichen Religionsgemeinschaften, insbesondere die beiden großen christlichen Konfessionen, aus deren Lehren große Teile des Volkes die Maßstäbe für ihr sittliches Verhalten entnehmen, die gleichgeschlechtliche Unzucht als unsittlich verurteilen.«

Mit dieser Wendung im Text deutete sich an: Das Gericht urteilte vorurteilsbeladen wie der Stammtisch. Offenbar steuerte vor allem die Sexualmoral der katholischen Kirche den Gang der Beratung. Ihr Wunsch war der CDU/CSU in jenen Tagen noch Befehl. Die rigide Botschaft muss jedenfalls mindestens sieben der zwölf Richter bestimmt haben, es ist zu vermuten, dass der engagierte Katholik Wintrich zu dieser Mehrheit gehörte. Erstaunlich wirkte nur, wie offen der kirchliche Einfluss thematisiert wurde. Dass er vorhanden war, wusste zwar jeder, aber man redete nicht darüber. Doch die Richter hielten diese Ursprünge offenbar für so selbstverständlich, dass sie ungeniert einräumten, wer ihnen die Feder geführt hatte.

Deutlicher als hier kann ein Gericht seine eigene Abdankung und die des staatlichen Rechts kaum verkünden. Ob einer wegen seiner sexuellen Veranlagung ins Gefängnis musste, hing danach weitgehend von den sittlichen Vorstellungen der katholischen und der evangelischen Kirche ab. Ein Satz in dem Urteil deutet allerdings darauf hin, dass es im Ersten Senat bei der Beratung Gegenstimmen gab, die »eine Änderung der sittlichen Anschauungen für möglich« hielten. Ihr Vorbehalt: Es sei durchaus denkbar, dass »neue Forschungsergebnisse der medizinischen Wissenschaft« dazu führen, die Homosexualität mit anderen Augen zu betrachten, dann würde eine »Verurteilung ihren Sinn verlieren«. Tatsächlich wurde die Strafbarkeit Jahrzehnte später, 1969 und 1973, in zwei Schritten abgeschafft.

Zwei »Schulen« im Widerstreit

Was die Verfassungsrichter damals zur Homosexualität von sich gaben, widerspiegelte das Pfui-Gefühl der Gesellschaft. An dem Spruch ließ sich zudem ablesen, wie nach dem Ende der NS-Diktatur zwei Rechtsschulen aufeinandertrafen: Der »Rechtspositivismus«, der nur das geschriebene Recht gelten lässt, musste dem »Naturrecht« weichen, das sich aus der menschlichen Natur und der Vernunft herleitet. Auf die erste Lehre, die dazu herhalten musste, den nationalsozialistischen Unrechtsstaat zu rechtfertigen, beriefen sich Hitlers Todesrichter: Sie hätten nur vollstreckt, was Paragrafen vorgaben.

Im Gegensatz dazu stand die moralische Stärke des Naturrechts; es befruchtete den Artikel 1 des Grundgesetzes: »Die Würde des Menschen ist unantastbar.« Darin steckt ein übergeordneter humaner Denkansatz. Er ist eine Variante des Naturrechts. Daneben gibt es noch andere Quellen, etwa das »jus divinum«, das göttliche Recht. Dieses christliche Naturrecht beeinflusste den Spruch zur Homosexualität und beherrschte viele Jahre die höchstrichterliche Rechtsprechung. Namhafte Repräsentanten dieser Richtung waren in Karlsruhe Josef Wintrich und der Präsident des Bundesgerichtshofes

Herrmann Weinkauff. Besonders er übte – das war damals offenes Geheimnis – einen unverhältnismäßig starken Einfluss auf »sein« Haus aus; und der war nicht nur segensreich. Weinkauff bewies unbeabsichtigt, wie viele Schattenseiten auch das Naturrecht hat.

Sexualität nur »in der Einehe«

Ein Andenken an ihn, das zu den wenig rühmlichen Hinterlassenschaften gehört, ist der Beschluss zur Kuppelei, den 1954 der »Große Strafsenat« des BGH unter seinem Vorsitz fällte – gleichsam ein Gottesurteil zu Sitte und Moral. Oder anders: ein religiöses Testat jener Tage. Die höchsten Strafrichter der noch jungen Bundesrepublik mussten prüfen, ob eine Mutter zu bestrafen war, weil sie ihre erwachsene Tochter und deren Verlobten bei sich hatte übernachten lassen. Der »schweren Kuppelei« machte sich damals schuldig, wer der Unzucht Vorschub leistete.

Im Zentrum des Verfahrens stand deshalb die Frage: Was ist »geschlechtliche Unzucht«? Die höchstrichterliche Antwort wirkte wie ein religiöses Bekenntnis: »Die sittliche Ordnung will, dass sich der Verkehr der Geschlechter grundsätzlich in der Einehe vollziehe, weil der Sinn und die Folge des Verkehrs das Kind ist.«[21] Sexualität könne sich »nur in der ehelichen Gemeinschaft zweier einander achtender und einander zu lebenslanger Treue verpflichteter Partner sinnvoll erfüllen«.

Beseelt von ihrem Glauben an eine heile Welt, erklärten die Missionare in Richterrobe den Geschlechtsverkehr in der Einehe kurzerhand zum »Sittengesetz«. Insoweit konsequent befanden sie, dass »der Verstoß dagegen ein elementares Gesetz geschlechtlicher Zucht verletzt«.

Dieses Sittengesetz und die Vorstellungen von »Unzucht« geisterten lange Zeit durch die Beratungszimmer der beiden »Hohen Häuser« in Karlsruhe. Wenn es nicht um sexuelle Moral ging, erwies sich das Naturrecht als hilfreicher Wegweiser – durch das Labyrinth abenteuerlicher Rechtsfragen, die aus heiterem Himmel bei Gericht auftauchen.

Zumeist liegen die Themen aber in der Luft. Die Richter suchen sich den Stoff, den sie bearbeiten, nicht selber aus – er kommt auf sie zu. Das gilt uneingeschränkt für politische Verfahren, etwa bei der Klage gegen ein Gesetz, Normenkontrolle genannt. Wenn ein Antrag eingeht, der zulässig ist, müssen sie ihn bescheiden. Verfassungsbeschwerden von Bürgern sind zunächst einmal Sache des einzelnen Richters, der innerhalb des Hauses dafür zuständig ist. Ob er in der Maßnahme einer Behörde oder dem Urteil eines Gerichts Anhaltspunkte für Verstöße gegen das Grundgesetz findet (und den Fall »in seinen Senat bringt«), hängt von den objektiven Gegebenheiten ab, aber auch von seinem subjektiven Empfinden für Willkür. Mancher Richter ist versessen darauf, eine bestimmte Rechtsfrage zu klären, und wartet nur auf einen Fall, der das erlaubt.

Die Wechselwirkung von Aktion (in der Politik oder der Gesellschaft) und Reaktion (des höchsten Gerichts) lässt sich an jedem der Karlsruher Grundsatzurteile illustrieren. Dabei wird immer wieder von Neuem deutlich: Das Gericht gleicht einem Seismografen, der politische Prozesse und gesellschaftliche Konflikte reflektiert; die amtliche Sammlung der Entscheidungen, die 2011 den Band 125 erreichte, ist das Archiv des Landes, sie spiegelt die Geschichte der Bundesrepublik. Markante Urteile der Wintrich-Ära gehören dazu. Zwei haben die Geschicke der Bundesrepublik unverrückbar programmiert. Sie legten den Grundstein für die Privilegierung der Beamten und der Parteien.

An Anschauungsmaterial herrschte kein Mangel, als die Verfassungsrichter 1958 über den Status der deutschen Beamten nachdachten. Sie konnten eine lange Geschichte zurückverfolgen. Jeder wusste aus Erzählungen und aus eigenem Erleben: Die Beamten waren hierzulande schon immer da. Jeder kannte den Fleiß der »Staatsdiener«, die für geordnete Abläufe im Staat und in der Verwaltung sorgten, jeder kannte aber auch Beispiele für die Arroganz, mit der manche Beamte die von ihnen abhängigen Bürger schikanierten. Beides funktionierte sogar nach dem Krieg, als es noch keine Regierung, sondern nur Besatzungsmächte gab. Die politische Elite in Bonn, selbst mit Beamten durchsetzt, belohnte sie dafür – und setzte die meisten, auch entnazifizierte Parteigänger Hitlers, wieder in ihre alten Rechte ein: durch Artikel 131 des Grundgesetzes und ein spezielles Ausführungsgesetz.

Nachdem sich das Gericht mehrmals mit der Interpretation dieses Gesetzes beschäftigt hatte, kam es 1958 zum Schwur – zu einer Deutung, was es mit den »hergebrachten Grundsätzen des Berufsbeamtentums« für eine Bewandtnis hat.[22] Dieser Passus in Artikel 33, Absatz 5 des Grundgesetzes reflektierte auf eine uralte deutsche Tradition: Danach werden die Getreuen nicht entlohnt, sondern alimentiert.

Wie es einst dazu kam, zeichneten die Verfassungsrichter nach, von der konstitutionellen Monarchie bis zur Zeit der Weimarer Verfassung. Danach hat sich der Gesetzgeber immer von dem Grundsatz leiten lassen, den Beamten »einen angemessenen Lebensunterhalt, den man früher auch als standesgemäßen Unterhalt bezeichnete, zu gewähren«. Das Urteil skizziert Leistung und Gegenleistung. Es beschreibt die Funktion der Berufsbeamten: Sie sollen »eine stabile Verwaltung« garantieren und den »politischen Kräften« gegenüber als »ausgleichender Faktor« wirken. Höchstrichterliche Schlussfolgerung: Sie können diese Aufgabe nur erfüllen, wenn sie »rechtlich und wirtschaftlich abgesichert« sind. (Versteht sich, dass dazu die Anstellung auf Lebenszeit, Beihilfen im Krankheitsfall und der Anspruch auf Pension zählen.)

Mit dem Karlsruher Grundsatzurteil bekamen diese Absicherungen Bestandsschutz für alle Ewigkeit; die abstrakten »hergebrachten Grundsätze des Berufsbeamtentums« nahmen konkrete Gestalt an. Nach Ansicht der Richter hat der einzelne Beamte schon deshalb Anspruch auf solche Fürsorge, weil er die Höhe seines Gehalts nicht beeinflussen kann und weil er nicht streiken darf.

Mit diesem Machtwort schufen die Verfassungsrichter 1958 das Fundament für einen mächtigen Beamtenapparat. Dessen Dimensionen konnten sie, selbst wenn sie eine blühende Fantasie gehabt hätten, nicht erahnen. Der Staat im Staat wuchs und wuchs, von Jahr zu Jahr: Im Jahr 1960 gab es 700 000 Beamte, 2004 waren es 1 645 000.[23] Keiner sah voraus, dass sich die Zahl der Stellen mehr als verdoppeln und die Zahl der besser besoldeten Beförderungsstellen vervielfachen würde. Und schon gar nicht, dass die gigantischen Pensionssummen, für die kein Deckungskapital vorhanden ist, dereinst unbezahlbar sein könnten (nach Schätzungen von 2030 an). Es gab noch einen weiteren Irrtum: Das Streikverbot benachteiligt die Beamten gar nicht. Sie profitieren, ohne einen Finger zu krümmen, von den Arbeitskämpfen der Angestellten im öffentlichen Dienst; die Politiker, die es sich mit ihnen nicht verderben wollen, ziehen regelmäßig mit der Besoldung nach.

Grünes Licht für Parteienfinanzierung

Der Spruch aus Karlsruhe sicherte den Beamten auch im neuen Staat, in der Bundesrepublik, ihren festen Platz – einen ersten Rang, den sie schon von allen früheren Machthabern eingeräumt bekommen hatten. Die Entscheidung erging am 11. Juni 1958. Zwölf Tage später, am 24. Juni, verkündete der Zweite Senat, der damit aus dem Schatten des Wintrich-Senats hervortrat, ein ebenso folgenschweres Grundsatzurteil: Die staatliche Parteienfinanzierung erhielt den Karlsruher Segen. Es spricht viel dafür, dass die beiden Professoren Gerhard Leibholz und Ernst Friesenhahn starken Einfluss auf dieses Ergebnis genommen haben; namentlich Leibholz galt als Experte des Parteienrechts.

Damals gab es viel schrille Begleitmusik zu Regeln des Steuerrechts, die reiche Spender von hohen Summen und deren Empfänger (in den Unionsparteien CDU/CSU) begünstigten. Der Teil des Urteils, der diese Finessen für verfassungswidrig erklärte, ist heute kaum mehr als eine Fußnote der Geschichte. Doch der Kerngedanke gilt bis in die Gegenwart. Das Gericht stellte damals zwei Sätze voran: 1. »Die Abhaltung von Wahlen ist eine öffentliche

Aufgabe«. 2. Dabei kommt den Parteien »eine entscheidende Rolle zu«. Deshalb sei es »zulässig«, den »die Wahlen tragenden politischen Parteien finanzielle Mittel von Staats wegen zur Verfügung zu stellen«.[24]

Das Ausmaß der Begehrlichkeit

Fortan wurden in Deutschland nicht nur die Beamten, sondern auch die Parteien alimentiert. Dieser Freibrief für die staatliche Parteienfinanzierung entwickelte eine nicht voraussehbare Dynamik. Es war keineswegs der letzte Prozess in dieser Sache, viele weitere sollten folgen.

Das Gericht sagte – in unterschiedlicher Besetzung – mal hott und hü. Immer ging es um die Frage, wie üppig sich die Parteien selbst bedienen dürfen. Das Ausmaß ihrer Begehrlichkeit haben sich Leibholz und Friesenhahn kaum vorstellen können. Ihnen wären die Augen übergegangen, wenn sie die Statistik des Jahres 2009 gelesen hätten: Da bekam die CDU/CSU rund 55 Millionen Euro aus »staatlichen Mitteln«, die SPD rund 43 Millionen. An Spenden kassierten die Christdemokraten knapp 30 Millionen Euro, die Sozialdemokraten gut zehn Millionen.

Kommunisten geächtet, Pazifisten schikaniert, Homosexuelle verfemt – Vorurteile dieses Kalibers erhielten in den Anfangsjahren den Segen der Karlsruher Richter. So gesehen, waren sie auch nur Kinder ihrer Zeit. Die Jagd auf die »linke Brut«, die im Kaiserreich Staatsräson, in der Weimarer Republik Mehrheitsmeinung und unter Hitler Bürgerpflicht war, steckte allen noch in den Knochen. Und in der Verachtung von Schwulen trafen sich stramme Konservative und fromme Katholiken. Die Zeugnisse eines kleinkarierten Bewusstseins erinnern daran, dass Karlsruhe nicht von Anfang an ein Hort der Freiheit war. Den Ruf, im Zweifel Minderheiten zu schützen und Machtmissbrauch zu verhindern, hat sich das Gericht erst allmählich erworben.

Für Berufs- und Meinungsfreiheit

Doch erste Signale ließen bereits in der Wintrich-Ära, die hier in Rede steht, aufmerken. Wenn es um Bürgerfreiheiten ging, waren die Richter auch damals schon ihrer Zeit voraus. Sie bekamen es immer wieder mit Normen und Regeln zu tun, denen die Tendenz innewohnte, Menschen zu bevormunden und zu entmündigen – nach dem Motto: Nur der Staat weiß, was seinen Untertanen guttut. Manche dieser Regeln erinnerten an den preußischen Haarschnitt: Streichholzlänge, schnurgerader Scheitel, wahlweise rechts oder links. Dieses Denken war von Generation zu Generation vererbt worden.

Die neuen Deutschen, allesamt Abc-Schützen der Demokratie, zeigten Lerneifer – und nahmen den obrigkeitsstaatlichen (Un-) Geist nicht länger hin. Gegen immer mehr solcher staatlichen Zwänge wuchs der Widerstand, namentlich in Bereichen, die jeden Einzelnen angingen, etwa in der Berufs- und Arbeitswelt.

Das Bundesverfassungsgericht griff eine Branche heraus, in der das Schurigeln besonders auffällig war, und fällte im Juni 1958 ein oder genauer »das« wegweisende Grundsatzurteil zur Berufs- und Gewerbefreiheit.[25] Beschwerdeführer war ein Apotheker aus Traunreut, einem bayerischen Städtchen, nicht weit vom Chiemsee entfernt. Die Behörden hatten ihm die Genehmigung verweigert, eine eigene Apotheke zu betreiben. Begründung: Von hier aus seien etwa 6000 Menschen zu versorgen, dafür genüge die eine vorhandene Apotheke. Deren Umsatz würde sich bei Zulassung einer weiteren um 40 Prozent vermindern. Für zwei reiche es nicht. Der Kläger müsse »im eigenen Interesse davor bewahrt werden, eine nicht lebensfähige Apotheke zu errichten«.

Diese Tendenz der »Obrigkeit«, die Menschen vor sich selbst zu schützen, war zu jener Zeit noch weit verbreitet – den Neugründer vor dem Ruin, die Bürger vor Tablettensucht, die Volksgesundheit vor Engpässen in der Versorgung. Geschützt wurden im Endeffekt nur die etablierten Apotheken vor unliebsamer Konkurrenz. Zur Begründung für die Beschränkungen malten die Behörden den

Teufel an die Wand: Vorratshaltung, Rezeptpflicht, Güteprüfung, Preisgarantie und ständige Dienstbereitschaft seien bei einer unbeschränkten Zulassung von Apotheken nicht mehr gewährleistet.

Die Verfassungsrichter fegten dieses Horrorszenario vom Tisch: »In anderen, der Bundesrepublik Deutschland zivilisatorisch vergleichbaren Staaten« bestünde »volle Niederlassungsfreiheit, ohne dass deshalb von einer Gefährdung der Volksgesundheit durch Mängel der Arzneiversorgung ernstlich die Rede sein könnte«. Dagegen herrsche in der Bundesrepublik »die schärfste Einschränkung der freien Berufswahl, nämlich die Absperrung voll qualifizierter Bewerber von der selbstständigen Ausübung des Apothekerberufs«. Diese Engstirnigkeit verstoße gegen das Grundgesetz, nur die Niederlassungsfreiheit sei verfassungskonform.

Wer heute auf einer Distanz von hundert Metern an drei Apotheken vorbeikommt, hält das für selbstverständlich und kann die damalige Aufregung kaum nachvollziehen. Er weiß: Kein Apotheker leidet Not, der Kunde erhält jedes Medikament innerhalb von wenigen Stunden, keine der Schreckensprognosen ist eingetroffen. Was leicht vergessen wird: Diese Gewerbefreiheit verdanken die Deutschen dem Bundesverfassungsgericht.

Doch das Grundsatzurteil streifte nicht nur die Fesseln für eine Branche ab, es öffnete zugleich die Tore für die gesamte Berufs- und Arbeitswelt. Es legte für die Zukunft verbindlich fest, was die in Artikel 12 des Grundgesetzes verankerte »Berufsfreiheit« bedeutet. Auch das war eine kleine Sensation. Sie machten mit der Vorstellung Schluss, dass alles bis ins letzte Detail geregelt sein muss. Der neue Geist: Die Verfassung gewährleistet dem Einzelnen, so das Gericht, »jede erlaubte Tätigkeit als Beruf zu ergreifen, auch wenn sie nicht einem traditionell oder rechtlich fixierten ›Berufsbild‹ entspricht«.

Nach diesem wegweisenden Spruch darf die Freiheit der *Berufswahl* nur eingeschränkt werden, »soweit der Schutz besonders wichtiger (›überragender‹) Gemeinschaftsgüter es zwingend erfordert«. Die *Berufsausübung* kann dagegen an Voraussetzungen geknüpft werden, etwa an den Erwerb bestimmter Qualifikationen.

Aus zwei Gründen: Es dient der Sache und bewahrt die Allgemeinheit vor Gefahren. Mit dem Erfordernis einer vorgeschriebenen Ausbildung wird dem Bewerber, meinen die Richter, nur etwas zugemutet, was er »ohnehin auf sich nehmen müsste, wenn er den Beruf ordnungsgemäß ausüben will«.

Das hohe Gut der Meinungsfreiheit

Es war natürlich kein Zufall, dass sich die Richter in den Gründerjahren intensiv mit solchen Fragen befassten, die in der deutschen Geschichte, zumal der gerade zurückliegenden, zu kurz gekommen waren – mit den elementaren Grundrechten der Bürger. Das zeigte sich besonders deutlich bei dem ersten und wichtigsten Urteil zur Meinungsfreiheit. Es wirkte 1958 wie ein Befreiungsschlag. Die Gründe und Gebote sind bis heute ein eherner Bestandteil der Rechtsprechung. Es ist als Lüth-Urteil in die Rechtsgeschichte eingegangen.[26] Damals endete ein Prozess mit langer Vorgeschichte; sie hatte 1950 begonnen.

In diesem Jahr hatte Erich Lüth, Leiter der staatlichen Pressestelle in Hamburg, das Publikum aufgefordert, den Film »Unsterbliche Geliebte« zu meiden; der Regisseur Veit Harlan habe sich in der NS-Zeit durch den antisemitischen Propagandastreifen »Jud Süß« diskreditiert. Lüth war in dieser Sache 1951 vom Landgericht Hamburg zur Unterlassung verurteilt worden. Begründung: Sein Appell sei »eine sittenwidrige Aufforderung zum Boykott«.

Karlsruhe kassierte dieses Urteil 1958, spät, dafür aber mit durchschlagendem Erfolg. Was die höchsten Richter verkündeten, war ungewohnt. Sie räumten mit dem Dogma auf, dass die Grundrechte nur für das Verhältnis vom Bürger zum Staat Geltung beanspruchen können. Der neue Denkansatz: Die Garantien der Verfassung sind zwar tatsächlich »in erster Linie Abwehrrechte« gegen die Obrigkeit, doch sie verkörpern zugleich »eine objektive Werteordnung«, und die gilt als verfassungsrechtliche Grundentscheidung für alle Bereiche des Rechts.

Die Richter erläuterten den Lösungsweg: Wenn es darum geht, »dass sich in einer für das Gemeinwohl wichtigen Frage eine öffentliche Meinung« bildet, müssen »private und namentlich wirtschaftliche Interessen Einzelner grundsätzlich zurücktreten«. Im Klartext: Das Grundrecht der Meinungsfreiheit gilt bei einer Kontroverse auch gegenüber Privatpersonen. Die Richter erinnerten dann an das Prinzip der Waffengleichheit: Der Wert eines Grundrechts zeigt sich »gerade auch darin, dass jeder von ihm Gebrauch machen kann«; wer sich durch die öffentliche Äußerung eines anderen verletzt fühlt, kann ebenfalls vor der Öffentlichkeit erwidern. Das bedeutete im konkreten Fall: Harlan durfte, quasi im Gegenzug, Lüth öffentlich antworten. Doch da hätte er beweisen müssen, dass sein »Jud Süß«-Film nicht antisemitisch gemeint war.

Von der damals formulierten Kernidee ging das höchste Gericht nie wieder ab. Das Prinzip, an dem es über Jahrzehnte festhielt, lautet ganz schlicht: »Erst im Widerstreit der in gleicher Freiheit vorgetragenen Auffassungen kommt die öffentliche Meinung zustande, bilden sich die einzelnen angesprochenen Mitglieder der Gesellschaft ihre persönliche Ansicht.« Das Lüth-Urteil gehört zu den Glanzstücken der Karlsruher Rechtsprechung. In einem Land, das unliebsame Meinungen zwölf Jahre lang mit dem Tode bedrohte, war eine Antwort auf die Frage, wie weit die neue Meinungsfreiheit reicht, mehr als überfällig. Sie fiel in der Wintrich-Ära, in seinem Senat. Er überlebte das Urteil nur wenige Monate. Am 19. Oktober 1958 erlag er einem Herzinfarkt.

3

Eine feste Größe im Staat

Die Richter sprechen »das letzte Wort«

Die Präsidentschaft von Gebhard Müller 1959–1971

Mit Gebhard Müller trat wieder ein Politiker an die Spitze des Gerichts – ein konservativer Schwabe, der das rechte Spektrum der CDU repräsentierte. Eigentlich hätte er schon der erste Präsident werden sollen. Doch er war »im letzten Augenblick« von Bundeskanzler Konrad Adenauer zum Verzicht gedrängt worden; er beugte sich der Parteiräson, aus Rücksicht auf den Koalitionspartner FDP, zugunsten von Höpker-Aschoff.[1] Als er es dann Jahre später doch wurde, hätten ihn, erzählte er, Freunde gewarnt: »In diesem Amt sei noch kein Präsident in den Ruhestand getreten, sondern vorher gestorben.« Diese Prophezeiung hat dann »sich glücklicherweise nicht erfüllt«[2]. Müller amtierte tatsächlich knapp 13 Jahre – und hinterließ tiefe Spuren in der badischen »Residenz des Rechts«.

Politisches Umfeld
1957–1961: 3. Bundestag
Bundeskanzler: Konrad Adenauer (CDU)
Vizekanzler: Ludwig Erhard (CDU)
Koalition: CDU/CSU, FDP

Er kam 1959. Da war er, am 17. April 1900 geboren, so alt wie das Jahrhundert, ein ausgereifter Mann, der die Prägungen eines langen Lebens mitbrachte. Der Lehrersohn aus Füramoos hatte erst katholische Theologie studiert, bevor er auf Jura umsattelte. Die frühe religiöse Prägung machte sich auf vielfache Weise bemerkbar. Es verwundert kaum, dass er sich in katholischen Studentenverbindungen engagierte. Dagegen überrascht, wie viel Zivilcourage er aus seinem Glauben bezog. Es gehörte viel Mut dazu, einen

Landrat anzuzeigen, weil dessen Feuerwehr untätig blieb, als die jüdische Synagoge von Göppingen brannte.

Der Jurist, in der Weimarer Republik Mitglied der Zentrumspartei, verbrachte die Nazizeit in einer Nische, als Amts- und Landgerichtsrat in Württemberg. Nach dem Krieg wurde er CDU-Vorsitzender und Staatspräsident von Württemberg-Hohenzollern. Er genoss in der Region höchsten Respekt, weil er mit einer Mischung aus List und Sturheit die wahllosen Demontagen der französischen Besatzungsmacht durchkreuzt hatte. Müller gehörte zu den Vorkämpfern des »Südweststaates« und war von 1953 bis Ende 1958 Ministerpräsident des Landes Baden-Württemberg. Er regierte mit einer Allparteienkoalition aus CDU, SPD, FDP und dem BHE, einer Vertriebenenpartei. Im Februar 1959 wurde er Gerichtspräsident.

Fortan diente er in der »Residenz des Rechts«, wie Karlsruhe mittlerweile genannt wurde. Mit ihm bestieg ein eckiger und knorriger Mann den Thron. Ihm eilte der Ruf besonderer Prinzipientreue voraus. Das war eine seiner hervorstechenden Eigenschaften – eine, die (zumindest aus heutiger Sicht) auch Schatten auf seine Biografie wirft. Namentlich eine Entscheidung macht Müller zur historischen Figur. Er war der Politiker, der ein letztes Mal in Westdeutschland die Todesmaschine, eine Guillotine, in Gang setzen ließ. Als Staatspräsident von Württemberg-Hohenzollern hatte er 1949 die Begnadigung des 28-jährigen Mörders Richard Schuh abgelehnt.

Letzte Hinrichtung

Der Tübinger Historiker Hans-Joachim Lang deutete im »Schwäbischen Tagblatt« Müllers Härte: »Ein prinzipieller Befürworter der Todesstrafe. Er war wohl aus moralischen Gründen von der Richtigkeit überzeugt. Nicht ungewöhnlich für einen Katholiken. Papst Pius XII. hat sich noch in den fünfziger Jahren für die Todesstrafe ausgesprochen.«[3] Das Exekutionskommando ließ die Guillotine, mit der die französische Militärregierung tötete, in Rastatt zerlegen und in Tübingen wieder montieren; dort wurde Schuh am 18. Februar 1949 hingerichtet. Die Vollstrecker hatten es ziemlich eilig. Sie wollten ersichtlich dem Grundgesetz zuvorkommen, das trat drei Monate später, am 23. Mai 1949, in Kraft. Artikel 102 bestimmt: »Die Todesstrafe ist abgeschafft.«

Müller verfocht seine Überzeugungen, nicht nur bei der Todesstrafe, mit temperamentvoller Entschiedenheit. Oft mit Erfolg. Das trug ihm beim Publikum viel Sympathie ein. Er gehörte zu den Puristen, die kompromisslos Korrektheit im öffentlichen Leben verlangen. Er selbst ging mit gutem Beispiel voran. Er amtierte als Ministerpräsident in Stuttgart und wohnte im 14 Kilometer entfernten Ludwigsburg. Ihm stand eine Trennungsentschädigung von 3 600 Mark im Jahr zu. Er hielt diese Vorschrift in seinem Fall für unangemessen – und verzichtete. Das war keineswegs selbstverständlich, denn er galt im »Ländle« als notorischer Geizhals.

Ballade vom Schlips

Dieser Ruf hatte eine Vorgeschichte, eine Episode, die ihm ewig anhing. Der Finanzreferent der »Jungen Union« hatte sich an einer »Komödie von der schwäbischen Sparsamkeit in drei Akten« versucht. Seine Satire erschien in den »Informationen«, einem Monatsheft des Stuttgarter »Ringes der politischen Jugend«. Im dritten Akt sagt der Präsident des Landtages Karl Neinhaus zum Ministerpräsidenten: »Herr Müller, heute gefällt mir Ihre Krawatte aber wesentlich besser als gestern.« Und Müller, nachdem Neinhaus den Tisch verlassen hat: »Da sehen Sie, was Neinhaus von Mode versteht; die heutige Krawatte ist schon zwölf Jahre alt, die gestrige hatte ich mir aus einem alten Kleid meiner Frau geschneidert.«

Müller selbst trug zur Steigerung des Vergnügens bei. Er schrieb gleichsam den vierten Akt der Komödie, ein ernst gemeintes Dementi: »Für alle Leser darf ich bemerken, dass weder ich noch sonst jemand aus einem alten Kleid meiner Frau eine Krawatte geschneidert haben oder dass ich eine zwölf Jahre alte Krawatte trage.« Der »Spiegel« sorgte für die Verbreitung der Stuttgarter Posse, mit einer genüsslichen Story unter der Überschrift »Ballade vom Schlips«.[4]

Doch wer diesen Teil fürs Ganze nehmen wollte, tat Müller unrecht. Die penible Korrektheit – eine Tugend, in der sich Schwaben und Preußen ähneln – war ein unverrückbarer Teil seines Ich. Er verkörperte, im guten wie im schlechten Sinn, schwäbische Sparsamkeit. Es dürfte kein Zufall gewesen sein, dass er schon bei einem ersten Gespräch mit mir die Rede auf das Spannungsverhältnis von Geld und Politik brachte. Müller geriet in Rage. Er war aufgebracht, und er machte seinen Zorn an der Person eines Spitzenpolitikers fest. Er ließ sich über Eugen Gerstenmaier aus, den damaligen CDU-Bundestagspräsidenten.

Er zog, ohne Diskretion zu verlangen, gewaltig vom Leder. Was er über Gerstenmaier erzählte, war nicht neu. Bemerkenswert erschien mir nur, dass sich hier nicht ein politischer Gegner empörte, sondern ein Parteifreund. Gerstenmaier war gerade ins Gerede gekommen, weil er ein Baugrundstück, das ihm die Stadt Stuttgart vor Jahren zum Vorzugspreis verkauft hatte, nun zum inflationär gestiegenen Marktpreis wieder veräußern wollte.

Raffgier eines »Parteifreundes«

Gerstenmaier fehlte offenbar ein Sensorium für politischen Anstand. Seit Langem beherrschte auch ein Geraune über seine Wiedergutmachung die Szene in Bonn. Die Nazis hatten ihm, weil er sich in der regimekritischen »bekennenden Kirche« engagierte, die Hochschullaufbahn versperrt. Nun profitierte er von einer Vorschrift, an der er – so der nie ausgeräumte Verdacht – maßgeblich mitgewirkt hatte. Begünstigt wurde ein ganz kleiner Kreis, und er gehörte dazu: »Personen, denen nach der Habilitation die Lehrbefugnis nicht erteilt worden ist«. Das erbrachte exorbitant hohe Besoldungsnachzahlungen, die angesichts der Pensionsansprüche, die Gerstenmaier als Präsident des Deutschen Bundestages erworben hatte, als unanständig empfunden wurden.

Müller nahm den Fall zum Anlass, um sich über die Raffgier von Politikern auszulassen. Er fand es unseriös, wenn einer, aufaddiert, Gehälter und Pensionen aus verschiedenen Ämtern bezog. Er nahm sich selbst als Beispiel: »Ich könnte, wenn ich wollte, nach meiner Amtszeit noch leicht Bundestagsabgeordneter werden; stellen Sie sich vor – ich würde neben den Pensionen aus meiner Zeit als Ministerpräsident und als Präsident des Bundesverfassungsgerichts noch stattliche Diäten einstreichen.« Er schüttelte sich vor Abscheu. Diese Auffassung vom Staat machte Gebhard Müller sympathisch; sie floss, weil mehrheitsfähig, auch in die Rechtsprechung des Ersten Senats ein, dem er vorsaß.

Das Selbstbewusstsein der Kollegen

An vieles musste er sich erst gewöhnen, etwa an das richterliche Selbstbewusstsein der Kollegen. Müller hatte in jüngeren Jahren zwar auch die Robe getragen, doch in Karlsruhe zeigte sich, dass ihm die persönliche Unabhängigkeit, die mancher andere zeigte und einforderte, ziemlich fremd war. Diesen Anspruch zu respektieren, musste er in seiner Amtszeit als Präsident immer wieder von Neuem lernen. Er dachte zu sehr in den Kategorien eines Beamten.

Das blieb nicht geheim. Chronisten berichten, Müller habe sich in Bonn hingestellt und gesagt, was »sein« Haus brauche, seien »besonders qualifizierte, arbeitsfähige und arbeitswillige Richter«. Dazu gab es prompt ein internes Echo: Offenbar habe sich der langjährige Regierungschef »noch nicht daran gewöhnen« können, dass er es im Gericht »nicht mehr mit untergeordneten Verwaltungsbeamten, sondern mit unabhängigen, gleichgeordneten Richtern zu tun hatte, über die ihm keine Amtsgewalt gegeben war«.[5] Zwischendurch raunte der Flurfunk auch mal, dass es zu einer kleinen Palastrevolution gekommen sei – bei seinem Versuch, auf die Arbeitsabläufe eines Senatskollegen Einfluss zu nehmen.

Solche Scharmützel waren letztlich nur ein weiteres Indiz dafür, dass mancher Verfassungsrichter am Anfang Mühe hat, seinen

Platz im neuen Umfeld zu finden. Anflüge eines hierarchischen Denkens kamen bei Müller zwar immer wieder zum Vorschein. Nach außen wirkte das bisweilen noch nicht mal unsympathisch. Etwa, wenn er als Repräsentant des fünften Verfassungsorgans amtliche Autorität ausstrahlte; der Präsident, der sich gern mit einer dicken Zigarre fotografieren ließ, flößte allseits Respekt ein. Zu seinem Findungsprozess gehörte, dass er sich zunehmend als Befürworter der Verfassungsbeschwerde verstand: Ihre Einführung habe »einen wesentlichen Beitrag zur Inkorporierung der demokratischen Grundordnung im Bewusstsein der Bevölkerung geleistet«.[6]

Die Statistik sprach dafür. Deutschlands Bürger lernten nach und nach, dass es eine letzte Instanz gibt, die sie anrufen können. Diese Möglichkeit habe, so eine weitere Beobachtung Müllers, »die grundlegenden Entscheidungen des Verfassungsgebers in weiten Kreisen bekannt gemacht«. Tatsächlich wurde der Gang nach Karlsruhe immer beliebter. Auch sein eigener Senat bekam diese Entwicklung zu spüren. Das erklärt die zunehmende Doppelfunktion des Gerichts: als Schlichter zwischen den politischen Kräften im Staat und als schöpferischer Interpret der Grund- und Bürgerrechte.

Der »Stichentscheid« des Vaters

Das Apotheken- und das Lüth-Urteil waren erste Schritte auf diesem Weg. Schon wenige Monate nach Amtsantritt, im Juli 1959, wirkte Müller an einer Entscheidung mit, die ebenfalls dazu ermunterte, sich nicht mit jedem überlieferten Paragrafen abzufinden. Auch sie war ein Privatissimum in Verfassungsrecht; sie lehrte, dass es lohnt, einem Gefühl für Ungerechtigkeit nachzugehen, weil das Grundgesetz zu kritischer Prüfung einlädt. Vier Ehefrauen und Mütter hatten Artikel 3 (»Männer und Frauen sind gleichberechtigt«) beim Wort genommen und dem Gericht die Frage vorgelegt, ob zwei antiquierte Vorschriften des »Bürgerlichen Gesetzbuches« mit diesem Gebot in Einklang stehen.[7]

Der eine Paragraf (1628) war unter dem Namen »Stichentscheid des Vaters« bekannt. Sein Wortlaut: »Können sich die Eltern nicht einigen, so entscheidet der Vater.« Der andere (1629 Absatz 1) sparte die Mutter ebenfalls aus: »Die Vertretung des Kindes steht dem Vater zu.« Die Beamten des Bundesjustizministeriums, um eine Stellungnahme gebeten, sahen alles im Lot. Die Argumente dürften ihrem Chef gefallen haben. Minister war damals Fritz Schäffer, ein frommer CSU-Mann. Das Plädoyer seines Hauses kam schnell auf den Punkt: Das Privileg des Vaters erfülle einen guten Zweck – »Schutz und Erhaltung von Ehe und Familie in ihrer christlich-abendländischen Prägung«. Es sei geboten, bei Meinungsverschiedenheiten »die Entscheidungsbefugnis einem Elternteil« zu übertragen; das sei nach »Herkommen« und »Übung« nun mal der Vater.

Ein Einwand der Bonner Amtsjuristen war besonders fadenscheinig. Sie trugen in Karlsruhe allen Ernstes vor: Die Gleichberechtigung betreffe ihrer »Natur nach« nur das »Verhältnis von Mann und Frau untereinander«, »nicht aber ihr Verhältnis zu Dritten«. Mit dem »Dritten« war das gemeinsame Kind gemeint. Spätestens an diesem Argument wurde deutlich, dass es 1959 immer noch hohe Beamte gab, die – zehn Jahre nach Inkrafttreten des Grundgesetzes – weder dessen Wortlaut noch dessen Geist begriffen hatten.

Die Verfassungsrichter wiesen sie kühl zurecht: Es könne keinen Zweifel geben, dass »Mann und Frau auch in der Ehe gleichberechtigt sind«. Schon aus »ihrer gemeinsamen Verantwortung gegenüber dem Kind« folge die Gleichstellung von Vater und Mutter. »Da diese Verantwortung unteilbar ist, trifft sie die Eltern in gleicher Weise.« Bei der »Zurücksetzung der Mutter« durch die strittigen BGB-Paragrafen handele es sich nicht um eine Nebensächlichkeit, die »hinzunehmen wäre«, sondern um »den Kern der Gleichordnung der Eltern«. Die Benachteiligung schwäche die Position der Frau »gerade in dem Bereich, in dem ihr Wesen am tiefsten wurzelt und sich entfaltet – dem der Mutterschaft«.

In der Tatsache, dass nach ihrem Votum nicht mehr einer allein das Sagen hatte, sahen die Richter kein Problem. Für sie reichte

»das Wohl des Kindes« als Maßstab, »der in aller Regel genügen wird, um sicherzustellen, dass ein konkreter Entschluss durch natürliche Übereinstimmung oder durch beiderseitiges oder durch einseitiges Nachgeben zustande kommt«.

Das Urteil, das warmherzig »vom Wesen« der Frau spricht und auf die »natürliche Übereinstimmung« vernünftiger Menschen reflektiert, schlägt Töne an, die es im bürokratischen Amtsdeutsch bis dato nicht gab. Das Gericht fand für die Auslegung der Grundrechte, die freien Geist ausstrahlen und sich an »jedermann« richten, nach und nach die richtige Sprache, einen Duktus, der im Laufe der Jahre noch verfeinert wurde.

Diese Bereitschaft, auf die Nöte der Bürger einzugehen, fiel auch bei einer Frage ins Auge, die 1960 viele junge Deutsche bewegte: Soldat werden oder den Kriegsdienst verweigern? Das Thema war 15 Jahre nach Kriegsende wieder aktuell. Die Zeiten, in denen die Parole »Nie wieder Waffen« das politische Leben bestimmte, lagen lange zurück. Die Fama berichtet aus dem Jahr 1949: Sogar Franz Josef Strauß, der spätere Verteidigungsminister, habe Abscheu bekundet. Ihm wird der Satz zugeschrieben: »Wer noch einmal ein Gewehr in die Hand nimmt, dem soll die Hand abfaulen.« Aus seinem Umfeld hieß es relativierend, er habe nur den »Angriffskrieg« ächten wollen. Tempi passati. Am 1. April 1957 rückten die ersten Wehrpflichtigen bei der Bundeswehr ein.

Gewissen auf der Goldwaage

Doch nicht alle folgten dem Ruf an die Waffen. Zwischen 1958 und 1960 stellten 11 143 Jungbürger den Antrag, als Kriegsdienstverweigerer anerkannt zu werden.[8] Sie beriefen sich auf Artikel 4 III des Grundgesetzes: »Niemand darf gegen sein Gewissen zum Kriegsdienst mit der Waffe gezwungen werden.« Doch so eine Vorschrift, die klar klingt, wird kompliziert, wenn bürokratische Rechthaber über sie herfallen. Die »Obrigkeit« maßte sich an, das Gewissen auf die Goldwaage zu legen. Jeder Antragsteller musste vor einem »Prüfungsausschuss« erscheinen und seine Beweggründe offenbaren. Dabei zeigte sich, dass es Beamte gibt, die Gesetze nicht anwenden, sondern genussvoll vollstrecken.

Dagegen kam Widerstand auf. In Karlsruhe klagte ein Patriot, der aus einleuchtenden Gründen den Dienst verweigert hatte: Sein Gewissen verbiete, »in einem geteilten Deutschland Kriegsdienst mit der Waffe zu leisten«, er habe Angst davor, dass er eines Tages den Befehl erhalte, »auf Deutsche zu schießen«. Die Gewissensprüfer lehnten seinen Antrag ab, weil er sich »nicht jeder Waffenanwendung« widersetze; er habe lediglich eine »situationsgebundene Gewissensentscheidung« getroffen, die sich nur »gegen einen bestimmten Krieg wende«, das reiche nach Paragraf 25 des Wehrpflichtgesetzes für eine Anerkennung nicht aus.

Das zuständige Verwaltungsgericht in Schleswig-Holstein, das zugunsten des Klägers entscheiden wollte, hatte Zweifel an der Gültigkeit dieser Vorschrift, es legte deshalb den Fall in Karlsruhe vor. Das Gericht fällte ein Grundsatzurteil[9] – und stand dabei, nicht zum ersten und nicht zum letzten Mal, vor einem schier unlösbaren Problem. Es musste eine ethisch-philosophische Frage, für die es nicht kompetent war, auf Normalmaß zurechtstutzen – gleichsam auf den Alltag zuschneiden. Was ist Gewissen? Lässt es sich dingfest machen? Und wenn ja – wie?

Kategorien von »Gut« und »Böse«

Die Richter operierten weise. Sie begaben sich erst gar nicht auf das Glatteis einer »Auseinandersetzung mit theologischen und philosophischen Lehren über Begriff, Wesen und Ursprung des Gewissens«. Sie versuchten, ganz bodenständig, das Gewissen »im Sinne des allgemeinen Sprachgebrauchs« zu verstehen. Was dabei herauskam, war wirklich keine große Philosophie, aber nicht weniger abstrakt. Die Richter versuchten, was Menschen bewegt, in Worte zu fassen. Unter einer Gewissensentscheidung sei, formulierten sie, »jede ernste sittliche«, an den Kategorien von »Gut« und »Böse« orientierte Entscheidung anzusehen – eine, »die der Einzelne in einer bestimmten Lage als für sich bindend und unbedingt verpflichtend innerlich erfährt, so dass er gegen sie nicht ohne ernste Gewissensnot handeln könnte«. Ob eine entsprechende Aussage ehrlich gemeint sei, könne »mit den zu Gebote stehenden Erkenntnismitteln« geprüft werden. Doch dabei dürfe das Gewissen nicht »in irgendeinem Sinn« – etwa als »irrig«, »falsch« oder »richtig« – bewertet werden.

Wenig folgerichtig nahmen sie die herrschende (bewertende) Meinung aber hin. Die besagte: Ein Pazifist müsse, um anerkannt zu werden, ohne Einschränkung »jeden« Krieg ablehnen. Die Richter ließen das geteilte Gewissen des Klägers daher nicht gelten. Gleichwohl hätte ihr Urteil ein großer Wurf werden können. Ihnen fehlte aber offenbar im letzten Moment der Schneid, aus ihrer Kette zwingender Argumente den richtigen Schluss zu ziehen. Wer – wie sie – davon ausgeht, dass der Mensch den Unterschied von Gut und Böse »verpflichtend innerlich erfährt«, hätte ihm diese »Gewissensnot« einfach glauben müssen. Die innere Stimme lässt sich nicht beweisen und auch nicht nachprüfen. Da das Gericht diesen befreienden Satz damals nicht sagen mochte, konnten die Gewissensprüfer ihre vielfach erbärmliche Praxis fortsetzen.

Gemeine Fangfragen

Schlimmstes Beispiel: Sie lockten Jünglinge, die gerade aus der Schule kamen, mit Fangfragen in die Falle: »Stellen Sie sich vor, Sie wären Zeuge, wie marodierende fremde Soldaten Ihre Freundin (oder Mutter) vergewaltigen. Stellen Sie sich weiter vor, auf dem Tisch läge griffbereit eine Pistole. Würden Sie schießen?« Wer nicht antwortete, ich würde auch in diesem Fall kein Gewehr in die Hand nehmen, fiel durch. Folge dieser entwürdigenden Prozedur war: Die Gewissensfreiheit zerbröselte in kleine Krümel. Die Gegenstrategie ergab sich von selbst. Es taten sich Beratungsstellen auf. Diese Schutztruppe sammelte und analysierte die Fragen der Gewissensforscher, stellte unverfängliche Antworten zusammen – und präparierte hilfesuchende Kriegsdienstverweigerer, Nachhilfestunden wie vor der Prüfung zum Führerschein.

Parallel zu den Verfahren, in denen Inhalt und Grenzen der Grundrechte vermessen wurden, liefen Prozesse, in denen die Konflikte zwischen den politischen Parteien aufbrachen. Mit einem Geburtsfehler des Gerichts – der starren Geschäftsverteilung, die zur Überlastung des Ersten Senats und zur Unterbeschäftigung des Zweiten Senats geführt hatte – musste sich Müller nicht mehr plagen. Sein Vorgänger Wintrich hatte eine Reform vorangetrieben, die den »Arbeitsanfall ausbalancierte«.[10] Danach galt die grobe Daumenregel: Der »Erste« interpretierte die Grundrechte, der »Zweite« fungierte als Staatsgerichtshof.

»Der Zufall hatte es gewollt«, dass im Ersten Senat, dem bis dato nur Konservative vorsaßen (Höpker-Aschoff, Wintrich und nun Müller), eher linke Richter in der Überhand waren, im Zweiten Senat unter dem Sozialdemokraten Katz gab es dagegen eine rechte Mehrheit.[11] Mit Vereinfachungen, die sich obendrein noch als Polemik anboten, war Adenauer schnell zur Hand. Bei einem Pressetee stempelte er den Ersten Senat als den »roten« Senat ab, viele argwöhnten, er habe mit diesem raffinierten Etikett eine Assoziation von Rechtsbeugung erzeugen wollen.[12]

Absage an ein Staatsfernsehen

Fortan hieß der Zweite Senat nur der »schwarze«, diese Farbeinteilung wurde das Zwillingsgericht viele Jahre nicht los. Adenauers Pech: Ausgerechnet dieser »schwarze« Senat mit der vermeintlich sicheren konservativen Mehrheit brachte ihm dann eine der schlimmsten Niederlagen seines politischen Lebens bei. Die hatte er sich allerdings selbst zuzuschreiben. Stein des Anstoßes war sein Lieblingsprojekt, das unter dem Schlagwort »Regierungsfernsehen« viel Wirbel verursachte. Kommentatoren nannten die Art und Weise, wie er sein Ziel verfolgte, »selbstherrlich« und »perfide«.

Dieser rüde Stil wurde ihm, auch bei Gericht, zum Verhängnis. Seine Haltung lässt sich erklären. Er glaubte, auf dem richtigen Weg zu sein, und diese tiefe Überzeugung wurzelte in dem Staatsverständnis, das er (geboren 1876) aus dem Jahrhundert zuvor mitgebracht hatte. Anflüge eines autoritären Denkens kamen bei ihm immer wieder zum Vorschein. Linke waren ihm verdächtig, linke Schreiberlinge besonders. Er hatte eine »vordemokratische Einstellung zur Presse«. Wenn ihm etwas nicht gefiel, raunzte er seinen »Bundespressechef« an: »Können Sie nicht dafür sorgen, dass die Presse endlich aufhört, über diese Sache zu schreiben.«[13] Zudem glaubte er, dass »bei den nächsten Wahlen Radio und Fernsehen eine weitaus größere Rolle spielen würden als bisher«.[14] Er fürchtete den Einfluss der SPD auf die Medien und trieb deshalb, als Gegengewicht, die Gründung einer neuen Anstalt, das »Deutschlandfernsehen«, zügig voran.

Dass er dabei keine Rücksicht auf den politischen Gegner nahm, verwundert kaum. Doch er brüskierte auch seine politischen Freunde. Das Echo auf sein Vorgehen war verheerend. Alle Kritik erscheint indes harmlos im Vergleich zu der Beschreibung des Sachverhalts durch die Richter. Ihre Verdichtung der Fakten und die Schlussfolgerungen, die sie zogen, waren für den Regierungschef vernichtend.

Was den Konflikt ausmachte, ist schnell erzählt. Adenauer und sein Finanzminister Fritz Schäffer gründeten am 25. Juli 1960 im Namen der Bundesrepublik eine Gesellschaft mit Sitz in Köln. Ihr Name: Deutschland-Fernsehen-GmbH. Stammkapital 23 000 Mark. 12 000 davon übernahm die Bundesrepublik, 11 000 Schäffer; er sollte als Treuhänder »die Interessen der Länder bis zu ihrem Eintritt in die Gesellschaft wahren«. Jedes der elf Länder hätte sich zum Nennbetrag von 1000 Mark einkaufen können. Doch die Ministerpräsidenten der Länder, auch die von der CDU, zeigten Adenauer die kalte Schulter. Daraufhin übernahm die Bundesrepublik auch deren Anteile. Das Regierungsfernsehen war geboren. Dagegen klagten die SPD-Länder Hamburg und Hessen. Über ihren Antrag wurde an drei Tagen Ende November 1960 in

Karlsruhe mündlich verhandelt, am 28. Februar 1961 verkündeten die Richter ihr Urteil, das die Machtstrukturen im Staat ein für allemal unmissverständlich klarstellte.

In den Gründen zum Spruch analysierten die Richter Adenauers Strategie. Sie listeten unnachgiebig auf, wie er alles um sich herum niederwalzte: Dass er »nach dem Grundsatz divide et impera« handelte, »auf die Spaltung der Länder« ausging, nur »mit einigen eine Vereinbarung« suchte und »die anderen vor den Zwang des Beitritts« stellte. Das Urteil: Ein glatter Verstoß gegen die »Pflicht zu bundesfreundlichem Verhalten«. Er habe diesen Grundsatz obendrein noch verletzt, als er in einer Sache, die alle anging, »die Landesregierungen je nach ihrer parteipolitischen Richtung verschieden« behandelte, bei Beratungen »Nahestehende« hinzuzog und »Oppositionelle« ausschloss.

Nach Gutsherrenart

Doch selbst die Nahestehenden kujonierte »der Alte« nach Gutsherrenart. Die Ministerpräsidenten der Länder hatten drei Tage vor Gründung der Gesellschaft erstmals Gelegenheit erhalten, über das Projekt der Bundesregierung zu beraten. Alle, auch die von CDU/CSU, hatten Vorbehalte – und machten Gegenvorschläge. Doch Adenauer bestand auf einen Beitritt ohne Wenn und Aber, diesen Entschluss teilte er dem Wortführer der Länder mit. Sein Schreiben an Peter Altmeier, den CDU-Ministerpräsidenten von Rheinland-Pfalz, trägt den Poststempel vom 24. Juli, 17 Uhr, es ging beim Adressaten am 25. Juli um 16.15 Uhr ein. Der Gesellschaftsvertrag war Stunden zuvor längst beurkundet worden.

Das war, um nicht Flegelei zu sagen, zumindest schlechter Stil. Auch die Karlsruher Richter reagierten empört: Sie hielten nicht nur dieses Vorgehen für »schlechthin unvereinbar« mit rechtsstaatlichen Umgangsregeln, sondern auch schon den ersten Schritt: als Adenauer, nachdem klar war, »dass die Länder nicht willens« waren, sich an seinem Projekt zu beteiligen, kurzerhand einen

»Treuhänder« einsetzte, um »mit dessen Hilfe die von den Ländern abgelehnte Gesellschaft« zu gründen.

Das Urteil, mit dem Adenauers Marotte für verfassungswidrig erklärt wurde, setzte Maßstäbe für die Presse- und Rundfunkfreiheit. Stichwort Fernsehen: Das Grundrecht auf Meinungsfreiheit »verlangt jedenfalls«, so die Botschaft, »dass dieses moderne Instrument der Meinungsbildung weder dem Staat noch *einer* gesellschaftlichen Gruppe ausgeliefert wird«. Mehr noch: Es müssen »alle in Betracht kommenden Kräfte« in den »Organen« so einer Anstalt Einfluss haben, und es müssen verbindliche Leitsätze gelten, »die ein Mindestmaß von inhaltlicher Ausgewogenheit, Sachlichkeit und gegenseitiger Achtung gewährleisten«.

Für gänzlich ausgeschlossen erklären die Richter, »dass der Staat unmittelbar oder mittelbar eine Anstalt oder Gesellschaft beherrscht, die Rundfunksendungen veranstaltet«. Sie konstatierten, dass sich Adenauers Firma »völlig in der Hand des Staates« befindet – »ein Instrument des Bundes«, das »kraft der verfassungsmäßigen Kompetenzen der Bundesregierung und des Bundeskanzlers von diesen beherrscht« wird. – Ein Urteil, das unverrückbare Fundamente für Medienfreiheit und Medienvielfalt legte.

CDU-Richter contra CDU-Kanzler

Adenauers Niederlage kam hinzu. »Das höchste Gericht« hatte ihm »die spektakulärste Abfuhr erteilt, die je ein deutscher Regierungschef von einem deutschen Gericht hinnehmen musste«.[15] Ausschlaggebend waren die überwiegend konservativen Richter des Zweiten Senats, der sozialdemokratische Vorsitzende Rudolf Katz hatte nicht mal mit gestimmt, er lag im Krankenhaus und wurde von seinem Kollegen Egon Schunck vertreten. Adenauer blieb auch in dieser Lage seiner Devise treu: Angriff ist die beste Verteidigung. Acht Tage später verkündete er im Bundestag das Urteil über das Urteil, »einen einstimmigen« Beschluss seiner Regierung: »Das Kabinett war sich darin einig, dass das Urteil des Bundesverfassungsgerichts falsch ist.«[16]

Die Empörung über diese Missachtung des Gerichts war groß. Fritz Erler von der SPD brachte sie auf den Punkt: »In allen Ländern mit demokratischer Tradition wäre nach einem solchen Urteil die Regierung zurückgetreten. In Ländern mit alter demokratischer gefestigter Tradition wäre ein solches Verhalten der Regierung erst gar nicht passiert.«[17]

Gebhard Müller zeigte sich von einer Seite, die Adenauer, wenn er sensibler gewesen wäre, hätte kennen können. Müller besaß wirklich die Vorzüge, deretwegen er ins hohe Amt gehievt worden war – frommer Katholik, konservativer Jurist, verlässlicher Parteisoldat. Doch ein Credo, das dieses Psychogramm abrundete, war offenbar von keinem ernst genommen worden. Er hatte mal vor dem Deutschen Industrie- und Handelstag bekannt: »(Der Schwabe) kennt keine Demut und Zerknirschung vor den Größen dieser Welt.« Und weiter: »Der Geist des freien Mannes ist unausrottbar.«[18]

Fels in der Brandung

Wer diesen Wesenszug von Müller kannte, war von der Härte, mit der er seinen Parteifreund Adenauer für die »Schmähung des Gerichts« zurechtwies, kein bisschen überrascht. Er gab am 15. März 1961 eine offizielle Erklärung ab: »Jedermann steht frei, Entscheidungen des Bundesverfassungsgerichts zu würdigen oder auch für falsch zu halten. Kein Verfassungsorgan ist nach der grundgesetzlichen Ordnung befugt, zu beschließen und amtlich zu verlautbaren, ein Spruch des Bundesverfassungsgerichts entspreche nicht dem Recht.«[19]

Dieser Spruch aus Karlsruhe war ein Markstein in der Entwicklung des Gerichts – und ein Moment, der einen Rückblick auf die ersten zehn Jahre nahelegte. Er erinnerte an den Anfang, bei dem es zunächst nur um Orientierung ging. Da war eine neue, nie da gewesene Instanz geboren, die ihren Platz im Gefüge des Staates noch suchte. Sie war aufgerufen, die Mächtigen zu kontrollieren. Denen gefiel das gar nicht. Die Kontrolleure und die Kontrollierten tasteten sich wechselseitig ab. Die politischen Machthaber versuchten herauszubekommen, wie weit sie gehen konnten. Es folgte ein ernst zu nehmendes Kräftemessen. Das wiederum gipfelte im Kampf um den Status, der letztlich zugunsten des Bundesverfassungsgerichts ausging.

Dann folgten Jahre, in denen die Machthaber in Bonn mit der Rechtsprechung aus Karlsruhe zufrieden sein konnten. Beim Verbot der SRP und der KPD folgten die Richter den Anträgen der Regierung. Manche Urteile – etwa das zur Homosexualität oder das zu »den hergebrachten Grundsätzen« des Berufsbeamtentums – verfestigten das konservative Weltbild. Die anderen taten nicht weh. Das Apothekenurteil brachte die Berufsfreiheit voran, das Lüth-Urteil die Meinungsfreiheit. Beide Urteile brachen zwar verharschte Strukturen auf, doch sie kamen der herrschenden politischen Klasse nicht ernstlich in die Quere.

Recht vor Macht

Der Fernsehstreit war dagegen von anderem Kaliber. Er gehorchte, wie bei einem großen Schauspiel, den Regeln der Dramaturgie: brisanter Konflikt, verbissene Kontrahenten, versteckte Intrigen, wachsende Spannung – und schließlich der Showdown. Als der Schlussvorhang fiel, wussten alle Zuschauer, Politiker wie Bürger, wer in dieser Republik das letzte Wort hat.

Die Demonstration war so eindrucksvoll, weil es ausnahmsweise nicht um ein abstraktes Gesetz ging. Das Machtwort aus Karlsruhe richtete sich gegen einen Menschen, den jeder kannte, gegen den mächtigsten Mann im Staat, gegen den Bundeskanzler höchstpersönlich. Der begehrte zwar auf. Doch das war nur Theaterdonner. Denn auch er beugte sich: Das Urteil müsse »den Gesetzen entsprechend« beachtet werden, das Gericht habe gesprochen, damit sei die Sache erledigt.[20] Wenn es noch eines Beweises bedurft hätte, dass hierzulande »Recht vor Macht« geht – nun war er erbracht.

Die erste Volksaktie schafft Probleme

Im Jahr 1961 rückte Karlsruhe zweimal ins Blickfeld der Öffentlichkeit. Im April, wenige Wochen nach dem Desaster Adenauers, ging es um einen Fall, der das Publikum vermutlich viel mehr interessierte als die Winkelzüge des Alten. Genau besehen, schauten 1 547 503 Bundesbürger gebannt auf das Gericht. Sie hatten die erste deutsche Volksaktie (von VW) gezeichnet – und waren nicht berücksichtigt worden. Fünf erhoben Verfassungsbeschwerde.[21] Sie waren überzeugt, dass es bei der Vergabe des Papiers nicht mit rechten Dingen zugegangen war.

Das Börsenspektakel war Anfang 1961 ausgebrochen. Damals ging es in Deutschlands Bankfilialen zu wie auf der Rennbahn. Scharen von Bürgern waren vom Wettfieber gepackt. Jeder wollte dabei sein. Die aufgestachelte Menge drängelte an den Schaltern, und alle setzten auf denselben heißen Tipp. Am Schluss waren es die besagten anderthalb Millionen, die sich als Käufer angemeldet hatten.

Anlass für den Wettlauf war die Neuorganisation des VW-Konzerns, dessen »Käfer« sich zum Symbol des Wirtschaftswunders entwickelt hatte. Nach langem Streit um die Frage, wem nun der Nachlass aus der Hitler-Ära gehören sollte, war VW per Gesetz in eine Aktiengesellschaft umgewandelt und gleichzeitig bestimmt worden: Der Bund (Bonn) und das Land Niedersachsen (Hannover) erhalten je 20 Prozent des Grundkapitals, 60 Prozent werden in Form von Kleinaktien verkauft.

Dahinter stand die 1957 erstmals propagierte Idee, Eigentum »breit zu streuen«, zur Kapitalbildung »in bisher allein vom Arbeitseinkommen lebenden Kreisen beizutragen« und einer »Machtkonzentration wirksam« zu begegnen.[22] Gedacht war an zwei Verkaufswellen: Die Aktien sollten vom 16. Januar bis 15. März 1961 zunächst einem bevorrechtigten Kreis von Bürgern angeboten werden – den Werksangehörigen von VW und allen Kleinverdienern, deren Jahreseinkommen 8000 Mark (bei Unverheirateten) oder 16 000 Mark (bei Verheirateten) nicht überschritt.

Der für die zweite Phase geplante Verkauf an alle Übrigen kam gar nicht mehr zustande, weil bereits die Privilegierten den Aktienbestand um rund 85 Prozent »überzeichnet« hatten – mit der Folge, dass die Aktien zugeteilt werden mussten: zwei für jeden Kaufbewerber. VW-Mitarbeiter wurden generös behandelt, mit zehn Anteilsscheinen. Ihr Kursgewinn betrug am 16. April so viel wie das Volkswagenmodell »Standard«. Und der kostete zu jener Zeit 3800 Mark.[23]

Von denen, die sich ausgeschlossen fühlten, erhoben fünf Verfassungsbeschwerde. Zwei rügten, dass sie überhaupt keine Aktie erhalten hatten, drei, dass sie schlechter gestellt worden waren als die Wolfsburger Betriebsangehörigen. Der Bremer Rechtsanwalt Reinhard Hörstel trat als Wortführer auf. Ihn ergrimmte die »Ungerechtigkeit«, mit der in Bonn Geschenke ausgeteilt worden waren. Er beklagte »die Diskriminierung weiter Teile der Bevölkerung«. Und er polemisierte: »Die vermögens- und einkommenslose Ehefrau wird diskriminiert, während die ausgehaltene Konkubine Aktionärin werden kann.«[24]

Ausgabekurs 350 Prozent

Der Prozess in Karlsruhe, der am 11. April 1961 öffentlich verhandelt wurde, stand unter dem Zeichen der Einmaligkeit. Es ging um eine Vorschrift des Grundgesetzes, die sich in der Verfassung wie ein Fremdkörper ausnimmt. Tatsächlich spielte sie zum ersten Mal eine Rolle, und danach nie wieder. Gemeint ist Artikel 15, der bestimmt: »Grund und Boden, Naturschätze und Produktionsmittel können zum Zwecke der Vergesellschaftung durch ein Gesetz« in Gemeineigentum überführt werden.

Mit der Interpretation gab es Schwierigkeiten. Kritiker warfen die Frage auf, ob es sich bei der ganzen Aktion nicht um das Gegenteil von »Vergesellschaftung« handelte, nämlich um Privatisierung. In wessen Eigentum ging der Konzern durch Ausgabe der VW-Aktie über? Etwa in »Gemeineigentum«, weil so viele beteiligt waren? Die Aktion geriet aus vielerlei Gründen zum finanzpolitischen Abenteuer. Es gab Beanstandungen: am falsch errechneten Ausgabekurs, an der irreführenden psychologischen Wirkung, an den fehlenden Schranken gegen Missbrauch und aus verfassungsrechtlicher Sicht an der Verteilungsgerechtigkeit.

Von Sachverständigen beraten, hatte die Bundesregierung das Grundkapital der neuen Gesellschaft auf 600 Millionen Mark festgesetzt – zu niedrig, wie die Kritiker meinten. Laut Gesetz waren mithin 60 Prozent von dieser Summe, 360 Millionen Mark, zu privatisieren. Die Politiker errechneten einen Ausgabekurs von 350 Prozent. Das hieß: Für eine Aktie zum Nennwert von 100 Mark sollten die zuteilungsberechtigten Kleinverdiener also 350 Mark zahlen. Doch tatsächlich musste, da es obendrein Rabatte gab, keiner so viel auf den Tisch legen. Die Begünstigten zahlten je nach Einkommen und Familienstand 262,50 Mark, 280 Mark, 297,50 Mark und im schlimmsten Fall 315 Mark pro Aktie.

Einsatz verdoppelt

Innerhalb weniger Stunden zeigte sich dann, dass die Kritiker recht behalten hatten. Die Aktie wurde mit Werten zwischen 700 und 800 Mark gehandelt. Wer eine besaß, hatte seinen Einsatz mehr als verdoppelt. Skeptiker hielten die Wirkung für fatal. Sie fürchteten, auf diese Weise werde das Gegenteil des beabsichtigten Ziels erreicht – nicht das Gefühl für seriöse Vermögensbildung, sondern »eine Erziehung zur Spekulation«.[25] Denn bei vielen Menschen habe sich nun die irrige Vorstellung von Aktien nur noch verfestigt – nach dem Motto, man könne »mit einer auf kurzen Kredit gekauften Aktie über Nacht mehr als 100 Prozent gewinnen«.

Alsbald zeigte sich, dass es auch für eine weitere Warnung gute Gründe gab. Für Schwindelmanöver stand das Tor weit offen. Wer sich, ohne selber berechtigt zu sein, Aktien über Strohmänner besorgt hatte, musste noch nicht einmal mit irgendeiner Strafe rechnen. »Finanzkräftige Interessenten« schoben ihre pensionierten Eltern oder die in der Berufsausübung stehenden Kinder vor.[26]

In einem Fall hatte ein Berliner Hausbesitzer 40 Kaufberechtigten das Geld vorgestreckt »und ihnen in Privatverträgen 30 Prozent des Kursgewinns« versprochen.

Gleiches ungleich behandeln

Am Ende scheiterten Anwalt Hörstel und seine Mitstreiter. Die Berufung auf das Grundgesetz half ihnen nicht. Das Gericht: Aus Artikel 15 ergebe sich weder »ein Hindernis für die Privatisierung des Volkswagenwerks« noch ein »Verfassungsauftrag zur Sozialisierung«. Auch die weiteren Einwände der Kläger hielten in Karlsruhe nicht stand. Den Vorwurf, die Regierung habe Staatsvermögen regelrecht verschenkt, ließen die Verfassungsrichter nicht gelten. Sie hielten »eine Abweichung vom Marktpreis« für gerechtfertigt, wenn der Staat »mit der Veräußerung besondere Ziele, etwa wirtschafts- oder sozialpolitischer Art, verfolgt«. Auch die satten Kursgewinne bewiesen nicht das Gegenteil. Die Absicht des Gesetzgebers sei gewesen, »gerade solche« Bürger zu gewinnen, die nicht in der Lage seien, Aktien »meistbietend« zu kaufen.

Der unterschiedlichen Behandlung von Bürgern, die Hörstel besonders erbost hatte, widmen die Richter breiten Raum. Es ging um die uralte Frage, ob und warum Gleiches ungleich behandelt werden darf. Dazu das Gericht: »Im Bereich der Hilfe und Förderung gewährenden Staatstätigkeit« sind Regelungen »zugunsten einzelner Gruppen der Bevölkerung zulässig« – und zwar dann, wenn der Gesetzgeber »nicht zu willkürlichen Privilegierungen« übergeht, sondern den »Kreis der Begünstigten sachgerecht abgrenzt«.[27] Was ihre Interpretation im Klartext bedeutet, sprachen die Richter offen aus: »Einzelne Gruppen fördern heißt bereits, andere ungleich behandeln.«

Das Echo auf ihre Arbeit lehrte die Verfassungsrichter: Die Erfordernisse des Rechts und die Inter-

Politisches Umfeld

1961–1965: 4. Bundestag

Bundeskanzler: Konrad Adenauer (CDU), bis 11.10.1963

Vizekanzler: Ludwig Erhard (CDU)

Koalition: CDU/CSU, FDP

essen der Öffentlichkeit müssen sich nicht unbedingt decken. Die Bedeutung, die sie einer Frage zumessen, stößt beim Publikum nur dann auf Gegenliebe, wenn der Fall selbst Neugier weckt oder wenn viele von dem Ausgang in Karlsruhe betroffen sind. Daher steht das Gericht immer mal kurz im Scheinwerferlicht – und taucht danach wieder für lange Zeit in die Dunkelheit. So erklären sich, im Nachhinein, viele Phasen, in denen Gleichmaß das Tempo bestimmte. Für 1962 sind in den amtlichen Entscheidungsbänden 61 Entscheidungen abgedruckt. Jede war wichtig, manche hat kaum eine Spur hinterlassen, die über den Moment der Klärungsbedürftigkeit hinausreichte. Auch das gehört zu den Aufgaben des Gerichts: Unklarheiten zu beseitigen und zu sagen, wie Gesetze ausgelegt und angewendet werden sollen.

Politiker manipulieren Richterwahlen

Dem stillen Jahr folgte ein aufregendes. Unruhe kam auf. Sie wurde von außen ins Gericht getragen, zeigte aber auch intern Wirkung. Ein umfangreicher Richterwechsel stand 1963 bevor. In Bonn betrieben die Obleute der Parteien das große Revirement. Sie mussten die zweite Stufe der Verkleinerung (von 20 Richtern auf 16) umsetzen. Bei neun Richtern lief die Amtszeit ab. Da vier Stellen fortfielen, konnten nur fünf neu besetzt werden, zwei vom Bundestag und drei vom Bundesrat.

Dabei fiel längst Vergessenes ins Auge: Dass die Verfassungsrichter laut Grundgesetz »je zur Hälfte vom Bundestage und vom Bundesrate gewählt« werden. Sonst spielte das keine große Rolle, doch diesmal schon. Beide Gremien nahmen eine mündliche Vereinbarung unterschiedlich ernst. Bis zu diesem Zeitpunkt galt: Wenn ein Richter zur Wiederwahl bereit war, wurde er auch gewählt. Der Bundestag hielt sich an das Arrangement: Gerichtspräsident Gebhard Müller (Erster Senat) und Gerhard Leibholz (Zweiter Senat) wurden im Juni 1963 anstandslos im Amt bestätigt.

Doch im Bundesrat kam es zum Konflikt. Die Vertreter der CDU/CSU-Länder »entschlossen sich, die einstigen Abmachungen zu brechen«.[28]

Sie hatten die zur Wiederwahl bereiten Richter »durch die Parteilupe« beäugt – und als zu links empfunden. Die Folge: »Sie verweigerten ihre Zustimmung zur Wiederwahl.« Die Pressionen im Hintergrund wären ein still gehütetes Bonner Geheimnis geblieben, wenn nicht einer laut protestiert hätte. Adolf Arndt, der scharfzüngige Kronjurist der SPD, mochte nicht schweigen. Er machte im Pressedienst seiner Partei die »schlechterdings skandalösen Umstände« der Abwahlen publik[29] und löste damit einen Aufschrei bei den Unionsparteien aus.

Rufmord durch Flüsterpropaganda

Arndt hatte – pars pro toto – seine Vorwürfe an der Person eines nicht wiedergewählten Richters festgemacht. Er war dahintergekommen, wie über den Berliner Staatsrechtsprofessor Martin Draht Gerüchte verbreitet wurden – eine Hinrichtung durch Flüsterpropaganda. Der bayerische Justizstaatssekretär Josef Hartinger habe »die Bundesratsmitglieder im letzten Augenblick mit der Behauptung überrascht, dass Draht eine Vortragsreise durch die Sowjetzone unternommen und den Wunsch gehabt habe, eine Diskussion zu leiten, in der der Ostberliner kommunistische Rechtsanwalt Kaul auftreten sollte«.[30]

Hartinger wollte sich dazu »öffentlich nicht äußern«, er berief sich auf eine nirgendwo definierte »Schweigepflicht«.[31] Wer immer die Behauptung in Umlauf gesetzt haben mochte – sie war erlogen. Doch die Unionschristen, die Draht abwählen wollten, haben das Gerücht gern geglaubt. Aus heutiger Sicht wäre das noch nicht mal eine üble Nachrede, keiner würde an einer Reise und einer Diskussionsleitung dieser Art Anstoß nehmen. Doch 1963 galt »Verbrüderung mit dem Osten« als »Verrat am Westen«. Wer mit dem Teufel redete, war infiziert – und wurde gemieden. In diesem politischen Klima bedrohte schon ein gestreuter Verdacht die berufliche und gesellschaftliche Existenz. Arndt: »So werden in einem Rechtsstaat nicht einmal Verbrecher behandelt.«[32] Die haben Anspruch auf rechtliches Gehör. Draht hätte, wenn er gefragt worden wäre, klargestellt: Seine Reise in die Sowjetzone war frei erfunden, ebenso die Causa Kaul. In Wahrheit hatte ihn der Rektor der Karlsruher TU gebeten, »die Leitung einer vom AStA geplanten Diskussion« mit Kaul zu übernehmen, »um die Veranstaltung unter Kontrolle zu halten«, er zog »diese Zusage später aber wieder zurück«.[33]

Der geschasste Verfassungsrichter resignierte. Er sei schon zweimal »politisch verfolgt worden«. 1933 hätten ihn, den damaligen Dozenten, die Nazis in Frankfurt am Main »auf die Straße gesetzt«. 1947 sei er als Professor »von den Kommunisten in Jena gemaßregelt worden«. Draht: »Beide waren wenigstens im Recht, denn ich war ihr Gegner.«[34] Aus Karlsruhe war zu hören: »Die Art, wie im Falle Draht manipuliert worden sei«, habe im Gericht »berechtigtes Entsetzen hervorgerufen«, es sei das Wort vom »Rufmord« gefallen.[35]

Die »laxe« Dienstauffassung der »Richterkönige«

Arndt kolportierte mit ungläubigem Staunen ein weiteres Bonner Gerücht. Gebhard Müller sei nachgesagt worden, er habe den einen oder anderen Richter seines Hauses »als so faul bezeichnet, dass er in seiner ganzen Zeit seiner Zugehörigkeit zum Gericht bloß eine einzige Urteilsbegründung zustande gebracht habe«[36]. Es sei unvorstellbar, so Arndt, dass sich der Präsident des Gerichts in die Wahl eingemischt und solcherlei »Auskünfte« gegeben haben sollte. Wer Müller näher kannte, hielt das keineswegs für unvorstellbar, er war alles andere als ein Diplomat. Viele wussten, dass er sich 1959, noch nach seinem Dienstantritt, vor der Stuttgarter Landespressekonferenz über die »laxe Dienstauffassung« der »Karlsruher Richterkönige« beklagt hatte.[37]

So lange das Gericht besteht, war und ist der unterschiedliche Fleiß der Richter ein Ärgernis – und ein offenes Geheimnis. Das dürfen Außenstehende kritisieren, doch innerhalb des Staatsapparats steht darüber keinem ein Urteil zu. Arndt gab in seinem Kommentar, ohne jemand zu zitieren, die Stimmung wieder, die Müller in seinem eigenen Haus entgegenschlug. Er schrieb: Der Präsident sei kein »Vorgesetzter« der Richter, »der Zeugnisse ausstellen könnte«. Sollte es je nötig sein, »einen Richter zu qualifizieren« (»was der Himmel verhüten möge«), sei dazu allein das 16-köpfige Plenum imstande.[38]

Mit Draht ging einer, der von sich selbst sagte, er sei »kein bequemer Richter gewesen«.[39] Doch an seiner Nachfolgerin hatten die Konservativen dann noch weniger Freude. Sie trat nicht nur in Drahts Fußstapfen – sie übertraf ihn noch. Wiltraut von Brünneck war Ministerialdirigentin in der Staatskanzlei des hessischen Ministerpräsidenten Georg-August Zinn (SPD). Er ließ sie nur »schweren Herzens« ziehen. Sie wurde zu einer Säule des Ersten Senats.

Überparteilich und souverän

Die Bonner Querelen hatten einen weiteren positiven Nebeneffekt: Alle Medien hoben, ohne Ausnahme, den hohen Stellenwert des Gerichts im Gefüge des Staates hervor. Nicht nur das: »Das Gerede von einem ›roten‹ und einem ›schwarzen‹ Senat in Karlsruhe«, schrieb die »Welt«, »ist glücklicherweise in den letzten Jahren verstummt.« Das Blatt fasste zusammen, was bei den anderen zwischen den Zeilen zu lesen war: »Die vorbildliche, in zahlreichen bedeutungsvollen Urteilen bezeugte Überparteilichkeit der Richter hat dieses hartnäckige Vorurteil abgebaut«.[40] Diese Bilanz stimmte. Ein Indiz für die Überparteilichkeit der Richter war, dass sich Urteile nur selten voraussagen ließen, ein Indiz für ihre Souveränität, dass sie sich – trotz des politischen Trubels – auch 1963 keine Sekunde von der Arbeit abhalten ließen. Davon zeugen 72 Beschlüsse, die in der amtlichen Sammlung abgedruckt sind.

Einer ist in die Annalen des Verfassungsrechts eingegangen. Er befasste sich mit der »körperlichen Unversehrtheit«, dem im Grundgesetz verbürgten Schutz von Leib und Leben.[41] An den

Leitlinien der Entscheidung orientiert sich das deutsche Recht bis heute. Der Fall selbst spielte mitten in einem Alltag, den jeder kannte. Die Bürger identifizierten sich mit dem »Beschwerdeführer«. Was ihm passiert war, hätte jedem widerfahren können. Es war auch nicht schwer, sich in seine Lage zu versetzen. Es ging um einen kleinen Geschäftsmann aus München, der alle Instanzen, und nun auch die Karlsruher Richter, angerufen hatte, weil er einen – wie er fand: überflüssigen – medizinischen Eingriff fürchtete. Ihm sollte mit einer Hohlnadel Liquor aus dem Rückenmark entnommen werden.

Zynische Randbemerkungen

Der Kläger war ein bayerischer Querkopf, der sich gern mit Behörden anlegte. Vor allem die Funktionäre der Münchner Handwerkskammer bekamen seinen Eigensinn zu spüren.[42] Der Kaufmann und die Körperschaft öffentlichen Rechts waren sich zunächst auf harmlosen, auf bürokratischen Pfaden in die Quere gekommen. Er sollte in seiner Eigenschaft als Geschäftsführer einer Firma für Modellstrickwaren Fragebögen der Handwerkskammer ausfüllen. Er betrieb, was ihm später zum juristischen Verhängnis wurde, das Geschäft als GmbH, als Gesellschaft mit beschränkter Haftung. Deren Stammkapital betrug 20 000 Mark; er war mit 19 000 Mark beteiligt, seine bei ihm lebende Mutter mit 1000 Mark. Als Hauptgesellschafter hatte er die Pflicht, Schaden von der GmbH abzuwenden. Den aber sollte ausgerechnet er verursacht haben, wie später die Staatsanwaltschaft behauptete. Und das kam so.

Als der Kaufmann die Formulare auf den Tisch bekam, kritzelte er aufmüpfige Kommentare an den Rand, da er die Fragen für albern und überflüssig hielt. Die Kammer verstand da keinen Spaß. Sie verhängte mit der Begründung, er habe die Fragebögen »nicht ordnungsgemäß ausgefüllt«, zwei Bußgelder von je 500 Mark gegen seine Firma. Das war 1958 viel Geld. Aus der ganzen Affäre war über Nacht eine Strafsache geworden. Zwar hatte er den Schaden zulasten der Firma nur auf dem Papier angerichtet (weil der Betrieb ohnehin zahlungsunfähig war). Die Buße wurde deshalb »als uneinbringlich niedergeschlagen«. Doch die Staatsanwälte erhoben trotzdem Anklage. Vorgeworfen wurde ihm »Untreue«; das ist ein Straftatbestand, den jeder erfüllt, der einem anderen, »dessen Vermögensinteressen er zu betreuen hat, Nachteil zufügt«.

Schuld auf sich geladen hatte der Kläger nach Ansicht der Anklagebehörde durch sein renitentes Verhalten. Begründung: Er habe die amtlichen Fragebögen »mit ungenügenden, zynischen und teils völlig sinnlosen Vermerken versehen«. Der Amtsrichter zweifelte sogar am Verstand des Kaufmanns. Er ordnete eine ärztliche Untersuchung des Angeklagten zur Prüfung seiner Zurechnungsfähigkeit an. Der lernte, wie schnell ein scheinbar abgegriffenes Klischee Wirklichkeit werden kann. Er war im wahrsten Sinne des Wortes in die Mühlen der Justiz geraten.

Mit der Hohlnadel ins Rückenmark

Seine Odyssee begann beim Gerichtsarzt, der bei einer ersten ambulanten Untersuchung nichts fand, aber meinte, es könne vielleicht eine Erkrankung des Zentralnervensystems vorliegen. Ein genauer Befund, sagte er, sei aber nur möglich nach einer Blutuntersuchung und nach der Entnahme von Gehirn- und Rückenmarksflüssigkeit. Diesen Eingriff, der bei mancher Therapie unumgänglich sein mag, wollte er nicht über sich ergehen lassen, jedenfalls nicht, um die Neugier von Gerichtspersonen zu befriedigen. Doch seine Weigerung half nicht. Der Amtsrichter ordnete die Untersuchung zwangsweise an: »Vornahme durch die Nervenklinik der Universität München.«

Auch die nächste Instanz gab ihren Segen. Der Geschäftsführer hatte vorgetragen, dem Zwangsbeschluss fehle »die notwendige Bestimmtheit«. Der Amtsrichter habe versäumt, genau zu sagen, welcher körperliche Eingriff vonnöten sei. Denn der ist wahlweise an zwei Stellen möglich: entweder im Bereich der oberen Lendenwirbel oder am Hals zwischen dem Schädel und dem oberen

Nackenwirbel. Das eine heißt Lumbal-, das andere Okzipitalpunktion. Eine solche Präzisierung hielt das Landgericht für überflüssig. Begründung: »Nach fernmündlich eingeholter Auskunft des Gerichtsarztes seien beide Eingriffe gleichwertig, daher könne dem durchführenden Arzt die Wahl überlassen bleiben.«

Der Kläger sah darin eine weitere Verletzung des Grundgesetzes. Da das Landgericht München die telefonische Auskunft des Arztes verwertet habe, ohne ihm Gelegenheit zur Stellungnahme zu geben, sei sein Anspruch auf rechtliches Gehör verletzt. Beide Arten der Liquorentnahme, so seine Rüge, hätten unangenehme Folgen, die eine – wie er gehört habe – mehr als die andere. Doch die Tatsache, dass er gar nicht zu Wort kam, war eigentlich nur der letzte Anlass für seinen Gang nach Karlsruhe. Sein Aufbegehren wurzelte in dem Gefühl, dass die Obrigkeit in seinem Fall zu weit gegangen war. Streng genommen stand eine schlichte Frage im Hintergrund des Prozesses: Wie geht der Staat mit der Gesundheit seiner Bürger um?

Versuchskaninchen der SS

Die Gründe, die den Verfassungsgeber bewogen hatten, das Grundrecht auf »körperliche Unversehrtheit« zu garantieren, hatten – wie so vieles – mit den Erfahrungen im Hitlerreich zu tun. In jener Zeit war schon das Leben eines Menschen nichts wert, noch viel weniger respektierten die Machthaber seine Gesundheit. In den Konzentrationslagern und in den Gefängnissen der Geheimen Staatspolizei (Gestapo) wurde gefoltert und geschlagen. SS-Ärzte missbrauchten Häftlinge als Versuchskaninchen. Sie experimentierten mit ihren »Objekten«. Sie erprobten, wie lange sie Kälte aushielten, ob sie Giftgas und chemische Waffen überlebten, wie ihr Körper auf künstlich beigebrachte Infektionen oder Knochenbrüche reagierte. Unschuldige Bürger wurden zu wehrlosen Opfern von Sadisten in Uniform.

So etwas sollte nach dem Willen der Bonner Verfassungsväter und -mütter auf deutschem Boden nie wieder möglich sein. Die

Karlsruher Verfassungshüter sahen ihre wichtigste Aufgabe darin, allen Anfängen zu wehren. Sie wussten, dass sich Geschichte nie auf die gleiche Weise wiederholt. Sie wussten auch, dass die Auswüchse der Diktatur in einer Demokratie nicht zu befürchten sind. Ihnen ging es daher vor allem darum, gedankenlose und bürokratische Eingriffe in die körperliche Unversehrtheit dingfest zu machen.

Kopfschmerzen und Übelkeit

Der Münchner Fall war von dieser Sorte. Der Amtsrichter, daran gewohnt, bei alkoholisierten Autofahrern nachträglich eine Blutprobe zu genehmigen, war nur einen Schritt weiter gegangen. Einen zu weit?

Die Verfassungsrichter nahmen, anders als die Vorinstanzen, das Problem nicht auf die leichte Schulter. Sie forderten von der Neurologischen Universitätsklinik in Hamburg ein Sachverständigengutachten an. Sie wollten wissen, welche Bedeutung und welche körperlichen und seelischen Folgen beide Punktionen für den Betroffenen haben könnten. Die Antwort: Lumbalpunktierte litten in zehn Prozent aller Fälle mehrere Tage lang an Kopf-, Rückenschmerzen und Übelkeit; die Okzipitalpunktion sei im Allgemeinen weniger schmerzhaft.

Das Urteil bestätigte dann die Befürchtungen des Münchners: »Die Entnahme von Gehirn- und Rückenmarksflüssigkeit mit einer langen Hohlnadel ist ein nicht unerheblicher operativer Eingriff, ein Eingriff in die körperliche Unversehrtheit.« Die Tatsache, dass er »normalerweise ungefährlich« sei, ändere daran nichts. Es genüge, dass »Störungen des Gesundheitszustandes wie Schmerzen und Übelkeit« und »ernste Komplikationen« nicht gänzlich auszuschließen seien. Damit gaben sie seiner Beschwerde recht.

Sie sagten auch, warum: Ob und wann Eingriffe erlaubt seien, hänge von einer Güterabwägung im Einzelfall ab. Es müsse »auch in Betracht gezogen werden, welches Gewicht die zu ahndende Tat hat«. Angespielt wurde damit auf zwei Prinzipien, die dem gesamten Rechtsdenken innewohnen – auf die »Verhältnismäßigkeit der Mittel« und auf das »Übermaßverbot«. Das Gericht hielt fest: Hier wurde niemand geschädigt. Daher sei die Voraussetzung, dass ein Eingriff in angemessenem Verhältnis zur Tat stehen müsse, nicht erfüllt. Die Moral: Auch im Recht darf nicht mit Kanonenkugeln auf Spatzen geschossen werden. Mit einem Seitenhieb sprachen die Richter dem Publikum aus dem Herzen: »Im Ganzen handelt es sich um eine Bagatellsache.«

Das Klima im Gericht

Die Richterwahlen vom Spätsommer 1963 waren über die Bonner Bühne gegangen, die turbulenten Begleitumstände wirkten in Karlsruhe fort. Die Reform des Gerichts war endgültig abgeschlossen, es bestand nun – wie heute noch – aus 16 Richtern, acht in jedem Senat. Den fünf »Neuen« waren vom Kostümschneider rote Roben angepasst worden. Sie bearbeiteten ihre ersten Fälle und wussten, wie es in den Beratungen zuging, wer wenig sagte, wer logisch argumentierte, wer temperamentvoll plädierte und wer womöglich auch mal aufbrauste. Und es gab die ersten persönlichen Kontakte – mit der Erkenntnis, dass der politische Steckbrief, der einem Kollegen vorauseilte, nur wenig über ihn selbst aussagte. Wer einen Blick hinter die Kulissen werfen durfte – und sah, wer sich mit wem angefreundet hatte –, stellte erstaunt fest: Der Spruch »gleich und gleich gesellt sich gern« stimmte nur bedingt. Zwei, beide vom linken Flügel, kamen sich allerdings besonders nahe. Hans Rupp aus dem Zweiten Senat heiratete Wiltraut von Brünneck, die »Neue« aus dem Ersten; da sie verschiedenen Senaten angehörten, konnte es allenfalls im Plenum Interessenkollisionen geben.

Politisches Umfeld
1961–1965: 4. Bundestag und
1965–1969: 5. Bundestag
Bundeskanzler: Ludwig Erhard (CDU),
vom 17.10.1963–30.11.1966
Vizekanzler: Erich Mende (FDP)
Koalition: CDU/CSU, FDP

Das Klima im Gericht zehrte indessen von den normalen Sympathien – und litt unter Aversionen, die auch nicht ausblieben. Jeder hatte die Gerüchte über Müllers Rolle im Hintergrund der Richterwahlen gehört und verinnerlicht. Diejenigen, die ihn näher kannten, trauten ihm durchaus zu, dass er in Bonn mit seiner Kritik an »schwachen« Richtern nicht hinter dem Berg gehalten hatte. Die Reaktion darauf hing jeweils von einer höchst individuellen Perspektive ab. Für die einen stand im Vordergrund, dass die fleißigen Richter die Arbeit der faulen miterledigen mussten, sie stimmten Müller innerlich (oder unter vier Augen) zu.

Doch es gab andere, die am Status der individuellen Unabhängigkeit nicht rütteln lassen wollten. Sie betrachteten dieses mühsam erkämpfte Privileg als ein hohes Gut, das niemand, auch nicht der Präsident, antasten durfte; sie legten Wert darauf, dass er nichts weiter als Primus inter Pares war – und dass er diese feine Grenze bereits überschritt, wenn er sich herausnahm, Kollegen zu zensieren. Das schloss nicht nur Tadel aus, sie verbaten sich auch sein Lob. Die herrschende Meinung: Müller stand – anders als Gerichtspräsidenten in der normalen Justiz – ein Urteil über die Mitglieder des Kollegiums nicht zu.

Nach dieser Logik gab es überhaupt nur eine Instanz, die über richterliche Belange des Hauses entscheiden durfte, und zwar mit Stimmenmehrheit: das 16-köpfige Plenum. Wie ernst die Mitglieder des Kollegiums dieses Privileg nahmen, zeigte sich an der Kontroverse, die wegen eines Protestschreibens aus Israel entstanden war. Der emigrierte jüdische Rechtsanwalt Ernst Linz hatte im »Vorwärts« vom 27. Juli 1966 einen Artikel unter der Überschrift »Des Geigers braune Weste« gelesen. Der Beitrag beschäftigte sich mit den antisemitischen Passagen in der Doktorarbeit des Verfassungsrichters und mit seiner Tätigkeit als Staatsanwalt am Sondergericht Bamberg.

Linz schrieb an Müller: Er gehöre in Israel der Minderheit an, die sich »für eine langsame Verständigung mit einem demokratischen Deutschland« einsetzten. Wenn ein Mann mit der Biografie Geigers hoher Richter in der Bundesrepublik sein dürfe, werde sein Engagement unglaubwürdig. Ein belasteter Jurist wie Geiger »dürfte nicht einmal Amtsgerichtsrat in Durlach sein«.[43] Müller wies in seiner Antwort darauf hin, dass Geiger »nach den geltenden gesetzlichen Bestimmungen« für seine Doktorarbeit »nicht zur Verantwortung gezogen werden kann, zumal er auf dieses Werk im Entnazifizierungsverfahren ausdrücklich hingewiesen hat«.

Die Belastung eines Richters

Geiger sei bei »Abfassung der Schrift 27 Jahre alt« gewesen. Er habe, darin sieht Müller das »Kernproblem derartiger Veröffentlichungen«, die »verbrecherischen« Absichten der Nazis nicht rechtzeitig erkannt. Und er fügte entschuldigend hinzu: »Dieser Vorwurf muss aber einer nicht geringen Zahl von Staatsrechtslehrern« und vielen anderen auch gemacht werden. Müller wirbt um Nachsicht für den belasteten Kollegen: Die Doktorarbeit sei »das einzige Werk Geigers aus jener unseligen Zeit«. Nach 1945 habe er »in über 80 Veröffentlichungen Grundlegendes und Wesentliches zur Förderung des freiheitlichen Rechtsstaates beigetragen«.

Für Müllers Versuch, indirekt an die Uridee von Verjährung zu erinnern, gab es gute Gründe. Der inkriminierten Doktorarbeit, die 27 Jahre zurücklag, standen 16 vorbildliche Richterjahre gegenüber. Geiger war im Laufe der Jahre zu einer unangefochtenen intellektuellen Leitfigur des Hauses geworden – ein unabhängiger, nicht kalkulierbarer Richter. Partiell kamen bei dem rechten Katholiken sogar liberale Züge zum Vorschein. Er gehörte zu den Vorkämpfern der »abweichenden Meinung«, deren Einführung von progressiven Juristen betrieben wurde. Indizien sprechen dafür, dass er an der Entspannung des Klimas im Zweiten Senat aktiven Anteil hatte. Ein sichtbarer Beweis für den Wandel war jedenfalls: Er verfasste 1971 gemeinsam mit Leibholz eine »abweichende Meinung«, die dem Kollegen, wie jeder wusste, wichtig war.[44]

Müllers Entlastungsversuch blieb in Karlsruhe kein Geheimnis. Offenbar verfügte der Emigrant Linz über gute Kontakte zum Gericht. Der Schriftwechsel zwischen ihm und Müller geriet jedenfalls in die Hände von Gregor Geller, einem Kollegen Geigers im Zweiten Senat. Geller hatte im Gegensatz zu ihm eine lupenreine Weste; er schrieb am 27. Januar 1967 einen mehrseitigen geharnischten Brief an den Präsidenten, mit Kopie an den Vizepräsidenten. Geller ging auf Distanz zu seinem Senatskollegen. Im Brief an den Präsidenten, der Gesprächsstoff im Haus gewesen sein dürfte, apostrophiert er die Floskeln, mit denen Müller die Haltung Geigers relativiert hatte: Dass der gleiche Vorwurf, »wie Sie sagen«, auch eine »nicht geringe Zahl von Staatsrechtslehrern trifft, wird jedenfalls in Israel kaum zur Beruhigung beitragen«. Und: Was einer mit 27 Jahren geschrieben und mit 31 veröffentlicht habe, lasse sich beim besten Willen nicht mehr als »Jugendsünde« entschuldigen.

Privatissimum für den Präsidenten

Gravierender als der inhaltliche Dissens war ein anderer Passus des Briefes. Geller machte den Präsidenten darauf aufmerksam, dass dessen Brief an Linz »nicht als offizielle Stellungnahme des Gerichts angesehen werden kann«. Unmissverständlich: »Für eine solche Stellungnahme wäre nur das Plenum zuständig; denn die Angelegenheit betrifft einen Richter.« An Müller direkt: Das Schreiben nach Israel »enthält infolgedessen nichts anderes als Ihre persönliche Meinung«. Geller: »Ich bedaure sehr, dass Sie das – wie es sonst üblich ist – nicht besonders zum Ausdruck gebracht haben.«

Die weiteren brieflichen Anmerkungen Gellers lesen sich wie ein Privatissimum für den Präsidenten. Linz sei sich wahrscheinlich kaum im Klaren darüber, »dass das Bundesverfassungsgericht nicht hierarchisch organisiert ist«. Womöglich nehme er sogar an, dass Müllers Stellungnahme »der allgemeinen Auffassung des Richterkollegiums« entspreche. Geller: »Hiervon kann aber, da das Richterkollegium nicht befragt worden ist, keine Rede sein. Ich persönlich teile jedenfalls Ihre Meinung in der Angelegenheit Geiger nicht.«[45] Müller antwortete am 27. Februar 1967. Er hielt – wohl auch für die Nachwelt – ausdrücklich fest, dass er für sein Urteil über Geiger viele biografische Quellen herangezogen habe, nicht nur die »üblichen Persilscheine«.

Lange Schatten

Die Kontroverse machte deutlich: Es gab, wie an jedem Arbeitsplatz, auch beim höchsten Gericht wechselseitige Animositäten – vor allem der Präsident, der nicht als Chef, sondern nur als »Erster unter Gleichen« akzeptiert wurde, stand unter kritischer Beobachtung. Manche Biografien wollten einfach nicht zueinander passen. Die Spätfolgen der Hitler-Ära machten sich auch im Gericht bemerkbar. Sie warfen immer noch lange Schatten. Emigranten und »Daheimgebliebene« fanden nur schwer zueinander, den »Roten Roben« erging es da nicht anders als zum Beispiel den Schriftstellern. Dafür, wie sich dieses Unbehagen in Karlsruhe artikulierte, fehlen Zeugen, kein Außenstehender war dabei. Doch die Fantasie reicht aus, um sich vorzustellen, dass es Urteilsberatungen gab, in denen die Vergangenheit im Raum stand. Für einen NS-Verfolgten wie Leibholz war es vermutlich immer eine Gratwanderung, den juristischen Standpunkt des Gegenübers von seiner Rolle unter Hitler zu abstrahieren. (Solche Konflikte gab es erst dann nicht mehr, als Richter gewählt wurden, die zu jung waren, um sich verstrickt zu haben – die Jahrgänge von 1930 an.)

Wer sich die offenen und versteckten Antipathien in den sechziger Jahren vergegenwärtigt, kommt nicht in Versuchung, dem Gericht einen Heiligenschein zu verleihen. Distanz zu halten, fällt indes auch schwer. Denn die fulminante Rechtsprechung, ohne die sich Demokratie in Deutschland kaum entwickelt hätte, verführt schon dazu, die höchste Instanz ein bisschen zu verklären.

Politisches Umfeld
1965–1969: 5. Bundestag
Bundeskanzler: Kurt Georg Kiesinger (CDU)
Vizekanzler: Willy Brandt (SPD)
Koalition: CDU/CSU, SPD

»Spiegel«-Urteil: 4:4

Wie Urteile zustande kamen, fiel damals noch unter das strikte Beratungsgeheimnis. Dass Rechts- und Wahrheitsfindung auch Meinungskampf ist, war aber zu ahnen. Aus Indiskretionen und Spekulationen formte sich eine vage Vorstellung, etwa, dass sich in mancher Beratung zunächst unverrückbare Fronten gegenüberstanden, oft in gleicher Stärke, vier gegen vier; und dass dann beide Seiten darum kämpften, mindestens einen von der Gegenseite »umzudrehen«. Doch wer letztlich wie gestimmt hatte und wer zu welchem Lager gehörte, blieb unbekannt. Außer einer Milchmädchenrechnung: Es mussten mindestens fünf von acht Richtern für das Endurteil gestimmt haben. Diese Geheimnistuerei nahm erst 1971 ein Ende. Von da an konnte ein überstimmter Verfassungsrichter dem Urteil seine »abweichende Meinung« beifügen. Zur allgemeinen Überraschung gab es jedoch im August 1966 einen zaghaften Vorgriff auf das Zukunftsmodell. Der legendäre »Spiegel«-Prozess endete in Müllers Erstem Senat mit einem Patt: 4:4. Das Gericht stellte in seinem Urteil die kontroversen Meinungen gegenüber.

Das war zwar noch keine klassische »abweichende Meinung«, aber ein Anfang. Die politischen Leidenschaften, die in der Affäre aufeinandergeprallt waren, hatten sich erkennbar im Gericht fortgesetzt. Als Verfassungsbeschwerdeführer war »Spiegel«-Herausgeber Rudolf Augstein aufgetreten. Er beantragte, die Mammut-Razzia, mit der Staatsschützer und Bundesanwälte 1962 den »Spiegel« überfallen hatten, für verfassungswidrig zu erklären. Dafür wäre eine Mehrheit (von 5:3 Stimmen) erforderlich gewesen. Doch bei der Urteilsberatung kam nur ein Patt heraus. Damit war Augsteins Antrag abgelehnt.[46]

Zur Vorgeschichte: Der »Spiegel« hatte im Oktober 1962 über die Nato-Übung »Fallex 62« berichtet und mit einer Fülle von Fakten dargelegt, dass die Bundeswehr – so die Überschrift – nur »bedingt abwehrbereit« sei. Wegen der mitgeteilten Tatsachen, die nach Ansicht von Verteidigungsminister Franz Josef Strauß »top secret« waren, startete der Generalbundesanwalt die berüchtigte »Nacht-und-Nebel-Aktion«: Seine Beamten stellten die Redaktion in Hamburg sowie das Büro in Bonn auf den Kopf, sie besetzten vier Wochen lang die Verlagsräume, beschlagnahmten 30 000 Blatt schriftlicher Unterlagen und verhafteten sieben Verlagsangehörige, darunter Rudolf Augstein und Conrad Ahlers, der den inkriminierten Beitrag verantwortete. Der »Spiegel« verdankte sein Überleben zwei Umständen: der Hilfe vieler konkurrierender Zeitungsverlage und einer Welle bundesweiter Solidarität; Kollegen und Studenten, Dichter und Wissenschaftler gingen für das Blatt auf die Straße.

»Ein Abgrund von Landesverrat«

Basis der Verfolgung war eine juristische Spitzfindigkeit. Mithilfe einer sogenannten »Mosaiktheorie« konstruierten die Staatsschützer ein Geheimnis besonderer Art, das in der »Spiegel«-Affäre eine große Rolle spielte. Die Anklage gegen Rudolf Augstein und seine Redakteure gipfelte in dem Vorwurf: Sie hätten zwar wirklich nur längst bekannte Details über die Bundeswehr gesammelt, doch durch das Zusammensetzen der Teile zu einem Ganzen sei ein strafrechtlich geschütztes Staatsgeheimnis zustande gekommen. Eine aberwitzige Theorie, auf die sich heute keiner mehr beruft. Doch damals hatte das Konstrukt – Staatsgeheimnis als Resultat logischer Schlussfolgerung – sogar den Segen des Bundesgerichtshofes.[47]

Bundeskanzler Konrad Adenauer sagte im Bundestag: Die Republik stünde vor einem »Abgrund von Landesverrat«. Doch die Vernichtungskampagne aus Politik und Justiz scheiterte kläglich. Der Hauptinitiator des Ganzen, Franz Josef Strauß, verlor sein Amt. Der Bundesgerichtshof sah sich drei Jahre später nicht mal imstande, ein Hauptverfahren wegen Landesverrats zu eröffnen, geschweige denn durchzuführen. Augstein und Ahlers wurden »mangels Beweises« außer Verfolgung gesetzt. Was Augstein beim Verfassungsgericht erreichte, war allerdings bestenfalls ein halber Sieg.

Das lag an den Regeln, die im Gesetz über das Bundesverfassungsgericht festgelegt sind. Danach wirkte das »Nein« der einen Hälfte des Senats stärker als das »Ja« der anderen. Doch die vier »Unterlegenen«, die schon in der mündlichen Verhandlung die Regierungsvertreter mit ihren Fragen in die Enge getrieben hatten, drängten darauf, dass ihre Gründe im Urteil einen ebenbürtigen Platz fanden. Das kam dann auch äußerlich zum Ausdruck. Die kontroversen Passagen beginnen jeweils mit einer deutlichen Floskel. Entweder: »Für eine Grundrechtsverletzung sprechen nach der einen Auffassung folgende Gründe«. Oder: »Nach der die Entscheidung tragenden Auffassung ist der Durchsuchungsbeschluss verfassungsmäßig.«

Kein Ruhmesblatt für die Deutschen

Die vier, die zugunsten Augsteins plädierten, legten die falsche Perspektive der Verfolger bloß: Sie seien ersichtlich davon ausgegangen, »dass die Mitteilung militärisch erheblicher Fakten in Presseveröffentlichungen nicht anders zu werten ist als beim gemeinen Landesverrat«, sie hätten verkannt, dass »der publizistische Landesverrat sich von dem gemeinen Landesverrat grundlegend unterscheidet und daher milder zu beurteilen ist«. Auch die verfassungswidrige Mosaiktheorie kam hier ins Spiel. Dass sie Basis ihrer Strategie war, gaben die Strafverfolger – mit einer Prise Hochachtung – selbst zu Protokoll: »In einer solch zusammengefassten prägnanten Weise wie im Spiegelartikel kann das in tausend Veröffentlichungen nicht dargestellt worden sein.«

Die Botschaft der entscheidenden vier, an denen Augstein scheiterte, fand ein breites Presseecho. Eine einzige Zeitung schälte aus den vielen Urteilsseiten das Wichtigste heraus, sie kommentierte den Kern der höchstrichterlichen Aussage. Die Kritik kam, kein Ruhmesblatt für die Deutschen, aus dem Ausland. Die Schweizer »Weltwoche« artikulierte, was Demokraten mit einer jahrhundertealten Tradition empfanden, als sie den Karlsruher Spruch lasen. Das Blatt zitierte eine entscheidende Passage: »Wenn die

Presse sich in den Bereich militärtechnischer Einzelfragen begibt, verschieben sich die Gewichte: Das Informationsbedürfnis der Öffentlichkeit tritt zurück, einmal, weil die Leser mangels zureichender Fachkenntnisse sich ein selbstständiges Urteil ohnehin nicht bilden können, zum anderen, weil sie dieser Kenntnis zu ihrer politischen Urteilsbildung auch nicht bedürfen.«

Namentlich diese Ideologie im Urteil verschlug den eidgenössischen Journalisten die Sprache: »Was in diesem Satz zum Vorschein kommt, ist nichts anderes als der notdürftig ›demokratisch‹ verkleidete Geist des Obrigkeitsstaates: Die Fragen, in denen es um Tod und Leben und um die Existenz der Nation geht, brauchen die Staatsbürger im Einzelnen nicht zu kümmern.«[48]

Die Presse als Bindeglied

Am »Spiegel«-Urteil lässt sich eine Entwicklung illustrieren, die sich bei vielen höchstrichterlichen Entscheidungen gezeigt hat. Ein Teil des Urteils ist irgendwann nichts weiter als eine Fußnote der Geschichte, während ein anderer Teil, der zur Zeit der Verkündung weniger Aufmerksamkeit fand, zum festen Bestandteil des Rechts wurde. Wie das Verfahren für Augstein ausging, erhitzte damals die Gemüter – und interessiert heute nur noch Zeithistoriker. Doch der allgemeine Teil des Urteils, einstimmig zustande gekommen, erwies sich als Fundament der Pressefreiheit in Deutschland.

In diesem Textblock des »Spiegel«-Urteils befördern die Verfassungsrichter Untertanen zu Bürgern. Manche Passage wirkt so, als ob sie um einen Dialog mit diesem neuen Menschen bemüht wären. Ihm wollen sie beibringen, dass eine Gesellschaft ohne freie Rede verdorrt; dass der Mensch, wenn ihm Informationen vorenthalten werden, wie im Nebel umherirrt; dass dort, wo Nachrichten fehlen, Gerüchte gedeihen. Das Gericht hat eine Gesellschaft vor Augen, die den neugierigen und lebendigen Diskurs pflegt. Da werben Politiker für ihre Sache, und Wähler hören zu: »Die Argumente klären sich in Rede und Gegenrede, gewinnen deutliche Konturen und erleichtern so dem Bürger Urteil und Entscheidung.«[49]

Es ist ein Verdienst dieses wegweisenden Urteils, dass hier vielfältige Funktionen einer freien Presse beschrieben werden: Nach Karlsruher Ansicht hält sie die »ständige Diskussion in Gang; sie beschafft die Informationen, nimmt selbst dazu Stellung und wirkt damit als orientierende Kraft in der öffentlichen Auseinandersetzung«. Sie fungiert »zugleich als ständiges Verbindungs- und Kontrollorgan zwischen dem Volk und seinen gewählten Vertretern.«[50] Die wiederum könnten sich »ständig am Maßstab der im Volk tatsächlich vertretenen Auffassungen messen«.

Unterschiedliche Signale

Das fein austarierte System ist auf »eine freie, nicht von der öffentlichen Gewalt gelenkte, keiner Zensur unterworfene Presse« angewiesen. Sie sei, meinen die Richter, »ein Wesenselement des freiheitlichen Staates« und »für die moderne Demokratie unentbehrlich«.[51] Daraus ergibt sich nach höchstrichterlicher Ansicht eine Pflicht des Staates: Er muss überall dort, »wo der Geltungsbereich einer Norm die Presse berührt, dem Postulat ihrer Freiheit Rechnung« tragen, also bei der Recherche, bei der Verbreitung von Nachrichten, bei der Akzeptanz unbequemer Meinungen, beim Informantenschutz und beim Redaktionsgeheimnis.

Das 4:4-Urteil war ein Abbild der latenten Grundstimmung im Land, halb rechts, halb links, halb konservativ, halb liberal. Die These, dass der Staat den Pressebengels tüchtig auf die Finger sehen sollte, fand ebenso Anhänger wie die Gegenthese, dass Journalisten dazu da sind, den Staat zu kontrollieren. Bei Rechtsfragen, die nicht den Wesenskern der Parteien berührten und auch nicht im Vordergrund politischer Kontroversen standen, taten sich die Richter leichter. Ihre Reaktionen waren differenzierter. Sie zeigten, dass, neben der politischen Überzeugung, auch mannigfache biografische Faktoren bei der Urteilsfindung eine Rolle spielen.

Das erklärt nicht nur wechselnde Mehrheiten, sondern macht auch deutlich, warum ein 5:3-Ergebnis davon abhängt, wie gut welches Lager im Senat um die eine entscheidende Stimme gebuhlt hat. Bei diesem Lotteriespiel kann es nicht ausbleiben, dass die Rechtsprechung bisweilen inhomogen wirkt, mal verblüffend fortschrittlich und mal enttäuschend rückwärtsgewandt. Unterschiedliche Signale! 1968 und 1969 beanspruchten zwei Entscheidungen Aufmerksamkeit. In beiden ging es jeweils um eine spannende Rechtsfrage und um den Schutz verschiedener Minderheiten, von denen offenkundig die eine den Richtern mehr unterstützenswert erschien als die andere.

In dem einen Fall baten die Zeugen Jehovas um höchstrichterliche Hilfe. Sie wurden ausgegrenzt, gerade wieder mal. Hitler hatte sie in Konzentrationslager gesperrt, auch die Kommunisten in der DDR waren hinter ihnen her. Und in der demokratischen Bundesrepublik, deren Verfassung Glaubens- und Gewissensfreiheit garantiert, kassierten sie ein Strafurteil nach dem anderen. Die militanten Pazifisten hatten dem Bonner Staat nicht nur den Wehrdienst verweigert, sondern auch den waffenlosen Wehrersatzdienst, der für sie Dienst am Satan bedeutet.

Für diese »Dienstflucht« mussten sie doppelt und dreifach büßen: Deutsche Richter fanden nichts dabei, Zeugen Jehovas für das gleiche Delikt immer wieder hinter Gitter zu schicken. So urteilte das Oberlandesgericht Hamm 1964, es bedürfe »unter Umständen bei einem Überzeugungstäter, der nachdrücklich bei seiner Einstellung beharrt, gerade besonders nachdrücklicher Ahndung«. Und das Hanseatische Oberlandesgericht Hamburg dekretierte 1966: »Bei einer zweiten Einberufung und zwei Verurteilungen liegt ein Verstoß gegen das Grundgesetz nicht vor.« Die Oberrichter irrten.

Denn innerhalb einer Woche, am 5. und am 7. März 1968, entschieden der Erste und der Zweite Senat des Bundesverfassungsgerichts zugunsten der religiösen Außenseiter.[52] Erstens: »Ein

Versuch, den Gewissenstäter durch übermäßig harte Strafen als Persönlichkeit zu brechen«, sei »verfassungswidrig«. Zweitens: Die erneute Bestrafung eines bereits verurteilten Wehrersatzdienstverweigerers verletze das Grundgesetz, denn »niemand darf wegen derselben Tat mehrmals bestraft werden«.

Genau das aber war in der Bundesrepublik gerichtsnotorisch. 153 Zeugen Jehovas wurden für einen Gewissensentscheid gegen den Ersatzdienst zweimal zu mindestens einem Monat Gefängnis verurteilt. Zwei Bibelforscher wurden zum dritten Mal verfolgt. Häufig erreichte die frommen Dienstflüchtigen der zweite Einberufungsbescheid bereits, während sie noch in der Zelle den Konflikt zwischen religiösem Heil und staatlichem Unheil durchlebten.

Justiz und Behörden scherten sich nicht um die massive Kritik, die seit Jahren an dieser Methode geübt worden war. Der Stuttgarter Kirchenrat Kurt Hutten, Leiter der »Evangelischen Zentralstelle für Weltanschauungsfragen«, nannte die Prozesse »ohne Ende« im »Ansatz falsch, in ihrem Ablauf peinlich, in ihren Ergebnissen unbefriedigend und in ihrem Effekt wirkungslos«. Strafverteidiger wandten sich erfolglos gegen die »unverhüllte Terrorisierung einer religiösen Gruppe, mit dem erklärten Ziel, deren sittliche Grundhaltung zu brechen«.[53]

Diese Kritik stieß bei den Verfassungsrichtern auf offene Ohren. Sie befanden: Wer den Ersatzdienst »aus echten Gewissensgründen« verweigere, dürfe nicht immer wieder einberufen und wegen Dienstflucht bestraft werden. Eine »abermalige Verfolgung wegen derselben Tat« sei verfassungswidrig. Denn die Zeugen Jehovas hätten »ein für alle Mal eine einheitliche Gewissensentscheidung gegen den Wehrdienst und den zivilen Ersatzdienst« getroffen. Und: »Diese Gewissensentscheidung ist in ihrer Reichweite prinzipiell und nicht punktuell.«

Im zweiten Fall zeigte sich, zum wiederholten Mal, dass die »Roten Roben« rotsahen, wenn sie rote Überzeugungstäter vor sich hatten. Was der Erste Senat 1969 dem 71-jährigen Altkommunisten August Hey aus dem saarländischen Dudweiler antat, gehört jedenfalls nicht zu den Ruhmestaten des Hohen Hauses.

Tatsächlich ist der Umgang mit Hey ein Beweis für die Intoleranz der Nachkriegszeit, die 1969 ersichtlich noch nicht zu Ende war. Die Justiz, die schon in der NS-Zeit Kommunisten verfolgt hatte, musste ihr Feindbild nicht ändern.

Altes Feindbild

Der Altkommunist, der 1919 die KPD mitbegründet hatte und bei den Nazis im Konzentrationslager saß, war 1964 vom Landgericht Saarbrücken »wegen Zuwiderhandlung gegen das KPD-Verbotsurteil« zu sechs Monaten Gefängnis mit Bewährung verurteilt worden, obwohl, wie das Gericht selber befand, für eine Verbindung zur verbotenen KPD jeder Nachweis fehlte. Straffällig war er geworden, weil er sich »der Parolen und Schlagworte bedient« hatte, »die bei der Bevölkerung als Thesen der KPD bekannt gewesen seien«. Er habe sogar »Maßnahmen des DDR-Regimes gutgeheißen«.

Hey kandidierte als »unabhängiger Kandidat« für die Bundestagswahl. In einem ersten Flugblatt hatte er den Abschluss eines Friedensvertrages nach den Vorschlägen der Sowjetunion gefordert. In einem zweiten Flugblatt, das noch nicht mal verbreitet wurde, hatte er den Bau der Mauer im DDR-Jargon »als einen wichtigen Schritt zur Sicherung des Friedens bezeichnet«. Der BGH bestätigte das Urteil des Landgerichts – mit einer Begründung, in der sich das eigene Unbehagen widerspiegelt.

Einerseits, andererseits: Die Bundesrichter proklamierten, dass es »keinem Kommunisten verwehrt« sei, »seiner Überzeugung nach weiterhin Kommunist zu sein«, und dass er diese Überzeugung »auch nicht zu verbergen« brauche. Doch auf dieses großherzige Plädoyer, das wie die Begründung eines Freispruchs klang, folgte der kleinherzige Rückfall in den antikommunistischen Alltag: Hey sei anzulasten, dass seine Worte mit den »Thesen der verbotenen KPD« übereinstimmten.

Hey legte Verfassungsbeschwerde ein. Das Gericht bat das Bundesjustizministerium um eine Stellungnahme. Staatssekretär Horst Ehmke äußerte Bedenken und plädierte im Endeffekt zugunsten

Heys: Durch das Parteiverbot solle »nur die organisierte politische Willensbildung in einer verfassungsfeindlichen Organisation verhindert werden«, nicht aber eine »mit der kommunistischen Auffassung übereinstimmende persönliche Kritik an den politischen Verhältnissen«.

Ein Eiertanz

Auf den Ersten Senat blieben die Ehmke-Worte ohne Eindruck. Er wies die Verfassungsbeschwerde zurück.[54] Wie groß die Mehrheit für dieses Urteil war, blieb offen, da der Erste Senat im Gegensatz zum Zweiten das Abstimmungsergebnis nicht bekannt gab. Doch es sprach alles dafür, dass die Richterin Wiltraut Rupp-von Brünneck, die im Gericht noch eine große liberale Rolle spielen sollte, nicht mit von der Partie war. Die vielen Zwar-Aber in der Begründung ließen Rückschlüsse auf einen Dissens im Senat zu.

So sträubten sich die (oder einige) Verfassungsrichter dagegen, solche Meinungsäußerungen schlechthin zu verbieten, weil dadurch die Meinungsfreiheit des Einzelnen »in einer nicht zumutbaren Weise« behindert werde. Doch das Endergebnis im Hey-Fall war dann von derlei Skrupeln frei: »Die Äußerung gleicher Meinungen, wie sie von der verfassungswidrig erklärten Partei vertreten wurden«, hieß es nun, sei dann als »objektive Gefahr« zu werten, wenn weitere Umstände hinzukämen. Die erlaubte Rede wurde danach strafbar, sobald »sich der Äußernde in Stil und Aufmachung seiner Ausführungen oder der Art der Agitation der verbotenen Partei anpasst«. Das hieß übersetzt: »Er darf, wie jeder andere Bundesbürger, sagen, was er denkt. Doch er muss dabei so vorsichtig sein, dass er besser schweigt.«[55]

Wieder mal eine Entscheidung, die eindrucksvoll belegt, dass die Erfolgsgeschichte des Gerichts nicht frei von Sündenfällen war. Die Richter sind im Laufe der Jahre immer wieder mal nach zwei Schritten vorwärts auch einen zurückgegangen. Es gab Licht und Schatten. Die 16, die nicht von ungefähr die »Weisen von Karlsruhe« genannt werden, haben einerseits bis zu diesem 14. Januar 1969 in einer Serie von denkwürdigen Urteilen die Grundrechte mit Leben erfüllt – und sich damit unschätzbare Meriten erworben. Doch sie waren andererseits, wie das Hey-Urteil zeigt, nicht dagegen gefeit, über ihre eigenen Vorurteile zu stolpern. Sichtbar wurde hier, was für ein mühsamer Prozess die Wahrheitsfindung ist. Jedenfalls ist das hohe Niveau, das die Gedanken- und Meinungsfreiheit heute im Recht einnimmt, nicht von einem Tag zum anderen erreicht worden, sondern nur Schritt für Schritt. Was der Erste Senat in Sachen Hey von sich gab, entsprach dem antikommunistischen Zeitgeist der Epoche und war nicht intelligenter als das Gerede an einem Honoratioren-Stammtisch.

Ultimatum aus Karlsruhe

Nur zwei Wochen später wuchs derselbe Senat über sich hinaus. Er setzte am 29. Januar 1969 den Bundestag unter Druck. Der parierte wenige Monate später aufs Wort. Deutschlands Volksvertretung verabschiedete am 15. Mai 1969 die angemahnte Reform – aber eben nicht aus freien Stücken, sondern auf höchstrichterliche Anordnung. Auf der Tagesordnung stand die Gleichstellung von ehelichen und unehelichen Kindern. Dieser überfällige Schritt wäre im normalen Gesetzgebungsverfahren vermutlich nie zustande gekommen. Zwar stand der Auftrag ans Parlament schon im Grundgesetz von 1949, Karlsruhe hatte auch schon mehrmals streng erinnert, doch nichts war geschehen – eine Rechtsverweigerung, die sich über 20 Jahre hinzog.

Politisches Umfeld
1969–1972: 6. Bundestag
Bundeskanzler: Willy Brandt (SPD)
Vizekanzler: Walter Scheel (FDP)
Koalition: SPD, FDP

Wer den schleppenden Gang dieser »Reform« verfolgt hatte, wusste nur zu gut, dass jeder Entwurf in irgendeinem der Ausschüsse unerledigt liegen geblieben war – immer dann, wenn das Erbrecht für den »Bankert« auf der Tagesordnung stand. Konservative CDU-Abgeordnete taten sich besonders hervor. Sie hatten auch deutliche Appelle der Verfassungsrichter ignoriert. Denen platzte dann am 29. Januar 1969 der Kragen. Unter Federführung der Richterin Wiltraut Rupp-von Brünneck setzte das Gericht dem Bundestag erstmals ein unmissverständliches Ultimatum: Wenn der Gesetzgeber den Reformauftrag des Grundgesetzes »nicht bis zum Ende der laufenden (fünften) Legislaturperiode des Bundestages« erfülle, müsse »der Wille der Verfassung« durch die Gerichte realisiert werden.[56] Die Befürchtung, dass jeder Amtsrichter das Sagen haben könnte, riss die Politiker aus ihrer Lethargie. Doch die fünfte Periode lief vor den Sommerferien aus. Viel Zeit blieb dem Bundestag nicht. Im Mai gehorchte er dem Befehl aus Karlsruhe.

Neues Domizil

Just zur selben Zeit ging in Karlsruhe eine Übergangszeit zu Ende, die fast zwei Jahrzehnte gedauert hatte, die provisorische Unterbringung des Gerichts im Prinz-Max-Palais. Am 6. Mai 1969 wurde der Neubau feierlich eingeweiht.[57] Bundesschatzminister Kurt Schmücker übergab die Schlüssel an Gebhard Müller. Der Präsident war nunmehr Hausherr eines angemessenen Domizils. Paul Baumgarten, ein bekannter Berliner Architekt, hatte eine filigrane Komposition in den Karlsruher Schlosspark gestellt. Sie strahlte das weltoffene Selbstverständnis des Gerichts aus. Die Gebäude wirkten – anders als die traditionell düsteren Bauten der Justiz – transparent und einladend. In den Medien war fortan immer öfter vom Karlsruher »Glaspalast« die Rede.

Ein Sündenfall: das Abhörurteil

Der Hey-Fall war gleichsam der letzte Ausläufer eines Tiefs, Überbleibsel aus der sturen antikommunistischen Epoche. Die ideologische Verbissenheit wurde nach und nach vom Schleier des Vergessens zugedeckt. Zumindest hatte sie keine Ausstrahlung mehr, die in die Zukunft reichte. Dagegen richtete ein anderes

Urteil jener Tage großes Unheil an, das noch Jahrzehnte fortwirkte. Fünf Richter des Zweiten Senats schränkten auf folgenschwere Weise die Grundrechte ein – nach dem Motto: Staatsschutz geht vor Bürgerschutz.

Das Gericht sanktionierte am 15. Dezember 1970 ein Gesetz, mit dem das Brief-, Post- und Fernmeldegeheimnis zerlöchert worden war.[58] Der Sündenfall lag zwei Jahre zurück. 1968 hatte der Bundestag – im Rahmen der Notstandsverfassung – den westdeutschen Geheimdiensten (Verfassungsschutz, Bundesnachrichtendienst, Militärischer Abschirmdienst) konspirative Vollmachten eingeräumt: Sie durften seitdem Telefongespräche mithören und Post durchschnüffeln – ohne dass der Betroffene davon erfuhr und die Rechtmäßigkeit solcher Eingriffe von Richtern überprüfen lassen konnte. Stattdessen fungierte eine vom Bundestag berufene Dreier-Kommission als Kontrollorgan.

Mit dem Ja des Gerichts zu diesem Monstrum bröckelten ein paar Steine aus dem Fundament der Verfassung. Mindestens zwei rechtsstaatliche Garantien galten fortan nur mit Einschränkungen. Artikel 19 IV des Grundgesetzes verspricht: »Wird jemand durch die öffentliche Gewalt in seinen Rechten verletzt, so steht ihm der Rechtsweg offen.« Und laut Artikel 103 I hat »jedermann Anspruch auf rechtliches Gehör«.

Die Hessische Landesregierung, die den Prozess mit einer Normenkontrollklage in Gang brachte, hatte die Aufgabe elementarer Grundrechte von Anfang an gerügt. Der Ausschluss jeglicher gerichtlicher Kontrolle versetze den Bürger »in einen Zustand wehrlosen Ausgeliefertseins an eine anonyme, im Geheimen tätige Staatsgewalt«; das sei »mit der Würde eines freien Menschen nicht vereinbar«. Diesem Einwand mochten die fünf Hardliner im Senat nicht folgen. Sie räumten der Feindabwehr Priorität ein – mit dem Argument, die Bundesrepublik habe sich zugunsten einer »streitbaren Demokratie« entschieden. Dafür opferten sie alte Grundsätze ihres Hauses, etwa den Kernsatz: Kein Akt der Exekutive, der in Rechte des Bürgers eingreift, kann richterlicher Nachprüfung entzogen werden.

Nunmehr verzichteten sie für Ausnahme-Eingriffe des Staates auf »richterliche Nachprüfung«. Stattdessen gaben sie sich mit einer Kontrolle durch »Organe und Hilfsorgane« des Parlaments zufrieden, die »an die Stelle des Rechtsweges« treten. Der Gesetzgeber sei nicht gehindert, »auch elementare Verfassungsgrundsätze«, heißt es sibyllinisch, »systemimmanent zu modifizieren«. Besonders dann, »wenn der Ausschluss des Gerichtsschutzes nicht durch eine Missachtung oder Geringschätzung der menschlichen Person«, sondern mit Geheimhaltung im Staatsschutzinteresse »motiviert wird«. Die Rechtfertigung klingt ein wenig zynisch: »Die Befugnis, den Betroffenen von einer Abhörmaßnahme nicht in Kenntnis zu setzen und ihre Überprüfung an eine Stelle, die kein Gericht ist, zu verweisen, dient also der Effektivität des Verfassungsschutzes und macht eigentlich das Abhören und Brieföffnen erst sinnvoll.«

Die exakte Definition des »Rechtswegs«, den Rechtswissenschaft, Rechtslehre und Rechtspraxis dem Gericht verdanken, wurde mit dem Abhörurteil Makulatur. Vom Zugang zu einem staatlichen Gericht, das mit unabhängigen Richtern besetzt sein muss, war nun nicht mehr die Rede. Jetzt gaben sie sich damit zufrieden, dass die Dreierkommission, die das Abhören kontrolliert, »über die notwendige Sach- und Rechtskunde verfügt« (immerhin muss einer die Befähigung zum Richteramt haben), dass sie »weisungsfrei« sei und »auf eine bestimmte Zeit fest berufen« werde. Was das Geheimtrio auch immer hinter verschlossenen Türen beschließen mochte – für das Gericht war diese Prozedur »eine zwar andersartige, aber gleichwertige Rechtskontrolle«, »materiell und verfahrensmäßig der gerichtlichen Kontrolle gleichwertig«.

Missbräuche befürchteten die Richter nicht, sie gingen davon aus, dass auch solche Sondervollmachten »in einer freiheitlich rechtsstaatlichen Demokratie korrekt und fair angewendet werden«. Früher las sich auch das anders: »Die Erhebung des Grundsatzes des rechtlichen Gehörs zum Grundrecht soll Missbräuche im gerichtlichen Verfahren, wie sie unter dem nationalsozialistischen Regime vorgekommen waren, unmöglich machen und das Vertrauen des Volkes in eine unparteiische Rechtspflege wiederherstellen.«[59]

Erste »abweichende Meinungen«

Das Urteil erging am 15. Dezember 1970. Am 1. Januar 1971 trat eine Reform in Kraft, die das System der Urteilsfindung beim höchsten deutschen Gericht revolutionierte. Die Geheimnistuerei hatte ein Ende. Fortan durften überstimmte Richter ihre »abweichende Meinung« bekannt geben; sie wurde im Anschluss an ein Urteil ebenfalls verkündet und in der »amtlichen Entscheidung« gleichberechtigt abgedruckt. Dadurch wurde nicht nur das Stimmenverhältnis offenkundig, sondern auch, wie Mehrheit und Minderheit ihre Meinung begründet hatten.

Drei Richter des Zweiten Senats machten von der neuen Möglichkeit unverzüglich Gebrauch und veröffentlichten am 4. Januar 1971 ihren Dissens zum juristischen Kahlschlag ihrer Kollegen: Gregor Geller, Hans Rupp und Fabian von Schlabrendorff. Überraschend für Insider und Außenseiter war, dass die drei aus unterschiedlichen politischen Lagern kamen, zwei standen der CDU nahe, einer der SPD.

Was sie der Nachwelt überlassen haben, ist ein besonders eindrucksvolles Bekenntnis zur demokratischen Freiheit – und eine düstere Prognose, die sich leider in weiten Teilen erfüllt hat. Der Eingriff in die Privatsphäre, schreiben sie, treffe »nicht nur Verfassungsfeinde und Agenten, sondern gleichfalls Unverdächtige und persönlich Unbeteiligte« – mit ungeahnten Folgen: »Auch ihr Telefon kann abgehört, ihre Briefe können geöffnet werden, ohne dass sie jemals etwas davon erfahren und ohne dass sie imstande sind, sich zu rechtfertigen.«[60]

Bei einer Passage der »abweichenden Meinung« hält der Leser von heute die Luft an: Die drei beschreiben einfühlsam die schiefe Ebene, auf die sich erst die Mehrheit im Bundestag und dann die in ihrem eigenen Senat begeben hatte. Der Gedanke, der dieser

Amputation des Grundgesetzes zugrunde liege, könne leicht »auch in andere Bereiche übertragen werden«, etwa durch eine Aufweichung des Artikels 13 (»Unverletzlichkeit der Wohnung«), indem staatlichen Organen erlaubt werde, »Hausdurchsuchungen ohne Zuziehung des Wohnungsinhabers« durchzuführen und »dabei auch Geheimmikrofone« anzubringen.

Die schlimmsten Befürchtungen der »Abweichler« wurden 1998 durch den »Großen Lauschangriff« noch übertroffen. Ihre vage Ahnung, dass dies der »erste Schritt auf dem bequemen Weg der Lockerung« sein könne, war damals als abstruse Schwarzmalerei abgetan worden, und erfüllte sich nun mit den Antiterrorgesetzen. Eine Warnung der drei gilt unverändert auch heute. Sie schrieben 1971: »Die ›Staatsräson‹ ist kein unbedingt vorrangiger Wert.« Wenn der Gesetzgeber seine Schranken verkenne, »kehrt die ›streitbare Demokratie‹ sich gegen sich selbst«. Noch wichtiger die Mahnung, die sich wie ein Vermächtnis liest: »Es ist ein Widerspruch in sich selbst, wenn man zum Schutz der Verfassung unveräußerliche Grundsätze der Verfassung preisgibt.«

Die Einführung der »abweichenden Meinung«

Diese erste »abweichende Meinung« hatte Maßstäbe gesetzt. Sie signalisierte eine neue Qualität der Rechts- und Wahrheitsfindung. Das Bundesverfassungsgericht war nunmehr das einzige deutsche Gericht, das einen Blick hinter die Kulissen erlaubte. Die Möglichkeit, aus der Anonymität des »Spruchkörpers« herauszutreten und Flagge zu zeigen, gehörte seitdem zu den unverwechselbaren Markenzeichen des Gerichts.

Gelungene »abweichende Meinungen« illuminieren die höchstrichterliche Rechtsprechung. Ein Karlsruher Spruch ist fast immer juristische Reaktion auf politische Aktion. Ergo: Bei brisanten Streitfragen setzte sich der Dissens in der Gesellschaft bis ins Gericht fort. Sondervoten waren die natürliche Konsequenz. Minderheiten in den beiden achtköpfigen Senaten zerpflückten jeweils die Meinung der Mehrheit. Das passierte oft, etwa, wenn die Abstimmung 5:3 ausging. »Abweichende Meinungen« waren das Salz in der Suppe von Grundsatzurteilen, besonders dann, wenn sie Existenzfragen der Nation betrafen.

Zugleich trugen sie zur Befriedung bei. Weil der Bürger das »Pro« und »Contra« im Gericht verfolgen durfte, konnte er miterleben, wie hier von Fall zu Fall um ein gerechtes (und vernünftiges) Urteil gerungen wird. Das schuf Vertrauen. Und deshalb konnte die »abweichende Meinung« im Laufe der Jahre Pluspunkte sammeln. Mittlerweile sind es fünf.[61]

Erstens: Ihre Einführung markierte einen qualitativen Sprung, von der Anonymität zur Transparenz. An dem Vorgang, dass Wahrheitsfindung stets auch Meinungskampf bedeutet, hat sich nichts geändert. Doch was früher mit äußerster Diskretion abgehandelt wurde, liegt nun offen auf dem Tisch. Wer genau hinsieht, lernt auf diese Weise nach und nach einzelne Richter kennen – ihre rationalen, mitunter auch ihre emotionalen Motive. Bei strittigen Themen finden sich die Argumente der öffentlichen Diskussion im Votum und im Sondervotum wieder.

Zweitens: Die »Dissenting Opinion« hat – in ihrer Wirkung nach außen – Rechtsprechung anschaulicher, nachvollziehbarer und volksnäher gemacht, ihr zugleich den gefährlichen Nimbus von Unfehlbarkeit genommen. Sie hat den Bürger gelehrt, dass Recht kein statischer, sondern ein dynamischer Prozess ist, der – von Stufe zu Stufe fortschreitend – jeweils aus These und Antithese eine Synthese entwickelt.

Drittens: Die »Dissenting Opinion« spiegelt im Kontext zum Urteil überhaupt erst die Spannbreite der strittigen Rechtsfrage wider. Die Mehrheitsmeinung wird eher plausibel, weil das Sondervotum die Gegensätze sichtbar macht und dem Publikum die Auswahl zwischen zwei Optionen ermöglicht. Die öffentliche Kontrolle höchstrichterlicher Rechtsprechung bekommt auf diese Weise überhaupt erst Sinn.

Viertens: Die »Dissenting Opinion« hat die Mitglieder des Gerichts unter heilsamen Sachzwang gesetzt. Sei es, dass die

Mehrheit einen Konsens anstrebt und prüft, welche Argumente der Minderheit übernommen werden können. Sei es, dass sie im Blick auf ein qualifiziertes Minderheitenvotum die eigene Position überdenkt, Widersprüche und Unklarheiten eliminiert, etwaige Einwände im Vorhinein entkräftet und somit die endgültige Begründung optimiert.

Fünftens: Die »Dissenting Opinion« fördert den Rechtsfrieden; der unterlegene Beschwerdeführer und seine Anhänger müssen ihre Ansichten nicht für gänzlich absurd halten, wenn sie von einem Teil des Senats geteilt werden. Das weckt Hoffnungen, denn mit jedem Personalwechsel können sich auch die Mehrheiten ändern. Seitdem gilt eine Erfahrung des amerikanischen Supreme Court auch für Karlsruhe: Die »Dissenting Opinion« von heute kann das Urteil von morgen sein.

Prinzipientreue bis zum Schluss

Die Einführung dieses Privilegs für überstimmte Richter war nicht reibungslos zustande gekommen. Es gab prominente Gegner. Zu ihnen gehörte der Präsident des Gerichts. Gebhard Müller, jeder Neuerung abhold, war sich auch hier treu geblieben. Das galt selbst für die letzte Stunde im Amt. Bundespräsident Gustav Heinemann (SPD) hatte auf einer Abschiedsfeier dem Veteranen »hohe persönliche Achtung vor Ihrer Überzeugungstreue« bezeugt.

Der Geehrte griff das Stichwort auf und beschrieb in seiner Dankrede den »erschreckenden« Zustand der Gesellschaft: Er sah eine Jugend , die »nichts mehr zu spüren scheint von Größe, Symbolik, Einheit und ideeller Kraft«, sondern sich »in allzu großer Zahl dem ›anarchistischen Staat‹ zuwendet«.[62] Müller malte einen Staat an die Wand, »in dem man sich ohne Verpflichtung mit Hasch, Sex und Pille ausleben kann, um schließlich in Zehntausenden von Fällen als Frührentner der Allgemeinheit zur Last zu fallen«. Zum Schluss beschwor er noch einmal die Erkenntnis, »dass Freiheit und Verantwortung Zwillingskinder sind«.

Hinter dem Rednerpult bei seinem Abschied stand der knorrige Alte schon wieder mit einem Bein in der Politik. Die Jahre, in denen er als Richter Zurückhaltung üben musste, fielen sichtlich von ihm ab. Nun konnte er wieder reden, wie ihm der schwäbische Schnabel gewachsen war – stramm konservativ.

4

Die Anfechtungen der Politik

Doch die Richter stärken die Bürgerrechte

Die Präsidentschaft von Ernst Benda
1971–1983

Generationswechsel bei Gericht. Der Nachfolger Müllers hätte dessen Sohn sein können. Auf dem Präsidentenstuhl nahm ein Politiker Platz, der lange wie ein großer Junge wirkte. Ernst Benda, Jahrgang 1925, war mit 46 Jahren in einem Alter, in dem die meisten anderen noch mit den Hufen scharrten. Im Gegensatz zu ihnen konnte er schon eine steile Karriere vorweisen: als CDU-Innenminister im Kabinett Kiesinger (von April 1968 bis Oktober 1969). Noch ein paar Jahre früher hatte er mit einer fulminanten Rede im Bundestag Aufmerksamkeit erregt und Respekt erworben, über alle Parteigrenzen hinweg.

Er hatte sich in der Frage, ob Nazimörder in den Genuss der Verjährungsfrist kommen sollen, besonders engagiert. Das Problem war 1965 aufgetaucht. Denn die 20-jährige Verjährungsfrist für Mord hatte – theoretisch – schon 1945, unmittelbar nach dem Ende der NS-Diktatur, begonnen; zu einem Zeitpunkt, als die Justiz überhaupt noch nicht funktionierte. Das bedeutete: Nach dem Buchstaben des Gesetzes konnten Hitlers Henker Ende 1965 aufatmen.

Gegen diese unerträgliche Konsequenz bildete sich eine breite Front. Der Wortführer kam sogar aus dem konservativen Lager. Es war Benda, damals gerade mal 40 Jahre alt; er hatte 49 Parlamentarier seiner Partei hinter sich versammelt. Dann hielt er im Bundestag sein

Politisches Umfeld
1969–1972: 6. Bundestag
Bundeskanzler: Willy Brandt (SPD)
Vizekanzler: Walter Scheel (FDP)
Koalition: SPD, FDP

mitreißendes Plädoyer gegen die Verjährung und das Vergessen. Von allen Seiten des Hauses brandete Beifall auf. Martin Hirsch, rechtspolitischer Sprecher der SPD, feierte ihn als »Sprecher der jungen deutschen Generation«. Benda war mit seiner Rede, die zu den Sternstunden des Bundestags gehört, schlagartig prominent geworden.[1]

Es schien so, als ob hier ein Politiker, noch dazu ein ziemlich junger, seine Mitte gefunden hätte. Weggenossen charakterisierten ihn »als einen Menschen, der mit einer Mischung aus Unbefangenheit, Zivilcourage und auch Eigensinnigkeit eine Sache, die er für richtig hält, durchzufechten pflegt«. Als er später mit diesem Satz konfrontiert und befragt wurde, ob er sich darin wiederfinde, sagte Benda: Seine Eigensinnigkeit habe »eher zugenommen«, doch »im Übrigen fühle er sich durch dieses Zitat ganz gut beschrieben«.[2]

Die »skeptische« Generation

Benda, 1925 geboren, gehörte einem Jahrgang an, für den der Soziologe Helmut Schelsky den Begriff »die skeptische Generation« geprägt hatte. Benda: »Als Hitler an die Macht kam, war ich acht Jahre alt, und als der Krieg zu Ende war im Jahr 1945, war ich gerade 20 Jahre alt.« Da hatte er schon zwei Jahre auf einem Schnellboot den Krieg mitgemacht. Die Enttäuschung, belogen worden zu sein, blieb ihm erspart. Sein christlicher Großvater galt »nach den damaligen unglaublichen ›Nürnberger Gesetzen‹ als Jude« – und sein Vater »als jüdischer Mischling ersten Grades«. Dies habe die Kindheit überschattet und »das politische Bewusstsein stark ausgeprägt«.

Jura studierte Benda, wie nicht wenige später erfolgreiche Juristen, »aus reiner Verlegenheit« – erst an der Humboldt-Universität in Ostberlin, dann an der Freien Universität (West-)Berlin. Zweites Staatsexamen: 1955. Die Weichen für den Weg in die CDU wurden indirekt im Elternhaus gestellt, die Mutter und der Vater, ein Siemens-Ingenieur, hatten sich schon während der NS-Zeit in der »bekennenden Kirche« engagiert. In seiner Partei erlebte er einen rasanten Aufstieg. Doch der Karriere lag, wie er betonte, keine Planung zugrunde, es sei eher ein »Zickzackkurs« gewesen. »Das sage ich auch als Segler«, bei Zickzack »wird es komplizierter«.

Unkompliziert waren die zwölf Jahre, die ihm dann in Karlsruhe bevorstanden, tatsächlich nicht. Am 8. Dezember 1971 leistete er in einem Festakt den Amtseid. Seiner Ernennung waren Monate parteiinterner Kämpfe und Intrigen vorausgegangen. Die Sozialdemokraten hatten mit Gustav Heinemann als Bundespräsident und mit Willy Brandt als Regierungschef die Schaltzentralen der Macht besetzt und deshalb den Christdemokraten ein Vorschlagsrecht für den Karlsruher Posten eingeräumt. Das Geschenk erwies sich als schwere Bürde. Die CDU-Spitze tat sich mit der Auswahl in den eigenen Reihen ziemlich schwer. Kandidaten, die im Verdacht standen, das Wohlwollen der Sozialdemokraten zu genießen, hatten schlechte Karten. Der Abgeordnete Friedrich Vogel, Obmann des CDU-Suchtrupps, beklagte die Fußangeln: »Es ist die sicherste Methode, jemand in Misskredit zu bringen, wenn die SPD ihn empfiehlt.«

Lange Suche in der CDU

So erging es zwei renommierten Juristen. Beide schienen für den hohen Posten prädestiniert. Der Bonner Rechtsanwalt Konrad Redeker, ein Spezialist für öffentliches Recht, hatte sich als langjähriger Präsident des »Deutschen Juristentages« großes Ansehen erworben. Er war oft (und mit Erfolg) für CDU-Regierungen vor Gericht aufgetreten – freilich ohne jedes parteipolitische Engagement. Das empfahl ihn nicht, er wurde bei der Vorauswahl in der Union aussortiert. Der Zweite, dem seine allgemeine Beliebtheit zum Nachteil gereichte, gehörte sogar der Partei an: Professor Paul Mikat, ehemaliger CDU-Kultusminister von Nordrhein-Westfalen. Er war bei seiner Partei in Ungnade gefallen, weil er vorsichtige Sympathie für die Ostpolitik Willy Brandts gezeigt hatte. Die Verdächtigungen irritierten den eigenwilligen Christdemokraten: »Muss es denn unbedingt einer sein, der bis zur Auflösung integrierbar ist – wie Zucker?«[3]

Fraktionschef Rainer Barzel machte sich für Ernst Benda stark – für einen Kollegen, der nicht nach Karlsruhe drängte. Es hieß, Benda habe andere Pläne. Er hoffte, später noch mal in einem CDU-Kabinett mitregieren zu können. Benda betrieb in Berlin eine gewinnträchtige Anwaltspraxis. Als ihm das Amt angetragen wurde, klang seine Antwort nicht eben begeistert: »Es ist zwar finanziell nicht gerade attraktiv, aber man verhungert dabei nicht.«

Von diesem etwas schnoddrigen Berliner Ton, den er auch später als Würdenträger nie ganz ablegte, war selbstverständlich in seiner Karlsruher Antrittsrede nichts zu spüren. Da setzte er sich mit begründeten Zweifeln auseinander – mit der Frage, ob und wie einem Politiker der Wechsel in die Rolle des Richters gelingen kann. Er zitierte einen Aufsatz, in dem die erwünschten Eigenschaften des Präsidenten aufgelistet waren: »ein hohes Maß von Geduld, Einfühlungsvermögen, Toleranz und Verständigungsbereitschaft, aber auch von Großzügigkeit im Verzicht auf die Durchsetzung eigener Ideen«.[4]

Das Problem des befangenen Richters

Diese Skala stachelte Benda an. »Wer nur flüchtig hinschaut«, gab er zu bedenken, »wird leicht meinen, dass dies alles Tugenden seien, die man zuallerletzt von dem aktiv gestaltenden Politiker erwarten könne, der ja doch leidenschaftlich darum kämpfen müsse, seine eigenen Ideen durchzusetzen.« Doch bei »genauerer Betrachtung« gehörten solche Tugenden »zu den elementaren Voraussetzungen jeder funktionsfähigen parlamentarischen Demokratie«.

Einen Kritiker nahm Benda sehr ernst. Er zitierte den Politikwissenschaftler Wilhelm Hennis: »Glaubt man wirklich, dass frisch aus dem Bundestag nach Karlsruhe versetzte Abgeordnete gegenüber ihrem früheren Wirken zu der Distanz fähig sein werden, die man von Richtern verlangen kann?« Diese Frage berühre, so Benda, das »Problem des befangenen Richters«. Das Thema, das er an diesem Tag streifte, beschäftigte ihn in seinem weiteren Leben immer wieder.

Mit der Wechselbeziehung von Politik und Verfassungsrecht musste er sich schon wenige Tage nach seinem Amtsantritt auseinandersetzen – in dem ersten Interview als Präsident. Die Fragen zielten, leicht variiert, alle in dieselbe Richtung: Ob ein leidenschaftlicher Parlamentarier, wenn er nach Karlsruhe kommt, seine Überzeugungen wie einen Überrock an der Garderobe des Gerichts ablegt? Benda drückte sich um klare Antworten nicht herum: »Der bloße Ortswechsel bringt nicht notwendigerweise eine Ansichtsveränderung, aber er bringt einen deutlichen Einschnitt.«[5]

Der nächste Einwand ging ans Eingemachte der Bonner Politik, an das Bemühen der Parteien, »Leute ihres Vertrauens im Verfassungsgericht zu platzieren«. Direkte Frage an Benda: »Unter diesem Aspekt muss Ihr Anspruch auf Unbefangenheit unglaubwürdiger erscheinen.« Benda: »Wer vor Beginn meiner Tätigkeit urteilt, urteilt aus einem Vorurteil.« Auch den nächsten Zweifel – ob er als Gerichtspräsident zu Ansichten kommen werde, die er als Abgeordneter der CDU nicht hatte – zerstreute er elegant: »Ich wäre von mir selber sehr enttäuscht, wenn das nicht der Fall wäre.«

»Alles andere wäre Heuchelei«

Die letzte Aussage, die Benda in diesem Interview über sich selbst machte, war auch – mehr als er vermutlich in diesem Moment ahnte – eine Prognose für seine Amtszeit: »Ich bin noch Mitglied der CDU und gedenke, es auch zu bleiben. Alles andere wäre Heuchelei.« Er beschrieb damit den Spagat, mit dem er die folgenden zwölf Jahre leben sollte. Denn ihm, dem Gericht und der neuen Bonner Regierung standen stürmische Zeiten bevor. Die linksliberale Mehrheit im Bundestag trieb kühne Reformen voran, die konservativen Mehrheiten in beiden Senaten des Gerichts bremsten sie aus.

Dieser Eindruck entstand jedenfalls auf den ersten Blick, aber er gab nur die halbe Wahrheit wieder. Denn in der Rechtsprechung liefen zwei Entwicklungen parallel nebeneinander: zum einen die richterliche Reaktion auf akute politische Kontroversen, und zum anderen die Interpretation der Grund- und Menschenrechte.

Parteibindung oder Parteinähe hatten vornehmlich dann Einfluss auf ein Urteil, wenn es um die großen Streitfragen der Nation ging: um das Arrangement mit der kommunistischen Osthälfte Deutschlands (Grundlagenvertrag mit der DDR), um Berufsverbote (Radikalen-Erlass), um das Ja oder Nein zur Abtreibung.

Auf dieser Ebene der Normenkontrolle schleppte das Gericht, in der Amtsperiode Bendas, eine Hypothek mit sich herum: das Ungleichgewicht in den Senaten. In den Zeiten der unangefochtenen CDU-Vorherrschaft und im Zuge der kontinuierlichen Verkleinerung des Gerichts (erst von 24 auf 20, und dann von 20 auf 16 Richter) hatten sich konservative Mehrheiten von 5:3 Stimmen in beiden Senaten verfestigt; mit einem gravierenden Nachteil – bei Streitfragen mit politischem Einschlag war die Minderheit ohne Chance, sie hätte der Mehrheit zwei Stimmen abjagen müssen.

Die Dimensionen der Glaubensfreiheit

Wenn es jedoch um feine Nuancierungen ging, war die Ausgangslage anders als bei der Normenkontrolle. Die Grundrechte mit Leben erfüllt zu haben – darin bestand die unvergleichliche Kulturleistung des Gerichts. Dieser kontinuierliche Auf- und Ausbau von Freiheitsrechten wäre ohne ergebnisoffene Beratungen nicht denkbar gewesen. Der dialektische Prozess, der Stufe um Stufe – im Volk wie in der Politik – Bewusstsein veränderte, führte zu eigenen Mehrheiten. Ob einer Bürgerfreiheiten, zum Beispiel die Glaubensfreiheit, großzügig auslegte oder nicht, hatte mehr mit seiner Vita und seiner individuellen geistigen Entwicklung zu tun als mit seinen politischen Wurzeln.

Sich in einen Bürger zu versetzen, dessen Glaube versponnen wirkte, erforderte viel Einfühlungsvermögen – und die Bereitschaft, religiöse Überzeugungen nicht zu hinterfragen, sondern einfach zu akzeptieren. Auf solche Toleranz war der evangelische Pfarrer Werner S. angewiesen. Das Landgericht Düsseldorf hatte ihn zu einer Ordnungsstrafe von 20 Mark, ersatzweise zu zwei Tagen Haft verurteilt, weil er den Zeugeneid verweigert hatte. Seine Begründung: »Nach den Worten Christi in der Bergpredigt« sei ihm »jedes Schwören untersagt«.[6] Der Schwur sei »eine unzulässige Verfügung über Gott« – und »eine heidnische Vorstellungen zuzurechnende Selbstverfluchung für den Fall des Eidbruchs«.

Der Pfarrer wandte sich mit einer Beschwerde an die nächsthöhere Instanz, ohne Erfolg. Die Oberlandesrichter in Düsseldorf belehrten ihn: »Die Eidesleistung durch Zeugen als eine allen Staatsbürgern auferlegte Pflicht ist Bestandteil der verfassungsmäßigen Ordnung.« Hierzulande dürfe niemand zu einer religiösen Eidesformel gezwungen werden. Doch jedermann sei dann verpflichtet, den erforderlichen Eid »ohne religiöse Beteuerung« abzulegen. Denn: »Der Zeugeneid ist im gerichtlichen Verfahren als Mittel der Wahrheitsfindung unverzichtbar.«

In der Güterabwägung zwischen der staatlichen Formenstrenge und dem individuellen Bibelgehorsam schlug sich der Zweite Senat des Bundesverfassungsgerichts am 11. April 1972 auf die Seite des Pfarrers. Wenn er den Eid »als eine religiös bezogene und nach dem Wortlaut der Bergpredigt als von Gott verbotene Handlung« ansehe, genieße das den Schutz des Grundrechts auf Glaubensfreiheit.

Die Richter nutzten – zum Missfallen vieler Kirchenfürsten – die Gelegenheit, um den Rahmen der Glaubensfreiheit weit zu spannen: »Hierzu gehört nicht nur die (innere) Freiheit, zu glauben oder nicht zu glauben, sondern auch das Recht des Einzelnen, sein gesamtes Verhalten an den Lehren seines Glaubens auszurichten und seiner inneren Glaubensüberzeugung gemäß zu handeln.«

Orthodoxe hatten bei dem Satz »zu glauben oder nicht zu glauben«, so ist zu vermuten, den Satan persönlich vor Augen. Es war eine Zeit, in der die katholische Kirche die evangelische – mehr noch als heute – keineswegs für ebenbürtig hielt. Doch beide dürften sich damals in der Ablehnung einer Urteilspassage einig gewesen sein: »Kennzeichnend für einen Staat, der die Menschenwürde zum obersten Verfassungswert erklärt«, sei vor allem, »dass er auch Außenseitern und Sektierern die ungestörte Entfaltung ihrer Persönlichkeit gemäß ihren Glaubensüberzeugungen gestattet«.

Der Erfolg in Karlsruhe kam nicht nur dem klagenden Pfarrer zugute, sondern allen Bürgern. Was die Verfassungsrichter zur Glaubensfreiheit ausführten, ergänzte den Artikel 4 des Grundgesetzes – und gehört seitdem zum rechtlichen Standard, hinter den kein Richter, kein Beamter und kein Politiker zurückfallen kann. Der Gesetzgeber reagierte prompt – mit einer Alternative zur Eidesformel. Statt großer Worte liest der Richter eine schlichte Frage vor: »Sie bekunden im Bewusstsein Ihrer Verantwortung vor Gericht, dass Sie nach bestem Wissen die reine Wahrheit sagen und nichts verschwiegen haben.« Der Zeuge antwortet mit einem schlichten »Ja«.

Kein Recht auf Narrenfreiheit?

Die Entscheidung wurde mit 5:2 Stimmen gefällt. Einer der beiden unterlegenen Richter gab eine »abweichende Meinung« ab, die aus zwei Gründen Erwähnung verdient. Zum einen zeigt sie, dass nicht nur Liberale gegen ein konservatives Urteil aufbegehren, sondern umgekehrt auch Konservative gegen einen fortschrittlichen Spruch; zum anderen lässt sie den interessierten Bürger am Schlagabtausch in der Beratung teilhaben – an Rede und Gegenrede. Er erfährt, wie ein anderer Standpunkt begründet wird, welcher Kelch an ihm vorübergegangen ist.

Der von der CDU nominierte Richter Fabian von Schlabrendorff warnte davor, »sich unter die Schwarmgeister zu gesellen, die es für ihre Aufgabe halten, diese Welt unter Hinweis auf die Bergpredigt in ein Pseudoparadies zu verwandeln«.[7] Er versuchte, aus seiner Sicht Spreu und Weizen begrifflich zu trennen: »Glaube ist nicht gleichbedeutend mit Meinung und Überzeugung.« Und dann entschwebt er in höhere Regionen: »Glaube ist die tiefste Tiefe der für den Menschen erreichbaren Metaphysik.« Mit dieser – freundlich gesagt – vagen Definition wollte er offenbar verdeutlichen, was wirklicher Glaube ist, auf den sich einer berufen darf.

Er hielt seinen Kollegen entgegen, ihre Bezugnahme auf die Bergpredigt sei »eine arge Missdeutung der Bergpredigt und des Begriffs ›Glaube‹«. Diese »Richtigstellung« lenkt den Blick auf einen (bis heute nicht überwundenen) Standpunkt: dass staatliche Instanzen ein Glaubensbekenntnis auf seine philosophische oder theologische Richtigkeit hin überprüfen dürften. Hier spricht, wie auch schon bei der Kriegsdienstverweigerung aus Gewissensgründen, eine rechtliche Schule, die nicht wahrhaben will, dass sich die »innere Stimme« weder beweisen noch kontrollieren lässt.

Schlabrendorff ging noch weiter. Er befand: Kein Artikel des Grundgesetzes gebe dem Bürger »das Recht der Narrenfreiheit«. Da irrte er. Ein Charakteristikum der Glaubens- und Meinungsfreiheit ist gerade, dass sie auch für Narren gilt.

Aggressionen unterm Weihnachtsbaum

Im selben Jahr 1972 lernten die Deutschen, dass der Staat auch Menschen hinter Gittern keinen Maulkorb umhängen darf. Das war keineswegs selbstverständlich. In Haftanstalten herrschte, wie Juristen sagen, ein »besonderes Gewaltverhältnis«. Gefängnisdirektoren und Gefängniswärter fühlten sich als unumschränkte Herrscher. Die Insassen hatten keine Lobby, die für ihre Rechte stritt. Einer ganz allein bewirkte die endgültige Klärung. Gerhard P., ein Strafgefangener aus Celle, hatte sich bis nach Karlsruhe durchgeboxt, um die Verfassungsrichter zu fragen, ob das Grundgesetz auch für ihn gilt.[8]

Sein Weg durch die Instanzen hatte an einem symbolträchtigen Tag begonnen. Der Kalender zeigte den 24. Dezember. Außerhalb der Gefängnismauern schmückten die Menschen den Weihnachtsbaum und bereiteten sich auf die Bescherung vor. Derweil starrte er auf die vier Wände seiner Zelle und schrieb sich seinen Kummer von der Seele. Ihm war nur ein Mensch eingefallen, der ihm persönlich nahestand: eine Dame von der »Aktion Notwende e.V.«, dem Hilfsverein für Strafgefangene in Wolfenbüttel, die ihn seit einiger Zeit betreute; zu ihr hatte er im Laufe der Monate Vertrauen gefasst.

Ihm war in diesem Moment nicht nach Weihnachtsliedern zumute. Er schrieb auf, was ihn gerade bedrückte, und das waren nicht Erinnerungen an die Feste seiner Jugend, sondern die gegenwärtigen Zustände in der Haftanstalt Celle. Besonders enttäuscht hatte ihn der scheidende Gefängnisdirektor. Er äußerte sich über die Gründe, die seiner Ansicht nach für dessen Weggang maßgeblich waren, und das las sich ganz schön abfällig: Wenn der Direktor etwas zusage, dann könne das »jeder kleine Beamte wieder rückgängig machen«; das sei genau der Grund, »weshalb er nicht für voll genommen werde«; ihm sei selbst ein solcher Fall passiert: »Armer Anstaltsleiter«, habe er damals gedacht, »entweder Strohmann oder scheinheilig oder hinterhältig«.

»Schikanesoll« hinter Gittern?

P. ließ am Knast kein gutes Haar. Er verdächtigte die Wachtmeister und er brachte alle bitteren Kommentare zu Papier, die ihm bei bestimmten Anlässen eingefallen waren, etwa die routinemäßigen Postkontrollen in der Anstalt. Er schrieb an seine Betreuerin: Er könne zwar verstehen, »dass jeder Beamte seine Existenzberechtigung nachweisen möchte und sich begierig Beschäftigung verschaffe, ihm wolle aber nicht einleuchten, dass man deshalb den Gefangenen ihre Weihnachtsfreude verderben müsse, es sei denn, es müsse ein bestimmtes Schikanesoll erfüllt werden«.

Zur Erklärung für diesen Aufschrei bedurfte es keiner großen Fantasie: Da hatte einer mit Worten an seinen Gitterstäben gerüttelt. Doch um dies zu erkennen, fehlte den Aufsehern der Anstalt das nötige Einfühlungsvermögen. Sie verweigerten die Beförderung des Briefes. Begründung: Das Schreiben des Gefangenen enthalte »beleidigende Äußerungen« und erörtere »Anstaltsverhältnisse«, die ihn »persönlich nichts angingen«. Alle Beschwerden des Häftlings, bis hinauf zum Oberlandesgericht (OLG) Celle, blieben erfolglos. Dort hatte er sich auf die im Grundgesetz verankerte »Meinungsfreiheit« berufen. Vergebens.

Lauscher an der Wand

Die Oberlandesrichter belehrten ihn: »Hinsichtlich der Angriffe auf die persönliche Ehre ist das Grundrecht der freien Meinungsäußerung ohnehin beschränkt.« Das stimmte. Tatsächlich findet die Meinungsfreiheit ihre Grenze in den Vorschriften über Beleidigung, Verleumdung und üble Nachrede. Solche Straftatbestände sind aber erst erfüllt, wenn die abträglichen Bemerkungen »verbreitet« werden. Das gilt, was der Laie nicht weiß, nach herrschender Rechtsmeinung auch für Briefe, in denen der Absender einem anderen, dem er vertraut, sein Herz ausschüttet; selbst wenn er mit dessen Diskretion rechnet, kann es passieren, dass Dritte vom Inhalt Kenntnis nehmen.

P. begriff, dass durch die Postkontrolle der intime Brief eines Gefangenen zum öffentlichen Ärgernis wird. Praktisch blieb einem wie ihm die Möglichkeit versagt, ohne Angst vor Strafe zu korrespondieren. Noch schlimmer: Mit der Zensur brachte die Justiz sowohl die Gefangenen als auch die eigenen Beamten in eine verzwickte Lage. Das Dilemma des Aufsehers: Er wird, wenn er alles liest, was Häftlinge schreiben, unfreiwillig zum Lauscher an der Wand.

Der Gefangene wiederum hat, wenn er schreibt, den Zensor vor Augen. Ob er beim Schreiben die Tatsache vergisst, dass ein befugter Unbefugter mitliest, hängt von seinem psychischen Zustand ab. Mitunter muss er diese Kenntnis sogar verdrängen. Sonst könnte er zum Beispiel der Ehefrau oder der Geliebten kein Wort über das »Thema Nummer eins« sagen, das Gefangene bewegt; er müsste seine sexuellen Wünsche und Nöte für sich behalten. Denkbar ist auch, dass er seinen Bewachern auf diesem Wege »mal so richtig seine Meinung sagen« will. Ob er in diesem Fall so behandelt werden darf wie einer, der seine »Beleidigungen« in der Kneipe oder auf dem Marktplatz hinausposaunt, berührte knifflige Rechtsfragen.

Der Weihnachtsbrief von Gerhard P., den die Anstaltsleitung abgehalten hatte, nötigte nunmehr die Verfassungsrichter, sich mit mehreren Fragen zu beschäftigen – zum einen, ob und inwieweit ein Strafgefangener Einschränkungen seiner in der Verfassung verankerten Grundrechte hinnehmen muss, zum anderen, ob im konkreten Fall Artikel 10 des Grundgesetzes (Unverletzlichkeit des Briefgeheimnisses) oder Artikel 5 (Freiheit der Meinungsäußerung) verletzt worden sind.[9]

Grenzen der Postkontrolle

Karlsruher Antwort: Die Rechte von Häftlingen dürften nur durch ein Gesetz eingeschränkt werden. Das fehlte damals. Die Richter setzten dem Gesetzgeber ein Ultimatum. Tatsächlich wurde dann im März 1976 das höchstrichterlich geforderte Strafvollzugsgesetz in Kraft gesetzt, mit einem entsprechenden Passus über die Postkontrolle, der den gerichtlichen Anforderungen genügte.

Kontrolle sei prinzipiell erlaubt, so das Urteil. Denn: »Der Gefangene könne brieflich Fluchtpläne mit Komplizen erörtern und seine Flucht vorbereiten oder andere kriminelle Aktionen planen.« Doch mehr als Gefahrenabwehr wollten die Verfassungsrichter den Haftanstalten nicht zubilligen. Sie zogen deshalb die Grenzen der Postkontrolle eng – und die Äußerungsmöglichkeiten der Gefangenen weit.

Werturteile sind subjektiv

Was die Richter dann zum Grundrecht auf Meinungsfreiheit sagten, ging – wie so oft – weit über den konkreten Fall hinaus. Von der Interpretation, die sie im März 1972 zu Papier brachten, profitieren die Deutschen bis zum heutigen Tag. Zu »Meinungen« im Sinne des Grundgesetzes gehörten, so das Urteil, »jedenfalls Werturteile«. Das schließe ein: »Wertende Betrachtungen von Tatsachen, Verhaltensweisen oder Verhältnissen«. Für manchen

Betroffenen eine Zumutung. Namentlich Politiker, die gern austeilen und ungern einstecken, hatten Mühe mit dem Spielraum, den das Gericht abgesteckt hatte: »Ein derartiges Werturteil ist notwendigerweise subjektiv.« Und noch schwerer begreiflich: »Es spielt keine Rolle, ob es ›richtig‹ oder ›falsch‹, emotional oder rational begründet ist.«

Nach diesen Gesichtspunkten war Gerhard P. im Nachhinein entschuldigt. »Die beanstandeten Passagen« des Briefes an seine Betreuerin »geben seine Ansichten über verschiedene Personen aus dem Anstalts- und Justizbereich wieder«. Sie enthielten »Werturteile« und seien damit »Meinungsäußerungen« im Sinne des Grundgesetzes. Der weit verbreiteten Unsitte, Wertungen zu bewerten, sie also auf eine ethische Goldwaage zu legen, hielt das Gericht entgegen: Falsch sei die Annahme, dass Artikel 5 der Verfassung »nur ›wertvolle‹ Meinungen« schütze – also lediglich solche, »die eine gewisse ethische Qualität besitzen«. Eine solche Einschränkung enthalte der Artikel »schon seinem Wortlaut nach nicht«, »sie würde auch seinem Sinn widersprechen.«

In ihrer Begründung, die den Anlass für die Klage und den Ort des Geschehens weit hinter sich ließ, zogen die Richter den Rahmen der Meinungsfreiheit weit: »Es soll jede Meinung erfassen. Eine Differenzierung nach der sittlichen Qualität der Meinungen würde diesen umfassenden Schutz weitgehend relativieren.« Wer eine Unterscheidung zwischen »Gut« und »Böse« versuchen würde, stünde nach Ansicht der Richter auch vor unüberwindlichen praktischen Problemen. Die Abgrenzung von »wertvollen« und »wertlosen« Meinungen wäre, so geben sie zu bedenken, »schwierig, ja oftmals unmöglich«. Und sie fragen auch, ob solche Zensierung in einem »pluralistisch strukturierten und auf der Konzeption einer freiheitlichen Demokratie beruhenden Staatsgefüge« überhaupt zulässig wäre. Ihre eindeutige Antwort: »Jede Meinung« sei »schutzwürdig« – »auch die von etwa herrschenden Vorstellungen abweichende«.

Im konkreten Fall, auf die Beschwerde von Gerhard P. hin, stellte das Verfassungsgericht fest: »Ein sinnvoller Strafvollzug von Freiheitsstrafen verlangt nicht zwingend, den Strafgefangenen jede Möglichkeit abzuschneiden, ihre – naturgemäß oftmals abwertende und feindselige – Meinung über Anstaltsverhältnisse oder Anstaltspersonen gegenüber Briefpartnern zu äußern.« Die zulässige Postkontrolle diene »vor allem dem Zweck, die Flucht von Gefangenen oder kriminelle Aktionen zu verhindern«. Mit dieser Befugnis sei »jedenfalls nicht ohne Weiteres das Recht verbunden, zum Schutz der Ehre Dritter tätig zu werden«.

Die Richter bejahten »die Ordnung der Anstalt«, glaubten aber nicht, dass Briefe nach außen »diese Ordnung im strengen Sinne« stören. Sie unterstellten – lebensnah –, dass »die Gefangenen ihre Briefe untereinander besprechen«, »sicher auch gerade diejenigen, die angehalten worden sind«. Von dieser Erwägung war es nicht weit bis zu dem Szenario, das Gefängnisdirektoren und Justizminister besonders fürchten: dass sich die Öffentlichkeit für das Innenleben einer Anstalt interessieren und damit gleichsam ein zweiter Schauplatz der in Artikel 5 des Grundgesetzes niedergelegten Meinungsfreiheit eröffnet werden könnte.

Die Verfassungsrichter erörterten exakt diesen Fall, in dem sich die Presse des Themas »bemächtigt«. Und sie hatten nicht etwa harmlose Schreiben im Auge. »In Betracht kommen vor allem solche, in denen echte oder vermeintliche Missstände in der Anstalt geschildert werden.«

Wenn das Peinliche passiert, so die Richter mitleidlos, »muss sich die Strafvollzugsanstalt den gegen sie unter Umständen erhobenen Vorwürfen stellen«. Dieser Appell an den Mannesmut von Beamten zeugt von Sportsgeist, und von der Philosophie des Gerichts, das den öffentlichen Diskurs für ein Wesenselement der Demokratie hält. So heißt es denn auch: »Als staatliche Institution« könne sich ein Gefängnis »nicht unter Hinweis auf eine nicht näher substantiierte Gefährdung der Ordnung der Anstalt der öffentlichen Diskussion über konkrete Maßnahmen im Bereich des Strafvollzugs von vorneherein entziehen«.

Der Konflikt, der hinter den Eisentoren einer Haftanstalt entstanden und schließlich bei der höchsten Instanz gelandet war, hatte einen Mechanismus in Gang gesetzt, der immer wieder von Neuem verblüfft.

Das Phänomen lässt sich nur mit einem abgegriffenen Wortspiel beschreiben: kleine Ursache, große Wirkung. Da sich die Verfassungsrichter ihre Fälle nicht aussuchen können, sondern auf Beschwerden warten müssen, geschieht es immer wieder, dass sie dann plötzlich eine kostbare Stecknadel im Heuhaufen entdecken, hinter scheinbar Nebensächlichem die große Rechtsfrage. Beim Brief des Gefangenen war das Thema, wie weit die Meinungsfreiheit geht. Wo sie unweigerlich endet, entschieden die Richter in einem anderen Falle.

Das erfundene Soraya-Interview

Ernst Benda und seine Kollegen im Ersten Senat hatten eine Steilvorlage aufgegriffen – und waren zur Hochform aufgelaufen, als sie über einen unfassbaren Presseskandal urteilen mussten.[10] Auf ihrem Tisch lag ein »Sonderbericht«, den das »Neue Blatt«, eine Zeitung aus dem Springer-Konzern, über die geschiedene Ehefrau des Schahs von Persien veröffentlicht hatte. Die Überschrift lautete: »Soraya: Der Schah schrieb mir nicht mehr.« Neben der Prominenten-Story stand ein »Exklusiv-Interview«. Da plauderte die »Prinzessin« über Intimitäten ihres Privatlebens. Es war ein spannendes Interview, mit einem kleinen Schönheitsfehler: Es hatte nie stattgefunden. Der Text war von der ersten bis zur letzten Zeile erfunden.

Für diese Unbill sprach der Bundesgerichtshof Soraya Schadenersatz in Höhe von 15 000 Mark zu. Die höchsten Zivilrichter wollten – auch ohne gesetzliche Grundlage – den Übergriff ahnden. Sie erlaubten daher zum ersten Mal »eine Genugtuung in Geld«. Die Verfassungsrichter wiesen die Beschwerde des Springer-Konzerns zurück. Im Gegensatz zu manchen Unterinstanzen wollten sie »der Unterhaltungs- oder Sensationspresse« den Grundrechtsschutz nicht gänzlich versagen. Doch sie legten konkurrierende Rechtsgüter auf die Waage.

Ihr Obersatz lautete: »Die Pressefreiheit ist nicht auf die ›seriöse‹ Presse beschränkt.« Doch dann folgte ein großes Aber: Bei der Abwägung mit »anderen verfassungsrechtlich geschützten Rechtsgütern« sei abzuwägen, ob die Presse »im konkreten Fall eine Angelegenheit von öffentlichem Interesse ernsthaft und sachbezogen erörtert«, ob sie dabei »den Informationsanspruch des Publikums« erfülle und »zur Bildung der öffentlichen Meinung« beitrage. Oder ob die Presse »lediglich das Bedürfnis einer mehr oder minder breiten Leserschicht nach oberflächlicher Unterhaltung befriedigt«.

Im Fall Soraya habe »ein überwiegendes Allgemeininteresse« an der fraglichen Veröffentlichung nicht bestanden. »Ein Recht der Leser, durch erfundene Darstellungen über das Privatleben einer zeitweilig in das Licht der Öffentlichkeit getretenen Persönlichkeit ›unterrichtet‹ zu werden, besteht nicht.« Zur wirklichen Meinungsbildung könne ein »erfundenes Interview nichts beitragen«.

An »Gesetz und Recht« gebunden

»Der Schutz der Privatsphäre«, so die entscheidende Schlussfolgerung, »verdient gegenüber Presseäußerungen dieser Art unbedingt den Vorrang«. Diese Erkenntnis erklärt auch den kühnen Sprung, den das Gericht in diesem Fall wagte. Bis zu diesem Tag hatten Deutschlands Richter die Chancen, die Artikel 20 des Grundgesetzes bietet, kaum wahrgenommen, geschweige den ausgeschöpft. »Rechtsprechung ist«, heißt es da wörtlich, »an Gesetz und Recht gebunden.«

Das Wortpaar legt den Schluss nahe, dass der Verfassungsgeber bewusst darauf verzichtet hat, eine verbindliche Wahl zwischen den beiden Schulen des Rechts zu treffen. Der »Positivismus«, der nur das geschriebene Wort gelten lässt, und das »Naturrecht«, das übergesetzliche Auslegungen erlaubt, stehen mithin gleichberechtigt nebeneinander. Das war eine weise Neutralität. Nach einer Epoche, in der – wie unter Hitler – pervertierte Normen zum Rechtsalltag gehörten, war diese Zurückhaltung ebenso verständlich wie angebracht.

Es wäre einem Wunder gleichgekommen, wenn die Verfassungsrichter diesen Fingerzeig nicht irgendwann mal aufgegriffen hätten. Das geschah dann bei »Soraya contra Springer«. Sie sprengten in einer richtungsweisenden Entscheidung das überlieferte subalterne Denken der Zunft. Artikel 20 halte, notierten sie, »das Bewusstsein aufrecht, dass sich Recht und Gesetz zwar im Allgemeinen, aber nicht notwendig und immer decken«. Folgerichtig füllten sie eine Lücke im Recht und befanden: »Bei schweren Verletzungen des allgemeinen Persönlichkeitsrechts« könne »Ersatz in Geld auch für immaterielle Schäden beansprucht werden«.

Das Quäntchen »Mehr« im Recht

Den Einwand der Interviewfälscher, über diese Art von Schadensersatz stehe nichts im Gesetz, wischten die Verfassungsrichter vom Tisch. »Das Recht ist nicht mit der Gesamtheit der geschriebenen Gesetze identisch«; über sie hinaus könne »unter Umständen ein Mehr an Recht bestehen«. Das habe seinen Ursprung »in der verfassungsmäßigen Rechtsordnung als einem Sinnganzen«. Es wirke »dem geschriebenen Gesetz gegenüber als Korrektiv«. Und dann ermuntern die Karlsruher Spitzenjuristen ihre Kollegen in den unteren Instanzen zu mehr Kreativität. Das Quäntchen Mehr »zu finden und in Entscheidungen zu verwirklichen«, sei »Aufgabe der Rechtsprechung«.

Das heißt ins Deutsche übersetzt: Wenn sie nur wollen, dürfen Richter auch zeigen, was sie können. Sie müssten, meinen die Verfassungsrichter, nicht von einer »Lückenlosigkeit« des Rechts ausgehen, denn die sei »praktisch unerreichbar«. Stattdessen dürften sie die »Wertvorstellungen«, die der Verfassung innewohnen, sich aber in Gesetzen nicht wörtlich wiederfinden, »in einem Akt der bewertenden Erkenntnis ans Licht bringen«. Dabei seien auch »willenhafte Elemente« erlaubt.

Zwei Fälle! Sie stammen aus unterschiedlichen Milieus, werfen aber die gleiche Rechtsfrage auf: nach dem Umfang und den Grenzen von Meinungsfreiheit. Mit den höchstrichterlichen Antworten bekam das Grundrecht schärfere Konturen – und die Demokratie eine neue Qualität. An den feinnervigen Begründungen wurde deutlich, dass die Fortentwicklung von Verfassungsrecht ein ständiger dialektischer Prozess ist. Er animiert zu Vergleichen. Mit Abstand betrachtet, ähnelt das Reifen von juristischen Begriffen dem Entstehen eines Gemäldes, dem der nie zufriedene Maler einen Pinselstrich nach dem anderen hinzufügt.

Kern der Meinungsfreiheit

Um im Bild zu bleiben: An den Umrissen der Meinungsfreiheit haben 1972 und 1973 Maler aus beiden Senaten des Bundesverfassungsgerichts gepinselt – und nach ihnen viele Richtergenerationen. Die Gedankenfreiheit war bei allen in guten Händen. Dass sie sagen dürfen, was sie denken, verdanken die Deutschen den Weisen von Karlsruhe. Die Richter haben den Artikel 5 des Grundgesetzes mit Leben erfüllt.

Wenn es um die Auslegung von Grundrechten, von Menschenrechten, von Bürgerrechten ging, zeigten die Karlsruher Interpreten schöpferische Freude und Gestaltungswillen. Das schlug sich in luziden Begründungen nieder. Und auch für Außenstehende war zu erkennen, dass bei dieser Aufgabe offenkundig ein besonderer Teamgeist herrschte, ein Hang zur konstruktiven Gemeinsamkeit.

Revolution an den Universitäten

Diese Bereitschaft zum Konsens fehlte und fehlt naturgemäß bei brisanten politischen Streitthemen, wenn sich unversöhnliche Lager gegenüberstehen. Nicht selten setzt sich diese Konfrontation im Gericht fort. So kam die Revolution an den Universitäten von 1968 mit einiger Verspätung dann 1972/1973 in Karlsruhe an.

Streitgegenstand war ein Gesetz, dessen Name harmlos, bieder und bürokratisch klang: »Vorschaltgesetz für ein Niedersächsisches Gesamthochschulgesetz.« Es klagten 398 Professoren und Dozenten.[11] Die Leidenschaft und der Ingrimm, mit dem sie fochten, wird nur vor dem Hintergrund der Studentenrevolte verständlich. Die linken Rebellen hatten alles auf den Kopf gestellt, was einst die deutsche Universität ausmachte.

Ein Auslöser war die Verabschiedung von »Notstandsgesetzen«. Sie vergrößerten die Kluft zwischen der »Außerparlamentarischen Opposition« (APO) und den etablierten Parteien. Eine »Große Koalition« zwischen CDU/CSU und SPD vereinbarte die nötige Verfassungsänderung. Ihr Ziel: Die Handlungsfähigkeit des Staates in Krisensituationen (Naturkatastrophen, Aufstand, Krieg) zu sichern. Keine unvernünftige Idee. Doch in Deutschland gingen die Uhren anders. Linke und Liberale waren gebrannte Kinder. Sie fürchteten (mit Blick auf die schlechten Erfahrungen in der Weimarer Republik), dass die mühsam erworbenen Grundrechte in den Händen eines übermächtigen Staates schnell verkümmern könnten. Am 11. Mai 1968 unternahmen 60 000 Gegner des Gesetzes, die aus der ganzen Republik angereist waren, einen Sternmarsch auf Bonn. Dessen ungeachtet wurde das Gesetz am 30. Mai verabschiedet.

Es folgte ein Kampf zwischen Alt und Jung; er beherrschte in Deutschland für lange Zeit die politische Szene. Die Jungen wollten wissen, wie die Alten die NS-Zeit verbracht hatten, und sie bekamen nur widerstrebend Antwort. Der Begriff von der »unbewältigten Vergangenheit« geisterte durch die Republik. Mit dem Schlachtruf »Unter den Talaren – Muff von 1000 Jahren« mischten die Studenten ihre Universitäten auf. Sie blockierten Vorlesungen, besetzten Hörsäle und veranstalteten sogenannte »Sit-ins«.

Dabei entstanden widersinnige Konfrontationen. Konservative Professoren kamen zumeist ungeschoren davon. Sie entsprachen dem Feindbild. Die Studenten gingen davon aus, dass sich »die alten Knacker« ohnehin nicht ändern würden, sie versuchten es daher auch gar nicht. Zu Gegnern wurden die »scheißliberalen« Professoren, weil sie nach Ansicht der Studenten dem Kapitalismus als Feigenblatt dienten – und damit das verhasste System am Leben erhielten. Sie wurden zur Zielgruppe, auf die sich die studentischen Systemgegner einschossen.

Der Kampf gegen die versöhnlichen Professoren artete aus. Sie kamen nicht mehr zu Wort. Ihre Vorlesungen wurden gestört. Sie wurden niedergeschrien – und resignierten. Ihr Problem: An sich plädierten auch sie für eine Öffnung und Demokratisierung der Universität, doch ihr Entgegenkommen ging den Aufrührern nicht weit genug. Sie überzogen ausgerechnet diejenigen, die ihnen nahestanden, mit ihrem fanatischen Hass. Die konservativen Professoren gingen zum Gegenangriff über und gründeten den »Bund Freiheit der Wissenschaft«.

Dem Zusammenschluss traten auch Professoren bei, von denen es keiner vermutet hätte. Eine zentrale Figur war zum Beispiel Richard Löwenthal, der als Hochschullehrer dem jungen Fach Politologie zu wissenschaftlichen Ehren verholfen hatte. Der Gelehrte, SPD-Mitglied seit Weimar, wollte den Anfängen wehren. Das Niederschreien von Professoren erinnerte den zurückgekehrten jüdischen Emigranten an Hörsäle von 1933: an die Rempeleien brauner Studenten.

Professoren klagen gegen ihre Entmachtung

Diese Reminiszenzen erklären, warum sich so viele Hochschullehrer zusammengefunden hatten. Sie klagten gegen das »linkeste aller linken Gesetze«, wie sich Niedersachsens CDU-Chef Wilfried Hasselmann ausdrückte, gegen ein Gesetz, das die »Drittelparität« eingeführt hatte: In den wichtigen Gremien saßen nun zu je einem Drittel Professoren, Dozenten und Assistenten, Studenten. Gegen diese Entmachtung gab es einen Massenansturm von Beschwerdeführern: 398 aus Niedersachsen, weitere 600 (als Beigeladene) aus anderen Bundesländern.

An drei Tagen im Dezember 1972[12] wurde vor Gericht darum gestritten, ob Niedersachsens Hochschulreform den Studenten nur eine längst überfällige Teilnahme an der Willensbildung in der Universität eingeräumt hatte, wie die SPD-Landesregierung meinte, oder ob durch die Isolierung der Hochschullehrer das Grundrecht auf Wissenschaftsfreiheit verletzt war, wie die Protestanten unter den Professoren rügten.

Die Zäsur, mit der sie konfrontiert wurden, war in der Tat radikal: Während die Professoren vorher mit den Dozenten in allen Kollegialorganen der Universität grundsätzlich die absolute Mehrheit hatten, brach das neue Gesetz mit dieser Tradition. Die Professoren fühlten sich gleich dreimal benachteiligt. Sie blieben in allen Beschlussgremien der Hochschulen (Konzil, Senat, Verwaltungsausschuss, Fakultätsrat und Fachbereichsrat) in der Minderheit. Die typische Sitzverteilung sah nun so aus: vier Hochschullehrer, zwei Assistenten, zwei Studenten, ein sonstiger Mitarbeiter.

Der zweite Eingriff: Plötzlich waren die Hochschullehrer auch nicht mehr unter sich. Ihre Gruppe wurde neu definiert. Nun kamen zu den Professoren und Dozenten viele andere hinzu: Oberärzte, Oberingenieure, Oberassistenten, hauptberufliche Lektoren und alle Akademischen Räte mit Lehrauftrag. Der dritte Eingriff: Die Habilitation sollte künftig nicht mehr Voraussetzung für eine Professorenstelle sein. Wissenschaftliche Qualifikation, so meinten die Reformer, lasse sich auch anders nachweisen als nur durch jahrelange Tätigkeit in einem Spezialgebiet, wie sie die bisherige Habilitationspraxis vorschrieb.

»Freiheit von Fremdbestimmung«

Die Beschwerdeführer reklamierten »Freiheit von Fremdbestimmung«. Solches Pochen auf alte Privilegien missfiel der Bundes-Assistenten-Konferenz (BAK), die 35 000 der jungen Hochschulwissenschaftler vertrat. Ihr Einwand: »Nicht die Zusammensetzung des Entscheidungsorgans« könne Grundrechte verletzen, sondern allenfalls der »Inhalt« einer Entscheidung. Selbst die eher konservative Westdeutsche Rektorenkonferenz bekundete, dass »die Freiheit, sich um Fortschritte der Wissenschaft zu bemühen, kein Sonderrecht bestimmter Personen« sei. Das Grundrecht der Wissenschaftsfreiheit – so die Rektoren – könne auch »den Lernenden« nicht abgesprochen werden.

Die Regierenden in Niedersachsen hielten den Machtzuwachs von Assistenten und Studenten für zeitgemäß. Lehrfreiheit, so argumentierten sie, dürfe nicht zur Unterwerfung der Studenten unter eine Herrschaft der Lehrenden führen. Sie solle lediglich gegen Übergriffe des Staates schützen. Professorenfreiheit werde durch Gewährung von Mitwirkungsrechten an bisher Unterprivilegierte nicht unstatthaft verkürzt.

Ende Mai 1973[13] machte Bendas Erster Senat dem Wirrwarr ein Ende. Das Urteil erging mit 6:2 Stimmen. Die Richter Wiltraut Rupp-von Brünneck und Helmut Simon gaben eine eindrucksvolle »abweichende Meinung« ab. Doch die sechs Mehrheitsrichter drehten das Rad zurück. Sie standen letztlich vor der Frage, was aus der deutschen Universität nun werden solle: eine »Reform-Hochschule«, die sich von der alten Professoren-Universität, dem Forum bündiger Lehre und gefügigen Lernens, kaum unterscheidet (wie damals noch häufig in CDU-Ländern); oder eine »Reform-Hochschule«, wo Lehrende und Lernende in zeitgemäßer Kooperation miteinander arbeiten (wie ansatzweise in SPD-Ländern); oder eine »Reform-Universität« als Kaderschmiede, wie sie radikalen Studentengruppen und Systemüberwindern vorschwebte.

Das verbale Etikett, unter dem – verwirrend genug – alle diese Modelle seit den Tagen der Studentenrevolte geführt wurden, hieß Mitbestimmung. Wie viel davon, durch wen, in welchen Gremien und worüber – darüber gingen die Meinungen von Professoren und Studenten, CDU-Politikern und SPD-Politikern unüberbrückbar auseinander.

»Nun können die Hochschulen aufatmen!«

Die sechs Mehrheitsrichter stoppten die Entmachtung der Professoren. Sie akzeptierten zwar das neue Prinzip der Gruppenuniversität, gaben aber zugleich den Hochschullehrern ihren Status als stimmstärkste Gruppe zurück: »Bei Entscheidungen, welche unmittelbar die Lehre betreffen«, müssten die Hochschullehrer »über die Hälfte der Stimmen« verfügen – also über 50 Prozent; »bei Entscheidungen, die unmittelbar Fragen der Forschung oder die Berufung der Hochschullehrer betreffen«, müsse den Hochschullehrern »ein weitergehender, ausschlaggebender Einfluss vorbehalten bleiben« – also mindestens 51 Prozent der Stimmen; »bei allen Entscheidungen über Fragen von Forschung und Lehre ist eine undifferenzierte Beteiligung der nichtwissenschaftlichen Bediensteten auszuschließen«.

Auch die neue Definition des Hochschullehrers fand in Karlsruhe keine Gnade: Auf diese Weise sei eine Gruppe zusammengewürfelt worden, in der »unabhängige« Wissenschaftler mit »weisungsgebundenen« Hilfskräften sowie Hochschullehrer auf Lebenszeit mit Lehrbeauftragten für einzelne Semester vereinigt seien. Damit habe das Land Niedersachsen »gegen das Gebot der homogenen Gruppenbildung verstoßen«. Die CDU-Kultusminister triumphierten: Hans Maier (München) sah eine »glänzende Bestätigung bayrischer Hochschulpolitik«, Bernhard Vogel (Mainz) gab sich erleichtert: »Nun können die Hochschulen aufatmen.«

Die überstimmten Richter Rupp-von Brünneck und Simon gaben zu Protokoll, was sie an diesem Urteil störte. In ihrer »abweichenden Meinung« trugen sie grundsätzliche Bedenken vor. Sie griffen ein Thema auf, das viele Jahre den juristischen und politischen Diskurs beherrschen sollte – die Frage, wann das Gericht seine Kompetenzen überschreitet. Ihr Vorwurf: »Mit dieser Entscheidung setzt sich das Bundesverfassungsgericht unter Überschreitung seiner Funktion an die Stelle des Gesetzgebers.«[14] Beide Dissenter entlarven einen raffinierten Trick der Mehrheit: Sie habe »die scheinbar übereinstimmend anerkannte Gestaltungsfreiheit« des Gesetzgebers im Bereich der Wissenschaft »in einem anfangs unmerklichen, schließlich aber unverkennbaren Erosionsprozess weitgehend ins Gegenteil verkehrt«.

Ihr Gericht habe, meinen die Abweichler, »zwar darüber zu wachen, dass sich der Gesetzgeber an der Wertentscheidung«

des Grundgesetzes »als allgemeiner Richtschnur orientiert«. Es könne »ihm aber nicht vorschreiben, welche der in Betracht kommenden konkreten Realisierungsmöglichkeiten er auswählen soll«. Aus Sicht der beiden hat ihr Haus lediglich »die Einhaltung äußerster Grenzen« zu überwachen. »Deren Überschreitung« könne dann »im Wege der Verfassungsbeschwerde gerügt werden«.

Richterliche Zurückhaltung

In dem »Sondervotum« klingt ein Thema an, das von Zeit zu Zeit immer wieder mal den Diskurs beherrscht – die Tugend der »richterlichen Zurückhaltung«, von den Juristen »Judicial Self-Restraint« genannt. Das bedeutet auf das Hohe Haus in Karlsruhe bezogen: Zu prüfen ist nicht, ob ein Gesetz vernünftig ist, sondern nur, ob es womöglich gegen die Verfassung verstößt. Die beiden Dissenter machen diese feine Unterscheidung deutlich: »Unsere abweichende Meinung bedeutet nicht, dass wir das niedersächsische Vorschaltgesetz – oder ähnliche neuere Hochschulgesetze – für die beste aller denkbaren Regelungen halten.«

Mehrheits- und Minderheitsrichtern war bewusst: Der Geist, der in Hörsälen weht, formt das Bewusstsein der akademischen Jugend, er wirkt als Kompass. Von der Universität hängt mithin auch die Zukunft eines Landes ab; sie wird daher zwangsläufig immer wieder zur politischen Kampfarena. Auch 1973 hatten die Fronten in der Gesellschaft im Verfassungsgericht ihre Entsprechung gefunden.

Dieser Dissens über Inhalt und Grenzen der Rechtsprechung machte deutlich, dass sich jedes Thema seine Mehrheit sucht. Oder anders: Dass, wie bereits angedeutet, die Stimmung in einem Senat umschlägt, wenn die Fragestellung wechselt, wenn die Richter nicht politischen Streit schlichten müssen, sondern Grundrechte auslegen dürfen. Sofort ändert sich die Tonlage und das Abstimmungsverhalten. Dieselben Richter des Ersten Senats, die am 29. Mai 1973 in Sachen Hochschule verschiedener Meinung waren, überraschten am 5. Juni 1973 mit einem Grundsatzurteil, das noch heute zu den Fundamenten des Verfassungsrechts gehört. Die Rede ist vom sogenannten »Lebach-Urteil«.

Das ZDF darf den »Lebach-Film« nicht senden

Dieser Spruch ist in die Annalen des Rechts eingegangen. Auf der Waagschale in Karlsruhe lag das Persönlichkeitsrecht eines Einzelnen, hier eines verurteilten Straftäters – und die Kunst- und Meinungsfreiheit von Filmemachern, hier des Fernsehsenders ZDF. Der Stoff war dramatisch. Er erinnerte an Schlagzeilen, die jeder kannte: Vier Bundeswehrsoldaten im Schlaf erschossen, einer schwer verwundet, keine Spur von den Tätern; stattdessen immer neue Spekulationen über die Gewalttat, die mal Anarchisten, mal Profikillern zugeschrieben wurde. Der Überfall auf das Bundeswehr-Munitionsdepot von Lebach im Januar 1969 trug alle Merkmale eines Sensationsverbrechens, wie geschaffen für einen Sensationsfilm.[15]

Der wurde denn auch gemacht. Das ZDF ließ drei Jahre später ein Dokumentarspiel über die mittlerweile aufgeklärte Tat und die inzwischen verurteilten Täter fertigen: über drei Kleinstadtbürger, von denen zwei lebenslange Freiheitsstrafen wegen Mordes aufgebrummt bekamen, der dritte sechs Jahre wegen Beihilfe – weil er einem der beiden Haupttäter die »Handhabung der Pistole erläutert hatte«.

Dieser Mittäter, eine Nebenfigur des Lebach-Prozesses, nahm Anstoß an dem ZDF-Dokumentarspiel »Der Soldatenmord von Lebach«, in dem seine Identität preisgegeben und sein Bild gezeigt wurde. Er rügte eine »Verletzung seines Persönlichkeitsrechts«, seines Namensrechts und seines »Rechts am eigenen Bild«. Unversehens geriet der Prozess über den Film zum Filmstoff – mit aktuellen Bildern.

Aus dem Gefängnis, aus dem sozialen Niemandsland heraus, brachte der Strafgefangene das Millionenprojekt des ZDF zum Scheitern und verhalf dem Resozialisierungsgedanken verfassungsrechtlich zum Durchbruch. Vier Wochen vor seiner Entlassung aus dem Gefängnis untersagte das Bundesverfassungsgericht die Ausstrahlung des Films. Der Fall diente den Richtern als Modell, die Grenzen öffentlicher Neugier neu zu definieren.

Sie präsentierten dem Publikum eine differenzierte Güterabwägung. Zwar: »Für die aktuelle Berichterstattung über schwere Straftaten verdient das Informationsinteresse der Öffentlichkeit im Allgemeinen den Vorrang vor dem Persönlichkeitsschutz des Täters.« Aber: Bei einer »späteren Berichterstattung«, etwa kurz vor oder nach der Strafentlassung, könnten »Namensnennung, Abbildung oder sonstige Identifikation des Täters« unzulässig sein, »insbesondere« dann, wenn sie »seine Wiedereingliederung in die Gesellschaft« gefährden.[16]

Was einsichtige Politiker und Rechtsprofessoren seit Langem fordern, wurde damit zur Rechtspflicht erhoben: das Gebot an den Staat, aber auch an jedermann, dem gestrauchelten Mitbürger bei seiner Resozialisierung zu helfen. Noch das Vor-Urteil des Oberlandesgerichts Koblenz, das nun in Karlsruhe kassiert wurde, war durch das alttestamentliche Prinzip »Auge um Auge, Zahn um Zahn« geprägt: Die Oberrichter hielten für »möglich, wenn nicht sogar wahrscheinlich, dass die Resozialisierung erschwert« werde; doch es beruhe »auf schwerwiegender menschlicher Schuld«, wenn der Häftling »ins Blickfeld des allgemeinen Interesses« geraten sei.

Von solchem Schuld- und Sühne-Prinzip indessen wollten die Verfassungsrichter Resozialisierung nicht abhängig machen. Sie adressierten ihre Lektion nicht nur an die Koblenzer Kollegen, sondern an alle, die es angeht: »Nicht nur der Straffällige muss auf die Rückkehr in die freie menschliche Gesellschaft vorbereitet werden; diese muss ihrerseits bereit sein, ihn wieder aufzunehmen.«

Tenor: christlich und liberal

Die Botschaft aus Karlsruhe war christlich und liberal. Sie verwies auf das in der Verfassung verankerte Sozialstaatsprinzip, das »staatliche Vor- und Fürsorge für Gruppen der Gesellschaft« verlange, »die aufgrund persönlicher Schwäche oder Schuld, Unfähigkeit oder gesellschaftlicher Benachteiligung in ihrer persönlichen und sozialen Entfaltung behindert sind«. Die höchstrichterlichen Worte erinnerten zugleich daran, dass Resozialisierung nicht zuletzt »dem Schutz der Gemeinschaft selbst« dient; diese habe »ein unmittelbares eigenes Interesse daran, dass der Täter nicht wieder rückfällig wird und erneut seine Mitbürger oder die Gemeinschaft schädigt«.

Solche Sätze waren mehr als Orientierungshilfe. Sie sagten auch, wie sich der Staat vor und nach der Strafentlassung verhalten sollte. Fast protokollarisch registrierten die Richter Fakten der gesellschaftlichen Wirklichkeit: Selbst bei »günstigen Vorbedingungen und gelungener kriminaltherapeutischer Behandlung« scheitere der entlassene Gefangene »in vielen Fällen an der Missachtung und Ablehnung« seiner Umwelt. Besonders vor diesem Hintergrund sah das Gericht in der Darstellung des Täters als homosexuell »eine zusätzliche Kennzeichnung des Beschwerdeführers als Außenseiter der Gesellschaft«.

Dem Einwand des ZDF, im Heimatort seien »Tat und Täter« ohnehin bekannt, hielten die Richter des Ersten Senats entgegen, es mache einen »wesentlichen Unterschied«, ob »eine mehr oder weniger allgemeine Erinnerung« vorhanden sei oder ein »frischer Eindruck« reproduziert werde. »Die erneute bildhafte Konfrontation mit der Tat wirft ihn gewissermaßen auf den Stand zur Tatzeit zurück.«

Kampf um den Grundvertrag mit der DDR

Während der Erste Senat eine Ruhepause auf der Hochebene des Verfassungsrechts einlegen durfte, musste sich der Zweite in die Niederungen der Politik stürzen – ein Einsatz an den Demarkationslinien des Ost-West-Konflikts. Willy Brandt, der im Kalten Krieg seit Langem einen »Wandel durch Annäherung« anstrebte, hatte im November 1972 mit dem östlichen Teil Deutschlands, mit der »Deutschen Demokratischen Republik«, einen Vertrag geschlossen. Dessen Artikel 1 beschreibt ein scheinbar selbstverständliches Ziel, das in jener Zeit allerdings kühn und verwegen, wenn nicht sogar sensationell wirkte. Die Partner, Deutsche auf beiden Seiten, versprachen sich gegenseitig: Wir »entwickeln normale gutnachbarliche Beziehungen zueinander auf der Grundlage der Gleichberechtigung«.

Diese Bereitschaft, mit den Machthabern im Osten auf Augenhöhe zu verhandeln, stieß bei den Konservativen auf erbitterten Widerstand. Vor allem Bayern sorgte sich um das Grundgesetz, dem es 1949 als einziges Land nicht zugestimmt hatte. Die Münchner CSU-Regierung klagte gegen die Bonner SPD-FDP-Regierung. Franz Josef Strauß hatte das Kabinett, dem er nicht angehörte, zu diesem Schritt beschworen. Der Beschluss fiel mit »knapper Mehrheit«.[17] Dann wurde die Klage eingereicht. Begründung: Brandts Vertrag »bedeute eine Vertiefung der schon bestehenden Spaltung und verstoße gegen das Wiedervereinigungsgebot«; er verletze obendrein »die im Grundgesetz begründete Schutz- und Fürsorgepflicht gegenüber den Deutschen« im Osten.[18]

Die Bayern zeigten nicht nur dem politischen Gegner die Zähne, sie überzogen auch das Gericht mit einer schlitzohrigen Strategie. Es war ein offenes Geheimnis, dass sich, was die anstehende Rechtsfrage anbelangte, im Senat zwei gleich große Lager gegenüberstanden – vier gegen vier. Der Antrag aus München schien mithin zum Scheitern verurteilt, bei Stimmengleichheit fehlt die zum Prozesserfolg erforderliche Mehrheit. Die aber wollten die bayerischen Politiker auf Hauen und Stechen erzwingen. Sie versuchten, mit zwei Befangenheitsanträgen gegen den Richter Joachim Rottmann einen aus dem liberalen Lager im Senat »herauszuschießen«.

Der erste Antrag, ein Fernschreiben der Münchner Staatsregierung vom 28. Mai 1973, berief sich auf die »Badischen Neuesten Nachrichten«, die über einen Vortrag Rottmanns berichtet hatten. Vorwurf: Er habe sich mit der These, »das Deutsche Reich sei staatsrechtlich untergegangen«, indirekt schon in der Streitfrage festgelegt. Der Antrag wurde als zu vage abgelehnt.[19]

Am 15. Juni schoben die Bayern einen zweiten Befangenheitsantrag nach. Diesmal zitierten sie einen privaten Brief, den der Richter an den ehemaligen NPD-Landtagsabgeordneten Wilhelm Gutmann geschrieben hatte. Inhalt: Der Zeitungsartikel gebe »mit einigen Vergröberungen die Ergebnisse meiner Untersuchung zutreffend wieder«. Diesmal erklärten die vier konservativen Richter den Befangenheitsantrag für begründet.[20] Es müsse, so notierten sie am Schluss, »in Kauf genommen werden, dass diese Entscheidung Missdeutung erfahren wird«. Mindestens in diesem Punkt haben sie sich nicht geirrt.

In Karlsruhe hielt sich hartnäckig das Gerücht, die bayerische Staatsregierung sei aus dem Zweiten Senat munitioniert und angestachelt worden. Das Material kam eindeutig aus Karlsruhe. Es sieht so aus, als ob die drei SPD-Richter Seuffert, Rupp und Hirsch, die gegen den Beschluss Sturm liefen, das Spiel mit gezinkten Karten zumindest für möglich gehalten haben. Manche Passagen ihrer »abweichenden Meinung« sprechen dafür. Sie wenden ein: Nach dem ersten Votum zugunsten Rottmanns seien keine wesentlichen Fakten hinzugekommen; die Sorge des Senats, »dass die Gefahr von Manipulationen der Richterbank durch gezielte Ablehnungsanträge bedacht werden muss«, gelte mehr denn je. Und schneidend: »Diese Abweichung« vom ersten Beschluss liege »außerhalb der Möglichkeiten vertretbarer Rechtsprechung«.[21]

Herbert Wehner war es nicht

Die mündliche Verhandlung fand am 19. Juni 1973 statt, die Urteilsverkündung war auf den 31. Juli festgesetzt. In der Zwischenzeit gab es ein befremdliches Zwischenspiel – mit Stichwortgebern aus dem Gericht. Der neue Konflikt zwischen Bonn und Karlsruhe begann am 27. Juni 1973; er glich dem Kampf mit einem Phantom. Es war ein Drama ohne handelnde Personen. Wegen eines deftigen Zitats sank das Klima zwischen Bonn und Karlsruhe auf den Nullpunkt. FAZ-Herausgeber Johann Georg Reißmüller hatte einen Leitartikel (»Die Regierung wird's schon machen«)

mit einem Gerücht angereichert: »Man werde sich nicht ›von den acht Arschlöchern in Karlsruhe‹ die Ostpolitik kaputt machen lassen – mit dieser Bemerkung hat ein führender Politiker der größeren Bonner Regierungspartei es kommentiert, dass der Zweite Senat des Bundesverfassungsgerichts den Grundvertrag auf seine Verfassungsmäßigkeit zu überprüfen hat.«[22]

Dieser eine Satz – keine Nachricht, sondern Stütze eines Kommentars – entfesselte den Sturm im Wasserglas. Ob der Kraftausspruch wirklich gefallen ist und wenn ja, aus wessen Mund, ließ sich nie klären. Eine plausible Version lautete: Ein Verfassungsrichter sei in die Hauptstadt gereist und habe nach seiner Rückkehr die aufgeladene Stimmung zusammengefasst – in groben eigenen Worten: »Die Bonner meinen, wir lassen uns von den acht Arschlöchern in Karlsruhe nicht unsere Ostpolitik kaputt machen.« Zwei Senatskollegen hätten dann diesen Spruch (korrekt oder bereits ausgeschmückt) den FAZ-Redakteuren Reißmüller und Friedrich Karl Fromme weitererzählt, beim Wein im Ettlinger Nobelrestaurant »Zum Erbprinzen«.

Gewundene Ehrenerklärungen

Da Herbert Wehner, der Fraktionschef der SPD, für seine mitunter derbe Sprache bekannt und berüchtigt war, glaubte jeder, in ihm den Urheber zu erkennen. Doch er wurde (und wird bis heute) zu Unrecht verdächtigt. Damals schlugen die Wellen hoch. Helmut Kohl beklagte »das gestörte Verhältnis« zwischen Bonn und Karlsruhe, im Bundestag jagte eine parlamentarische Anfrage die nächste. Die Brandt-Regierung gab es auf, beliebige Namen aus der Gerüchteküche zu dementieren. Ernst Benda beraumte eine Sitzung des Plenums an, »in der eine Entschließung gegen den stillosen Politiker beschlossen werden sollte, für das böse Wort fand sich aber kein Urheber«.[23] Das Gericht sagte, um der Lächerlichkeit zu entgehen, die Plenarsitzung wieder ab, die FAZ berichtete jeden Tag genüsslich über das Echo, das ihr anonymes Zitat ausgelöst hatte.[24]

Die Tatsache, dass es hier zu einer Vertrauenskrise zwischen Regierung und Gericht gekommen war, wirkt im Nachhinein wie eine Groteske. Sie endete auch so, mit einer gewundenen wechselseitigen Ehrenerklärung. Bundesjustizminister Gerhard Jahn (SPD) und Gerichtspräsident Ernst Benda (CDU) »bedauerten, dass auf Grund von Presseveröffentlichungen der Eindruck entstehen konnte, dass die Beziehungen zwischen beiden Verfassungsorganen nicht von dem Respekt bestimmt seien, die für das Funktionieren des Rechtsstaates unerlässlich ist. Sie sehen gegenseitige Loyalität als selbstverständlich an.«[25]

Nach wochenlangem Prozesspalaver zwischen den antragstellenden Bayern, die den Grundvertrag am liebsten kippen wollten, und der Bundesregierung, die ihre außenpolitische Reputation aufs Spiel gesetzt sah, nach schweren Zerwürfnissen im Zweiten Senat und der unergiebigen Fahndung nach einem großen Unbekannten, dem Urheber der »Arschlöcher«, erging dann am 31. Juli 1973 ein Urteil, das allen Beteiligten recht zu geben schien.[26] Jedenfalls fühlten sich beide Kontrahenten als Sieger: die Bundesregierung, weil der Vertrag wunschgemäß als »mit dem Grundgesetz vereinbar« erklärt wurde, die bayerische Staatsregierung, weil der Vertrag wunschgemäß eine einschränkende richterliche »Auslegung« erfuhr. Tatsächlich ähnelte die enge Interpretation eher einer »Zwangsjacke«, wie CSU-Chef Strauß frohlockte.[27]

Die »verfassungskonforme Auslegung«

Die Richter gaben den »gutnachbarlichen Beziehungen« eine Deutung, die der gute Nachbar als Verhöhnung empfunden haben muss, die eine Umsetzung des Vertrages erschwerte, wenn nicht sogar verhinderte, und die der Öffentlichkeit eine neue Erkenntnis bescherte: Dass man in Karlsruhe formal gewinnen und zugleich auf der ganzen Linie verlieren kann. Sichtbar wurde für jedermann: Zum klaren Diktum – »verfassungswidrig« oder »nicht verfassungswidrig« – gesellt sich eine dritte Urteilsvariante: die

»verfassungskonforme Auslegung«. Sie besagt, dass ein Gesetz nur unter strengen (vom Gericht formulierten) Voraussetzungen gültig ist.

Brandts Idee vom »Wandel durch Annäherung« hatte im Gericht keine Freunde gefunden. Die tief verwurzelte deutsche Abneigung gegen die Kommunisten (und deren Regime) sprach aus jeder Zeile des Urteils. Nach Rottmanns »Notschlachtung« (Spott aus dem Gericht) fehlte dem Senat offenbar die Kraft zu einer produktiven internen Auseinandersetzung. Die Richter begnügten sich damit, die abgegriffenen Sprachregelungen des Kalten Krieges (juristisch verbrämt) zu übernehmen.

Sie degradierten die Staatsgrenze zwischen der Bundesrepublik und der DDR kurzerhand zu einer unbedeutenden Markierung – sie gleiche einer Grenze, »die zwischen den Ländern der Bundesrepublik Deutschland verlaufe«, also etwa der zwischen Bremen und Niedersachsen; sie erteilten der SPD-FDP-Regierung den Befehl, dass sie »alles ihr Mögliche« tun müsse, »um die unmenschlichen Verhältnisse« (»Mauer, Stacheldraht, Todesstreifen und Schießbefehl«) zu »ändern und abzubauen«; sie hielten fest, dass jeder DDR-Bürger, »der in den Schutzbereich der Bundesrepublik und ihrer Verfassung gerät«, als Bundesbürger gilt und westdeutsche Grundrechte genießt; und dass er sich im Ausland an die westdeutschen Botschaften »mit der Bitte um wirksame Unterstützung« wenden kann.

Regierung in Ketten

Streng genommen wirkten die Gebote nicht nur so, als ob das »gut« vor dem »nachbarlich« gestrichen war, sondern sogar wie eine Anleitung zur Republikflucht. Denn jeder DDR-Bürger, der eine Dienstreise oder einen Urlaubstrip in den Ostblock unternahm, konnte fortan bei den bundesdeutschen Botschaften in Moskau, Warschau oder Bukarest auf seine Rechte aus dem Urteil pochen und einen westdeutschen Pass verlangen. Internationale Verwicklungen waren damit programmiert.

Die Richter legten der Brandt-Regierung nicht nur Ketten an, sie sollten auch jeden Tag klirren. Sie entschlossen sich zu einem aufsehenerregenden Novum – mit dem ausdrücklichen Hinweis, dass nicht nur der Tenor und die tragenden Gründe des Urteils (bisherige Übung), sondern buchstäblich jeder Satz und jedes Wort die anderen Verfassungsorgane »binden«. So wurde aus dem Grundvertragsurteil eine politische Handlungsanweisung mit Unfehlbarkeitsdogma, die auf Jahre hinaus der innenpolitischen Diskussion Zündstoff bot.

Politisches Umfeld
1972–1976: 7. Bundestag
Bundeskanzler: Helmut Schmidt (SPD), seit 1974
Vizekanzler: Hans Dietrich Genscher (FDP)
Koalition: SPD, FDP

Zumal manche Urteilssätze den Charakter von frommen Wünschen hatten – etwa, dass die Regierung verpflichtet sei, »das öffentliche Bewusstsein dafür wach zu halten, welche weltanschaulichen, politischen und sozialen Unterschiede« zwischen beiden Teilstaaten bestünden. Kritiker spotteten, da fehle nur noch das Gebot, Brandt müsse dafür sorgen, dass die Deutschen regelmäßig »für ihre Brüder im Osten Kerzen in die Fenster stellen«.

Objekt oder Subjekt staatlichen Handelns?

Die Osmose zwischen dem Volk und den »Roten Roben« schlug sich in der Entscheidungssammlung des Gerichts nieder. Von Band zu Band wurde deutlicher, wie die Bürger ihre Scheu vor dem Hohen Haus verloren. Sie trugen unbefangen ihre kleinen und großen Sorgen nach Karlsruhe – und fanden, wenn wirklich Grundrechte in Frage standen, bei den Richtern ein offenes Ohr. Das erklärt, warum neben den Urteilen zur großen Politik unzählige Beschlüsse stehen, die den Deutschen vermittelt haben, dass sie »Vater Staat« getrost herausfordern dürfen.

Die politischen Urteile haben heute, von wenigen Ausnahmen abgesehen, nur noch eine begrenzte Aussagekraft. Sie lesen sich wie große Erinnerungsposten oder kleine Fußnoten der Zeitgeschichte. Die Antworten auf Beschwerden von Bürgern dagegen sind von bleibendem Wert, jede ein Baustein im imposanten Gebäude der Grundrechte. Das Gericht hat schon in seinen Anfangsjahren für sich selbst und für die anderen drei Gewalten (Legislative, Exekutive, Judikative) ein Bekenntnis abgelegt, eine feierliche Verpflichtung: Der Bürger dürfe niemals zum Objekt staatlichen Handelns herabgewürdigt werden.[28] Viele Urteile haben dieses Credo ausgestrahlt, nicht mit erhobenem Zeigefinger, sondern als Aufforderung zum »learning by doing«. Und die Adressaten erwiesen sich als fleißige Schüler.

Auch die Benda-Ära ist reich an Zeugnissen dieser Wechselwirkung. So fühlten sich zahllose Bürger animiert, Karlsruhe mit einer weitverbreiteten staatlichen Unsitte bekannt zu machen. Die Beschwerden von dreien griff das Gericht heraus. Sie waren bei ihrer Rechtssuche – wegen angeblicher Fristversäumnis – schon im Vorfeld gescheitert. Lauter bürokratische Schikanen, wie die höchstrichterlichen Grundsatzurteile zeigten.

Fall eins: Ein Verkehrssünder hatte seinen Einspruch gegen einen Bußgeldbescheid – rechtzeitig – um 17 Uhr in den Hausbriefkasten des Landratsamts Germersheim in der Pfalz geworfen. Doch die Beschwerde erhielt den Eingangsstempel vom nächsten Tag und wurde abgelehnt, wegen Fristversäumnis. Fall zwei: Einem Speditionskaufmann aus dem westfälischen Tecklenburg wurde, einen Tag nach Beginn seines vierwöchigen Urlaubs, ein Bußgeldbescheid »durch Niederlegung bei der Postanstalt zugestellt«. Behörden und Gerichte lehnten den zwangsläufig verspäteten Einspruch ab – wegen Fristversäumnis. Fall drei: Eine Hausfrau aus Hamburg warf ihren Beschwerdebrief um 17 Uhr beim Postamt Bergedorf in den Kasten. Obwohl laut Auskunft der Oberpostdirektion die »normale Postlaufzeit« innerhalb der Hansestadt nur einen Tag beträgt, brauchte ihr Einspruch fünf Tage; er wurde prompt zurückgewiesen – wegen Fristversäumnis.

Der säumig geleerte Behördenbriefkasten, die bequeme »Ersatzzustellung« während des Urlaubs oder die folgenschwere Verzögerung im Postverkehr, so und ähnlich wurden (und werden immer wieder) Bürger um ihr rechtliches Gehör gebracht. Der Zweite Senat stoppte im Februar 1976 die schlimmsten Auswüchse des Fristen-Formalismus.[29] Wer will, kann sich heute noch darauf berufen.

Im Fall des Verkehrssünders erhielt das zuständige Landgericht Landau einen deutlichen Rüffel. Die Richter aus der Pfalz hatten gemeint, ein Einspruch müsse »innerhalb der Frist zum zuständigen Beamten« gelangen. Niemand könne erwarten, »dass nach Dienstschluss« der Behördenbriefkasten noch geleert werde. Auf die Möglichkeit, dass man einen Nachtbriefkasten einrichten kann, mussten die Pfälzer erst durch den Karlsruher Spruch aufmerksam gemacht werden.

Der Tag endet um 24 Uhr

Das Gericht half den Vorinstanzen beim Buchstabieren. Die Fristen für Rechtsbehelfe und Rechtsmittel im Bußgeldverfahren endeten »mit Ablauf des Tages«. Folglich führe bereits eine »am Wortlaut orientierte, unbefangene Auslegung« zu dem Ergebnis, dass unabhängig von der Dienstzeit »die Fristen erst um 24 Uhr enden«; erst dann »läuft der Tag ab«.

Nicht weniger bürgerfeindlich empfanden die Richter die Fristenpraxis bei der sogenannten Ersatzzustellung »durch Niederlegung bei der Postanstalt«. Wenn die Einspruchsfrist ablaufe, bevor der Urlauber zurück sei, sei »Wiedereinsetzung in den vorigen Stand« zu gewähren, der Bürger müsse so gestellt werden, als ob er die Frist nicht versäumt hätte. In Sachen Briefverkehr entschieden die Verfassungsrichter, dass dem Bürger »Verzögerungen der Briefbeförderung oder der Briefzustellung durch die Deutsche Bundespost nicht zugerechnet werden« dürften. Er könne sich vielmehr auf eine normale Postlaufzeit verlassen. »Außergewöhnliche Verlängerungen der Postlaufzeit« dürften dem Einzelnen »nicht entgegengehalten werden«.

Auch ein anderer symptomatischer Fall zeigte, dass in Karlsruhe die Alarmglocken klingeln, wenn Staatsdiener Bürger wie

Untertanen behandeln. Zum Objekt herabgewürdigt fühlte sich eine Münchnerin im Münchner Justizgebäude. Sie hatte beim Amtsgericht einen Termin um 8.30 Uhr. Als »beklagte Partei« in einem Zivilprozess wollte sie ganz sichergehen und meldete sich, noch vor der Zeit, um 8.15 Uhr, bei der Wachtmeisterin, die den Saal 508/V betreute.

Sie wurde in die Sitzungsliste eingetragen und erwartete, da der Raum überfüllt war, vor der Tür den Aufruf ihrer Sache. Um 10.15 Uhr, nach mehrmaligen vergeblichen Rückfragen bei der diensthabenden Justizbeamtin, überwand sie schließlich ihre Scheu, wagte sich in den Verhandlungsraum und fragte, wann ihr Termin wohl dran sei. Das Gericht, so erfuhr sie nun, habe längst entschieden: In ihrer Abwesenheit sei ein sogenanntes Versäumnisurteil gegen sie ergangen – 1500 Mark, zahlbar an den Prozessgegner.

Die »Wahrheit« des Protokolls

Auf ihren Einwand, sie habe doch den Termin nachweislich nicht versäumt, erklärte die nächste Instanz, das Landgericht München I: Wahr sei allein das, was im amtlichen Protokoll stehe, dort aber habe der Amtsrichter vermerkt, dass »auf den Aufruf in der Sache« für die beklagte Partei »niemand« erschienen sei. Dergleichen passierte (und passiert) immer wieder, wenn Laien ohne Anwalt als Beklagte vor Gericht erscheinen – zumeist wegen tatsächlicher oder angeblicher Abzahlungs-, Kaufpreis- oder Mietschulden. Oft ist der Prozess zu Ende, bevor einer begriffen hat, was ihm da widerfährt.

Namentlich die Regeln der auf Volljuristen zugeschnittenen Zivilprozessordnung (ZPO) bleiben Geheimwissenschaft für den Unkundigen, der kaum versteht, dass der Richter »Tatsachen, die nicht ausdrücklich bestritten werden, als zugestanden« ansehen muss (Paragraf 138 ZPO). Das bedeutet: Wenn einer nicht aufpasst und keinen Widerspruch anmeldet, muss das Gericht alle gegnerischen Behauptungen als wahr behandeln, auch wenn sie in Wahrheit unwahr sind.

Fragwürdigster Bestandteil der bürgerfeindlichen ZPO ist das »Versäumnisurteil«, das fast immer zugunsten der von einem Anwalt vertretenen Partei ergeht. Der Antrag richtet sich gegen den »zur mündlichen Verhandlung nicht erschienenen Beklagten«, der häufig seine Anwesenheit vor Gericht für überflüssig hält, weil er sein Recht, beispielsweise durch bereits eingereichte Quittungen, gesichert glaubt. Bleibt der Beklagte der Verhandlung fern, ist »das tatsächliche mündliche Vorbringen des Klägers«, etwa die Behauptung, der Kunde sei mit seinen Zahlungen ein Jahr im Rückstand oder seine Kündigung sei nicht eingegangen, »als zugestanden anzunehmen« (Paragraf 331 ZPO).

»Keine lästige Förmlichkeit«

Das ist doppelt bitter, wenn der Beklagte sogar anwesend ist, sich aber nicht oder nur zu spät bemerkbar machen kann. Der Münchner Musterfall formalistischer Rechtsabwicklung provozierte Ende 1976 das Bundesverfassungsgericht zu harter Kritik an einer Justizbürokratie, die gelegentlich vergisst, für wen sie eigentlich da ist.[30] Was da beim Amtsgericht passiert war, erschien den Karlsruhern als glatter Verfassungsverstoß: Die Frau sei zu Unrecht wie eine Abwesende behandelt und dadurch um ihren im Grundgesetz verankerten »Anspruch auf rechtliches Gehör« gebracht worden. Oder anders: Sie hatte keine Gelegenheit, die Forderung von 1500 Mark zu bestreiten.

Die Verfassungsrichter nahmen den Fall zum Anlass, die Formaljuristen unterer Instanzen an einige Selbstverständlichkeiten zu erinnern, etwa daran, dass »der Aufruf der Sache« nicht »eine dem Gericht aufgebürdete lästige Förmlichkeit« sei, sondern »eine Pflicht«, das »Startzeichen« für den Beteiligten »zur Wahrnehmung seines Anspruchs auf rechtliches Gehör«.

Mit Blick auf den »Alltagsbetrieb der Gerichte«, die oft aus Bequemlichkeit ein Dutzend und mehr Verfahren zur selben Zeit anberaumen und dann »die in der Ladung angegebene Terminstunde« nicht einhalten, verfügten die Verfassungsrichter: Bei solchen »Sammelterminen« müsse durch besondere Vorkehrungen sichergestellt werden, dass jeder »den Beginn der mündlichen Verhandlung zuverlässig« erfahre.

Die Präzision, mit der das Urteil Detailfragen regelte, deutete auf das wenig schmeichelhafte Bild der höchsten Richter vom Betrieb der Unterinstanzen. Für den Fall, dass Prozessbeteiligte außerhalb des Gerichtssaals warten müssten, sei eventuell sogar ein Aufruf »über Lautsprecher« erforderlich. Aus einer weiteren Urteilspassage sprach die Besorgnis, dass derart Selbstverständliches untergehen könnte in einem Routinebetrieb, der weder auf Unkundige noch auf Unbeholfene Rücksicht nimmt: »Es besteht Anlass, zusätzlich ausdrücklich darauf hinzuweisen«, so mahnten die Richter, »dass dieser Aufruf für den aufmerksam Wartenden deutlich hörbar und verständlich sein muss.«

Beide Urteile – das zum Versäumnis von Fristen und das zur Nichtachtung auf dem Gerichtsflur – zeugen von höchstrichterlicher Fürsorge für den »kleinen Mann«. Das Recht profitiert bis heute von diesen Botschaften. Doch Entscheidungen wie diese liefen eher am Rande. Schwerpunkte bildeten in der zweiten Halbzeit der Benda-Ära die großen gesellschaftlichen und politischen Auseinandersetzungen. 1975 und 1976 standen Abtreibung, Extremisten im öffentlichen Dienst und Diäten für Abgeordnete auf dem Terminplan des Gerichts.

Die Abtreibungsreform scheitert

Die erste große Herausforderung jener Zeit war die von der SPD/FDP-Regierung betriebene Reform des Schwangerschaftsabbruchs. Es ging um Regelungen, die den einen Frevel, wenn nicht Mord bedeuteten, den anderen Erlösung von dem Zwang, bei Strafandrohung gebären zu müssen oder aber die Unbill einer illegalen Abtreibung auf sich zu nehmen. Als Alternative zum verabschiedeten Fristenmodell (Straffreiheit bis zu drei Monaten nach der Empfängnis) standen abgestufte Indikationslösungen zur Diskussion (Straffreiheit nur in bestimmten Fällen, aus medizinischen, eugenischen, ethischen oder aus sozialen Gründen).

Für die Mitglieder des Benda-Senats, sieben Männer und eine Frau, reduzierte sich das Problem auf einen ganz speziellen rechtlichen Kern: auf die Frage, ob die Leibesfrucht, der nasciturus, denselben Grundrechtsschutz genießt wie ein geborener Mensch, ob er – mit anderen Worten und juristisch gesprochen – bereits ein »Jeder« ist. Denn Artikel 2, Absatz 2 des Grundgesetzes garantiert: »Jeder hat das Recht auf Leben.« Darauf beriefen sich in Karlsruhe die Kläger, neben Baden-Württemberg, Rheinland-Pfalz und Bayern auch 192 Bundestagsabgeordnete der unterlegenen CDU/CSU-Fraktion.[31]

Ende November 1974 fand die mündliche Verhandlung statt, am 25. Februar 1975 verkündete Ernst Benda das Urteil: Die Fristenregelung, die den straffreien Schwangerschaftsabbruch während der ersten drei Monate vorsah, ist verfassungswidrig.[32] Der Erste Senat beließ es nicht bei der Annullierung, sondern maßte sich, wie viele Kritiker rügten, gesetzgeberische Funktionen an. Mehr noch: Die Richter riskierten eine Verfassungsinterpretation, die den Geist der Verfassung ziemlich strapazierte. Während die Grundrechte zuvörderst als Bastion des Bürgers gegen staatliche Übergriffe angelegt sind, forderte der Erste Senat im »218-Spruch« das Gegenteil: den Eingriff des Staates in die Individualrechte, die Bestrafung des Schwangerschaftsabbruchs.

Die schärfste Kritik kam aus dem Gericht selbst. »Dies verkehrt die Funktion der Grundrechte in ihr Gegenteil«, schrieben Wiltraut Rupp-von Brünneck und Helmut Simon in ihrer »abweichenden Meinung«.[33] Das Gericht habe zu prüfen, ob der Staat »strafen darf« und nicht, wie hier geschehen, ob er »strafen muss«. Wenn der Gesetzgeber »zum Erlass von Strafnormen« angehalten werde, »könnten die Grundrechte unter der Hand aus einem Hort der Freiheitssicherung zur Grundlage einer Fülle von freiheitsbeschränkenden Reglementierungen werden«.

Genau genommen wurden dem Gesetzgeber im »218-Urteil« weltanschauliche Maximen vorgeschrieben, das Vokabular machte es deutlich. Da war, wie bei der Kirche, vom »Sittengesetz« und von der »Schöpfungsordnung« die Rede. Im Reformgesetz vermissten die Mehrheits-Richter das »generelle Unwerturteil« über einen Schwangerschaftsabbruch. Sie »missbilligten«, fanden »verwerflich« und nannten eine eigenverantwortliche Entscheidung der Frau für den Schwangerschaftsabbruch »willkürliche Entschließung«. Und sie forderten die staatliche »Missbilligung« solcher Selbstbestimmung. Die Minderheitenrichter hielten dagegen: »In einem pluralistischen, weltanschaulich neutralen und freiheitlichen demokratischen Gemeinwesen bleibt es den gesellschaftlichen Kräften überlassen, Gesinnungspostulate zu statuieren. Der Staat hat darin Enthaltsamkeit zu üben.«

Affront auf der Richterbank

Zornig waren nicht nur die Richter der Minderheit, sondern auch einer von der Mehrheit. Als nach der Verkündung des Urteils die »abweichende Meinung« verlesen wurde, was zum Ritual gehört, verließ Richter Werner Böhmer die Richterbank – ein einmaliger Affront. Er wolle sich nicht, ließ er unter der Hand verbreiten, »öffentlich als Rigorist beschimpfen lassen«. Die angesprochene Kollegin Rupp-von Brünneck fand im Lexikon die Definition von Rigorismus: »Haltung von großer, scharf an Grundsätzen ausgerichteter Strenge in Denken und Handeln, bes. in sittlicher Hinsicht.« Sie schrieb sich das auf einen Zettel, »mit dessen Hilfe sie jederzeit den Beweis antreten wollte, niemanden beschimpft zu haben«.[34]

Böhmers Unhöflichkeit war nicht die einzige Arabeske am Rand des Prozesses. Militante Kämpferinnen für die Rechte der Frauen hatten mit einer Attacke auf das Gerichtsgebäude eine alte Debatte über die Sicherheit des Hohen Hauses wieder aufleben lassen. Jeder erinnerte sich noch: Auf dem Höhepunkt der RAF-Bedrohung war ein Spitzenbeamter aus Bonn angereist, um die Richter, in einer eigens anberaumten Sondersitzung des Plenums, auf ein umfassendes Sicherheitskonzept einzuschwören.

Doch der benachbarte BGH – mit Einfahrtssperre und hohen Stacheldrahtzäunen zur Festung ausgebaut – galt als abschreckendes Beispiel. Solche »Öffentlichkeit des Verfahrens« wollte keiner. Details aus der Konferenz machten die Runde. Einer schlug – unernst – vor, man sollte vielleicht einen Wassergraben um das Gericht anlegen. Ein anderer sagte: »Aber dann mit Krokodil«. In dieser Sekunde ging die Sicherheitsdebatte, so hörte man, in allgemeinem Gelächter unter.

Alles blieb beim Alten. Bis irgendwann Terroristen einen Sprengsatz in die Glasfront des Foyers warfen. Mehr als Verwüstung blieb nicht zurück. Doch nun wurde – bis auf einen Zugang – der Weg am Gericht vorbei für Fußgänger gesperrt und vom Bundesgrenzschutz bewacht. Offenbar nicht gut genug. Als Paragraf 218 anstand, führten listige Amazonen das Konzept ad absurdum. Während eine Gruppe die Soldateska bezirzte, bemalte die andere in aller Seelenruhe die gesamte Fensterfassade des Gerichts mit der Parole: »Mein Bauch gehört mir!« Alle lachten – nur die blamierten Bewacher nicht.

Folgenschwere Indiskretion

Weniger harmlos war eine andere Begleiterscheinung des Verfahrens, eine Störung des Klimas zwischen dem Gericht und dem Pressekorps. Es hatte »Vorabveröffentlichungen« des Urteils gegeben. Nicht zum ersten Mal. Für Benda war das Maß voll. Er war empört und sagte zunächst mal den Jahresempfang mit der Presse ab. Er wollte die Journalisten eine Weile nicht sehen. Für den Einwand, dass zur Indiskretion immer zwei gehören, war er nicht zugänglich. Und schon gar nicht für die wenig rühmliche Wahrheit dahinter. Altgediente Journalisten wussten, dass die Vorinformationen – über Umwege – aus Bonn kamen.

Offenbar liefen – contra legem – bei politisch brisanten Verfahren die Drähte zwischen manchen Richtern und ihren politischen Förderern immer noch heiß. Dass sich dann Parteipolitiker, für die das richterliche Schweigegebot nicht galt, mit ihrem Herrschaftswissen brüsteten, konnten die Informanten aus Karlsruhe nicht verhindern. Die »Kollegen« aus dem Bundesgerichtshof, denen das Beratungsgeheimnis heilig war, rümpften die Nase »über das höchste Laiengericht der Republik«. Benda konnte mit seiner Beharrlichkeit einen bescheidenen Erfolg verbuchen. Undichte Stellen im eigenen Haus zu stopfen, gelang ihm zwar so wenig wie seinen Nachfolgern. Doch er konnte wenigstens verhindern, dass die Resultate richterlicher Geschwätzigkeit auch noch in den Zeitungen standen. Auf seinen Wunsch änderte der Deutsche Presserat die »Presserichtlinien«; sie verlangen seitdem, dass ein Urteil »nicht mehr ohne schwerwiegenden Grund vorab veröffentlicht werden soll«.[35]

Bendas Ultimatum

Seine Haltung in dieser Frage war kompromisslos. Dabei schimmerte ein wenig von der »Eigensinnigkeit« durch, die er selbst eingeräumt hatte. Das galt auch für seine Unbeirrbarkeit in Sachen Abtreibung. Wohlwollende Beobachter hatten gefragt, warum hier die Liberalität, die ihm auch attestiert wurde, gänzlich untergegangen war. Die Antwort steckt in einem Zitat. Seine Vorstellung von konservativ war: verändern und bewahren. Es gab für ihn »Dinge«, »die im Wandel der Zeit, der Verhältnisse, der Moden und der Auffassungen unverändert bleiben müssen«.[36] Dazu gehörte für ihn die Unverfügbarkeit des Lebens.

Wie wenig er bei diesem Thema nachzugeben bereit war, zeigte sich bei einem Vorfall, der sich nach dem Ende seiner Amtszeit zugetragen und ihn viel Sympathie gekostet hat. Als Helmut Simon 1987 in Pension ging, wurde für den legendären Verfassungsrichter und charismatischen Kirchentagspräsidenten eine Festschrift vorbereitet, die dann unter dem Titel »Ein Richter, ein Bürger, ein Christ« erschien.[37] Als Herausgeber waren Willy Brandt, Helmut Gollwitzer und Ernst Benda vorgesehen. Es kam zum Eklat. Benda nahm Anstoß am Beitrag eines wissenschaftlichen Assistenten. Ulrich Hambüchen, von Hause aus Sozialrichter, hatte über den (nicht rechtswidrigen) »Schwangerschaftsabbruch auf Krankenschein« geschrieben. Er schilderte den massiven Widerstand (aus der katholischen Kirche und der CSU) gegen das geltende Recht und zitierte eine Reihe verbaler Entgleisungen – kein Lesevergnügen für Konservative. Benda drohte, wenn dieser Beitrag erscheine, lege er sein Amt als Herausgeber nieder. Dieser ungewöhnliche Eingriff in die Meinungsfreiheit stieß im Gericht auf Unverständnis, der liberale Verfassungsrichter Johann Friedrich Henschel trat an Bendas Stelle als Herausgeber – und Ulrich Hambüchens Text erschien auf Seite 791 der Festschrift.

Der »Radikalen-Erlass« und seine Opfer

Im Zentrum gesellschaftspolitischer Debatten stand damals nicht nur das Reizthema Abtreibung, das emanzipierte junge Frauen auf die Barrikaden trieb: gegen »ein paar zeugungsunfähige alte Männer«, die sich herausnahmen, über ihr Leben zu entscheiden. Das zweite Thema, bei dem sich die junge Generation aufbäumte, war der sogenannte »Radikalen«-Erlass. Wer im Verdacht stand, einer »verfassungsfeindlichen Partei« anzugehören oder auch nur deren Gedankengut zu verbreiten, durfte nicht in den öffentlichen Dienst. Zielgruppe waren Kommunisten, unangepasste Linke und manchmal auch nur Gegner der Regierung.

Der Erlass, im Januar 1972 von Bundeskanzler Willy Brandt und den Regierungschefs der Länder gefasst, legte sich wie Mehltau über das Land. Eigentlich wollten die Spitzenpolitiker nur Selbstverständliches festhalten: dass ein Beamter »jederzeit für die freiheitliche demokratische Grundordnung« eintreten muss. Doch die Bürokraten aller Länder bauten einen gigantischen Schnüffelapparat auf. Sie überprüften 1,4 Millionen Personen, verwehrten 1100 davon den Eintritt in den öffentlichen Dienst und entließen 130.

Betroffen waren vor allem junge Lehrer, für sie bedeutete eine Ablehnung Berufsverbot. Doch keiner durfte die Praxis so nennen. Wer sich – etwa in Zeitungsanzeigen – mit den Betroffenen solidarisierte, wurde selbst verfolgt. Das Klima war vergiftet. Dazu trugen Dossiers bei, die der Verfassungsschutz über linke (und daher verdächtige) Bewerber angelegt hatte – schlimme Produkte. Manche Horcher, die von Amts wegen in verdächtigen Veranstaltungen saßen, waren offenkundig intellektuell überfordert – außerstande, anspruchsvolle Diskussionsbeiträge auch nur zu begreifen, geschweige denn richtig einzuordnen. Kritik an den Regierenden im Land oder im Bund fiel bei ihnen unter die Kategorie »staatsfeindliche Umtriebe«.

Die Folge: Der als Antwort auf die NS-Diktatur entstandene Begriff »Freiheitliche demokratische Grundordnung« verkam zum Schimpfwort, Studenten sprachen nur noch verächtlich von der FDGO. Was in Deutschland verpönt war, scherte das Ausland nicht. Francois Mitterand, Jean-Paul Sartre und die nach Bertrand Russel benannte Stiftung unterstützten eine große Kampagne gegen die deutschen »Berufsverbote«; die Vokabel fand sogar Eingang in viele fremde Sprachen.

Der Zweite Senat des Bundesverfassungsgerichts gab im Mai 1975 dieser unheilvollen Entwicklung mehr oder weniger seinen Segen – und dem Schlagwort von der Tendenzwende neuen Auftrieb.[38] Der Staat machte Front gegen seine Gegner, aber auch gegen all jene, die er in der Eile nur dafür hielt. Bis dato konnte die Zugehörigkeit zu einer verfassungsfeindlichen Partei allenfalls Zweifel an der Verfassungstreue wecken, die der Staat nach dem Willen liberaler Politiker im Einzelfall zu begründen hatte, der Bewerber aber noch zerstreuen konnte. Mit so viel Federlesen war es nun vorbei. Nach dem Karlsruher Spruch reichte schon die Mitgliedschaft in einer Partei, die als verfassungsfeindlich galt, um einen Bewerber abzulehnen.

Hohe Ansprüche an jeden: Die politische Treuepflicht des Beamten erfordere, »dass er sich eindeutig von Gruppen und Bestrebungen distanziert, die diesen Staat, seine verfassungsmäßigen Organe und die geltende Verfassungsordnung angreifen, bekämpfen und diffamieren«. Solches Fehlverhalten, so das Urteil, »rechtfertigt bei Beamten auf Probe und bei Beamten auf Widerruf« regelmäßig die

Entlassung aus dem Amt. »Bei Beamten auf Lebenszeit kann wegen dieser Dienstpflichtverletzung im förmlichen Disziplinarverfahren auf Entfernung aus dem Dienst erkannt werden«. Das gelte nicht nur für Beamte, sondern ebenso für Angestellte im öffentlichen Dienst.

Ausnahmen wollten die Richter nicht einmal dort erlauben, wo der Staat – wie bei Juristen – das Ausbildungsmonopol hat. Da verwunderte kaum noch ein weiterer Rückfall in vordemokratische Zeiten: »Die Einstellungsbehörde entscheidet über den Antrag auf Übernahme in das Beamtenverhältnis, ohne verpflichtet zu sein, vorher den Bewerber zu ihren Zweifeln anzuhören. Bei dieser Entscheidung gibt es keine Beweislast.« Wenigstens bei einer Unsitte machte das Gericht nicht mit: Es sollten keine Verfassungsschutz-Dossiers verwendet werden – das könnte »die politische Atmosphäre vergiften« und »nicht nur die Betroffenen in ihrem Vertrauen in die Demokratie irritieren«.[39]

Höchstrichterliches Armutszeugnis

Der Entscheidung, die »im Ergebnis einstimmig ergangen« war, fügten drei Richter – jeder für sich – »abweichende Meinungen« hinzu. Eine, die von Hans Rupp, hatte Sprengkraft.[40] Seine Botschaft: Mit diesem Urteil hat sich das Gericht selbst kastriert. Rupp: Laut Grundgesetz dürfe allein das Bundesverfassungsgericht »durch eine Entscheidung mit konstitutiver Wirkung die Verfassungswidrigkeit einer politischen Partei« aussprechen. Damit sei nicht vereinbar, »dass jeder Dienstherr – möglicherweise, wie die Praxis zeigt, auch noch von Land zu Land verschieden – nach seinem Ermessen bis zur Grenze der Willkür in jedem einzelnen Fall« darüber entscheide, wie schädlich eine Partei sei. Das Urteil machte also, statt die Deutungshoheit des Gerichts über den einmaligen Begriff »verfassungswidrig« zu betonen, eine vage Variante salonfähig; es duldete neben dem klaren jenen unklaren, nirgendwo normierten Begriff »verfassungsfeindlich« – und gab diesen obendrein zur beliebigen Verwendung frei.

Hier hatte der Zweite Senat die Reichweite des Grundgesetzes ohne Not drastisch verkürzt. Für alle Kritiker ein unverzeihlicher Fehltritt. Aber ein seltener. Oft ist in Karlsruhe das kostbare Gut nicht in derart kleine Münze gewechselt worden. Derlei Selbstbeschädigungen blieben eine Ausnahme, die kontinuierliche Arbeit am Kunstwerk »Verfassung« war die Regel. Manche neue Interpretation ist im Laufe der Zeit zur Regel geworden, manche Feinheit fügte sich als Teil in das Ganze, doch der Laie muss, wie bei einem Gemälde, eigens darauf hingewiesen werden. Etliche Grundsatzurteile, die aus der Amtsperiode Bendas stammen, haben Fakten geschaffen, mit denen die Republik seitdem gut lebt. Es sind historische Wegmarken, die erklären, warum sich Teilbereiche von Recht und Politik so entwickelt haben, wie sie der Zeitgenosse kennt. Von denen soll jetzt die Rede sein.

Das »Diäten-Urteil«

Aufsehen erregte im November 1975 ein Spruch, der unter dem Stichwort »Diäten-Urteil« bekannt wurde, weil es ursprünglich nur um die Steuerfreiheit der Diäten ging.[41] Doch der Zweite Senat weitete, in kühner Souveränität, die Frage aus und fällte kurzerhand ein Grundsatzurteil zum Status der Abgeordneten. Die Richter trugen eine ideologische Fiktion zu Grabe – das Bild vom Abgeordneten, der als ehrenamtliche Honoratioren-Figur wie im 19. Jahrhundert seine Pflicht für Volk und Vaterland tut.

Mit einem Bündel von Ge- und Verboten zwangen sie die Volksvertreter erstmals, sich öffentlich als Berufspolitiker zu bekennen, ihren Status entsprechend zu definieren und ihren Marktwert unter den argwöhnischen Blicken aller Bürger selbst zu bestimmen. Der Zweite Senat schrieb fest, dass Abgeordnete einen »Fulltime-Job« betreiben, dass sie dafür aus der Staatskasse ein steuerpflichtiges Gehalt beziehen – aber auch, dass die Bezahlung für das »öffentliche Amt« den Mandatsträgern »eine Lebensführung gestattet, die der Bedeutung des Amtes angemessen ist«.[42]

Der unverhüllte Appell des Gerichts an die Abgeordneten, sich das Ihre aus der Staatskasse zu nehmen, lockte und schreckte zugleich; denn so gerne sie sich hohe Parlamentsgehälter zugemessen hätten, so sehr fürchteten die meisten eine »öffentliche und sicherlich nicht erfreuliche Diskussion«; davor warnte SPD-Fraktions-Geschäftsführer Gerhard Jahn. Für beides bestand (und besteht heute noch) Anlass genug: »Der anstrengendste Job in der Republik«, wie manche beklagten, war aus ihrer Sicht zu niedrig, aus der Sicht mancher Bürger zu hoch besoldet. Die Wahrheit in Zahlen: Ein Parlamentarier, der allein von seinen Abgeordneten-Diäten leben muss, der sogenannte »Null-Mann«, erhielt 1975 Diäten von 3850 Mark und eine Unkostenpauschale von 4050 Mark (im Vergleich dazu im Jahr 2010: 7 668 Euro; 3 969 Euro).

Politisches Umfeld

1976–1980: 8. Bundestag – Abwahl 1982
Bundeskanzler: Helmut Schmidt (SPD)
Vizekanzler: Hans Dietrich Genscher (FDP)
Koalition: SPD, FDP

»Lebenslänglich« heißt nicht lebenslang

Wie es um die Rechtskultur einer Gesellschaft bestellt ist, zeigt sich auch daran, wie sie mit ihren Schwerverbrechern umgeht. In der Bundesrepublik sah es lange so aus, als ob die verantwortlichen Strafrechtler glaubten, der Staat habe mit Abschaffung der Todesstrafe im Jahr 1949 sein Soll an Humanität erfüllt. Mörder wurden weggesperrt. Aus den Augen, aus dem Sinn. Bis das Schwurgericht in Verden an der Aller, das einen Mörder zu verurteilen hatte, dem Bundesverfassungsgericht die Frage vorlegte, ob die rigide deutsche Praxis mit dem Grundgesetz vereinbar sei: »Nach ungefähr 20 Jahren Strafanstaltsaufenthalt sei der Gefangene körperlich und seelisch nichts als ein Wrack.«[43]

Der Erste Senat unter dem Vorsitz Bendas ging der Frage nach der Menschenwürde, die er ins Zentrum des Verfahrens gerückt hatte, mit großer Ernsthaftigkeit auf den Grund. Die Richter ließen die Justizminister von Bund und Ländern zu Wort kommen und hörten sich am 22. und 23. März 1977 von morgens bis abends Sachverständige aus verschiedenen wissenschaftlichen Disziplinen an. Sie kamen am Ende zu dem Schluss, dass der Vollzug lebenslanger Freiheitsstrafen nicht »zwangsläufig zu irreparablen Schäden psychischer oder physischer Art führt«.

Es gab einen Grund, um diese Aussage einzuschränken, nämlich die unterschiedliche Gnadenpraxis in den Ländern: Hamburg ließ nach 16 Jahren frei, Rheinland-Pfalz erst nach mehr als 22 Jahren; einer der 975 Lebenslänglichen saß schon 30 Jahre hinter Gittern. Die Richter hielten diese Ungleichheit für untragbar und entschieden: »Das Rechtsstaatsprinzip gebietet eine Verrechtlichung der Entlassungspraxis.«

Diese Überlegung führte zu einem gewaltigen Sprung nach vorn – zu einem Gedanken, der das deutsche Recht veredelt: »Ein menschenwürdiger Vollzug der lebenslangen Freiheitsstrafe ist nur dann sichergestellt, wenn der Verurteilte eine konkrete und grundsätzlich auch realisierbare Chance hat, zu einem späteren Zeitpunkt die Freiheit wiedergewinnen zu können.« Und weiter: »Denn der Kern der Menschenwürde wird getroffen, wenn der Verurteilte ungeachtet der Entwicklung seiner Persönlichkeit jegliche Hoffnung, seine Freiheit wiederzuerlangen, aufgeben muss«[44] – er muss mithin einen Lichtschimmer am Ende des Tunnels vor Augen haben.

Noch im selben Jahr ging es vor dem Ersten Senat um Leben und Tod. Unter Bendas Vorsitz. Er musste, wie er später sagte, seine »menschlich schwerste Entscheidung« treffen. Der Arbeitgeberpräsident Hanns-Martin Schleyer war von Killern der RAF am 5. September 1977 entführt worden. Sie drohten mit seiner Hinrichtung. Ihr Ultimatum: Die Bundesregierung solle elf namentlich benannte Terroristen aus der Haft entlassen und ihnen die Ausreise gestatten.

Schleyers Sohn kämpfte am 15. Oktober 1977 vor dem Verfassungsgericht um das Leben seines Vaters. Er wehrte sich gegen einen Gedanken, der die öffentliche Debatte beherrschte. Weil der »Schutz höherwertiger Rechtsgüter« Vorrang habe, forderten

Prinzipientreue, müsse die Bundesregierung alle Forderungen der Terroristen ablehnen. Der Sohn flehte das Gericht an: »Es gibt kein höherwertiges Rechtsgut als das Leben.«[45] Zwar müsse »alles Menschenmögliche« getan werden, um das Leben Schleyers zu retten, erwiderte der Justizminister. Doch zu bedenken sei auch: Wer auf die Forderungen der Entführer eingehe, gefährde »das Leben weiterer Unbeteiligter in höchstem Maße«.[46]

»Menschlich schwerste Entscheidung«

Zu denen, die freigepresst werden sollten, gehörten die führenden Köpfe der ersten RAF-Generation. Tatsächlich stand der Staat vor einem schier unlösbaren Problem. »Es gebe«, so die Juristen der Regierung, »keine Entscheidung, die – an den Maßstäben des Grundgesetzes gemessen – als die allein richtige bezeichnet werden könne.« Sie hatten nur die sprichwörtliche Wahl zwischen Pest und Cholera. Der Senat beriet lange. Am Ende sahen sich die Richter außerstande, den zuständigen Behörden ein bestimmtes Handeln vorzuschreiben. Fürsorgepflichten bestünden nicht nur gegenüber dem Einzelnen, sondern auch gegenüber der Gesamtheit der Bürger.[47] Wie der Staat reagiere, dürfe für Terroristen nicht von vornherein kalkulierbar sein. Die Richter verzichteten auf jede Einmischung und gaben den Organen der Regierung freie Hand: Es liege in ihrem Ermessen, »welche Maßnahmen zur Erfüllung der ihnen obliegenden Schutzpflichten zu ergreifen sind«.

Benda musste das Urteil am 16. Oktober 1977 am frühen Morgen verlesen. »Diese Entscheidung hat den evangelischen Christen wohl bis zum Lebensende gequält.«[48] Am 19. Oktober war Schleyer tot. Die Kausalität war offenkundig. Regierung und Gericht hatten sich nicht erpressen lassen. Schleyer musste ihre Härte mit dem Leben bezahlen.

Ernst Bendas Schlussperiode

Stichworte wie Berufsverbote, Diäten, RAF-Morde lösten in jenen Tagen leidenschaftliche Debatten aus. Sie betrafen höchst umstrittene Themen und warfen Fragen auf, die in letzter Instanz das Bundesverfassungsgericht beantworten musste. Die genannten und viele andere Urteile fielen in Bendas zweite Halbzeit. Er musste auch ein großes und ein kleines Revirement im Haus bewältigen. Fast die Hälfte der Richter musste ausgetauscht werden (1975: fünf, 1977: zwei). Wiltraut Rupp-von Brünneck war im Sommer 1977 gestorben – und nur schwer ersetzbar. Die anderen sechs, darunter auch Geiger, schieden mit 68 oder am Ende ihrer Amtszeit aus. Zwei Neuzugänge fielen besonders ins Gewicht: Konrad Hesse, der Nestor des Verfassungsrechts, und Wolfgang Zeidler, der erst Vize- und dann Chefpräsident des Hauses wurde.

In neuer Besetzung folgte eine fruchtbare Periode – wie fruchtbar, verrät ein Blick in die Bände der amtlichen Sammlung; zwischen 1978 (Band 48) und 1983 (Band 63) fielen 379 Entscheidungen, die dort abgedruckt sind. Nicht wenige sind Beispiele dafür, wie Recht entsteht und Recht vergeht. Manche Karlsruher Beschlüsse ähneln Sternschnuppen, die aufscheinen und wieder verglühen. So wurde ein Bonner Gesetz, das eine Wehrdienstverweigerung per Postkarte erlauben wollte, vom Gericht verworfen.[49] Während der Entführung Schleyers waren die Haftbedingungen verschärft worden – mit dem Ziel, jeglichen Kontakt der RAF-Gefangenen untereinander und nach außen zu unterbinden, einschließlich »des mündlichen und schriftlichen Verkehrs mit ihren Verteidigern«. Angesichts der unmittelbaren Bedrohung billigte der Zweite Senat die rigide Beschränkung von Freiheitsrechten.[50]

Ernste Fragen, ernste Antworten

Als es um den »Schnellen Brüter« in Kalkar ging, gab der Zweite Senat dem Atomgesetz zwar seinen Segen, allerdings mit einer Einschränkung, die bis heute gilt: Wenn Entscheidungen des Parlaments in diesem empfindlichen Bereich »durch neue, im Zeitpunkt des Gesetzeserlasses noch nicht abzusehende Entwicklungen entscheidend in Frage gestellt« würden, müssten die Abgeordneten noch mal ran; sie könnten »von Verfassungs wegen gehalten sein zu überprüfen, ob die ursprüngliche Entscheidung auch unter den veränderten Umständen aufrechtzuerhalten ist«.[51]

Zwei große Entscheidungen des Ersten Senats krönten Bendas Schlussjahre in Karlsruhe. Am Ende: das Volkszählungsurteil vom Dezember 1983. Jahre davor: das Mitbestimmungsurteil vom März 1979, das für große Überraschung sorgte. Berichterstatter war Konrad Hesse, der ungekrönte König des deutschen Verfassungsrechts. Das Gericht, dem er seit 1975 angehörte, zehrte vom Glanz des Gelehrten, den Generationen von Studenten verehrten. Er war eine ideale Ergänzung im Ersten Senat, der (anders als damals der Zweite) den Diskurs auf hohem Niveau pflegte. Insider berichteten, ohne das Beratungsgeheimnis zu verletzen, dass sich Hesse mit seinem stringenten Votum durchgesetzt habe – bei dem heiklen politischen Thema keine Selbstverständlichkeit.

Tatsächlich hatte der Senat unter Vorsitz von Ernst Benda alle Spekulationen widerlegt, die zuvor in der Öffentlichkeit herumgeisterten: Die acht Richter billigten das von den Arbeitgebern angefochtene Gesetz ohne Wenn und Aber: »Die erweiterte Mitbestimmung ist mit den Grundrechten der vom Gesetz erfassten Gesellschaften, der Anteilseigner und der Koalitionen der Arbeitgeber vereinbar.«[52] Auf die Frage, »ob andere Regelungen einer Mitbestimmung der Arbeitnehmer mit dem Grundgesetz vereinbar wären«, ließ sich das Gericht nicht ein. Das war unmissverständlich, und es traf die Arbeitgeber hart. Denn ihnen ging es, als sie zwei Jahre zuvor ihre Klage einreichten, in Wahrheit nicht darum, das neue Gesetz aus der Welt zu schaffen. Sie erhofften sich ein Urteil, das weitergehende Modelle für unvereinbar mit dem Grundgesetz erklärt. Ihr Gang nach Karlsruhe hatte sich nicht gelohnt. In kluger Selbstbescheidung antworteten die Richter nur auf die Frage nach der Verfassungsmäßigkeit des vorliegenden Gesetzes.[53]

Linke und Literaten schauten im Sommer 1980 gebannt nach Karlsruhe. Der Erste Senat beriet über eine Klage Heinrich Bölls gegen den Fernsehkommentator Matthias Walden. Der konservative Publizist hatte den Dichter Ende 1974 nach der Ermordung des Berliner Kammergerichtspräsidenten von Drenkmann als Sympathisanten des Terrorismus angeprangert – mit dem Vorwurf, dass »der Boden der Gewalt durch den Ungeist der Sympathie mit den Gewalttätern gedüngt« sei.

»Reste verfaulender Macht«

Um das zu belegen, behauptete er, Heinrich Böll habe den Rechtsstaat, »gegen den die Gewalt sich richtet«, als »Misthaufen« bezeichnet und gesagt, er sehe nur »Reste verfaulender Macht, die mit rattenhafter Wut verteidigt« würden. Ferner habe er den Staat beschuldigt, die Terroristen »in gnadenloser Jagd« zu verfolgen. Walden zitierte Böll weitgehend unzutreffend – teils falsch, teils unpräzise, teils in zeitlich verzerrtem Zusammenhang. Böll verklagte den TV-Kommentator, der seit Jahren auch als Kolumnist für Springer-Blätter schrieb, wegen Verletzung der Persönlichkeitsrechte und verlangte Schmerzensgeld.[54]

Vor dem Oberlandesgericht Köln siegte Böll im glatten Gang. Das Gericht qualifizierte die erste Behauptung, Böll habe den Rechtsstaat als »Misthaufen« bezeichnet, als »erwiesenermaßen falsch«; die Äußerung sei »frei erfunden«. Offenbar hatte bei Walden in diesem Punkt die Realitätsprüfung versagt. Böll hatte mal geschrieben: »Warum sollte einer nicht auch auf Springer-Mist krähen?« In der Erinnerung müssen sich für ihn, damals schon als freier Autor dem Zeitungskonzern verbunden, Vater Staat und die Vaterfigur Springer miteinander verwoben haben.

Auch die Behauptung, Böll habe »diesen Staat« beschuldigt, die Terroristen »in gnadenloser Jagd« zu verfolgen, bezeichnete das OLG als »unzutreffend«. Denn Bölls Vorwurf der Gnadenlosigkeit hatte sich nicht gegen den Staat, sondern gegen die Medien gerichtet, namentlich gegen »Bild«, die für Walden womöglich die Inkarnation des Rechtsstaates darstellte. Zu Waldens dritter Äußerung, Böll habe mit Blick auf den Rechtsstaat von »Resten verfaulender Macht« gesprochen, bemerkte das OLG: Dieser Text sei »in einen falschen Zusammenhang gerückt« und damit »verfälscht worden«. Böll hatte sich 1966 mit der Beziehung von Staat und Kultur befasst – auch als Reaktion auf eine Entgleisung des damaligen Bundeskanzlers Ludwig Erhard, der linke, kritische Schriftsteller als »Pinscher« bezeichnete. Dem Fernsehzuschauer sei, so das OLG, »der bedeutungsvolle Umstand« unterschlagen worden, dass die Rede zu einem Zeitpunkt gehalten wurde, »als von einer Konfrontation zwischen Staat und Terror keine Rede war«.

Bedingt »richtiges« Zitat

Dem 6. Zivilsenat des Bundesgerichtshofes, der den Streitfall dann als Revisionssache zu entscheiden hatte, erschienen die Zitatmanipulationen Waldens unerheblich. Die BGH-Richter bedienten sich dabei einer windigen Begriffsneuschöpfung. Sie erfanden als Gegenstück zur schlichten, herkömmlichen Wortquelle das bedingt »richtige« Zitat. »Richtig« sollte nach dieser richterlichen Logik ein Zitat »auch dann« sein, wenn es einer anderen als vom Urheber beabsichtigten, aber nach einem »objektiven Maßstab vertretbaren Bedeutung des Geäußerten folgt«. Das hieß übersetzt: Wenn dem Autor oder Redner nach dem »Verständnis eines Durchschnittslesers oder -hörers« der Gedankengang zuzutrauen ist, muss er sich das falsche Zitat gefallen lassen.

Solche Begriffsspielerei erledigte das Verfassungsgericht 1980 mit einem Satz: »Ist das Zitat unrichtig, verfälscht oder entstellt, so greift dies in das Persönlichkeitsrecht des Kritisierten umso tiefer ein, als er hier als Zeuge gegen sich selbst ins Feld geführt wird.«[55] Und weiter: »Insoweit wird dem Zitierten die Entscheidung über sein eigenes Wort genommen und durch eine mögliche Beurteilung Dritter ersetzt.« Das im Grundgesetz verbürgte Persönlichkeitsrecht schütze den Bürger dagegen, »dass ihm Äußerungen in den Mund gelegt werden, die er nicht getan hat«.

Es erschien im Nachhinein rätselhaft, warum die Bundesrichter ihre intellektuelle Reputation mit einer so lächerlichen Begriffsverschiebung aufs Spiel setzten – und warum sie nicht, wie das Verfassungsgericht und zuvor das Oberlandesgericht Köln, zu dem zwingenden Schluss kamen, dass »unrichtige Zitate« nicht durch das Grundrecht der Meinungsfreiheit geschützt seien und dass einem Kommentator »keine wesentlichen oder gar unzumutbaren Erschwerungen oder Risiken auferlegt« würden, wenn ihm angesonnen werde, »korrekt zu zitieren«.

»Durchschnittsleser« im BGH

Es spricht alles dafür, dass die BGH-Richter im Jahr nach den Terrormorden an Buback, Ponto und Schleyer, als sie ihr Urteil fällten, ein Opfer des Zeitgeistes waren. So gesehen, war schon eher erklärlich, warum sie sich bei ihrem Zitatenspiel hinter dem Verständnis eines »Durchschnittslesers« verschanzten. Die Durchschnittsleser waren sie selber.

Nach Jahren trauter Zweisamkeit waren die Beziehungen zwischen den Koalitionspartnern SPD und FDP getrübt – Genscher wandte sich der CDU zu. Am 28. September 1982 brachten die neuen Partner CDU/CSU und FDP den Antrag ein, »der Bundestag möge Bundeskanzler Helmut Schmidt das Misstrauen aussprechen und zu seinem Nachfolger den Abgeordneten Helmut Kohl wählen«. Das geschah am 1.Oktober mit 256 gegen 235 Stimmen. Am 13. Oktober erklärte der neue Kanzler im Bundestag, die Koalitionsparteien hätten »vereinbart, sich am 6. März 1983 dem Urteil der Wähler zu stellen«.

Da das Grundgesetz eine Selbstauflösung des Parlaments nicht vorsieht, musste die neue Regierung ihren Plan mit einem durchsichtigen Trick umsetzen. Helmut Kohl stellte die Vertrauensfrage; da er im Parlament über eine Mehrheit verfügte, hätte sie zu seinen Gunsten ausgehen müssen. Doch um sein Ziel zu erreichen, musste er sie verlieren. Deshalb enthielten sich sämtliche CDU/CSU-Abgeordneten bei der namentlichen Abstimmung ihrer

Stimme – auf Befehl von oben. Wegen dieser Manipulation der Verfassung gab es eine heftige öffentliche Debatte. Ungeachtet aller Einwände löste Bundespräsident Carl Carstens (CDU) den 9. Bundestag vorzeitig auf und setzte, wie erwünscht, für den 6. März 1983 Neuwahlen an.

Macht des Faktischen

Der Prozess in Karlsruhe zeigte, wo das Gericht an seine Grenzen stößt. Es hätte die Macht, hat aber nicht die Kraft, einen fahrenden Zug anzuhalten. Helmut Kohl besaß in Wahrheit das Vertrauen des Bundestages, im Grundgesetz fand sich für eine Auflösung des Bundestages keine Grundlage. Gleichwohl gab das Bundesverfassungsgericht im Februar 1983 der Schmierenkomödie seinen Segen, allerdings unter heftigen Bauchschmerzen, wie die gewundene Begründung signalisierte.[56] Für Teile des Urteils stimmten nur sechs von acht Richtern, drei einzelne »abweichende Meinungen« artikulierten gesonderte Bedenken.

Politisches Umfeld
1983–1987: 10. Bundestag
Bundeskanzler Helmut Kohl (CDU)
Vizekanzler Hans Dietrich Genscher (FDP)
Koalition: CDU/CSU, FDP

Benda wurde ein seltenes Glück zuteil: Er erreichte den Gipfel des Richterdaseins kurz vor dem Ende seiner Wahlperiode. Das bedeutende und folgenschwere Volkszählungsurteil vom 15. Dezember 1983 und sein Ausscheiden aus dem Amt 20.Dezember fielen fast zusammen, sein größter Tag war auch einer seiner letzten. Zuvor hatte er den Ersten Senat durch das Mammutverfahren gesteuert. Die ganze Nation sah zu.

Der Prozess war – neu für das Gericht – durch eine Massenbewegung in Gang gekommen. Sie hatte in einem Theater begonnen. Nach der Aufführung eines Sprechstücks in der Hamburger Hochschule für bildende Künste meldete sich eine Frau zu Wort, die bei der bevorstehenden Volkszählung als Zählerin mitwirken sollte. Sie protestierte. Noch am selben Abend im Dezember 1982 entstand die erste westdeutsche Initiative für den Volkszählungsboykott.

Drei Monate später überkamen den Chef des Statistischen Bundesamts Franz Kroppenstedt böse Ahnungen. Der oberste Datensammler der Republik stellte verblüfft fest, die Zählung sei nunmehr »in bis vor Kurzem noch kaum vorstellbarer Weise Gegenstand einer öffentlichen Diskussion«.[57] Innerhalb von Wochen ging ein »Flächenbrand«, so die »tageszeitung«, über den Bonner Staat, an dem sich Zehntausende Bürger und mehr als 500 Boykott-Initiativen entzündeten. Aus den Keimzellen des Protests, die sich in Hamburg und Berlin gebildet hatten, erwuchs ein international beachteter Modellfall bürgerlichen Ungehorsams.

»Meine Daten gehören mir!«

In einem Land, das in dem Ruf stehe, dass »alles verboten ist, was nicht ausdrücklich erlaubt ist«, wunderte sich die »International Herald Tribune« über die Erhebung gegen die Erhebung, sei so etwas wie eine nationale »Charakterabweichung« zu erkennen. Das amerikanische Nachrichtenmagazin »Newsweek« staunte über die widerborstigen Deutschen, »von denen man schließlich annimmt, dass sie Autorität respektieren und Ordnung bewundern«.

Die Deutschen widerlegten dieses Vorurteil. Die Protestbewegung brachte bundesweit ein einmalig breites Bündnis von Etablierten und Gegenkultur zustande. Mitgemacht haben Bürger aus allen sozialen Schichten und politischen Ecken: Mediziner und Datenschützer, Gewerkschafter, Kirchenleute und Berufspolitiker. Der Zorn gegen die 371 Millionen Mark teure Zählung fand Widerhall »selbst bei solchen Bürgern, deren Misstrauen gegen einen neugierigen Staat« sich sonst in Grenzen hält, wie sogar die »Frankfurter Allgemeine Zeitung« einräumte.

Da machten Feministinnen, die keinen Zähler über ihre Schwelle lassen wollten, ebenso mit wie Pazifisten, denen nicht einleuchtete, dass sie dem Staat Persönliches offenbaren sollten, während doch die Bonner Regierung die Standorte von Atomraketen geheim hält. Eine »Bundesarbeitsgemeinschaft Schwule« fürchtete das Entstehen von »Rosa Listen«, wie zur NS-Zeit. Der »Zentralrat Deutscher

Sinti und Roma« rief zur Datenverweigerung auf und erinnerte: »Orwells 1984« bestehe für Zigeuner schon »seit 1933«.

Vorn beim Bürgerzorn war Westberlins Verweigerungsszene. An die zehntausend Unterschriften von Bürgern waren hier schnell zusammen. Zuspruch bekamen die Boykottwerber sogar von den Barhockern gutbürgerlicher Pilsstuben, »wo wir uns eigentlich gar nicht reintrauen«. Allerorten wanderte, wie in Berlin, das Aufbegehren von den Rändern hin in die Kerngruppen der Gesellschaft. »Meine Daten gehören mir«, verkündeten Plakate in Ballungszentren wie in der Provinz. An Wohnungstüren klebten Hinweise wie »Betteln, Hausieren und Volkszählen verboten«. Mehr als 50 Prozent der Westdeutschen, ergaben Umfragen, hegten lange vor dem Karlsruher Spruch Misstrauen gegen die Befragung. Jeder Vierte wollte sich, wie das ZDF-»Politbarometer« Ende März 1983 ergab, »nicht beteiligen«.

Was die Bürger bewegte, hielten die Richter des Ersten Senats für so gravierend, dass sie – noch vor ihrem Endurteil – die Volkszählung erst mal durch »Einstweilige Anordnung« stoppten. Die Sachverständigen und vor allem die Datenschutzbeauftragten hatten ein Schreckensbild der Cyberwelt entworfen. Gericht und Öffentlichkeit erfuhren zum ersten Mal, was mit der Kombination von Daten alles möglich ist.

Die höchstrichterliche Antwort erging am 15. Dezember 1983.[58] Sie ist der komplizierten Materie zum Trotz von erfreulicher Klarheit. Danach fällt »der Schutz des Einzelnen gegen unbegrenzte Erhebung, Speicherung, Verwendung und Weitergabe seiner persönlichen Daten« unter die Garantien der Verfassung. Das neue Grundrecht der »informationellen Selbstbestimmung« gewährleiste, so das Urteil, »die Befugnis des Einzelnen, grundsätzlich über die Preisgabe und Verwendung seiner persönlichen Daten zu bestimmen«.

Dieser Schwur bestimmte fortan das gesamte Recht der Datenverarbeitung, das sich rasant weiterentwickelte. Alle späteren Versuche der staatlichen Gewalten, die höchstrichterlichen Garantien zu unterlaufen, scheiterten dort, wo sie einst formuliert worden waren – in Karlsruhe.

Es war ein offenes Geheimnis, dass Bendas Stimme bei dem Urteil, das Bürgerfreiheit höher veranschlagte als Staatsräson, den Ausschlag gegeben hatte. Dafür musste er einen hohen Preis zahlen. Die Spitzen seiner Partei, die ihm sein unabhängiges Votum nie verziehen, strichen ihn von der inoffiziellen Kandidatenliste für das Amt des Bundespräsidenten.

Wie es schien, hat er den Tiefschlag verkraftet. Er war während seiner Amtszeit zum souveränen Staatsmann geworden – und zehrte von dem geistigen Klima im Gericht, das sich, was er am besten beurteilen konnte, vom Machtkampf in der Politik so gänzlich unterschied. Nach seiner Amtszeit plauderte er mit dem Münchner Publizisten Werner Reuß über das Innenleben eines Karlsruher Senats.[59]

Eine »gnadenlose Angelegenheit«

Benda leugnete nicht, dass bei jedem Neuling »eine gewisse Nähe zu einer bestimmten Partei durchaus vorhanden ist«, doch jeder starte mit dem Spruch, »dass es für ihn ab sofort keine Parteien mehr gibt«, und sei »sofort in Versuchung, das zu beweisen, indem er sich genau anders verhält, als man aufgrund seiner politischen Herkunft vermutet«. Mancher erkenne nicht gleich, »dass auch das eine Form von Abhängigkeit ist – nur eben umgekehrt«.

Dann sitze der Neue »mit sieben anderen Menschen zusammen« – mit »Leuten, die gut zuhören können«. Bendas Erfahrung: »Sie prüfen sehr scharf und unerbittlich, ob das, was man ihnen vorträgt, juristisch haltbar ist oder nicht«. Und lapidar: »Da kann man mit parteipolitischen Bekenntnissen nun wirklich nichts erreichen – außer sich lächerlich zu machen.« Auch dem Präsidenten werde ganz »gerne gezeigt, dass er so schlau gar nicht ist, wie er selbst meint«. Begütigend: »Wenn er das kapiert hat, kann man ihn zu einem Teil dieses Teams machen.« Das alles geschehe »in großer Höflichkeit«, sei aber »eben dennoch eine ziemlich gnadenlose Angelegenheit«. So gestählt, konnte ihm der Liebesentzug durch die Parteioberen nicht mehr viel ausmachen.

5

Eine Wende rückwärts

Saturierte Mehrheiten machen übermütig, auch bei Gericht

Die Präsidentschaft von Wolfgang Zeidler 1984–1987

Bei der Wahl Wolfgang Zeidlers ins hohe Amt wurde zum ersten Mal ein Abkommen realisiert, das die »Königsmacher« insgeheim geschlossen hatten. Danach wollten CDU/CSU und SPD die Posten des Chef- und des Vizepräsidenten wechselseitig besetzen – ein Arrangement, das dann in Folge immer praktiziert wurde. Wie verabredet, zog der Sozialdemokrat Zeidler, seit 1975 Vize, im Dezember 1983 als Nachfolger des Christdemokraten Benda ins Chefzimmer. Vize wurde Roman Herzog (CDU), der vier Jahre später das Zepter von Zeidler übernahm.

Zeidler war – ohne eigene Schuld – nur mit Holpern und Stolpern an die Spitze gekommen. Misstöne hatte es schon vor der Wahl zum Vize gegeben, verursacht durch die Personalpolitik der SPD. Anders als die Konservativen, die ihre Kandidaten langfristig und zielstrebig aufbauten, agierten die Sozialdemokraten kurzatmig und unbeholfen. So waren alle in Karlsruhe jahrelang davon ausgegangen, dass der ehemalige SPD-Rechtspolitiker Martin Hirsch, der seit 1971 im Zweiten Senat saß, 1975 dessen Vorsitzender werden würde. Hirsch erfuhr wie ein betrogener Ehemann als Letzter von seinem Rivalen. Bundeskanzler Helmut Schmidt, der ihn nicht mochte, hatte einen anderen für das Amt ausersehen – seinen Hamburger Spezi Zeidler.

Politisches Umfeld
1983–1987: 10. Bundestag
Bundeskanzler: Helmut Kohl (CDU)
Vizekanzler: Hans Dietrich Genscher (FDP)
Koalition: CDU/CSU, FDP

Dessen Wahl geriet dann zu einer hässlichen Justizaffäre. Zeidler war 1970 Präsident des Bundesverwaltungsgerichts in Berlin geworden. Davor gehörte er drei Jahre lang dem Ersten Senat in Karlsruhe an. Diese Tatsache hatten seine Förderer übersehen (oder übersehen wollen); sie stand dem weiteren Aufstieg im Wege. Denn Paragraf 4 des einschlägigen Gesetzes bestimmte: »Eine anschließende oder spätere Wiederwahl der Richter ist ausgeschlossen.« Ein klares Verbot – und mehr als ein peinlicher Kunstfehler.

Nun saß er – zu Recht oder zu Unrecht? – dem Zweiten Senat vor, ausgerechnet dem Gremium, das seit seinen Gründerjahren an der Definition des »gesetzlichen Richters« gefeilt hatte. Es kam, wie es kommen musste: Am 3. Dezember 1975 beriet der Senat in dessen Abwesenheit über seinen eigenen Vorsitzenden. Wenn er Zeidlers Berufung annulliert hätte, wäre es zu einem politischen Skandal gekommen. Die gewundene Begründung zu seinen Gunsten liest sich frei nach Morgenstern – es kann nicht sein, was nicht sein darf.

Inkonsequent in eigener Sache

In eigener Sache warf der Senat sein bewährtes Prinzip der Transparenz über Bord. Er verzichtete erstmals nach über acht Jahren auf die Bekanntgabe des Stimmverhältnisses – und zwar ohne jede Erklärung.[1] Bei der Entscheidung davor, dem Urteil über die Abgeordneten-Diäten, war das Stimmverhältnis (6:1) noch registriert worden.[2] Für den überraschenden Wandel der Praxis gab es einen nicht eben rühmlichen Grund. Es war durchgesickert, dass die Entscheidung zugunsten Zeidlers mit einer äußerst knappen Mehrheit gefallen war – mit vier gegen drei Stimmen. Das Odium, mit einem lädierten Vorsitzenden zu arbeiten, wollten die Richter offenbar ihm und sich selbst ersparen.

Mit dieser Hypothek bestieg ein Jurist den Thron, der schon eine beachtliche Karriere hinter sich hatte. Und das richtige Parteibuch besaß. Zeidler war seit 1945 Sozialdemokrat. (Er flachste: »nicht als Nummer 7 wie Adolf Hitler in der NSDAP, aber mit einer der niedrigen Mitgliedsnummern«.) Wer sich eine Stärkung des linken Flügels im Gericht erhofft hatte, wurde allerdings bitter enttäuscht. Wenn es um *law and order* ging, stimmte er regelmäßig mit den Hardlinern im Senat.

Doch das konnte vorher nur ahnen, wer ihn besser kannte. Der Außenstehende hatte eher den Eindruck, da habe sich einer in vielen Berufsjahren vielseitig und zielstrebig auf das hohe Amt präpariert: Nach zweijähriger Tätigkeit als Strafrichter war Zeidler drei Jahre wissenschaftlicher Mitarbeiter beim Bundesverfassungsgericht und danach zwei Jahre Assistent an der renommierten Harvard-Universität. Als er zurückkam, beherrschte er Englisch wie seine Muttersprache, was ihm später als Repräsentant Deutschlands auf dem internationalen Parkett zugutekam. Nach weiteren sieben Jahren als Verwaltungsrichter und Behördenjurist wurde er 1967 zum ersten Mal Richter in Karlsruhe.

Pornografie und Präservative

Zeidler, 1946 erster Bundessekretär des damals noch zahmen Sozialistischen Deutschen Studentenbundes (SDS), wirkte wie ein typischer Richterjurist aufgeschlossener Denkungsart. In Aufsätzen, Referaten und Diskussionen sprach er sich für umfassende Freiheitsrechte aller Bürger einschließlich extremer Minderheiten aus. Eine Prise vom »Einerseits – Andererseits« der Zunft kam 1968 auf dem »Deutschen Juristentag« zum Vorschein: »Keine Staatsgewalt hat ein Recht«, sagte der junge Aufsteiger, »dem Bürger vorzuschreiben«, wie er über Pornografie und Präservative zu denken habe. »Unzüchtiges Material« solle sich jeder beschaffen dürfen, »der es zur Entfaltung seiner Persönlichkeit braucht«. Zugleich zeigte er Verständnis für »den anderen Menschen, der sich in der öffentlichen Konfrontation mit solchen Erscheinungen nicht entfaltet, sondern bedrückt fühlt«. Dieser Bürger habe Anspruch darauf, »von der Rechtsordnung dagegen geschützt zu werden«.[3]

Hier schimmerte bereits ein Teil seines Wesens durch. Er konnte konträre Positionen präzise beschreiben, hatte aber Mühe, sich für eine zu entscheiden. Der brillante Redner und Schreiber war, so hieß es, als Richter ein großer Zauderer und langsamer Arbeiter. Doch es gab Gebiete, etwa das Steuerrecht, wo er Flagge zeigte und seiner Zeit kühn vorauseilte. Ein Interview erregte bundesweit Aufsehen. Was er 1984 nach einem Urteil seines Senats von sich gab, klang revolutionär.[4] Der Zweite Senat hatte eine staatliche Zwangsanleihe für verfassungswidrig erklärt und damit – erstmalig und einmalig in der Geschichte der Republik – den Staat zur Rückzahlung von 2,5 Milliarden Mark gezwungen.[5]

Durch das »Investitionshilfegesetz«, um das es hier ging, hatte der Staat »Besserverdienende mit einer unverzinslichen, rückzahlbaren Abgabe belastet«. Doch das Urteil war nicht Gegenstand, sondern nur Anlass für das Interview. Zeidler lenkte sofort den Blick in eine Richtung, die ihm wichtig schien. Sein Thema war das Steuerrecht für die kleinen Leute – und die Tatsache, dass die Politiker immer wieder von den Verfassungsrichtern zum Jagen getragen werden müssen: »Sie sehen einfach nicht, dass sie mit Sicherheit ins offene Messer laufen, dass sie Gesetze diskutieren, die zu nichts anderem führen können als dazu, dass sie für verfassungswidrig erklärt werden müssen.«

Vom Wolfsrudel lernen

Was das Steuerrecht anbelangt, erwies sich der Gesetzgeber bis ins 21. Jahrhundert als lernunfähig. Zeidler betonte, es gehe nicht um die »Besserverdienenden«, sondern »um die steuerliche Behandlung der Schlechterverdienenden und darum, dass Milliardenbeträge umgeschichtet werden müssen«. Er sagte auch wie: »Wenn jemand wenig Einkommen und viele Kinder hat, dann erhält er eine Negativsteuer. Er geht zum Finanzamt und holt sich was ab.«

Zum Beweis für seine Thesen wählte er ein Beispiel, das offenbar alle Zeiten überdauert. Auf der einen Seite: eine vierköpfige Familie, die 2330 Mark Sozialhilfe im Monat (27 960 Mark im Jahr) bezieht. Auf der anderen ihr Nachbar, der in denselben familiären Verhältnissen lebt und dieselbe Summe verdient. Der zahle dann »Steuerklasse III, zwei Kinder – sage und schreibe – 2638 Mark Lohnsteuer pro Jahr«. Hier werde deutlich, dass »das Steuerrecht zu völlig absurden Ergebnissen führt«. Zeidler hielt das System für »marode«.

Und für sanierungsbedürftig. Der Staat gebe Unsummen für die Infrastruktur seiner Städte aus, »mit der Folge, dass Grundstücke, die günstig lagen, enorm im Wert gestiegen sind«. Doch keiner erwäge ernsthaft, »diese gewaltigen Wertzuwächse steuerlich anzuzapfen«. Stattdessen spare der Staat an den Familien. »In jedem Wolfsrudel gilt selbstverständlich die Instinktregel, dass die Aufzucht des Nachwuchses vorrangige Aufgabe für alle ist.« Doch unser hochorganisiertes und zivilisiertes Staatswesen »verfügt nicht mal über den Verstand eines Wolfsrudels«.

Deutschland sei im internationalen Vergleich zwar sehr ehefreundlich, aber ausgesprochen familienfeindlich. Was mit Müttern geschieht, hielt er für skandalös. Sein Anspruch war hoch: »Eine Frau, die vier Kinder großgezogen hat, muss so behandelt werden wie ein Mann, der 20 bis 25 Jahre mit einem durchschnittlichen Einkommen im Berufsleben gestanden hat.«

Zugunsten von Kunst- und Geistesfreiheit

In Interviews, Vorträgen und Diskussionen bestach Zeidler durch rhetorische Eleganz und originelle Gedanken. Er repräsentierte das Gericht auf eine Weise, die allen Respekt abnötigte. Doch die Höhenflüge in der Rechtsprechung kamen nicht aus seinem, sondern aus dem Nachbar-Senat. Er war erst ein paar Monate im Amt, als der »Erste« ein Urteil fällte, das die Jungen und die Intellektuellen begeisterte. Es ging um Kunst und um Politik – um den »Anachronistischen Zug« von Bert Brecht und um politisches Straßentheater, das 1980 lauten Protest gegen den damaligen Kanzlerkandidaten Franz Josef Strauß (CSU) artikulierte.

In dem Umzug, der durch die deutschen Lande fuhr, sahen die Strafgerichte eine »Beleidigung des Bayerischen Ministerpräsidenten«. Die Regisseure hatten die Provokation ohne jeden Zweifel beabsichtigt. In Karlsruhe ging es dann um die Frage, ob das uneingeschränkte Grundrecht der Kunstfreiheit sie vor Strafe bewahrte.[6] Am Anfang ihres Zuges fuhr ein Fahrzeug, das eine große Glocke mit der Aufschrift »Freiheit und Democracy« trug; es folgten ein Kübelwagen mit einem »General«, ein Militärlaster mit einer Rakete und einer Militärkapelle, drei schwarze Limousinen mit den Kennzeichen SIE-MENS, FLI-CK, THYS-SEN und ein Wagen mit »Mitgliedern des Volksgerichtshofs«.

Das Ende des Zuges bildete ein sogenannter »Plagenwagen«. Er war mit sechs mechanisch bewegbaren Puppen besetzt – »sechs Parteigenossen aus dem ›braunen‹ Haus«, die Unterdrückung (Heydrich), Aussatz (Hitler), Betrug (Goebbels), Dummheit (Ley), Mord (Himmler) und Raub (Göring) symbolisieren sollten. Als »Beifahrer« saß im letzten Wagen eine weiße Maske mit den Gesichtszügen von Strauß. Einem unbefangenen Betrachter, so die Strafrichter, »vermittle sich engste Zusammengehörigkeit des Nebenklägers (Strauß) mit den Führern des Dritten Reiches dadurch, dass er sie zusammen ›in einem Boot‹ sitzen sehe«. Diese Assoziation suggeriere, er »habe sich deren politische Ziele zu eigen gemacht«.[7]

»Werkbereich« und »Wirkbereich« von Kunst

Der Erste Senat des Bundesverfassungsgerichts entschied im Juli 1984 zugunsten der Veranstalter des »Anachronistischen Zuges« – mit einer Begründung, die Maßstäbe für das Grundrecht der Kunstfreiheit setzte. Wesentlich war, dass der Karlsruher Beschluss einen falschen Denkansatz bei den Richtern der unteren Instanzen benannte und korrigierte: Schon die Feststellung der Tatsachen könne, heißt es in der Begründung, »auf einer grundsätzlich unrichtigen Auffassung von der Bedeutung eines Grundrechts, insbesondere vom Umfang seines Schutzbereichs beruhen«.

Die Kunstfreiheit betreffe in gleicher Weise den »Werkbereich« des künstlerischen Schaffens als auch den »Wirkbereich« der Darbietung und Verbreitung eines Kunstwerks. In das Grundgesetz sei diese »Gewährleistung unter dem Eindruck der leidvollen Erfahrungen aufgenommen worden, die Künstler während der nationalsozialistischen Gewaltherrschaft haben hinnehmen müssen«. Warnend: Diese Garantie dürfe auch »durch wertende Einengung des Kunstbegriffs« nicht eingeschränkt werden.

An der Sensibilität, die der Senat bei diesem fragilen Thema zeigte, wurde deutlich, wie Verfassungsrichter, wenn nötig, über das lineare juristische Denken hinauswachsen. Sie hatten sich intensiv mit den begrifflichen Unschärfen der Kunsttheorie auseinandergesetzt: etwa mit der »Avantgarde«, die gerade darauf abstelle, »die Grenzen der Kunst zu erweitern«; aber auch mit dem verbreiteten »Misstrauen gegen starre Formen und strenge Konventionen«.

Aus ihren Vorstudien zogen die Verfassungsrichter den Schluss: »Die Unmöglichkeit, Kunst generell zu definieren, entbindet indessen nicht von der verfassungsrechtlichen Pflicht, die Freiheit des Lebensbereichs Kunst zu schützen.« Daran kann auch, wie im konkreten Fall, »die vordergründige und eindeutige politische Absicht der Veranstalter nichts ändern«. Fazit: »Engagierte Kunst« ist von der Freiheitsgarantie nicht ausgenommen.

Springer contra Wallraff

Geistesfreiheit im weitesten Sinn stand schon wenige Monate zuvor im Zentrum eines anderen Falles. Im Januar 1984 zog der Erste Senat den Schlussstrich unter einen jahrelangen Rechtsstreit zwischen dem Springer-Verlag und Günter Wallraff. Der Schriftsteller hatte sich 1977 unter dem Namen Hans Esser in Hannover bei dem Boulevardblatt als Reporter eingeschlichen. Er recherchierte, verfasste Storys, studierte die Redaktionsbräuche – und schrieb darüber das Enthüllungsbuch »Der Aufmacher«. Es wurde ein Bestseller. Daran konnte auch der Springer-

Konzern nichts ändern, die Enthüllungsschrift war einfach nicht totzukriegen. Auf eine per Gerichtsbeschluss korrigierte Ausgabe folgte jeweils die nächste; zuletzt waren es mehr als zwanzig. Gesamtauflage: über 600 000 Exemplare, Raubdrucke nicht eingerechnet.[8]

Wegen einiger Streitpunkte schleppte sich der Prozess durch alle Instanzen. Beim Bundesverfassungsgericht endete der siebenjährige Krieg: drei zu eins für Wallraff. Für den Springer-Konzern war es ein magerer Teilerfolg. Wallraff musste ein paar nebensächliche Passagen streichen, doch seine böse Kritik am Millionenblatt blieb bestehen. So durfte er weiterhin behaupten, »Bild« vermittle Politik durch »Aufputschen gegen Minderheiten« und durch »Schüren von Hass und Angst«. Strauß und Dregger seien »die Fettaugen auf der Suppe des gesunden Volksempfindens« – die Küche, in der sie angerührt werde, sei »Bild«.

Schöne Gartenzwerge

Nach langem Prozessieren ging es zuletzt nur noch um vier Buchstellen, deren Streichung Springer durchsetzen wollte.[9] Drei erklärte das Gericht für zulässig: eine Passage über »Bild«-typische »Emotionen und Vorurteile«; der Hinweis auf den Chefreporter, der Esser/Wallraff eine Story über die arbeitslose Jugend ausgeredet und stattdessen vorgeschlagen hatte: »Suchen Sie jetzt mal in der Stadt einen der schönsten Gartenzwerge. Der Gartenzwerg feiert gerade 100-jährigen Geburtstag«; schließlich das Faksimile eines Esser-Manuskripts mit der handschriftlichen Änderung des Chefreporters. Dazu Wallraff in seinem Buch: »Eigenhändig fälscht T und dichtet Zitate hinein.«

Lediglich das Gedächtnisprotokoll einer Redaktionskonferenz hielten die Richter des Ersten Senats für unzulässig – und zwar deshalb, weil sich Wallraff bei »Bild« eingeschlichen hatte. Diese Schilderung berühre die redaktionelle Vertraulichkeitssphäre, der komme »elementare Bedeutung« zu. Ein Schutz wie dieser sei nicht auf die »seriöse« Presse beschränkt.

Der Kontext verrät: Sympathien für einen Journalismus à la Wallraff ließ das Verfassungsgericht dabei nicht erkennen. Informationen, die sich ein Publizist »widerrechtlich durch Täuschung in der Absicht verschafft hat, sie gegen den Getäuschten zu verwerten«, dürften »grundsätzlich« nicht veröffentlicht werden. Ausnahmen von diesem Grundsatz wollten die Verfassungsrichter nur dann gelten lassen, »wenn die Bedeutung der Informationen für die Unterrichtung der Öffentlichkeit« höher wiegt als alle Nachteile, die durch den »Rechtsbruch für den Betroffenen und für die Rechtsordnung« entstanden sind.

Rechtswidrig beschaffte Informationen

Anders wäre diese Güterabwägung ausgefallen, wenn Wallraff durch Zufall Zeuge einer Besprechung geworden wäre, in der ein Einbruch zwecks Beschaffung von Fotos geplant wurde. Geschehen in Frankfurt. Ob einer wie Wallraff mit der Methode des verdeckten Recherchierens durchkommt, hängt mithin vom Ausmaß des Skandals ab, den er aufdeckt und öffentlich mitteilt.

Unter dem Strich blieb eine Erkenntnis, die wegweisende Bedeutung für jedwede Pressearbeit hatte: dass auch »die Veröffentlichung rechtswidrig beschaffter oder erlangter Informationen vom Schutz der Meinungsfreiheit umfasst« wird. Andernfalls könnte, so die Verfassungsrichter, »die Kontrollaufgabe der Presse leiden, zu deren Funktion es gehört, auf Missstände von öffentlicher Bedeutung hinzuweisen«.

Eine Zeitung wie »Bild«, die »eindeutig und bewusst in Aufmachung, Themenwahl und Themenbehandlung zur Polarisierung der Standpunkte herausfordert«, konnte nach Meinung der Richter sehr wohl »Anlass zu scharfer und abwertender Kritik geben«. Fazit: Wer »im öffentlichen Meinungskampf zu einem herabsetzenden Urteil Anlass gegeben« hat, muss »eine scharfe Reaktion grundsätzlich auch dann hinnehmen, wenn sie sein Ansehen mindert«.

Zulasten der Kriegsdienstverweigerer

Der schöpferischen Weite, mit der die Richter des Ersten Senats Geistesfreiheit definierten, stand die kleinkarierte Enge gegenüber, mit der ihre Kollegen vom Zweiten Senat die Rechte junger Bürger verkürzten. Sie interpretierten das Grundgesetz neu: Wer 1985 den Wehrdienst verweigerte, musste 150 Tage länger dienen als Soldaten. Eine erstaunliche Lesart der Verfassung. Denn der einschlägige Artikel 12a des Grundgesetzes bestimmte mit einer für Rechtsnormen seltenen sprachlichen Klarheit, dass »die Dauer des Ersatzdienstes die Dauer des Wehrdienstes nicht übersteigen« darf.

Doch sechs von acht Richtern im Zweiten Senat gelang es, den eindeutigen Satz in sein Gegenteil zu verkehren. Die Verfassungsvorschrift verbiete keineswegs, entschieden sie, dass »der zu leistende Zivildienst länger dauert als der tatsächlich durchschnittlich zu leistende Wehrdienst«. Der Spruch, dessen sprachliche und logische Absurdität von den Richtern Ernst-Wolfgang Böckenförde und Ernst-Gottfried Mahrenholz in einer »abweichenden Meinung« offengelegt wurde, erklärte für rechtens, dass der Grundwehrdienst 15 Monate und der Zivildienst 20 Monate dauert. Die Bonner Regierungsparteien CDU/ CSU und FDP hatten in einem neuen Zivildienstgesetz festgelegt, dass der Zivildienst »um ein Drittel länger als der Grundwehrdienst« dauern soll. Dagegen klagten die Bundestagsfraktion der SPD und vier SPD-regierte Länder. Vergebens.[10]

Der Bremer Pastor Ulrich Finckh, Vorsitzender der Zentralstelle für Recht und Schutz der Kriegsdienstverweigerer, zeigte sich enttäuscht: »Das Urteil muss die Zweifel junger Menschen an den Garantien der Grundrechte leider bestärken.« Das Verfassungsgericht, seit dem Volkszählungsurteil für viele von ihnen ein Hort der Freiheit, hatte ein Stück Glaubwürdigkeit eingebüßt. Über die Sprachverwirrung, die das Urteil anrichtete, waren auch die beiden »Abweichler« erbost – aus einem einfachen Grund: So malträtiert hatte das Gericht die Verfassung bis dahin nur selten.[11]

Mündige Laien, die das Urteil lasen, zweifelten an ihrem Verstand. Die beiden Minderheitenrichter leisteten Erste Hilfe. Sie stellten die Gesetze der Logik wieder her – und nahmen Artikel 12a des Grundgesetzes beim Wort . »Die Pointe der Bestimmung«, so ihre Rüge, »war gerade der Ausschluss derjenigen Regelung, die jetzt Gesetz geworden ist.«

Zu deuten war eigentlich nur das Wörtchen »Dauer«. Und mit nachsichtiger Geduld hielten die beiden Richter ihren sechs Kollegen vor, dass mit »Dauer« schlechterdings kaum etwas anderes als ein zeitlicher Vorgang gemeint sein könne.

Windige Vergleiche

Zu derlei Nachhilfe forderte das Urteil geradezu heraus. Der um fünf Monate längere Zivildienst, so das Argument der Mehrheit, sei die eigentliche »Probe auf das Gewissen«, das »tragende Indiz« dafür, dass bei Verweigerern tatsächlich eine Gewissensentscheidung vorliege.

Die Wehrdienstdauer versuchten sie, mit durchsichtigen Vergleichen länger erscheinen zu lassen, etwa durch den Hinweis, dass der Wehrpflichtige »jederzeit damit rechnen« müsse, »zu weiteren Dienstleistungen verpflichtet zu werden«. Im gleichen Atemzug mussten sie allerdings einräumen: die rechtlich zulässigen Höchstzeiten für Wehrübungen würden »regelmäßig nicht in Anspruch genommen«. Im Durchschnitt wurden »Reservisten 7 Tage und Mannschaftsdienstgrade 3,5 Tage« zu Wehrübungen herangezogen.

Der Versuch, die unterschiedliche Dauer mit dem unterschiedlichen Schweregrad von Wehr- und Zivildienst zu begründen, schlug gänzlich fehl. Der Grundgedanke dieser Operation war: 15 schwierige Monate entsprächen in ihrer Dauer 20 leichten Monaten. Der Zivildienstleistende befinde sich, argumentierten die Mehrheitsrichter, »typischerweise in einer weniger belastenden Situation«.

Abgesehen von der windigen Logik, die einen Zeitablauf nicht durch seine Länge, sondern durch seinen Inhalt definierte, blieb zweifelhaft, ob die Prämisse richtig war. Darüber hatte der Senat gar nicht Beweis erhoben. Über die »belastende Lebenssituation« von Soldaten, die das Urteil zum Kriterium machte, gab es unter Wehrexperten auch abweichende Meinungen. Vom »Gammeln« und vom »Frust« in der Bundeswehr war sogar in amtlichen Dokumenten vielfach die Rede. Selbst wenn das nur einen kleinen Teilaspekt des Militärdienstes zeigte: Ob er härter war als die Pflege von Alten, Gebrechlichen und Behinderten, hätte gründlich untersucht werden müssen.

Die Fallhöhe zwischen dem »Ersten« und dem »Zweiten«

Mahrenholz und Böckenförde hielten denn auch rügend fest, dass die dem Senat bekannten Tatsachen »zu einer vergleichenden Beurteilung der Belastungen des Wehrdienstes und des Zivildienstes« nicht ausreichen. Und was die Dauer anbetraf, erteilten die beiden den sechs anderen eine vernichtende Belehrung: »Dauer ist ein quantitativer Begriff, der sich auf Zeiträume bezieht.«

Das Urteil fiel auf seine Urheber zurück. Es stellte die Gerechtigkeit auf den Kopf – und war, vorsichtig ausgedrückt, alles andere als ein intellektuelles Glanzstück. Der versammelte Verstand von sechs Richtern hatte sich hier vor aller Öffentlichkeit bis auf die Knochen blamiert. Gerichtspräsident Wolfgang Zeidler war in diesem Fall (und bei späteren verunglückten Urteilen des Zweiten Senats) immer mit von der Partie.

Der Spruch, der dem Publikum die Rechnung »20=15« zumutete, nahm sich im Vergleich mit den dynamischen Entscheidungen des Ersten Senats kläglich aus – besonders dann, wenn sie, wie eine wegweisende Entscheidung zum Demonstrationsrecht, im Abstand von wenigen Monaten verkündet wurden. Zwischen dem Votum des Zweiten vom 24. April 1985, das die neue Rechenart einführte, und dem Befehl des Ersten vom 14. Mai 1985, der den deutschen Behörden »versammlungsfreundliches« Verhalten verordnete, lagen ganze drei Wochen.

Die Freiheitsrechte von Demonstranten

Am Anfang des Urteils stand ein verpflichtender Satz: »Die staatlichen Behörden sind gehalten, nach dem Vorbild friedlich verlaufener Großdemonstrationen zu verfahren und nicht ohne zureichenden Grund hinter bewährten Erfahrungen zurückzubleiben.«[12] Der weitere höchstrichterliche Gedanke gilt bis heute: »Je mehr die Veranstalter ihrerseits zu einseitigen vertrauensbildenden Maßnahmen bereit sind, desto höher rückt die Schwelle für behördliches Eingreifen wegen Gefährdung der öffentlichen Sicherheit.« Das war, in die Juristensprache übersetzt, eine Lehre aus der Kinderstube: »Wie du mir, so ich dir!«

Die Richter des Ersten Senats hatten eine Frage, die das Land bewegte, weise beantwortet. Als Zeitungsleser wussten sie: So viele Leute waren seit Menschengedenken nicht im nördlichen Marschland zu sehen gewesen. Aus allen Teilen der Bundesrepublik hatten sie sich aufgemacht, summa summarum 100 000 Kernkraftgegner, die sich damals, Ende Februar 1981, zum »Marsch auf Brokdorf« formierten.

Dem seit Jahrzehnten größten Demonstrantenheer stand das größte Polizeiaufgebot aller Zeiten gegenüber: 10 000 Mann, die ein riesiges Areal von 210 Quadratkilometern in der Wilster Marsch abzuschirmen suchten – nach dem Willen des Landrats Sperrgebiet. Demonstrieren verboten!

Der massive Aufmarsch auf beiden Seiten verhieß nichts Gutes, und für eine Weile sah es so aus, als behielten konservative Zeitungen recht, die am Standort des geplanten Kernkraftwerkes den »Bürgerkrieg von Brokdorf« erwartet hatten. 200 bis 300 Chaoten gingen mit Zaunlatten, Brandflaschen, Stahlkugeln und Leuchtmunition zu Werke, es gab Schlägereien und Verletzungen, aber am Ende blieben das Randerscheinungen. Die Masse der Demonstranten bewahrte Ruhe, und das »Deutsche Allgemeine Sonntagsblatt« registrierte einen »langen Marsch in die Gewaltlosigkeit«.[13]

Vertreter von zwei der 60 Bürgerinitiativen, die zum Protest aufgerufen hatten, fanden sich mit der Aussperrung durch den Landrat nicht ab; sie legten Verfassungsbeschwerde ein. Vier Jahre später gab ihnen das Bundesverfassungsgericht recht. Der Erste Senat erklärte ein totales Demonstrationsverbot, wie es vom Oberverwaltungsgericht in Lüneburg im Schnellverfahren bestätigt worden war, für verfassungswidrig. Die Kernsätze des Urteils lauten:

Erstens: »Das Recht des Bürgers, durch Ausübung der Versammlungsfreiheit aktiv am politischen Meinungs- und Willensbildungsprozess teilzunehmen, gehört zu den unentbehrlichen Funktionselementen eines demokratischen Gemeinwesens.«

Zweitens: »Diese grundlegende Bedeutung des Freiheitsrechts ist vom Gesetzgeber beim Erlass grundrechtsbeschränkender Vorschriften sowie bei deren Auslegung und Anwendung durch Behörden und Gerichte zu beachten.«

Lektion für Rechtspolitiker

Das Urteil wirkte wie eine Lektion für die Rechtspolitiker, die bei jeder Gelegenheit das Demonstrationsstrafrecht verschärfen wollen. An dieser Unsitte hat sich im Laufe der Jahrzehnte nichts geändert. Selbst die Idee von 1985, auch friedliche Demonstranten zu bestrafen, wenn sie sich nach Aufforderung durch die Polizei nicht entfernen, taucht immer wieder auf. Jetzt urteilten die Richter: Für den friedlichen Teilnehmer müsse »der von der Verfassung jedem Staatsbürger garantierte Schutz der Versammlungsfreiheit auch dann erhalten bleiben, wenn einzelne andere Demonstranten oder eine Minderheit Ausschreitungen begehen«.

Der Spruch verrät die Handschrift von Helmut Simon. Der Bürgerrechtler im Senat setzte klare Maßstäbe. Mit der Vorstellung etwa, man sollte Demonstrationen am besten weitab vom Schuss veranstalten, räumt das Verfassungsgericht in einem Satz auf: Die Erwägung des OVG Lüneburg, die Brokdorf-Kundgebung irgendwo in einem bundesdeutschen »Großstadion« abzuhalten, lasse den »Zusammenhang« zwischen Anlass und Ort einer

Demonstration außer acht. »Unvereinbar« mit der Verfassung, so die Richter, »wären erst recht behördliche Maßnahmen«, die »etwa den Zugang zu einer Demonstration durch Behinderung von Anfahrten und schleppende vorbeugende Kontrollen unzumutbar« erschweren. Oder – noch schlimmer – der Versuch, »ihren staatsfreien unreglementierten Charakter durch exzessive Observationen und Registrierungen« zu verändern.

Verbesserungsfähig und verbesserungsbedürftig

Auf den immer wieder vorgebrachten Einwand, Demonstrationen könnten »demagogisch missbraucht« werden, erwidern die Richter: Dies könne für »eine grundsätzliche Einschätzung« weder bei der Versammlungs- noch bei »Meinungs- und Pressefreiheit« maßgebend sein. Die freie Ordnung gehe davon aus, so das Urteil, »dass die bestehenden, historisch gewordenen staatlichen und gesellschaftlichen Verhältnisse verbesserungsfähig und -bedürftig« seien. Willensbildung müsse »vom Volk zu den Staatsorganen verlaufen und nicht umgekehrt«. Diesen Gedanken hören namentlich Konservative nicht gern.

Realitätsnah gingen die Richter auf die unterschiedlichen Startchancen ein. »Große Verbände, finanzstarke Geldgeber oder Massenmedien können beträchtliche Einflüsse ausüben«, dagegen erlebe sich der Bürger »eher als ohnmächtig«. Daher verbleibe ihm – neben seiner Mitwirkung in Parteien und Verbänden – im Allgemeinen »nur eine kollektive Einflussnahme durch Inanspruchnahme der Versammlungsfreiheit für Demonstrationen«.

Freiheit, aber nicht schrankenlos: Ihren Unmut dürften Minderheiten, halten die Verfassungsrichter fest, nur friedlich vorbringen: »Ein Teilnehmer verhält sich jedenfalls dann unfriedlich, wenn er Gewalttätigkeiten gegen Personen und Sachen begeht.« Auf deren Vermeidung müsse die Rechtsordnung bestehen. »Wie die Erfahrungen mit den Straßenkämpfen während der Weimarer Zeit« gezeigt hätten, sei Friedfertigkeit »unverzichtbar«. Denn: »Die

Abwehr von Gewalttätigkeiten« fordere den Staat heraus und löse »freiheitsbegrenzende Maßnahmen« aus. Mit Blick in die Zukunft hatte das Gericht beide Seiten, Ordnungshüter wie Demonstranten, auf Kooperation eingeschworen.

Den Bock zum Gärtner machen

Zwei Senate: Der eine öffnete, wie gerade geschildert, ein Tor nach dem anderen. Der andere riss derweil Fundamente ein. Immer mit Zeidlers Stimme. In seiner Ägide fällte der Zweite Senat 1986 und 1987 eine Reihe von Urteilen, die den guten Ruf des Gerichts ramponierten.

Das erste in dieser Reihe verbannte eine (damals) kleine demokratische Partei, die Grünen, aus wichtigen Gremien des Bundestages. Tenor: »Aus zwingenden Gründen des Geheimschutzes kann es verfassungsrechtlich hinzunehmen sein, dass einzelne Fraktionen bei der Besetzung eines Ausschusses unberücksichtigt bleiben.«[14] Der Zweite Senat bestätigte mit 6:2 Stimmen die selbstherrliche Willkür der Mehrheit im Parlament.

Worum es ging, war schon im Bundestag zur Sprache gekommen. Der CDU-Hinterbänkler Adolf Roth aus Gießen hatte sich verplappert. Er verriet dem Plenum, weshalb seine Fraktion die Grünen von den Beratungen der Geheimdienstetats fernhalten will: »Sie zum Kontrolleur unserer Verfassungsschutzdienste zu machen, das würde von mir verlangen, den Bock zum Gärtner zu machen.«[15] Die christlich-liberale Mehrheit hatte 1983 die unliebsame Partei mit einem Trick ausgegrenzt: Beschlüsse über die Finanzen von Verfassungsschutz, Bundesnachrichtendienst und Militärischem Abschirmdienst wurden fortan in einem fünfköpfigen Sondergremium gefasst, ohne die grünen Geheimdienstkritiker.

Das Ja des Gerichts stand in krassem Widerspruch zum Geist der Geschäftsordnung, die sich der Bundestag selbst gegeben hatte. Danach durften alle Fraktionen, je nach Stärke, ihre Vertreter in die Ausschüsse schicken. Selbst in einem Unterausschuss musste jede Fraktion »auf ihr Verlangen mindestens mit einem Mitglied vertreten sein«. Abweichungen von dieser Geschäftsordnung waren »im einzelnen Fall mit Zweidrittelmehrheit« zu beschließen.

Mit ihrem Urteil wandten sich die sechs Mehrheitsrichter vom Gebot des Minderheitenschutzes ab, das bis dahin in Karlsruhe als unverzichtbar für einen intakten Rechtsstaat galt. Karlsruhe erlebte einen schwarzen Dienstag. Vernichtende Kritik kam von zwei Verfassungsrichtern selbst, sie formulierten »abweichende Meinungen«. Richter Ernst-Gottfried Mahrenholz rügte: Die Ausschaltung von Abgeordneten »aus politischen Gründen« sei eine glatte »Diskriminierung«. Sein Kollege Ernst-Wolfgang Böckenförde beklagte, »welch geringes Gewicht« die Senatsmehrheit einem unveräußerlichen Demokratiegebot, dem »Prinzip der Beteiligung aller«, zugemessen habe. Die beiden Richter, das zeigten ihre Sondervoten, wollten für den Niedergang der halben Karlsruher Oberinstanz nicht mitverantwortlich sein.

»Die von der Mehrheit approbierte Minderheit«

Die gesetzliche Neuerung, gegen die sich die Klage der Grünen richtete, war eine offensichtliche Manipulation. Bis dahin hatte der Bundestag bei seinen Haushaltsdebatten, wenn es um die Wirtschaftspläne der Nachrichtendienste ging, weitgehend auf sein vornehmstes Kontrollrecht verzichtet – und die Beratung, aus Gründen des Geheimschutzes, einem Unterausschuss des Haushaltsausschusses anvertraut. Weil den Grünen da ein Sitz zugestanden hätte, installierten die Konservativen durch einfaches Gesetz das fünfköpfige Sondergremium.

Mahrenholz erläuterte in seinem Sondervotum, wohin derlei Haarspalterei in der Praxis führt – »zur Scheidung der Minderheit in eine von der Mehrheit approbierte und eine von ihr nicht approbierte Minderheit«. Die sechs Mehrheitsrichter hatten der Verstümmelung von Demokratie ihren Segen gegeben: Nunmehr durften 515 Volksvertreter ihre Rechte und Pflichten auf fünf Kollegen (das waren noch nicht einmal ein Prozent der Abgeordneten) übertragen – und die Minderheit dabei auch noch aussperren.

Parteispendenurteil: ein Sündenfall

Die Reihe der Urteile, die auch in Fachkreisen nur Kopfschütteln hervorrief, setzte sich fort. Es gab nur eine Erklärung dafür: Mehrheiten machen übermütig, namentlich solche, die Jahrzehnte andauern. Ein Spruch der Zeidler-Ära, der später vom selben Senat (in anderer Besetzung) zerpflückt wurde, sorgte bundesweit für Zündstoff: das Parteispendenurteil vom 14. Juli 1986.[16]

Sechs von acht Richtern rückten von einer jahrzehntelangen Rechtsprechung des eigenen Hauses ab. Bislang hatte der Senat stets »das Recht der Bürger auf gleiche Teilhabe am politischen Willensbildungsprozess« betont. Vier Grundsatzurteile versprachen: Eine Einflussnahme auf politische Parteien durch unterschiedlich hohe steuerbegünstigte Spenden sei strikt verboten; der Vermögende solle gegenüber dem Kleinverdiener nicht bevorzugt, seine politische Meinung nicht vom Finanzamt prämiiert werden.

Von diesem vornehmen Gedanken, der den Bürger mit der Politik versöhnt hatte, rückten die sechs Rechten im Senat nun ab. Nach ihrem neuen Votum durfte künftig jeder Bundesbürger bis zu 100 000 Mark spenden und diese Summe steuermindernd vom Einkommen absetzen, der Arbeitslose ebenso wie der Milliardär Friedrich Karl Flick. Beide wurden damit – aus höchstrichterlicher Sicht – gleichbehandelt.

Der kleine Mann von der Straße, der befragt wurde, fühlte sich »verarscht«. Nach Erhebungen des Statistischen Bundesamtes verdiente in jenen Tagen ein Arbeiter durchschnittlich 35 000 und ein Angestellter bis zu 45 000 Mark im Jahr. Sie durften mithin (theoretisch) das Zwei- oder Dreifache ihres Jahreseinkommens steuerbegünstigt spenden und waren damit, aberwitzig genug, dem Multimillionär gleichgestellt, der dieselbe Summe aus der Westentasche bezahlte.

Das Urteil erinnerte an den Aphorismus des französischen Literaten Anatole France: Das Gesetz in seiner erhabenen Gleichheit verbietet Armen und Reichen, unter den Brücken von Paris zu schlafen.

Eine derart zynische Auffassung von Gleichheit hatte das Gericht bis zu diesem Zeitpunkt dem Gesetzgeber nie durchgehen lassen. Es galt das Gebot: Bei der Auslegung der Grundrechte müssten alle »tatsächlichen Gleichheiten und Ungleichheiten« berücksichtigt werden. Die »Zeit« sah in der langen Kette von Fehlentscheidungen, mit der die Mehrheit im Zweiten Senat das eigene Haus ins Zwielicht gerückt hatte, »das ganze Ausmaß der richterlichen Abdankung«.[17]

Wie absurd die Logik der Senatsmehrheit war, machte – zum wiederholten Mal – eine »abweichenden Meinung« deutlich. Ernst-Wolfgang Böckenförde, renommierter Staatsrechtler aus Freiburg, ging mit den sechs Kollegen ins Gericht: Die steuerliche Abzugsfähigkeit bis zu einem Betrag von 100 000 Mark liege »außerhalb jeder Rechtfertigungsmöglichkeit«.[18] Richter Ernst-Gottfried Mahrenholz schloss sich dem Votum an: Es sei »offenkundig, dass von diesem Abzugsbetrag nicht einmal in Annäherung alle Bürger in vergleichbarer Weise Gebrauch machen können«; mithin würden »die Bezieher großer Einkommen in erheblichem Ausmaß absolut und proportional privilegiert«.

Gleicher als gleich

Die Reichen waren nun gleicher als gleich. Böckenförde und Mahrenholz missfiel zudem, dass nicht nur natürliche, sondern auch juristische Personen in den Genuss der Steuerbegünstigung kamen. Auf diese Weise erhielten »jene natürlichen Personen, die hinter der juristischen Person stehen und durch sie agieren, gleichheitswidrig eine zusätzliche Möglichkeit der steuerbegünstigten Einflussnahme auf die politische Willensbildung« – eine, »die anderen Bürgern vorenthalten« werde.

Ein Blick auf das Organisationsschema eines mittleren Konzerns genüge, um das Unrecht zu erkennen. Da kämen »schnell zehn oder mehr von der Konzernleitung maßgeblich beeinflusste oder beherrschte Tochtergesellschaften in Form juristischer Personen« zusammen. »Nach der Rechtsauffassung des Senats« könne jede bis zu 100 000 Mark absetzen. Das sei ein Blankoscheck. Er eröffne »auch ohne besondere Findigkeit den Weg zu steuerbegünstigten Millionenspenden an politische Parteien«.

Bürgerschützer und Staatsschützer

Wolfgang Zeidler, der hanseatische Sozialdemokrat und progressive Intellektuelle, war eine gespaltene Persönlichkeit. Die Ursache dafür, dass er in der Urteilsberatung zum Konservativen mutierte, war vermutlich in seiner Vorstellung vom starken Staat zu suchen. Er enttäuschte die Linken. Dagegen wurde im Ersten Senat ein anderer Sozialdemokrat zum Idol junger Juristen und junger Demokraten: Helmut Simon. Er wollte den Bürger vor zu viel Staat beschützen. Sein Motto: »Wer wenig im Leben hat, soll viel im Recht haben.«

Beide, der Bürgerschützer Simon und der Staatsschützer Zeidler, repräsentierten verschiedene Richtungen, die für das Hohe Haus charakteristisch sind. Im übertragenen Sinn waren sie Prototypen. Ihre Amtszeit endete im November 1987. Mit ihnen ging eine Ära zu Ende.

So unterschiedlich ihr Verfassungsverständnis auch gewesen sein mochte – beide verkörperten einen in Deutschland seltenen Richtertyp: den engagierten Staatsbürger in Robe. Sie haben sich nie hinter Paragrafen und juristischen Formeln versteckt, sie haben sich immer dann, wenn es ihnen notwendig erschien, rechtspolitisch bekannt.

Beide Richter haben zu spüren bekommen, dass solche Freimütigkeit in der Bundesrepublik oft auf Unverständnis stößt, obrigkeitsstaatliche Relikte halten sich in der Justiz ausgesprochen zäh. Ob sich Simon zur Nachrüstung äußerte oder Zeidler zur Abtreibung – sie gerieten allenthalben ins Kreuzfeuer der Kritik.

Doch unter ihren Richterkollegen genossen sie hohes Ansehen. Beim Ausscheiden wurden beide besonders geehrt, durch eine Sammlung wissenschaftlicher Essays, »Festschrift« genannt. Simon war nicht nur einer der bedeutsamsten Verfassungsrichter, er hat auch als Protestant und Kirchentagspräsident öffentlich Stellung bezogen zu Rüstung und den Ursachen für die Staatsverdrossenheit der Jugend. Schon der Titel der Festschrift charakterisiert sein umfassendes Lebenswerk: »Ein Richter, ein Bürger, ein Christ«.

Der Sozialdemokrat, der dem staatskritischen christlichen Flügel um Gustav Heinemann entstammte, wurde als politischer Richter gewürdigt. Das Autorenverzeichnis verriet ein Stück seiner Biografie. Neben großen Autoritäten des Rechts schrieben Politiker wie Willy Brandt und Hans-Jochen Vogel, aber auch exponierte linke Kirchenmänner wie Pastor Heinrich Albertz, Alt-Bischof Kurt Scharf und Professor Helmut Gollwitzer.

Die Festschrift, die Zeidler gewidmet war, belegte die Kontraste zu Simon. Zeidler warnte stets vor einem Übermaß an Rechtswegen, auf dem Richtertag 1983 forderte er gar den »Abschied von der Instanzen-Seligkeit«. Für den hanseatischen Beamtensohn hatte das Staatswohl oberste Priorität. Seit seinem Studium an der Law School der Harvard-Universität war er dem anglo-amerikanischen Recht eng verbunden. Allein elf englischsprachige Beiträge in der Festschrift dokumentierten seine weltweiten Beziehungen.

Zwei grundverschiedene »Genossen«

Die beiden Genossen in der roten Robe haben ihre Einflussmöglichkeiten unterschiedlich genutzt – Simon als liberaler »dissenter« und entschiedener Kämpfer für eigene Mehrheiten, Zeidler als Zünglein an der Waage, als Verstärker für die Konservativen.

Als der Erste Senat 1975 die Fristenregelung beim Schwangerschaftsabbruch für verfassungswidrig erklärte, rügte Simon in einer »abweichenden Meinung« (seinerzeit gemeinsam mit der inzwischen verstorbenen Kollegin Wiltraut Rupp-von Brünneck), dass eine Mehrheit ihrer Kollegen »erstmals« den Strafanspruch des Staates zur Durchsetzung von Wertentscheidungen gefordert habe, den »stärksten denkbaren Eingriff in den Freiheitsbereich des Bürgers«.

Ob es um die Freiheit der Heilberufe, den Spielraum von Anwälten, maßvolles Vorgehen gegen Demonstranten oder Großzügigkeit beim Numerus clausus ging – die höchstrichterliche Rechtsprechung trug Simons Handschrift. Er habe, betont Expräsident Ernst Benda in der Festschrift, den Entscheidungen »deutliche Konturen gegeben« und »die Beratungen des Senats maßgeblich beeinflusst«. Simons »Gewicht« sei stets größer gewesen als »die eine Stimme, die ihm wie jedem anderen zustand«.

Zeidlers Vorstellungen von den Rechten, vor allem aber auch von den Pflichten des Bürgers lagen stets näher bei den vier konservativen Mitgliedern seines Senats. So erklärten sich fast alle Mehrheitsentscheidungen, die auf der Linken regelmäßig Protest hervorriefen. Aus seinem Hang, das Asylrecht eng auszulegen, hatte Zeidler nie einen Hehl gemacht. Die Mehrheit seines Senats folgte ihm dabei. Der Dienst am Staat war ihm so wichtig, dass er die Wehrpflicht auf Frauen ausdehnen wollte, so seine Forderung, die Widerspruch und Spott hervorrief.

Das »Gewicht« einer Stimme

Die Verkürzung der strafprozessualen Grundrechte von Angeklagten und Verteidigern im Rahmen der Terroristenverfolgung wurde durch seinen Senat – und seine Stimme – abgesegnet. Schlimmstes Beispiel: die Billigung des Kontaktsperre-Gesetzes, das »jedwede Verbindung« von Gefangenen »mit der Außenwelt« und dem Verteidiger verbot.

Auch bei anderen umstrittenen Grundsatzurteilen (längerer Zivildienst, Ausgrenzung der Grünen) gab die Stimme Zeidlers den Ausschlag.

Im Familienrecht wiederum vertrat Zeidler progressive Positionen. Und als er die Ansicht äußerte, die befruchtete Eizelle gleiche einem »himbeerähnlichen Gebilde«, fiel die katholische Kirche über ihn her. Seine Idee, mehr Gerechtigkeit im Steuer- und Sozialrecht herbeizuführen, vor allem die Gewinne aus Grundstücksspekulationen stärker abzuschöpfen, provozierte einen Eklat. Der niedersächsische Haus-, Wohnungs- und Grundeigentümerverband verlangte seine sofortige Amtsenthebung. Doch da, wo er fortschrittlich dachte, konnte Zeidler nichts bewirken: Er gehörte dem falschen Senat an, dem Zweiten, der über gesellschaftspolitische Streitfragen nicht zu entscheiden hat.

Simon und Zeidler planten für den Unruhestand. Simon amtierte zwei weitere Jahre als Kirchentagspräsident, Zeidler war für die Leitung eines internationalen Forschungsprojekts an der Universität Bologna verpflichtet worden. In einem letzten Gespräch schwärmte er von seinem Dienstzimmer im Erker eines italienischen Palastes. Er konnte das Amt, auf das er sich so gefreut hatte, nicht antreten. Silvester 1987 verunglückte er bei einer Bergwanderung in Südtirol tödlich.

6

Schnittstelle der Zeitgeschichte

Die Wende ist in Karlsruhe angekommen

Die Präsidentschaft von Roman Herzog
1987–1994

Schon der Wechsel von Benda zu Zeidler war geräuschlos über die politische Bühne gegangen. 1987 schlüpfte auch Roman Herzog ohne viel Tamtam in die neue Rolle. Die vereinbarte Automatik – der scheidende »Chefpräsident« überreicht das Zepter an seinen »Vize« – hatte einen Vorteil: Es gab kein Gerangel hinter den Kulissen, die »Personalpakete« waren lange zuvor ausgehandelt worden.

Herzog brachte einen eigenen, unverwechselbaren Stil in das hohe Amt. Er überzeugte mit seinem charmanten bajuwarischen Intellekt. Bei ihm paarten sich der Scharfsinn eines Gelehrten, der zu den führenden Kommentatoren des Grundgesetzes gehörte, und der Instinkt eines Politikers, der das Stuttgarter Innenministerium erfolgreich gelenkt hatte, mit einem juristischen Selbstverständnis, das man in Deutschland mit der Lupe suchen muss. Für ihn war die Uridee von Recht auf sympathische Weise schlicht: Es sollte vernünftig und verständlich sein.

Politisches Umfeld
1987–1990: 11. Bundestag
Bundeskanzler: Helmut Kohl (CDU)
Vizekanzler: Hans Dietrich Genscher (FDP)
Koalition: CDU/CSU, FDP

Herzog, 1934 im bayerischen Landshut geboren, hatte nach dem Abitur (Durchschnittsnote 1,0) 1953 an der Ludwig-Maximilians-Universität in München mit dem Jurastudium begonnen. Er nahm den Rat eines akademischen Lehrers mit ins Leben. Das Zitat hatte er noch Jahrzehnte später parat: »Wenn ihr einen Sachverhalt nach allen Regeln der juristischen Kunst durchgeprüft habt, dann lehnt euch zurück und prüft, ob euch das Ergebnis vernünftig erscheint und eurem Gerechtigkeitssinn entspricht. Stimmt dies nicht überein, prüft noch einmal, weil dann die Wahrscheinlichkeit, dass ihr einen Fehler gemacht habt, groß ist.«[1]

Herzog verlor, auch nachdem er an die Spitze seiner Zunft vorgestoßen war, nie die Bodenhaftung. Er machte sich über die Grenzen des Fachs keine Illusionen. So hielt er Kollegen, die von der Wirksamkeit des Begriffs »Kindeswohl« überzeugt waren, eine bescheidene Wahrheit entgegen: »Liebe ist kein Rechtsbegriff. Gerichte und Verwaltungen können nicht reparieren, was das Leben zerbrochen hat.«

Utopien waren seine Sache nicht. Auf Intellektuelle, die gern Visionen entwickeln, wirkte mancher Ausspruch wie eine kalte Dusche: »Ein Rechtsstaat entsteht Schritt für Schritt.«[2] Da schrieb einer, was ihn von der Mehrzahl seiner Kollegen unterschied, ein schnörkelloses Deutsch. Auch Laien begriffen, was der große Jurist sagte. Zaghafte fühlten sich ermuntert: »Jeder muss sich gegen eine Behörde, von der er meint, dass sie ihn ungerecht behandelt hat, vor Gericht zur Wehr setzen können.«[3] Solche Sätze waren zugleich ein Privatissimum für den »kleinen Mann«: »Das rechtliche Gehör ist unabdingbar. Das heißt: Jeder Bürger muss mit seinen Argumenten im Laufe des Verfahrens zu Wort kommen.«

Zwielichtiger Lehrer

Diese liberalen Appelle überraschten zunächst manchen Beobachter. Herzogs Ziehvater an der Münchner Universität galt nicht eben als Urbild eines demokratischen Juristen. Herzog hatte 1958 bei dem berühmt-berüchtigten Theodor Maunz promoviert. Nicht nur das. Er verbrachte an dessen Seite entscheidende Lebensjahre: 1958 bis 1964 als wissenschaftlicher Assistent, 1964 als Habilitand, danach als Mitherausgeber des Grundgesetzkommentars »Maunz-Dürig-Herzog«.

Maunz war nicht unbelastet. Er gehörte unter Hitler zum »Kitzeberger Lager junger Rechtslehrer«, in dem unter Führung der juristischen »Stoßtrupp-Fakultät« (NS-Jargon) in Kiel die »nationalsozialistische Rechtserneuerung« betrieben wurde.[4] Er war, wie viele seiner Kollegen, den NS-Machthabern zu Diensten, etwa als Referent zum Thema »Die deutsche Rechtswissenschaft im Kampf gegen den jüdischen Geist«.

Gleichwohl gehörte Maunz zu den bedeutenden Verfassungsrechtlern der Nachkriegszeit. Nach seinem Tod kam heraus, dass er nicht – wie seine Schüler geglaubt hatten – vom Saulus zum Paulus geworden war. Der Vorsitzende der rechtsradikalen DVU Gerhard Frey lüftete in der »Nationalzeitung« das Geheimnis des Toten: Maunz hatte den braunen Parteiführer, als dem die Grundrechte aberkannt werden sollten, juristisch beraten – und jahrelang anonym Artikel für das obskure Blatt geschrieben.

Erst Professor, dann Minister

Doch dieser politische Ungeist war an Herzog in den Münchner Universitätsjahren (1953–1965), die er im Dunstkreis des zwielichtigen Hochschullehrers verbrachte, spurlos vorbeigegangen. Er wurde 1965 Professor für Staatsrecht und Politik an der Freien Universität Berlin. 1969 folgte er einem Ruf an die Hochschule für Verwaltungswissenschaften in Speyer, 1972 wurde er dort Rektor. 1970 trat er in die CDU ein, von 1973 bis 1978 war er Helmut Kohls Bevollmächtigter in Bonn, von 1978 bis 1980 Kultusminister, von 1980 bis 1983 Innenminister in Stuttgart.

Als er 1983 zum Verfassungsrichter gewählt wurde, eilte ihm der Ruf eines Polizeiministers voraus. Er hatte die »Demonstrationsgebühr« eingeführt. Deren Sinn: Die Teilnehmer an einer nicht genehmigten Demonstration sollten für den Polizeieinsatz zur Kasse gebeten werden. Er plädierte auch für den Einsatz von Gummiwurfgeschossen. Diese biografische Phase animierte den Sozialdemokraten Günter Verheugen zu dem Verdikt, Herzog sei ein »verkappter Reaktionär«.[5] Dagegen hielt ihn der rechtskonservative Edmund Stoiber für »unberechenbar liberal«; Herzogs weitere Entwicklung spricht eher für diese Version.

Aus allem, was er schrieb und sagte, ging hervor: Seine Fürsorge galt dem einfachen Bürger, der für ihn nicht Objekt des Rechts war, sondern ernst zu nehmender Teilhaber – Subjekt. Dieses schwächste Glied im Gefüge hatte er stets im Auge, zum Beispiel dann, wenn er den Kollegen der unteren Instanzen Ratschläge erteilte. Dem Amtsrichter etwa schrieb er ins Stammbuch, dass seine Entscheidung »nicht unbedingt an Qualität gewinnt, wenn er alle einschlägigen Kommentarstellen mehrfach und zutreffend zitiert«. Herzogs Sympathie galt dem Bescheidenen, »der Kläger und Beklagte zu Wort kommen lässt, der in seiner Begründung deutlich macht, worum es tatsächlich geht, und der am Schluss eine nachvollziehbare Abwägung vornimmt«.[6]

Grundrecht auf Dummheit

Herzogs Markenzeichen waren Formulierungen, die haften blieben. Manche hatten die Qualität von Aphorismen, etwa der Satz: »Es gibt auch ein Grundrecht auf Dummheit.«[7] Die Aussage enthält mehr als Ironie, sie beschreibt zugleich den Toleranzrahmen der Verfassung. Spottlust, für die er berühmt war, steckte dagegen in einer Sottise über die Politiker: »90 Prozent tragen Bedenken, 10 Prozent Verantwortung.«[8]

Was die Möglichkeiten »seines« Gerichts anbelangte, musste er immer wieder Aufklärungsarbeit leisten. Nur wenige Laien wissen, dass die Karlsruher Richter nicht von sich aus tätig werden dürfen, sondern erst dann, wenn sie angerufen werden. Herzog brachte diese Wartestellung auf eine griffige Formel: »Wer hier Platz nimmt, wird auch rasiert.«

Im ersten Monat seiner Amtszeit als Präsident ging ein spektakulärer Prozess zu Ende. Doch den entschied nicht sein Senat, sondern der andere. Im übertragenen Sinne ging es um eine Zeitzünderbombe, die Teile Deutschlands bedrohte. Doch der Zweite Senat sah die Gefahr nicht. Sechs Tage vor Heiligabend des Jahres

1987 wies die konservative Mehrheit (7:1) eine Klage gegen die Stationierung von amerikanischen C-Waffen in der Pfalz, in Baden-Württemberg und in Hessen zurück.

Begründung: Die Lagerung von 4000 Tonnen der Nervengifte »Sarin« und »VX« »zum Zwecke der Abschreckung« sei verfassungsrechtlich zulässig; sie bewege sich im Rahmen des »Bündnisprogramms«; Bonn müsse das »Hoheitsrecht eines fremden Staates« auf dem Boden der Bundesrepublik respektieren.[9]

Giftgaslager in der Pfalz

Toleriert wurde mit dem Urteil ein tödliches Gift, bernsteinfarben, ähnlich wie Motorenöl; es war lange zuvor in Bomben und Granaten abgefüllt worden. Die Waffen hatten Rost angesetzt. Ein Unfall hätte Tausende und Abertausende von Opfern fordern können – und kaum ein Arzt wäre imstande gewesen, zu helfen. Katastrophenpläne für die deutschen Behörden existierten nicht, die Lagerstätten der amerikanischen Kampfstoffe »GB« und »VX« wurden offiziell geheim gehalten.

Das Urteil ließ sich auf 63 Druckseiten über die Formalien von Nato-Verträgen aus. Der überstimmte Verfassungsrichter Ernst-Gottfried Mahrenholz, Vorsitzender eben dieses Senats, benötigte sechs Seiten, um in seiner »abweichenden Meinung« die Schwächen dieser Fleißarbeit bloßzulegen. Er machte deutlich, dass durch die Geheimhaltung der Giftgasstandorte, die von den Amerikanern gefordert und von der Bundesregierung gehorsam befolgt wurde, eine Vorsorge für den Katastrophenfall nahezu unmöglich war. Über diese Kernfrage hatten sich die Mehrheit des Zweiten Senats und die Bundesregierung mit dem Hinweis hinweggesetzt, sie seien überzeugt davon, dass die Amerikaner selbst geeignete Schutz- und Abwehrmaßnahmen treffen würden.

Die Gefahr, die der Zweite Senat – aus Respekt vor den nach wie vor geltenden Rechten der Alliierten – billigend in Kauf nahm, ließ sich präzise beschreiben: Ein Liter des Stoffes »VX« reicht theoretisch aus, eine Million Menschen zu töten und eine weitere Million lebensgefährlich zu vergiften. Vier Millionen Liter der Kampfstoffe »GB« und »VX«, das entspricht etwa dem Inhalt von 100 Tanklastwagen, lagerten zu jener Zeit in den US-Depots in Hessen, Rheinland-Pfalz und Baden-Württemberg.

»Bei einem Unfall in einem dieser Depots«, fürchtete Petra Kelly, Bundestagsabgeordnete der Grünen, »gäbe es eine ungeheure Katastrophe, ein Super-Seveso.« Gerade mal 700 Gramm Dioxin-Chlorgas hatten 1976 in dem italienischen Chemiewerk ausgereicht, eine ganze Region zu verseuchen.[10]

Die »abweichende Meinung« von Mahrenholz dürfte ihr gefallen haben, sie machte deutlich: Hier hatte sich einer bewahrt, was Richtern gemeinhin im Laufe ihrer beruflichen Sozialisation rigoros ausgetrieben wird – Fantasie. Während die Mehrheit des Senats das Problem juristisch sezierte und analysierte, stellte er sich vor, was passieren könnte, wenn bei ungünstigem Wind die Menschen im Ballungsgebiet von Mannheim von einer Giftgaswolke bedroht würden.

Mahrenholz beschränkte seine Rüge auf den tatsächlichen Bereich – »auf die Katastrophen-Schutzplanung«: Wenn die Bundesregierung »auf jede eigene Initiative« verzichte, auf »eine Vorsorge von deutscher Seite für den Ernstfall«, genüge sie ihren aus dem Grundgesetz folgenden Schutzpflichten für Leib und Leben nicht.[11]

Der Warner in Robe wies auf »drei konkrete lebensbedrohende Gefahren« hin. Erstens: Bei starkem Wind könne das Gas »in relativ dichter Konzentration schnell in eine bestimmte Richtung getrieben« werden; es sei denkbar, dass eine solche Gaswolke die Stadt Mannheim treffe.

Zweitens: Falls Gasmasken oder andere Hilfsmittel vorhanden sein sollten, könnten sie »ohne kooperative Planung erst nach Eintritt des Katastrophenfalles an die Polizei und andere Hilfskräfte verteilt werden«. Auch eine Warnung der Bevölkerung käme womöglich zu spät.

Drittens: Vernünftige medizinische Vorsorge müsste auf »Grundkenntnissen deutscher Ärzte über die Art des Gases und die Möglichkeit und Chancen der Medikation aufbauen«. All das fehle. »Nur eine vorbereitete Zusammenarbeit zwischen den deutschen und den amerikanischen Dienststellen« könnte, so Mahrenholz, »das Ausmaß einer Katastrophe« begrenzen.

In diesem Sondervotum steckte Brisanz, es machte die verantwortlichen Politiker in juristischem Sinne bösgläubig. Welche Gefahren drohten, konnten sie schwarz auf weiß lesen. Mangelnde Schutzvorkehrungen waren nicht mehr zu entschuldigen, wenn etwas passiert wäre, hätte sich keiner auf Nichtwissen berufen können, sondern für eine etwaige Katastrophe die volle Verantwortung übernehmen müssen.

Fazit: Ein Sondervotum, das Gefahren publik macht, kann auch als Minderheitsmeinung eigene Wirkkraft entfalten.

In die Pflicht genommen

Als fürsorglicher Schutzpatron trat hier ein Richter auf, der ganz allmählich zu einer starken Figur des Hohen Hauses geworden war: Ernst Gottfried Mahrenholz. Er war 1981 zum Verfassungsrichter gewählt worden – und Ende 1987 weiter aufgestiegen: zum Vizepräsidenten und Vorsitzenden des Zweiten Senats. Nach keinem der Ämter hatte er sich gedrängt. Schon seine Wahl zum Richter war für Bonner Verhältnisse ein Novum. Die SPD hatte versäumt, rechtzeitig einen Nachfolger für den ausscheidenden Martin Hirsch vorzuschlagen, und damit dem Bundesverfassungsgericht die Initiative überlassen.

Denn: Wenn die politischen Gremien nicht »innerhalb von zwei Monaten nach Ablauf der Amtszeit« eines Richters den Nachfolger gewählt haben, darf laut Gesetz das Gericht Vorschläge machen, eine Liste mit drei Namen. Bis 1987 hatten die »Roten Roben« ihre Chance, Einfluss zu nehmen, immer verpatzt: indem sie Juristen ins Spiel brachten, die zwar qualifiziert, aber der zum Vorschlag berechtigten Partei nicht zu vermitteln waren.

Diesmal offerierten sie der SPD drei renommierte Genossen. Einer davon war Mahrenholz, ein Jurist, der bereits eine eindrucksvolle Biografie vorweisen konnte: 1967 Direktor des NDR-Funkhauses Hannover, 1970 Staatssekretär beim Ministerpräsidenten und Leiter der Staatskanzlei, 1974 Kultusminister von Niedersachsen. Im Zweiten Senat traf er auf einen übermächtigen rechten Flügel. Er befand sich da in einer wenig beneidenswerten Lage: im Zweifel immer in der Minderheit. Ihm blieb nichts weiter übrig, als sich über »abweichende Meinungen« zu artikulieren (wie mehrfach beschrieben). Als 1987 die Nachfolge für den scheidenden Zeidler anstand, ließ er sich nach langem Zaudern vom SPD-Vorsitzenden Hans-Jochen Vogel »in die Pflicht nehmen«.

Für den Senat, dem er nun vorsaß, empfanden Beobachter der Karlsruher Szene bisweilen Mitleid. Der »Zweite« musste immer wieder zu den heiß umkämpften Streitthemen der Gesellschaft Stellung beziehen, während der »Erste« die Grundrechte hegen und pflegen durfte. Sich in die Kampfarena zu begeben, war ein undankbares Geschäft. Dem Bürger neue Freiheiten zu bescheren, brachte hingegen Lob und Anerkennung.

Kenntnis der eigenen Abstammung

Mit so einem Sprung nach vorn machte Ende Januar 1989 Herzogs Senat von sich reden. Die Richter des Ersten entschieden: »Das allgemeine Persönlichkeitsrecht umfasst auch das Recht auf Kenntnis der eigenen Abstammung.«[12] Das hörte sich im ersten Moment selbstverständlich an, war es aber nicht. Erst die Karlsruher Entscheidung löste ein Problem, das lange umstritten war. Die offene Frage: Wessen Position hat Vorrang – die eines zweifelnden Kindes, das wissen will, wer sein Vater ist, oder die seiner Mutter, die ihre Reputation, ihre Ehe und den Familienfrieden schützen möchte?

Eine junge Frau hatte, als sie gerade volljährig geworden war, Klage eingereicht. Ihr Ziel: »Feststellung, dass sie nicht das eheliche Kind des Ehemannes ihrer Mutter sei«. In der mündlichen Verhandlung bekannten sich die Mutter und der Mann zu ihrer Ehe. Das Amtsgericht Hamburg legte den Fall in Karlsruhe vor.

Der Bundesjustizminister, vom Gericht um eine Stellungnahme gebeten, widersprach dem Antrag der jungen Frau: Der Gesetzgeber sei nicht gehindert, »den Schutz der Ehe der Mutter als vorrangig anzusehen«.

Der Erste Senat, der über Jahrzehnte die Rechte des Individuums gestärkt und kultiviert hatte, blieb dieser Tradition treu – und entschied: Die Kenntnis der eigenen Abstammung ist Teil des Persönlichkeitsrechts. Sie bietet dem Einzelnen »wichtige Anknüpfungspunkte für das Verständnis und die Entfaltung der eigenen Individualität«.

Wenn einer zweifelt, meinten die Richter, lässt sich der Familienfrieden ohnehin nicht bewahren; durch Gesetz ist weder zu »verhindern, dass das Kind Verdacht über seine nichteheliche Abstammung schöpft, noch dass es diesen Verdacht in der Familie zur Sprache bringt«; Paragrafen können auch nicht »einen arglosen Ehemann gegen Informationen über die wahre Vaterschaft abschirmen« – und »folglich die Mutter nicht vor Konsequenzen bewahren, die er daraus zieht«. Das Gericht: »Insoweit wird daher durch den Ausschluss des Anfechtungsrechts weder die Ehe der Mutter noch der Familienfriede geschützt.«

Was nach einem Karlsruher Urteil kommt, bleibt zumeist im Dunkeln. Ob der Prozesserfolg der jungen Frau ein Pyrrhussieg war, weiß keiner. Durch eine gerichtlich angeordnete Analyse des Erbguts bekam sie zwar Sicherheit; sie erfuhr nun, was sie ohnehin wusste oder ahnte: dass sie nicht vom Ehemann ihrer Mutter abstammte, den sie lange für ihren Vater gehalten hatte. Doch darüber hinaus war sie so schlau wie zuvor.

Wer ihr Vater war, konnte sie nur von ihrer Mutter erfahren. Wenn die sich sperrte, war das Recht mit seinem Latein am Ende. Keiner kann sagen, was geschehen soll, wenn eine Mutter auf den Schutz ihrer Intimsphäre pocht. Soll ein Richter sie zwingen, den Namen des Vaters preiszugeben? Wenn ja – wie? Indem er Beugehaft androht und verhängt? Dürfte er das unbegrenzt und immer wieder von Neuem tun?

Wie sakrosankt ist ein Tagebuch?

In den Ausgangsfällen, die mal den einen und mal den anderen Senat herausfordern, steckt bisweilen der Stoff für große Dramen. Die »Roten Roben« müssen die Psyche von Tätern ergründen – und Ängste respektieren, die aus der Tiefe kommen, die Furcht der Menschen vor Kriminellen, etwa vor einem Mörder, der aus dem Hinterhalt kommt.

Der Zweite Senat bekam im September 1989 einen Fall auf den Tisch, der die acht Richter aufwühlte. Als Erstes lasen sie einen Bericht der Kripo, der an Szenen aus einem Horrorfilm erinnerte. Die Polizei war zu der verstümmelten Leiche einer Frau gerufen worden, die auf einer einsamen Wiese lag. Sie hatte dort offenbar ein Sonnenbad genommen. Die Kripo rekonstruierte: Sie musste auf dem Bauch gelegen, geträumt oder geschlafen haben; der Mörder war von hinten an sie herangetreten und hatte ihr viermal auf den Kopf geschlagen – »mit einem scharfkantigen Schlagwerkzeug, höchstwahrscheinlich mit einem scharfen Beil«.[13]

Ein Verdächtiger wurde verhaftet, verhört und verurteilt. Doch er bestritt den Mord. Gegen ihn sprach nur sein Tagebuch. Nun musste das Verfassungsgericht entscheiden, ob die Notizen des mutmaßlichen Täters zu seinen Lasten verwertet werden durften? Genauer: Ob der Zweck (Aufklärung einer schweren Straftat) jedes Mittel heiligt, also auch das Eindringen in die Intimsphäre?

Auf dem Richtertisch lagen nur Papiere – die persönlichen des Angeklagten und ein Protokoll der Kripo. Zwei Beamte hatten notiert, was sie im Zimmer des Mordverdächtigen »in einem Sideboard« fanden: »ein gelbes Notizheft« und »einen Stapel orangebeigefarbener Zettel mit tagebuchartigen Aufzeichnungen«. Die Schrift wirkte ungelenk, doch der Text legte eine Spur. »Bei einer groben Durchsicht«, registrierten die Fahnder, hätten sie Passagen entdeckt, »die auf ein gestörtes Verhältnis zu Frauen hindeuten«.

Tatsächlich gaben die schriftlichen Gedankenfetzen Aufschluss über die Seelenqualen eines Mannes, der unter sexueller Not litt und seine eigenen gewalttätigen Fantasien fürchtete. Sein Tagebuch brachte ihn erst in Haft, dann vor Gericht und schließlich hinter Gitter. Mehr lag gegen den Tagebuchautor nicht vor. Die Kripo war auf ihn gekommen, weil er Ähnlichkeit mit der Beschreibung des gesuchten Täters hatte. Doch letztlich sprachen gegen ihn nur Indizien, vor allem seine eigenen Aufzeichnungen, die zwar nichts mit dem Verbrechen, wohl aber mit seiner Disposition für so eine Tat zu tun hatten.

Das Landgericht Dortmund verurteilte den Mann wegen Mordes zu einer lebenslangen Freiheitsstrafe, der Bundesgerichtshof verwies den Fall an die Vorinstanz zurück. In diesem erneuten Verfahren wurde er für 14 Jahre in ein psychiatrisches Krankenhaus zwangseingewiesen. Er legte Verfassungsbeschwerde ein. Sein Verteidiger trug vor: Die privaten Notizen gehörten zur »unantastbaren« Sphäre »höchstpersönlicher Lebensgestaltung«. Ein Eingriff in diesen von der Verfassung absolut geschützten Kernbereich sei nicht statthaft. Deshalb gelte für die beschlagnahmten Papiere eine strenge Regel des Strafprozessrechts: das »Beweisverwertungsverbot«.

Der Prozess in Karlsruhe endete mit einem Patt. Der achtköpfige Senat war gespalten. Beide Lager – vier Richter auf der einen, vier auf der anderen Seite – brachten ihre Gründe zu Papier, Gründe und Motive von einem gleichwertigen ethischen Anspruch. Wer sie liest, nimmt Teil an den Skrupeln bei der Wahrheitsfindung – und schwankt, mit welcher der beiden Seiten er sich identifizieren soll.

Wettbewerb gleich guter Argumente

Der 4:4-Spruch spiegelte die Empfindungen, die den grausigen Mordprozess durch die Instanzen begleitet hatten: den Widerspruch zwischen Gefühl und Verstand. Angesichts des Dilemmas zerfiel der Senat in zwei Hälften. Die eine wollte der Beschwerde stattgeben, die andere wollte sie ablehnen. Es gab keine Mehrheit; mindestens fünf von acht Stimmen wären nötig gewesen, um der Beschwerde zum Erfolg zu verhelfen. Bei Stimmengleichheit geben laut Gesetz die vier, die den Antrag ablehnen, den Ton an. Sie verantworten den Spruch.[14]

Im Fall des Verdächtigen hatte der Leser des Urteils die Wahl zwischen zwei Argumentationsketten – die Kontrahenten im Gericht vertraten entgegengesetzte Prinzipien. Für die einen hatte das »Strafverfolgungsinteresse des Staates« Vorrang, für die anderen der Schutz individueller Freiräume. Keine der beiden Positionen präsentierte zwingendes Recht. Sie waren jeweils Ausfluss richterlicher »Überzeugung« – nicht mehr, aber auch nicht weniger.

Dieser Begriff, der bewusst das Persönliche hervorhebt, ist gleichsam ein Synonym für Subjektivität. Er stammt nicht aus der Feder eines Ignoranten, sondern steht wortwörtlich in Gesetzen, zum Beispiel in der Strafprozessordnung (StPO). Das Gericht entscheide, heißt es da, »nach seiner freien, aus dem Inbegriff der Verhandlung geschöpften Überzeugung«: Der Rechtslehre genügt »ein nach der Lebenserfahrung ausreichendes Maß an Sicherheit, demgegenüber vernünftige Zweifel nicht aufkommen«; die Würdigung muss »rationaler Argumentation standhalten«; eine »mathematische Gewissheit« wird nicht verlangt.

Im Fall des Tagebuchschreibers steuerten die uneinigen Richter nicht nur kontroverse Beweisziele an, sie mussten sich auch mit unterschiedlichen Widerständen auseinandersetzen. Den vier Richtern, die den »Täter« nicht frei herumlaufen lassen wollten, weil sie ihn für eine Zeitbombe hielten, stand die ständige Rechtsprechung des eigenen Hauses im Wege: Sie garantierte den absoluten Schutz der Privatsphäre. Die vier machten sich die Sache ziemlich leicht. Das Unmögliche – den Beweis, dass »die Aufzeichnungen nicht dem unantastbaren Bereich privater Lebensgestaltung zuzurechnen« sind – versuchten sie gar nicht erst. Stattdessen stellten sie apodiktisch fest: Der Schreiber hat seine Gedanken, indem er sie schwarz auf weiß festhielt, »aus dem von ihm beherrschten Innenbereich entlassen und der Gefahr eines Zugriffs preisgegeben«. Damit gaben sie das Tagebuch für neugierige Blicke frei.

Satz für Satz wurde klar: Hier waren Richter am Werk, die der Devise folgten: Sicherheit geht vor Freiheit. Sie kamen einer weitverbreiteten Stimmung entgegen und entschieden deshalb ganz unsentimental: Das grundsätzlich als schutzwürdig anerkannte Geheimhaltungsinteresse des Einzelnen müsse in so einem Fall hinter überwiegenden Belangen des Gemeinwohls zurücktreten.

Die vier, die der Beschwerde stattgeben wollten, machten deutlich, dass für sie der Schutz des persönlichen Kernbereichs nicht bei einem brisanten Fall endet, sondern dort überhaupt erst beginnt. So eindringlich wie in diesem Urteil ist selten dafür geworben worden, das Tagebuch als unantastbaren Bestandteil des Individuums zu respektieren. Was sie sagten, erinnerte an die Ideen des »Nie wieder«, die nach dem Ende der Hitlerdiktatur zu neuen Ufern des Rechts geführt hatten.

Der totale Zugriff auf den Menschen sollte fortan ausgeschlossen sein. Deshalb garantiert die Strafprozessordnung: Beweise, die auf unredliche Weise, etwa durch Folter oder Täuschung, gewonnen werden, dürfen nicht verwendet werden. Briefe an nahe Angehörige unterliegen, auch wenn sie das volle Eingeständnis einer schweren Straftat enthalten, einem absoluten Beschlagnahmeverbot. Schlichte Schlussfolgerung: Keiner muss sich hierzulande selbst ans Messer liefern.

Schriftliche Selbstgespräche

Folgerichtig hielten die Minderheitenrichter auch die Verwertung der Tagebuchnotizen für unstatthaft. Sie betonten den persönlichen Charakter der Aufzeichnungen. Ihre Argumente: Der Autor hat – ohne sich selbst zu schonen – seine Gemütszustände wiedergegeben und durch ungeschminkte Reflexionen die eigene Persönlichkeitsstruktur offenbart; es war der Versuch, sich »durch eine schonungslose Darstellung seiner Gefühlswelt« selbst zu ergründen; erkennbar hat er »auf diese Weise über zentrale, ihn quälende Probleme mit sich ins Reine« kommen wollen.

Die vier sahen hier eine Auseinandersetzung mit dem eigenen Ich: Sie habe »nur so, wie geschehen« geführt werden können, »weil sie in der Einsamkeit des Selbstgesprächs, also geschützt vor fremden Augen und Ohren stattfand, und auch in diesem Bereich verbleiben sollte«. Fazit: Die Selbstanalyse hat ihren persönlichen Charakter nicht deshalb verloren, weil sie dem Papier anvertraut wurde.

Die vier Beschützer der Intimsphäre haben ihre Botschaft in Worte gemeißelt: »So gewiss es ist, dass die Gedanken frei sind« – »so gewiss muss gleicher Schutz für das schriftliche mit sich selbst geführte Gespräch gelten«. Ein eindrucksvoller Satz, der überdauert.

Auf einem anderen Blatt stand Herzogs Floskel – wer hier Platz nimmt, wird auch rasiert; er beschrieb die profane Seite der Karlsruher Wirklichkeit, die Beliebigkeit in der Abfolge von Urteilen. Ausnahmen bestätigen die Regel. Große politische Ereignisse werfen bisweilen Rechtsfragen auf, die dann gehäuft auf das Bundesverfassungsgericht zulaufen – so auch die Wiedervereinigung. Vorher und nebenbei standen Themen auf dem Terminplan, die immer wieder auftauchten – der Umgang mit der literarischen Pornografie und der Dauerstreit um den richtigen Ehenamen.

Zugunsten der literarischen Pornografie

»Josefine Mutzenbacher – Die Lebensgeschichte einer wienerischen Dirne, von ihr selbst erzählt« hatte viele Jahre lang die deutschen Gerichte beschäftigt. »Der Nutten-Klassiker, 1906 erschienen, galt als die einzige deutschsprachige Pornografie von weltliterarischem Rang.«[15] Der Verfasser blieb zunächst anonym. Doch schon bald kursierte sein Name in der Fachwelt. Das Buch über den Sex in der Gosse wurde, unwidersprochen, dem Wiener Schriftsteller Felix Salten zugeschrieben. Den Autor der Reh-Romanze »Bambi« kannte jeder.

Der frivole Text war von anderer Art: »I bin die Josefin und hab' ihn so gern drin.« Der Schmöker lag unter dem Ladentisch und wurde diskret vertrieben, ein Leckerbissen für betuchte Lebemänner. Dann entdeckte ein seriöser Verlag den literarischen Wert.

Rowohlt verlegte das Buch, das 1968 auf den Index der Bundesprüfstelle für jugendgefährdende Schriften kam. Dagegen ging Verlagsdirektor Michael Naumann, später Kulturminister im Kabinett von Gerhard Schröder, bis nach Karlsruhe.

Die Jugendprüfstelle hielt an ihrem Verdikt fest: Der Roman sei »offensichtlich schwer jugendgefährdend«, er stelle »die sexuellen Vorgänge um die Titelheldin in grob aufdringlicher Weise in den Vordergrund«, das Buch sei nichts weiter als eine »pornografische Stellensammlung« und »Strichliste« über die sexuellen Aktivitäten der Heldin.

Naumanns Verfassungsbeschwerde hatte Erfolg. Der Erste Senat entschied Ende November 1990 zugunsten des Rowohlt-Verlages und erteilte Deutschlands Sittenwächtern erneut eine Lektion zur Reichweite der im Grundgesetz verankerten Kunstfreiheit: »Kunst und Pornografie schließen sich nicht aus.«[16] Die Richter argumentieren: Ein Roman sei noch keine Kunst, weil er sich Roman nenne. Doch das umstrittene Werk weise »die der Kunst eigenen Strukturmerkmale auf«: Es sei »Ergebnis freier schöpferischer Gestaltung, in der Eindrücke, Erfahrungen und Fantasien des Autors in der literarischen Form des Romans zum Ausdruck kommen«.

Das Werk erlaube eine »Reihe von Interpretationen«, die »auf eine künstlerische Absicht schließen lassen«. So könnten die »milieubezogenen« Schilderungen und die »Verwendung der wienerischen Vulgärsprache als Stilmittel gesehen werden«. Eine Erkenntnis des Gerichts demaskierte die lautesten Schreier, namentlich aber die Erbsenzähler der »Bundesprüfstelle«: »Ferner ließe sich die Titelheldin als Verkörperung männlicher Sexualfantasien deuten, die als Reaktion auf eine Erziehung gesehen werden, deren Ziel die Unterdrückung des Geschlechtlichen war.«

Ende der männlichen Privilegien

Dem Ersten Senat bereitete es ersichtlich Vergnügen, alte Zöpfe abzuschneiden. Seinem Votum zugunsten der »Mutzenbacher« folgte im März 1991 ein Beschluss, der eines der letzten männlichen

Privilegien abschaffte – das Recht auf den Familiennamen. Die Verfassungsrichter griffen einen Fall auf, den zwei Eheleute und ein fortschrittlicher Familienrichter spruchreif gemacht hatten.

Die Brautleute, zwei Kieferorthopäden aus Tübingen, begannen ihre Ehe schon auf dem Standesamt mit einem Dissens. Sie hätten sich, erklärten sie dem Standesbeamten, nicht einigen können, welchen gemeinsamen Namen sie künftig tragen wollten. Der Beamte handelte streng nach dem Buchstaben des Gesetzes und trug den Familiennamen des Mannes ins Heiratsbuch ein.[17]

Das jedoch missfiel dem Paar erst recht. Die beiden legten Beschwerde beim Amtsgericht Tübingen ein. »Aus dem einzigen Grunde, weil ich eine Frau bin«, so die Klägerin, »habe ich nun meinen Namen verloren.« Die Benachteiligung widerspreche eindeutig dem Grundgesetz. Das sah auch der zuständige Richter so. Der Tübinger Jurist legte diesen und einen weiteren Fall in Karlsruhe zur Prüfung vor.

Nach dem zu diesem Zeitpunkt bereits einmal reformierten Recht bestimmten Ehepaare bei der Trauung »den Geburtsnamen des Mannes oder den Geburtsnamen der Frau« zum gemeinsamen Ehenamen. Der Partner, der dabei zu kurz kam, durfte auf Wunsch seinen bisherigen Namen dem neuen voranstellen. Doch nur zwei Prozent der Paare wählten den Namen der Frau. Und bei weiteren zehn Prozent der Frauen kam die Bindestrich-Lösung in Mode.

Patriarchalisches Vorrecht

Wenn sich die Heiratskandidaten nicht einigen konnten, war im Paragrafen 1355 des Bürgerlichen Gesetzbuches vorgesehen: »Treffen sie keine Bestimmung, so ist Ehename der Geburtsname des Mannes.« Der Erste Senat hielt diese Lösung für verfassungswidrig.[18] Nach Ansicht der Verfassungsrichter verstieß das patriarchalische Vorrecht gegen die Gleichheit von Mann und Frau. Sie befanden: »Biologische oder funktionale Unterschiede« können »die Ungleichbehandlung nicht rechtfertigen«. Auch Argumente aus der Rechtslehre, die das Vorrecht der Männer mit ihrer Position im Berufsleben begründeten, ließen sie nicht gelten. »Eine traditionell typische Arbeitsteilung«, so ihr Urteil, wolle das Grundgesetz »gerade nicht verfestigen«.

Nach Ansicht der Verfassungsrichter benachteiligte der fragliche BGB-Paragraf die Frau schon deshalb, weil er die »Einigungsbereitschaft des Mannes« im Streitfall beeinträchtige. Der wisse ja, dass er sich spätestens auf dem Standesamt durchsetzen werde. Das emanzipatorische Machtwort aus Karlsruhe brachte den Gesetzgeber in Zugzwang. Er musste, wieder mal, nachbessern.

Politisches Umfeld
1990–1994: 12. Bundestag
Bundeskanzler: Helmut Kohl (CDU)
Vizekanzler:
Hans Dietrich Genscher bis Mai 1992,
Jürgen W.Möllemann bis Januar 1993,
Klaus Kinkel (alle FDP)
Koalition: CDU/CSU, FDP

Manche Sprüche, wie der zum Ehenamen, kamen eher still und leise daher. Das Gericht beriet hinter verschlossenen Türen und publizierte anschließend das Ergebnis – ein Urteil, das sich »Beschluss« nannte. Kleine Hausmusik! Bei Prozessen von nationaler Bedeutung strömten Kläger, Beklagte, Sachverständige und Scharen von Bürgern nach Karlruhe. Es gab eine mündliche Verhandlung. Geraume Zeit später wurde ein Urteil verkündet, das nun wirklich »Urteil« hieß. Großes Staatsorchester! Dass es dazu noch Steigerungsstufen gibt, erlebte die »Residenz des Rechts« im Frühjahr 1991. Da ging es um die juristischen Nachwehen der Wiedervereinigung.[19]

Die Nachwehen der Wiedervereinigung

Der Hauch der Geschichte, den die Bonner Politiker beschworen hatten, wehte nun auch in Karlsruhe. Vorausgegangen war ein großer Tag im Bundestag. Präsidentin Rita Süssmuth hatte am 20. September 1990 das Abstimmungsergebnis der 226. Sitzung verkündet: Die Stützpfeiler des deutsch-deutschen Paragrafenwerks, sechs flankierende Verfassungsänderungen, erhielten den parlamentarischen Segen. Die Sieger überkam Rührung. Sie stimmten die Nationalhymne an.

Riskant an diesem Akt der Rechtsetzung war vor allem eine Reparatur am Grundgesetz: der Schlussstrich unter die Bodenreform (1945 bis 1949) in der sowjetischen Besatzungszone, in den Augen vieler eine nachträgliche Anerkennung kommunistischen Unrechts. Für Sonderfälle dieser Bedeutung hat das Grundgesetz eine hohe Hürde aufgebaut. Doch beim Einigungsvertrag wurde die Messlatte (Zweidrittelmehrheit), die verhindern soll, dass Zufallsallianzen leichtfertig am Grundgesetz basteln, mühelos übersprungen: 440 von 490 Abgeordneten stimmten für die Verfassungsänderungen, neun Zehntel statt zwei Drittel.

Dynamit steckte vor allem im neuen Grundgesetzartikel 143; er bestimmte, dass »Eingriffe in das Eigentum« aus jenen finsteren Besatzungstagen »nicht mehr rückgängig gemacht werden« dürften. Strittig war, ob der Passus die heilige Eigentumsgarantie der bundesdeutschen Rechtsordnung unterlief – und wenn ja, ob der Verstoß hinzunehmen war. 12 000 Betroffene liefen Sturm. Die Klagen ihrer Wortführer wurden am 22. Januar 1991 verhandelt.

Die Opfer der kommunistischen Landnahme, die ihren Grund und Boden zurückhaben wollen, 100-Hektar-Höfe, aber auch Schlösser und Ländereien, forderten vom Gericht einen Befreiungsschlag. Ihr Argument: Sowjetische und deutsche Kommunisten hätten ihnen Hab und Gut gestohlen; die Festschreibung dieser Raubzüge im Grundgesetz sei schlicht eine verfassungswidrige Verfassungsänderung.

Tatsache war, dass der Bundestag hier die Verfassung nicht zufällig ergänzt hatte: Infam, sagten die Angreifer; auf diese Weise solle ihnen der Rechtsweg abgeschnitten werden. Korrekt, sagten die Verteidiger; die Grundgesetzänderung sei das vorgeschriebene und auch redliche Verfahren, um einer politischen Entscheidung notfalls jeden rechtlichen Zweifel zu nehmen.

Mehr als sonst vermischten sich in diesem Fall Verfassungspolitik und Verfassungsrecht. Ob Regierende gezwungen werden können, das Rad der Geschichte zurückzudrehen und an der gewünschten

Stelle anzuhalten, war keine rechtliche, sondern eine politische Frage; beide deutschen Staaten hatten sie vor ihrem Zusammenschluss mit Zustimmung ihrer Parlamente beantwortet.

Von der Enteignung zwischen 1945 und 1950 waren rund 8000 Landwirte betroffen, deren Besitz 100 Hektar überschritt; darüber hinaus 4000 weitere, die als »Kriegs- und Naziverbrecher« galten. Das beschlagnahmte Land wurde einem staatlichen Fonds der Bodenreform übertragen: insgesamt 3,3 Millionen Hektar, eine Fläche etwa so groß wie Nordrhein-Westfalen.

Risiken in Moskau

Auf dem Richtertisch in Karlsruhe lag ein Vertrag mit völkerrechtlichen Dimensionen. Schon früh hatte die Bundesregierung »die Gefahr schwerster außenpolitischer Schäden« beschworen. Die Sowjetunion habe »nachdrücklich« darauf bestanden, dass die »Rechtmäßigkeit von Beschlüssen in der Besatzungszeit« nicht durch deutsche Gerichte überprüft werden dürfe. Ohne entsprechende Zusage, so Bonn, hätte »das Verfassungsgebot der Wiedervereinigung« nicht erfüllt werden können. Nun müsse die Bundesrepublik »zu ihren Erklärungen gegenüber den Vier Mächten« stehen. Die »Ratifikation des Deutschlandvertrages« in der Sowjetunion dürfe nicht aufs Spiel gesetzt werden – das »Zeitfenster« dafür war wegen der wechselnden Mehrheiten in Moskau tatsächlich äußerst schmal.

Der Erste Senat ließ alles andere liegen – und widmete sich drei Monate lang nur der deutschen Wiedervereinigung. In der dritten Aprilwoche war es dann so weit: Gerichtspräsident Roman Herzog verkündete zwei Urteile – das eine betraf die Enteignungen, das andere den Öffentlichen Dienst der ehemaligen »Deutschen Demokratischen Republik«. Wer dabei war, konnte sehen, wie sich nach dem Urteilstenor das Gesicht von Justizminister Klaus Kinkel entspannte. Ihm klang der Satz im Ohr, auf den das Bonner Kabinett voller Ungeduld gewartet hatte: »Die Verfassungsbeschwerden werden zurückgewiesen.«[20]

Mit diesem Satz erteilte Herzog dem deutsch-deutschen Einigungsvertrag gleich zweimal höchstrichterlichen Segen. Damit wurde die Prozedur der Wiedervereinigung endgültig und, seltene Ausnahme, einstimmig bestätigt.

Zwei Bevölkerungsgruppen, die behaupteten, sie müssten einen besonders hohen Preis für die Einheit zahlen, hatten Karlsruhe angerufen: die bereits erwähnten Opfer der kommunistischen Bodenreform zwischen 1945 und 1949 (betroffen: knapp 14 000 Menschen) und die Beschäftigten des öffentlichen Dienstes in der Ex-DDR, die mit dem Verlust ihres Arbeitsplatzes rechnen mussten (betroffen: mindestens 200 000 Menschen).[21]

Herzogs persönliches Vorwort

Die Verfassungsrichter standen diesmal noch mehr als sonst vor der undankbaren Aufgabe, einen Mittelweg zwischen Staatswohl und Gerechtigkeit zu finden. Sie folgten der Einsicht, dass die zentrale Forderung des Grundgesetzes, nämlich die Einheit wiederherzustellen, nicht anders als geschehen zu verwirklichen gewesen wäre. Roman Herzog unterstrich den Ernst der Stunde. Er machte das, bevor er mit der Verlesung des Urteils begann, mit einem persönlichen Vorwort deutlich.

Der Senat stutzte eher beiläufig die gewohnte Überbetonung der Eigentumsgarantie auf Normalmaß zurecht. Schon aus räumlichen und zeitlichen Gründen könnten die enteigneten Bauern und Junker keine Ansprüche gegenüber Bonn geltend machen: Zum einen dürften die kommunistischen Enteignungen »nicht dem Verantwortungsbereich der dem Grundgesetz verpflichteten Staatsgewalt« zugerechnet werden; zum anderen sei die Verfassung »zum Zeitpunkt dieser Maßnahmen noch gar nicht in Kraft« gewesen.

Ebenso pragmatisch werteten die Richter den Personalabbau im öffentlichen Dienst: »Die angegriffene Regelung ist erforderlich.« Ein »milderes Mittel« gebe es nicht. »Ohne eine sofortige Suspendierung der Arbeitsverhältnisse« hätte sich die Gesundschrumpfung »nicht annähernd so rasch und wirksam abwickeln lassen«.

In beiden Grundsatzentscheidungen mussten die Richter abwägen zwischen individuellen Interessen und solchen der Allgemeinheit. Für die Kläger war die Botschaft aus Karlsruhe bitter: Gemeinnutz geht vor Eigennutz. Die Richter berücksichtigten auch, dass es in der Ex-DDR viele Arten von Benachteiligung gab – nicht immer ließen sich die Schäden so einfach in Mark und Pfennig beziffern, wie die Beschwerdeführer glaubten. An die Adresse der Enteigneten hieß es: Bei der Gewichtung von Eigentumsschäden sei zu bedenken, »dass in der fraglichen Zeit auch andere Güter, etwa Leben, Gesundheit, Freiheit und berufliches Fortkommen, beeinträchtigt worden sind«.

Hass statt Rechtsfrieden

Rechtsfrieden herzustellen, gelingt Richtern nicht immer. Bei den Opfern der Bodenreform erreichten sie das Gegenteil; sie rannten weiter gegen das »Unrecht« an, 15 Jahre lang. Eine zwiespältige Auskunft, die Michail Gorbatschow 1994 dem Oxforder Geschichtsprofessor Norman Stone gab, schien die Rebellen sogar zu bestärken. Er selbst, so der sowjetische Regierungschef außer Diensten, habe keine Bedingung für die Wiedervereinigung gestellt. Bei näherem Hinsehen war der Satz freilich nicht viel wert.

In der mündlichen Verhandlung in Karlsruhe hatte Dieter Kastrup, Staatssekretär des Auswärtigen Amtes, dem Gericht erklärt: Nach dem Ablauf der Verhandlungen war absolut klar, dass die UdSSR der Vereinigung 1990 »nicht zugestimmt hätte«, wenn die Bodenreform rückgängig gemacht worden wäre. Kastrup hatte, das macht vieles klar, nicht mit Gorbatschow verhandelt, sondern mit den Spitzenbeamten des Moskauer Außenministeriums.[22]

Alle Unterhändler hatten ihm eine – logische und nachvollziehbare – Erkenntnis vermittelt: Ihr Land, von dessen Sieg im Zweiten Weltkrieg ohnehin nicht viel übrig geblieben war, wolle sich nicht auch noch irgendwann vor deutschen Gerichten für seine Besatzungsherrschaft verantworten. Eine ebenso pragmatische Schlussfolgerung zog das Verfassungsgericht: »Die Einschätzung dessen, was nach der Verhandlungslage erreichbar war, unterlag dabei der eigenverantwortlichen, pflichtgemäßen Beurteilung der Bundesregierung und entzieht sich der verfassungsrechtlichen Prüfung.«[23]

Eine Klage nach der anderen

Die Logik liegt auf der Hand. Jeder Geschäftsmann weiß: Ob bei einer Verhandlung mehr herauszuholen gewesen wäre, ahnt oder weiß man erst hinterher. Das ist eine Frage des Geschicks, die sich aus gutem Grund dem rechtlichen Zugriff entzieht. Beim Einigungsvertrag gab es im Übrigen einen zweiten Partner: die demokratische DDR der Nachwendezeit, die ebenfalls an der Bodenreform nicht rühren lassen wollte. Ministerpräsident Lothar de Maiziére: »Ich habe immer gesagt, das ist für uns eine Conditio sine qua non.« Ihm war klar: »Wir kriegen sonst keine Zweidrittelmehrheit für den Einigungsvertrag zusammen.«[24]

Das alles beeindruckte die Betroffenen nicht. Sie schlossen sich zu Verbänden zusammen, gaben bei namhaften Rechtsgelehrten Gutachten in Auftrag, reichten eine Klage nach der anderen ein. Fanatisierte überschritten die Grenzen des Anstandes, bezichtigten die Bundesregierung des Prozessbetruges und Roman Herzog (inzwischen deutscher Bundespräsident) der Rechtsbeugung. Auch ein zweites Urteil des Bundesverfassungsgerichts – in gänzlich anderer personeller Besetzung und wiederum einstimmig ergangen – änderte nichts an den Hassausbrüchen. Vermutlich schuf auch der Europäische Gerichtshof für Menschenrechte keinen Frieden. Aber er beendete am 30. Juni 2005 den Streit endgültig – mit einer Abweisung der Klagen.

Die deutsche Teilung und ihre Folgen waren nicht der einzige juristische Konfliktstoff, der das Bundesverfassungsgericht immer wieder von Neuem beschäftigte. Ein gänzlich anderes Thema, das Spannungsverhältnis zwischen Staat und Rundfunk, nahm das Gericht noch öfter in Anspruch. Der Erste Senat fällte allein unter Herzog zwei Rundfunkurteile: 1992 das siebte und 1994 das achte in einer langen Reihe.[25]

Alle führten ein spezifisches Eigenleben: Sie waren in erster Linie für die Fachwelt interessant – weniger fürs Publikum. Kulturpolitiker, Rundfunkfunktionäre und Medienrechtler stürzten sich auf die komplizierten Begründungen. Doch die Urteile hielten auch für Rundfunkhörer und Fernsehzuschauer eine Botschaft bereit. Sie hatte sich seit dem ersten Urteil zu Adenauers Deutschland-Fernsehen nicht verändert. Alle Urteile blieben, im Kern, beim selben Tenor. Sie garantierten dem Bürger Programme, die drei Bedingungen erfüllen sollten: Staatsferne, Unabhängigkeit und Meinungsvielfalt.

Duales System

Unter diesen Vorzeichen gaben sie 1981 den privaten Sendern ihren Segen.[26] 1986 präzisierten sie dieses »duale System« – und verlangten zweierlei: Die Grundversorgung durch die »öffentlich-rechtlichen Anstalten« müsse ebenso gewährleistet sein wie »eine gleichgewichtige Vielfalt im privaten Rundfunk«.[27] Herzog und seine Kollegen sorgten dafür, dass der Staat nicht auf dem Umweg über die Gebührenfestsetzung unzulässigen Einfluss nimmt.

Ein anderes Dauerthema, die Parteienfinanzierung, lief regelmäßig auf den anderen Senat zu. Im April 1992 fällte der »Zweite« wieder mal ein Grundsatzurteil, das diesmal unter besonderen Vorzeichen stand. Es war ein Votum, in dem eine kleine Sensation steckte. Es korrigierte die eklatante Fehlentscheidung des Senats von 1986 und schloss sich »der seinerzeit von Richter Böckenförde vertretenen abweichenden Meinung, der der Richter Mahrenholz beigetreten ist«, ausdrücklich an.[28]

Triumph der »abweichenden Meinung«

Mit diesem Urteil wurde in Deutschland zum ersten Mal eine Lehre des amerikanischen Supreme Court bestätigt: dass die Minderheitenmeinung von gestern leicht zur Mehrheitsmeinung von heute werden kann.

1986 hatten sich die beiden »Abweichler« über zwei Blankoschecks im Mehrheitsurteil empört. Sie hielten damals fest, dass die steuerliche Abzugsfähigkeit von Höchstbeträgen (100 000 Mark) »außerhalb jeder Rechtfertigungsmöglichkeit« liege. Diese Summe sei rund dreimal so hoch wie das jährliche Durchschnittseinkommen der Deutschen.

Der zweite – nun ebenfalls kassierte – Sündenfall des alten Urteils betraf die Steuerbegünstigung von »juristischen Personen (Körperschaften)«. Dahinter, schrieben Mahrenholz und Böckenförde, stünden auch »natürliche Personen«. Und die wiederum erhielten auf diese Weise »gleichheitswidrig eine zusätzliche Möglichkeit der steuerbegünstigten Einflussnahme auf die politische Willensbildung, die den anderen Bürgern vorenthalten« sei. Einer der wichtigsten Sätze im neuen Urteil stand am Schluss. Er belegte, dass die acht Richter des Senats bei ihrer Beratung über alle Parteigrenzen hinweg Konsens erzielt hatten: »Die Entscheidung ist einstimmig ergangen.«

Auffallend am Urteil war auch die Eindringlichkeit, mit der die Richter an die Parteien appellierten, ihren Kontakt zum Volk nicht länger zu vernachlässigen. Die Begründung hatte einen fast beschwörenden Unterton. Die Parteien müssten »nicht nur politisch, sondern auch wirtschaftlich und organisatorisch auf die Zustimmung und Unterstützung der Bürger angewiesen bleiben«. Durch Subventionen dürfe ihnen »das Risiko des Fehlschlagens ihrer Bemühungen um eine hinreichende Unterstützung der Wählerschaft nicht abgenommen werden«. Sie dürften sich »der Bürgerschaft insgesamt nicht entfremden«.

Mit seinem Urteil wollte der Senat verhindern, »dass der Umfang der Staatsfinanzierung der Parteien weiter anschwillt«. Ein hoffnungsloses Unterfangen. Für manche Warnung war es ohnehin zu spät. Wenn der Bürger den Eindruck gewinne, befürchteten die Richter, »die Parteien ›bedienten‹ sich aus der Staatskasse«, müsste das »notwendig zu einer Verminderung ihres Ansehens« führen. Wohl wahr.

Der zweite Abtreibungsprozess

Anfang Dezember 1992 verhandelte der Zweite Senat über die Reform des Paragrafen 218 des Strafgesetzbuches, das Urteil erging am 28. Mai 1993.[29] Was da auf dem Richtertisch lag, war eine Rarität, ein für deutsche Verhältnisse einmaliger Kompromiss. Im Bundestag hatte es einen parteiübergreifenden Konsens gegeben, von den Linken über die Liberalen bis in die Reihen der Unionschristen. Vor allem war es ein Sieg der Frauen, besonders der aus dem Osten des Landes.

Der Einigungsvertrag, der die Regelung erzwang, hatte – so schien es – einen jahrzehntelangen Religionskrieg beendet. Doch die Abtreibungsgegner im konservativen Lager gaben sich nicht geschlagen. Sie spekulierten darauf, im Karlsruher Gericht jene Glaubensmehrheit zu finden, die ihnen im Parlament fehlte. Ein Ideologiestreit – und er betraf ausschließlich das weibliche Geschlecht. Da spielte schon eine Rolle, wer das Bundesverfassungsgericht anrief. Es waren 248 Unionsabgeordnete, 33 Frauen und 215 »gebärunfähige Männer«, wie die engagierten Frauen betonten. Das angegriffene Gesetz konnte sich nicht nur auf die Stimmen der Repräsentanten (355 dafür, 283 dagegen) stützen, sondern obendrein auf eine breite Zustimmung der Bürger. Für die Fristenlösung gab es Mehrheiten, eine ausreichende im Parlament, eine satte Dreiviertelmehrheit im Volk und unter den Frauen.[30]

Eine Rechtspflicht, das Kind auszutragen

Doch gerade die Frauen fühlten sich vor dem Prozess zunehmend verunsichert. In ihren Augen bot das Gericht mehr als einen Anlass für Argwohn. Sie fürchteten, dass einige der Verfassungsrichter in Sachen Abtreibung befangen sein könnten. Vier der acht Richter waren praktizierende Katholiken. Das konnte hier prozessentscheidende Bedeutung haben. Denn für Gläubige galt nach wie vor die Lehre des Vatikans: Abtreibung sei die »direkte und gewollte Tötung menschlichen Lebens«, sei »ein verabscheuungswürdiges Verbrechen«, sei »Mord«. Konnten da Katholiken ein Urteil mittragen, das sich auch nur in der Nähe eines Ja bewegte – noch dazu, wenn die Blicke aller Priester und Gläubigen auf sie gerichtet waren?

Drei der Richter hatten durch Bemerkungen oder vorangegangenes Engagement die Besorgnis der Befangenheit zusätzlich genährt. Dies alles provozierte den Widerstand engagierter Frauen. Sie bildeten eine Solidargemeinschaft und schrieben einen »offenen Brief« an das Gericht – einen Appell, wie ihn das Hohe Haus vorher noch nie erhalten hatte. Unterzeichnet hatten lauter prominente Frauen: Ministerinnen, Abgeordnete, Schauspielerinnen, Schriftstellerinnen und sogar eine leibhaftige Kirchentagspräsidentin. Auch die prozessbevollmächtigten Professoren regten eine Prüfung an. Doch der Zweite Senat befand, dass keiner der Richter befangen sei.

Die Ausgangslage schien klar. Alle juristischen Argumente waren ausgereizt, übrig blieben Ermessensfragen. Unter den Kontrahenten bestand Einigkeit, dass werdendes Leben geschützt werden muss. Jeder wusste zudem: Die Abtreibungszahlen lassen sich niemals auf null bringen, sondern nur reduzieren. Deshalb stritten Befürworter und Gegner des Gesetzes letztlich nur um die Prognose – welches der verschiedenen Modelle dient dem Lebensschutz besser?

Für den richtigen Weg gab es, wie die jahrzehntelange Diskussion in Deutschland und ein Blick über die Grenzen bewies, kein Patentrezept. Doch auch das zweite Karlsruher Abtreibungsurteil, das 1993 erging, trat mit dem Anspruch auf, eine Lösung gefunden zu haben. Das Votum der Mehrheit las sich, als ob es in Rom diktiert worden wäre. Es forderte kategorisch: Der Gesetzgeber erfülle seine Pflicht nur dann, wenn er der Frau »den Schwangerschaftsabbruch grundsätzlich verbietet und ihr damit die grundsätzliche Rechtspflicht auferlegt, das Kind auszutragen«.

Katalog mit 17 Befehlen

Den stärksten Widerspruch meldeten die beiden Richter Ernst Gottfried Mahrenholz und Bertold Sommer an. Ihre »abweichende Meinung« hob sich wohltuend von dem apodiktischen Anspruch der Mehrheitsrichter ab, die den Anschein erweckten, sie könnten das Mammutproblem bewältigen – mit einem Befehlskatalog, der in 17 Positionen die Schutz- und Beratungspflichten bis ins letzte Detail regelte.

Gegen solchen Allmachtsanspruch wirkten die Anmerkungen der beiden »Abweichler« geradezu feinnervig: Der Bundestag »kann sich der Problematik des Schwangerschaftsabbruchs mit einer besseren oder einer schlechteren Regelung nähern; ›lösen‹ kann er sie nicht; dem Staat ist hier die Selbstgewissheit zur ›richtigen‹ Gesetzgebung verloren gegangen«.[31]

Allein die personell unterschiedliche Zusammensetzung der beiden Karlsruher Senate erhellt, wie leicht Verfassungsrecht zu einer Variablen des Zufalls verkommen kann. So waren beim Abtreibungsprozess alle Insider überzeugt, dass die Fristenlösung den Ersten Senat, falls dieser zuständig gewesen wäre, mit einer satten Mehrheit, wenn nicht gar einstimmig, passiert hätte.

Anfang der neunziger Jahre rückte ein schleichendes Demokratiedefizit, das Eingeweihte längst kannten, ins öffentlich Bewusstsein. Es ließ sich nun nicht mehr übersehen: Das Grundgesetz war – aus edlen Motiven und Schritt für Schritt – ausgehöhlt worden. Der Wandel wurde durch eine Klage gegen den »Vertrag von Maastricht« deutlich: Die weithin unbekannte Verpflichtung, wesentliche deutsche Kompetenzen an Brüssel abzugeben, sollte nun noch erweitert werden. Plötzlich war ein verfassungsrechtliches Problem in aller Munde: Erlaubt Artikel 20 des Grundgesetzes (»Alle Staatsgewalt geht vom Volke aus«) den Verzicht auf wesentliche staatliche Kompetenzen – auf deutsche Gesetzgebung und eigene Währung?

Alle Macht an Europa?

Das Verfassungsgericht sollte die Antwort geben. War die letzte Instanz damit womöglich überfordert? Hätte der zuständige Zweite Senat überhaupt Nein sagen und die europäische Lokomotive, die schon unter Dampf stand, noch stoppen können? Nach den Regeln der juristischen Theorie wäre das natürlich möglich gewesen. Doch die Realität ist zumeist profan, auch in Karlsruhe. Wenn es hart auf hart kommt, beugen sich die Verfassungsrichter immer wieder mal der normativen Kraft des Faktischen, so auch diesmal. Sie wiesen am 12. Oktober 1993 die Beschwerden zurück.[32]

Damit gab das Gericht wesentliche Elemente seiner eigenen Rechtsprechung preis. Bisher galt als eherne Regel: Das Prinzip der Volkssouveränität garantiert dem Bürger »einen effektiven Einfluss auf die Ausübung von Staatsgewalt«; das Grundgesetz verlangt eine ununterbrochene Legitimationskette vom Volk zu den mit staatlichen Aufgaben betrauten Organen und Repräsentanten. Mit dem Maastricht-Urteil wurde aus der »Kette« ein dünner Faden.[33]

Allenfalls von rhetorischem Wert war daher der Leitsatz, mit dem die Richter ihre weiche Entscheidung schmückten. »Entscheidend ist«, mahnten sie folgenlos, »dass die demokratischen Grundlagen der Union schritthaltend mit der Integration ausgebaut werden und in den Mitgliedstaaten eine lebendige Demokratie erhalten bleibt«. Ein wenig erschrocken über die eigene Kühnheit fügten sie hinzu: Jedenfalls würden »die Entscheidungs- und Kontrollzuständigkeiten des Deutschen Bundestages noch nicht in einer Weise entleert«, die das Demokratieprinzip verletze.

Tangiert schien auch der Rechtsschutz für den Bürger. Das Urteil beruhigte: Durch die »Zuständigkeit« des Verfassungsgerichts sei »ein wirksamer Schutz der Grundrechte für die Einwohner Deutschlands auch gegenüber der Hoheitsgewalt der Gemeinschaften generell sichergestellt«. Zugleich räumte das Urteil aber ein: Da mit dem Europäischen Gerichtshof ein »Kooperationsverhältnis« bestehe, könne sich Karlsruhe »auf eine generelle Gewährleistung der unabdingbaren Grundrechtsstandards beschränken«. Eine Hypothek für die Zukunft: Es war der Beginn einer unterschwelligen Rivalität zwischen Karlsruhe und den beiden europäischen Gerichten, dem der EU und dem des Europarats.

Parteienfinanzierung, Schwangerschaftsabbruch, Maastricht – der Zweite Senat fand kaum Zeit zum Luftholen. Der Erste Senat konnte sich, nachdem er das Mammutthema Wiedervereinigung bewältigt hatte, wieder der lohnenden Aufgabe widmen, die Grundrechte weiterzuentwickeln – zugunsten der Schwachen im Land. An den zwei Urteilen, von denen hier die Rede sein soll, wurde ein Unterschied zwischen dem deutschen Bundesverfassungsgericht und dem amerikanischen Supreme Court besonders deutlich.

Hierzulande werden nur »Abweichler« persönlich erkennbar, anders als in den Vereinigten Staaten. Dort treten auch (und besonders) die Urheber eines Urteils namentlich hervor. Dass Richter, die jahrelang die Rechtsprechung wesentlich beeinflussen, anonym bleiben, wäre in Washington undenkbar. Im Ersten Senat zum Beispiel hatten vier Richter (Thomas Dieterich, Dieter Grimm, Jürgen Kühling und Helga Seibert) maßgeblichen Anteil an der dynamischen Weiterentwicklung der Grundrechte. Sie haben tiefe Spuren hinterlassen. Doch die Rolle, die jeder Einzelne gespielt hat, fiel unter das Beratungsgeheimnis.

Im ersten Fall wagten sich die Verfassungsrichter an die Grundfesten des Kapitalismus. »Das Besitzrecht des Mieters an der gemieteten Wohnung« sei »Eigentum« im Sinne des Grundgesetzes, verkündete im Mai 1993 der Erste Senat unter Vorsitz von Herzog. Ein starker Spruch. Erstmals wurden damit die Rechte von Mietern und Vermietern auf eine Stufe gestellt.[34]

Doch der Richterspruch war, wie der damalige Sprecher des Deutschen Mieterbundes, Ulrich Ropertz, zu Recht betonte, »keine Revolution im Mietrecht«; er habe »eher psychologische« und vor allem »rechtspolitische Bedeutung«. Tatsächlich findet durch so einen Spruch keiner eine ordentliche Bleibe zu einem erträglichen Preis; Wohnungsnot lässt sich, wo vorhanden, nicht durch juristische Definitionen, sondern nur durch wirtschaftspolitische Aktivitäten beseitigen.

Ein Effekt war allerdings unverkennbar: Mit ihrem Spruch korrigierten die Verfassungsrichter, postwendend, die Versäumnisse der Bonner Verfassungskommission, die wenige Tage zuvor ihre Arbeit beendet hatte. Dort waren alle Versuche, das Recht auf Wohnung im Grundgesetz zu verankern, an der konservativen Mehrheit gescheitert. Was die Kommission nicht zuwege brachte, ordnete nunmehr das Verfassungsgericht mit seiner Entscheidung verbindlich an: »Der Eigentumsschutz des Mieters unterscheidet sich in seiner Struktur nicht von demjenigen des Vermieters und Eigentümers.«

Das zweite bürgernahe Urteil betraf einen Fall aus der Provinz – einen, der sich damals Tag für Tag unzählige Male ereignete. Es begann im November 1982 in der Stadtsparkasse Cuxhaven. Ein Bankangestellter bat eine 21-jährige Fabrikarbeiterin um die Unterschrift auf einem Formular. Mit der Übernahme einer Bürgschaft wollte die junge Frau ihrem Vater, einem Immobilienhändler, einen Gefallen erweisen.

Als die Schulden des Mannes auf 2,4 Millionen Mark angewachsen waren, kündigte das Institut alle offenen Kredite – und versuchte, sich bei der Bürgin schadlos zu halten. Deren Schicksal, eine lebenslange Verschuldung, rührte den Bundesgerichtshof nicht. In diesem wie in einem Dutzend anderer Fälle entschied er unbeirrt: Vertrag ist Vertrag.

Doch mit der uralten juristischen Fiktion, dass im Geschäftsleben stets Gleiche mit Gleichen Kontrakte abschließen, machte das Bundesverfassungsgericht dann im Oktober 1993 endgültig Schluss.[35]

»Lebenslänglich« im Schuldturm

Das Gebot: Die Justiz ist »zur Inhaltskontrolle von Verträgen« verpflichtet, wenn diese »einen der beiden Vertragspartner ungewöhnlich stark belasten« und wenn sie »das Ergebnis strukturell ungleicher Verhandlungsstärke sind«. Nach Ansicht des Gerichts war für die Sparkasse von vornherein abzusehen, dass die junge

Frau »im Haftungsfall voraussichtlich bis an ihr Lebensende nicht in der Lage sein würde, sich aus eigener Kraft von der übernommenen Schuldenlast zu befreien«.

Für den Sinneswandel in Karlsruhe hatten sich zahllose Richter der unteren Instanzen eingesetzt. Rolf Bender, bis 1988 Vorsitzender Richter am Stuttgarter Oberlandesgericht, verglich das Schicksal der Armseligen im Schuldturm mit der Ausweglosigkeit von Lebenslänglichen. Selbst ihnen hätten die Verfassungsrichter zugebilligt, dass sie »eine konkrete und grundsätzlich auch realisierbare Chance haben« müssen, ihre Freiheit wiederzugewinnen. Im Verfassungsgericht verfolgte Thomas Dieterich diese Linie. Die Botschaft des Senats: Auch im Privatrecht dürfe »nicht nur das Recht des Stärkeren gelten«.

Im Juli 1993 ging die Amtszeit von Mahrenholz zu Ende. Erst konnten sich die Sozialdemokraten, die seinen Nachfolger benennen durften, auf keinen Kandidaten einigen. Dann blockierte die CDU ihren Vorschlag. Die Konsequenz: Mahrenholz musste neun Monate länger »dienen«. Zunächst wollte die SPD den ehemaligen Justizminister Jürgen Schmude auf den Posten hieven, Helmut Kohl hatte bereits intern zugestimmt. Doch dann liefen die SPD-Frauen gegen das Arrangement der Männer Front. Schmude zog seine Kandidatur zurück.[36]

Jutta Limbach ante portas

Der SPD-Vorstand entschied sich schließlich für die Juristin und stellvertretende SPD-Vorsitzende Herta Däubler-Gmelin. Wolfgang Schäuble, Chef der CDU/CSU-Fraktion, höhnte: Die Sozialdemokraten hätten ihre Auswahl nach den Riten »eines orientalischen Bazars« betrieben. Er verweigerte die Zustimmung der Union: Die Kandidatin sei als besonders profilierte Politikerin für einen Richterposten wenig geeignet. Ein unredliches Argument! Schäubles eigene Partei hatte immerhin, mit Duldung der SPD, drei nicht weniger profilierte Politiker zu Gerichtspräsidenten gemacht: Gebhard Müller, Ernst Benda und Roman Herzog.

Doch die Sozialdemokraten mussten klein beigeben – und einsehen: Eine notwenige Zweidrittelmehrheit lässt sich genauso wenig herbeizwingen wie die Zuneigung einer Frau.[37] Die SPD versuchte sich bei anderen Wahlen, etwa der zum Generalbundesanwalt, zu revanchieren. Die Drohgebärde blieb ohne Erfolg. Schließlich nominierte die Partei eine renommierte Rechtsprofessorin: Jutta Limbach, die gerade in Berlin erfolgreich als Justizsenatorin wirkte. Sie wurde gewählt und trat am 24. März 1994 ihr Amt als Vizepräsidentin an.[38] Bereits am 14. September wurde sie Nachfolgerin von Roman Herzog, der seit 1. Juli als Bundespräsident amtierte.

7

Probleme mit der Akzeptanz

Politiker proben den Aufstand

Die Präsidentschaft von Jutta Limbach
1994–2002

Sie hat Emanzipation gesellschaftsfähig gemacht: im Hörsaal, am Kabinettstisch und im höchsten deutschen Gericht. Ihr Name: Jutta Limbach. Zu besichtigen ist eine Frau, die sich »praktizierende Feministin« nennt, was ihr – weil sie als vollendete Dame auftritt – keiner so recht glauben mag. Sie steht auf keiner Barrikade. Die Defensive der Leisen liegt ihr so wenig wie die Offensive der Lauten, sie beansprucht Akzeptanz als Mensch, als weiblicher Mensch – und die bekommt sie auch.

Politisches Umfeld
1994–1998: 13. Bundestag
Bundeskanzler: Helmut Kohl (CDU)
Vizekanzler: Klaus Kinkel (FDP)
Koalition: CDU/CSU, FDP

Eine Kostprobe dieser Souveränität gab es, als sie 1989 ihre ersten Gehversuche in Karlsruhe unternahm. Sie war noch Senatorin für Justiz in Berlin, die »Justizpressekonferenz« (JPK) hatte eingeladen. Thema ihres Vortrages: Rechtspolitik »in einer rot-grünen Koalition«. Am Tag der Premiere trat Jutta Limbach vor ein Publikum, das reservierter nicht hätte sein können. Im »Winzerhaus« am Badischen Staatstheater warteten, gleichsam mit verschränkten Armen, lauter juristische Würdenträger auf ihren Vortrag. Die ganze »Residenz des Rechts« war versammelt, ein bisschen hochnäsig, wie jede Elite. Jutta Limbach sah darüber hinweg.

Doch die Vorurteile waren mit Händen zu greifen: Frau, Sozialdemokratin, Mitglied in einem ersten rot-grünen Kabinett. Unausgesprochen hing in der Luft: Da redete eine, die mit Schmuddelkindern spielte und Erinnerungen an eine alte Kalenderweisheit provozierte: »Sage mir, mit wem du umgehst, und ich sage dir, wer du bist.«

Die Diskussion verlief wie nach einem Lehrbuch der Dialektik. Alle Rollen waren besetzt: die des Überheblichen, der seine vermeintliche Autorität strapaziert, die des Arroganten, der ein Gefälle zwischen Referentin und Zuhörern suggeriert, und die des Plumpen, der kaum verhüllte Fangfragen stellt. Jutta Limbach, die sich selbst gern als »klein und unscheinbar« beschreibt, nutzte die Chance, die allen Unterschätzten zufällt. Sie ignorierte die ungalanten Zwischentöne. Ihre Antworten blieben kühl und sachlich. Wer ein Sensorium dafür hatte, konnte allenfalls eine feine Ironie heraushören – die Botschaft, dass mancher Frage, ihrer Polemik entkleidet, die Substanz fehlte.

Doch irgendwann schlug die Stimmung um. Die Erinnerung an Fundamente des Studiums, etwa an den »fairen Prozess«, wurde bei den »Herren der Schöpfung« wach. Sie bezeugten Respekt für eine Frau, die sich in die Höhle des Löwen gewagt und die Prüfung bestanden hatte. Es klang wie »summa cum laude«, als einer am Tisch murmelte: »Kaum zu glauben, wie sie – immer lieb und freundlich – jeden Widersacher mit ein paar intellektuellen Judogriffen auf die Bretter legt.« Der anhaltende Schlussbeifall gab dem neuen Verehrer recht. Tatsächlich war Jutta Limbach an diesem Abend als satisfaktionsfähig akzeptiert worden; sie hatte die »Residenz« erobert.[1]

Maßgeschneiderte Rolle

Sternstunden wie diese waren das Kapital, das Zinsen brachte, als sie 1994 endgültig nach Karlsruhe kam – und später Präsidentin des Bundesverfassungsgerichts wurde. Die frisch gebackene Richterin brauchte noch nicht einmal die sprichwörtlichen 100 Tage, um in ihre neue Rolle hineinzuwachsen. Der Generalverdacht, dass einer Politikerin die Richterrobe nicht stehen könnte, war schnell entkräftet. Die Rechtsgelehrte sprach dieselbe Sprache wie ihre neuen Kollegen, sie dachte in denselben Kategorien und sie beherrschte – dies besser als mancher andere – die Methode, aus Thesen und Antithesen Synthesen zu entwickeln. Kurzum: Sie fühlte sich in Karlsruhe schnell zu Hause, was auch daran liegen mochte, dass sie sich nur fünf Jahre in der Politik getummelt hatte – etwa die Zeitspanne, die ein Theoretiker braucht, um seine Weltsicht durch die Brille des Praktikers zu schärfen.

Jutta Limbach teilte damit eine biografische Erfahrung des großen Soziologen Ralf Dahrendorf: Sie war so lange wie nötig in der Politik, um das Gewerbe zu durchschauen – und so kurz wie möglich, um nicht der intellektuellen Verarmung anheimzufallen. Dabei kamen ihr freilich günstige Umstände zugute. Sie hatte, bis sie im Alter von 55 Jahren das erste politische Amt übernahm, den Beruf einer ordentlichen Professorin ausgeübt, und konnte, als sie mit 60 Verfassungsrichterin wurde, auf die geistigen Ressourcen dieser Jahre zurückgreifen. Das hieß: Sie durfte da weitermachen, wo sie fünf Jahre zuvor aufgehört hatte.

Mit jedem ihrer Auftritte fielen gängige Vorurteile, soweit noch vorhanden, in sich zusammen. Sie entsprach nicht der Vorstellung, die Zeitgenossen gemeinhin von einer Politikerin haben, aber auch nicht dem Bild, dass sich Männer wie Frauen vom Typ einer Frauenrechtlerin machen. Außerdem: Jutta Limbach verleugnete nie, dass sie ein normales Leben mit Mann und drei Kindern geführt hat, sie bekannte sich sogar zu diesem Dasein. Deshalb fiel es Frauen, unabhängig von Alter, Herkunft und Bildung, auch so leicht, sich mit ihr zu identifizieren.

Schwarzer Tag für Pazifisten

Im Zweiten Senat musste sie nahtlos fortsetzen, was ihr Vorgänger Mahrenholz begonnen hatte – den Mammutprozess um die Auslandseinsätze der Bundeswehr. Diese letzte Phase war bitter für Deutschlands Pazifisten, sie erlebten den 12. Juli 1994 als schwarzen Dienstag. Sie hatten schon die Wiederbewaffnung der Republik nicht verhindern können. Nun mussten sie ihre Hoffnung, dass sich Deutschland wenigstens aus den internationalen Konflikten heraushalten könnte, auch noch begraben. Endgültig. Der Zweite Senat des Bundesverfassungsgerichts billigte die Auslandseinsätze der Bundeswehr – mit dem Vorbehalt, dass der Bundestag in jedem Fall zustimmen müsse.[2]

Dem Urteil waren komplizierte Kontroversen und langwierige Beratungen im Gericht vorausgegangen. In Karlsruhe lagen zwei Anträge auf dem Tisch, einer von der SPD, einer von der FDP. Die erste mündliche Verhandlung, im April 1993, hatte noch Vizepräsident Mahrenholz geleitet, das Urteil verkündete dann Jutta Limbach 15 Monate später.

Ihre Kollegen hatten in den Monaten zuvor das Schauspiel einer heillos zerstrittenen Bundesregierung erlebt. CDU und FDP waren uneins. Nun versuchten sie, die Verfassungsrichter zu instrumentalisieren.

Sie sollten, forderte die FDP, mit einer einstweiligen Anordnung das Mitfliegen deutscher Soldaten in den Fernaufklärern stoppen. Es ging um die Beteiligung am Militäreinsatz der UNO in Bosnien, das Ganze entpuppte sich als Scheinprozess. In Wahrheit wünschten sich die Liberalen lediglich ein Gutachten, das die Verfassungsfrage klärte. Weil diese Möglichkeit jedoch 1956 abgeschafft worden war, musste die Bonner FDP-Fraktion klagen und behaupten, durch den Regierungsbeschluss in ihren Rechten verletzt worden zu sein.

Koalition auf der Kippe

Tatsächlich hätten die liberalen Abgeordneten ihre Rechte sehr wohl selbst wahrnehmen und um eine parlamentarische Mehrheit für ihre Auffassung kämpfen können. Richter Böckenförde ärgerte den Prozessführer der Liberalen, den FDP-Fraktionsvorsitzenden Hermann Otto Solms, mit der Frage: »Wollen Sie nun den Beschluss zu Fall bringen, oder wollen Sie ein Gutachten von uns?« Fragefreudig wie selten trieben die Richter beide Prozessparteien in die Enge.[3] Die CDU-Minister wurden mit dem Vorhalt bedrängt, dass die Kohl-Regierung, immerhin seit 1982 im Amt, offiziell immer genau jene Verfassungsposition vertreten habe, die nun in Karlsruhe von der FDP vorgetragen werde. Detailliert zitierten Böckenförde und Mahrenholz aus Erklärungen Helmut Kohls, der noch zwei Jahre zuvor jede Beteiligung deutscher Truppen an Kriegseinsätzen »aus bekannten verfassungsrechtlichen Gründen« ausgeschlossen hatte. FDP-Mann Solms kam noch stärker unter Druck. Als Mahrenholz bohrte und fragte, ob sich auch die Koalitionsfrage stelle, musste Solms Farbe bekennen. Er nickte und murmelte, kaum hörbar: »Ja.«

Frieden schaffen mit deutschen Waffen

Das erklärte den bizarren Prozess: Die FDP wollte, ohne den Platz an der Sonne zu riskieren, ihr rechtliches Gewissen beruhigen. Dies mit gutem Grund: Ihre Frage, ob nicht die Beteiligung deutscher Soldaten beim Einsatz über Bosnien nur nach Änderung des Grundgesetzes (mit Zweidrittelmehrheit) möglich sei, hatte besonderes Gewicht. Dazu berief sich die FDP auf Artikel 87a, der »außer zur Verteidigung« einen Einsatz der Bundeswehr nur vorsieht, »soweit dieses Grundgesetz es ausdrücklich zulässt«. Eine solche ausdrückliche Erlaubnis hatten die Liberalen nirgendwo in der Verfassung gefunden. Sie rügten – ebenso wie die klagenden Sozialdemokraten – die Eigenmächtigkeit der Regierung bei den Einsätzen der Bundeswehr in Bosnien und Somalia.

Die Bürger mussten mit einem Wechselbad der Gefühle fertigwerden.

Alle friedlichen Utopien hatten sich in nichts aufgelöst. Nach dem Krieg waren die Deutschen zehn Jahre lang ein waffenfreies Volk. Keine Uniformen, keine Fahnen, keine Generäle! Das Grundgesetz wurde erst im März 1956 um eine »Wehrverfassung« ergänzt. Doch das darin verankerte Versprechen (nur zur Verteidigung) beruhigte die Gemüter. Keiner kam auf die Idee, diesen Begriff weit auszulegen. Doch Papier ist geduldig, wie die ersten Auslandseinsätze zeigten. Inzwischen wird, sagen Politiker, »Deutschlands Freiheit am Hindukusch verteidigt«.

Das Karlsruher Blauhelm-Urteil besiegelte das Ende der außenpolitischen Zurückhaltung Deutschlands. Im Auftrag der Vereinten Nationen durften die Deutschen fortan überall bei humanitären Missionen und Kampfeinsätzen mitmachen, wenn nicht als Weltpolizist, so doch wenigstens als Hilfssheriff.[4] Nun galt die Devise: Frieden schaffen mit deutschen Waffen! Die Zeit, in der sich die Bundesrepublik in einer Nische ausruhen und mit einem Scheck freikaufen durfte, fand jäh ihr Ende. Die Verfassungsrichter definierten die Rolle Deutschlands in der Welt neu: Die Bundeswehr dürfe, so lautete der Kernsatz des Urteils, die mit der Zugehörigkeit zu einem System der kollektiven Sicherheit »typischerweise verbundenen Aufgaben« übernehmen. »Zur Wahrung oder Wiederherstellung des Friedens« müssten die Mitgliedstaaten »auch militärische Mittel zur Verfügung« stellen« – und »als Ultima Ratio gegen einen Friedensstörer« vorgehen«.[5]

Die Bundeswehr – ein »Parlamentsheer«

Das Urteil verkündete eine Sensation. Es klärte die Kompetenzen, zulasten der Regierung: »Der Einsatz bewaffneter Streitkräfte bedarf grundsätzlich der vorherigen konstitutiven Zustimmung des Bundestages.«[6] Das Grundgesetz sei darauf angelegt, »die Bundeswehr nicht als Machtpotenzial allein der Exekutive zu überlassen«, sondern als »Parlamentsheer« in die demokratisch rechtsstaatliche Verfassungsordnung einzufügen – das heiße: »dem Parlament einen rechtserheblichen Einfluss« zu sichern. Grünes Licht für Auslandseinsätze. Strenge Kontrolle durch den Bundestag. Die Bundeswehr verwandelte sich mit einem Schlag. Nun war es wieder lebensgefährlich, Soldat zu sein.

Die Auslandseinsätze der Bundeswehr waren Jutta Limbachs erste Herausforderung in Karlsruhe. Sie musste als Vorsitzende des Zweiten Senats sofort ins Geschirr. Nicht nur das: Sie stand auch ganz schnell, gleichsam als Schattenpräsidentin, an der Spitze des Gerichts. Roman Herzog stellte sich derweil überall im Land als Kandidat für das Amt des Bundespräsidenten vor, am 23. Mai

1994 wurde er gewählt, am 30. Juni endete, auch offiziell, seine Dienstzeit in Karlsruhe.

Jutta Limbach versah, stellvertretend, die Geschäfte. Sie wurde am 7. September 1994 zur Präsidentin des Gerichts gewählt. Ihre offizielle Amtseinführung fand später statt, mit einem Festakt am 18. November. Die versammelte politische Prominenz feierte an diesem Tag noch ein anderes Ereignis. Bernd Seite, der Vizepräsident des Bundesrats, gab in seiner Begrüßung, eher ungewollt, das Stichwort. Er sagte unter Gelächter: »Die Frauen sind im Vormarsch, das schadet nicht.«[7] (Die stolze Frauenquote von 31 Prozent war allerdings nicht von Dauer.)

Das Ende der »Schneewittchensenate«

Tatsächlich bestand das Gericht von diesem Tag an aus fünf weiblichen und elf männlichen Mitgliedern. Eine Zäsur. Jahrzehntelang gab es immer dasselbe Foto mit der Unterschrift »Gruppenbild mit Dame«. Es folgte, kleiner Fortschritt, das Wortspiel »Schneewittchensenate« – in jedem der beiden Senate saßen (wie Schneewittchen mit den sieben Zwergen) sieben Richter und eine Richterin. Die deutliche Vermehrung hatte mit der Lücke zu tun, die Herzog hinterließ. Er musste dreimal ersetzt werden: als Präsident (durch Jutta Limbach), als Richter (durch die erste CDU-Frau, Evelyn Haas), als Vorsitzender (durch den zum Vizepräsidenten beförderten Richter Johann Friedrich Henschel).

Die beiden neuen Frauen verstärkten die vorhandene Damenriege, die aus der parteilosen Karin Graßhof (Zweiter Senat) sowie den Sozialdemokratinnen Helga Seibert und Renate Jaeger (Erster Senat) bestand. Helmut Kerscher beschrieb in der »Süddeutschen Zeitung« den »protokollarischen Drahtseilakt« der Feierstunde.[8] Wie würde, fragte er, der alte Gerichtspräsident Herzog vom neuen Bundespräsidenten Herzog »in den wohlverdienten Ruhestand verabschiedet werden«? Herzog apostrophierte die »Pikanterie« und entledigte sich der Aufgabe elegant wie immer. Er könne sich »ja nicht gut selbst verabschieden«, sagte er – und fügte hinzu, »dass er natürlich seine Verdienste kenne und auch seine Fehler, über die er aber jetzt nicht reden wolle«.

Der Festakt am 18. November, einem Freitag, hatte den Karlsruher Alltag kurz unterbrochen. Am Montag ging das Gericht wieder seinen normalen Geschäften nach: Verfassungsbeschwerden und Normenkontrollklagen, Urteilsentwürfe, Beratungen, Textkorrekturen. Von dieser Arbeit in der Stille erfuhr die Öffentlichkeit in unregelmäßigen Zeitabständen – immer dann, wenn eine »große Sache« anstand.

Die Aufarbeitung der SED-Diktatur

Im Mai 1995 war es wieder so weit. Der Kalte Krieg war, fünf Jahre nach seinem Ende, bei der höchsten Instanz in Karlsruhe angekommen. Ohne die alte Dynamik. Der Pulverdampf hatte sich verzogen. Doch die Rechtsprobleme, um die es ging, waren immer noch emotional aufgeladen. Nun, im Mai 1995, musste der Zweite Senat des Bundesverfassungsgerichts die letztlich entscheidende Frage beantworten: Was sollte – strafrechtlich gesehen – mit den Chefspionen der untergegangenen DDR geschehen?[9] Die Antikommunisten aller politischen Lager führten den Kampf gegen das unheimliche »Ministerium für Staatssicherheit« (MfS) unerbittlich fort. Sie wollten vor allem die beiden Spitzenfunktionäre Markus Wolf und seinen Nachfolger Werner Großmann hinter Gittern sehen.

Den rigiden Strafverfolgern standen logische, vielleicht auch ein paar moralische Einwände im Wege: Gab es Gründe, die Spionage der Verlierer für verwerflicher zu halten als die Spionage der Sieger? Der Bundesjustizminister half den Zweiflern aus ihrer Verlegenheit. Er schrieb, vom Gericht um eine Stellungnahme gebeten: »Die unterschiedliche Behandlung vom Agenten des MfS und solchen Agenten, die im Dienst der Bundesrepublik gestanden hatten, folge aus der grundsätzlich verschiedenen Zielrichtung der Aufklärungsdienste.«[10] Die einen – die Guten – seien zum »Schutz« der

Bundesrepublik tätig geworden, die anderen – die Bösen – hätten mit ihrer »Aufklärungsarbeit« die Bundesrepublik »gefährdet«.

Was da zum Vorschein kam, war nicht juristische Stringenz, sondern deutsche Beschränktheit. Einen Gedanken wagten die Ministerialen offenbar nicht zu denken, geschweige denn auszusprechen: Dass das zweitälteste Gewerbe der Welt um keinen Deut moralischer ist als das älteste. Honorige Spione und edle Dirnen kommen nur in Romanen vor. Beide konnten deshalb so gut überleben, weil sie von der doppelten Moral ihrer Kundschaft profitierten.

Mit dem Zynismus Cäsars, er »liebe den Verrat, hasse aber den Verräter«, mussten die Geheimdienste seit eh und je leben.[11] Das erklärte auch den reibungslosen Austausch von östlichen und westlichen Spionen auf der Glienicker Brücke zwischen Westberlin und Potsdam. Doch der Kalte Krieg war zu Ende. Nun, in der moralischen Grauzone, ergriffen die Pharisäer das Wort – und beanspruchten die Deutungshoheit über Gut und Böse.

Böser Ostagent, guter Westagent

Das Verfassungsgericht, das versuchte, über die Strafbarkeit der DDR-Spionage Klarheit zu schaffen, drückte sich um ein Werturteil herum. Den Mut, das ethisch gleichermaßen Verwerfliche, Verrat hüben wie drüben, auf eine Ebene zu stellen, brachten die Verfassungsrichter nicht auf. Konsequent hätten die Karlsruher es als Verstoß gegen den Gleichheitssatz des Grundgesetzes rügen müssen, dass der ehemalige DDR-Spionagechef Markus Wolf (vom Oberlandesgericht Düsseldorf zu sechs Jahren verurteilt) in den Knast sollte, der frühere BND-Präsident Klaus Kinkel aber erst Justiz- und dann Außenminister werden durfte.

Einmal klang dieses Dilemma im Urteil an. »Mit der Vereinigung der beiden wechselseitig Spionage betreibenden und erleidenden deutschen Staaten«, beklagten die Richter, »tritt die den Spionagestraftatbeständen latent innewohnende, ihren Unrechtsgehalt charakterisierende Eigentümlichkeit zutage.« Eigentümlich ist das allemal: Das Unrecht der Spionage sei, so die Richter, nur relativ. Sie sprachen von »rechtlicher Ambivalenz«. Cäsar hätte es so fein nicht ausdrücken können: Da der ausgespähte Staat »selbst Spionage betreibt«, hieß es an einer Stelle, »rechtfertigt sich sein Strafanspruch gegenüber ausländischen Spionen nicht aus einem allgemeinen sozialethischen Unwerturteil über die Spionagehandlungen als solche«.

Nach dieser Logik gibt es eigentlich überhaupt keine »schlechten« Spione. Doch zur schlichten Wahrheit, dass die Agenten der anderen auch nicht böser sind als die eigenen, konnten sich die Verfassungsrichter nicht durchringen. Statt sich auf das Gebot der Gleichbehandlung in Artikel 3 des Grundgesetzes zu berufen, zogen sich die Richter auf einen unverdächtigen juristischen Obersatz zurück, der beliebige politische Argumentation erlaubt: das Gebot der Verhältnismäßigkeit.

Amnestie durch die Hintertür

Danach soll »staatliches Strafen auf mehreren Ebenen der aus dem Rechtsstaatsprinzip geforderten Verhältnismäßigkeitsprüfung unterworfen« sein. Den Karlsruhern erschien eine Bestrafung von Wolf und Genossen unverhältnismäßig. Denn die hätten auf den Schutz ihres Staates vertraut, der »ihre Tätigkeit – in Übereinstimmung mit der Völkerrechtsordnung – rechtfertigte, sie förderte und belohnte«.

In dem Urteil steckte eine fatale Ungerechtigkeit: Der indirekte Freispruch galt den Agentenführern, die aus Ostberlin die Spionage dirigierten, die DDR dabei aber nicht verlassen hatten; er galt aber nicht für ihre Gehilfen, die sie ins Feuer geschickt hatten. Da lag der Gedanke an eine Amnestie nahe.

Den hatten, eher widerwillig, auch die drei überstimmten Verfassungsrichter geäußert – in einer »abweichenden Meinung«, die das Urteil der Kollegen scharf kritisierte: besonders deshalb, weil das Mehrheitsvotum »in seinen Wirkungen einer Amnestie« gleichkomme. Damit hatten sie vermutlich sogar recht. Doch das Resultat war ersichtlich so gewollt. Zu einem ähnlichen Schluss kam der Journalist Heribert Prantl, der das Ganze als »Höhepunkt eines vierjährigen Justizkrimis« empfand.[12] Das Urteil sei »mehr als ein Freispruch«, sei »eine Sensation«. In der Karlsruher Entscheidung »stecken Hunderte von Freisprüchen«, »ja noch mehr: In diesem Beschluss steckt eine Amnestie der DDR-Spione«.

»Soldaten sind Mörder«: das Urteil zum Zitat

Jutta Limbachs Amtszeit stand zu Beginn unter keinem günstigen Stern. Das Gericht war – ohne ihr Zutun – in die schwerste politische Krise seiner Geschichte geraten. Steine des Anstoßes waren vier Urteile des Ersten Senats, gegen die das konservative politische Lager Sturm lief. Es begann mit einem Beschluss, den die dritte Kammer des Ersten Senats am 19. September 1994 veröffentlicht hatte. Er lief unter dem Schlagwort »Soldaten sind Mörder« durch die Medien.[13]

Ein Routinefall: Die Verurteilung eines Pazifisten wegen Beleidigung der Bundeswehr war aufgehoben und zu erneuter Verhandlung an die Vorinstanzen zurückverwiesen worden. Der Spruch verursachte ein Erdbeben. Hans Dietrich Genscher (FDP) sprach von einem »Skandal-Urteil«.[14] Es verletze die Menschenwürde der Soldaten und stelle sie moralisch vogelfrei. Bundesverteidigungsminister Volker Rühe (CDU) stimmte ein: Der Spruch sei »weder nachvollziehbar noch akzeptabel«.[15]

Klaus Kinkel zeigte sich »bestürzt wegen der Gerichtsentscheidung«.[16] Er sage das »unabhängig von der rechtlichen Bewertung und Begründung, die man sich noch genau ansehen muss«. Was er sich offenbar für später vorbehielt, hätte der langjährige Kronjurist des Kabinetts tun sollen, bevor er sein Verdikt abgab.

Dann hätte er festgestellt, dass es sich um einen Fall von rührender Harmlosigkeit handelte – um die Geschichte eines Pazifisten, der während des Golfkrieges im Jahr 1991 an seinem Kraftfahrzeug einen Aufkleber mit dem Tucholsky-Zitat (»Soldaten sind Mörder«) angebracht hatte, daneben zwei weitere, einen mit der Friedensparole »Schwerter zu Pflugscharen«, einen anderen mit dem berühmten Foto des von einer Kugel getroffenen Soldaten, der in einer Sprechblase »Why?« fragt. Der deshalb verurteilte Friedensfreund trug in Karlsruhe vor: Er habe das Unrecht des Golfkrieges anprangern wollen. Aus dem »Ensemble der Aufkleber« gehe klar hervor, dass die Soldaten »nicht nur als Täter, sondern auch als Opfer« dargestellt werden sollten.

Der Erste Senat erinnerte an Artikel 5 des Grundgesetzes: Die Strafrichter hätten prüfen müssen, ob es sich im konkreten Fall um »eine scharfe Missbilligung des Tötens im Kriege allgemein oder einen Ausdruck der Missachtung gegenüber den Soldaten der Bundeswehr« gehandelt habe. Alles in allem eine Entscheidung von seltener Klarheit: Kein Freibrief für Beleidigungen der Bundeswehr, noch nicht mal ein Freispruch für den Pazifisten, sondern lediglich der Appell an die Vorderrichter, den Fall nach den Regeln der juristischen Kunst noch einmal zu überprüfen. Skandalös war nicht das Karlsruher Votum, sondern das Echo der Bonner Politiker, die über den Spruch hergefallen waren, ohne ihn zu lesen.

Die Ignoranten fanden es empörend, dass nur drei Richter (eine Kammer) die Entscheidung gefällt hatten. Sie wurden zufriedengestellt. Im Oktober 1995 tagte der Senat in einem Parallelfall in voller Besetzung – und kam mit einer 5:3-Mehrheit zum selben Ergebnis. Das missfiel ausgerechnet den Politikern, die Jahrzehnte davon profitiert hatten, dass konservative Mehrheiten die Rechtsprechung dominierten. Das Lamento: Wenn es um die Ehre der Soldaten gehe, reiche die knappe Mehrheit nicht aus.[17]

Die dritte Karlsruher Entscheidung, die hohe Wogen schlug, betraf ein Reizthema. Es ging um die Frage, ob die Hardliner in der Politik und in Teilen der Justiz recht hatten mit einem apodiktischen Unwerturteil. Ihr Verdikt: Sitzblockaden, etwa gegen amerikanische Atomraketen auf deutschem Boden, seien verwerfliche Gewalt und damit strafbar.

Die vorangegangenen politischen Debatten und widersprüchlichen Urteile hätten Lenin begeistert. Sie passten zu seiner Vorstellung von deutschen Revolutionären, die sich erst eine Bahnsteigkarte kaufen, bevor sie den Bahnhof stürmen. Zu diesem Bild gehört der »Klassenfeind«, der mit der Knipszange bereitsteht. Beide Kontrahenten erlebten in den achtzigerJahren eine realsatirische Überhöhung. Da taten die Weltveränderer gar nichts mehr, sie setzten sich einfach auf die Straße. Und weil die Ordnungshüter so viel Friedfertigkeit für ein besonders abgefeimtes Täuschungsmanöver hielten, schlugen sie vorsichtshalber mit der Keule des Strafrechts zurück. Ihr Ziel: Reinhaltung der Straße.

Hitlers »gesundes Volksempfinden« stand Pate

Mit diesem bequemen Freund-Feind-Schema war es nun zu Ende. Das höchste Gericht hatte im Januar 1995 entschieden: Sitzblockaden seien nicht als Nötigung im Sinne des Strafgesetzbuches (Paragraf 240) anzusehen, also kein kriminelles Unrecht. Zur Debatte stand, ob die weite Auslegung des Gewaltbegriffs dem Gebot der Bestimmtheit genügt, das die Verfassung verlangt. Bei zwei vorangegangenen Entscheidungen, 1986 und 1987, hatte das Gericht wegen Stimmengleichheit (4:4) einen Verfassungsverstoß nicht feststellen können. Nunmehr, 1995, revidierte es (5:3) diese Ansicht.[18]

Die Richtermehrheit im Ersten Senat rügte, dass der Begriff »Verwerflichkeit« in der Rechtsprechung kontinuierlich ausgeweitet worden sei. Danach habe Gewalt »nicht den unmittelbaren Einsatz körperlicher Kräfte« vorausgesetzt; es reichte vielmehr, »dass der Täter nur mit geringem körperlichen Kraftaufwand einen psychisch determinierten Prozess« in Gang setzte. Was schließlich dabei herauskam, war die »Vergeistigung oder Entmaterialisierung des Gewaltbegriffs«.

Dieses Endprodukt hat viel mit deutschem Untertanengeist zu tun. Der Gewaltbegriff wurde von der Justiz malträtiert. Dazu in Stichworten: Das alte Reichsgericht war mit der deutschen Sprache noch bürgernah umgegangen und hatte in der »Gewalt« ganz schlicht »Anwendung körperlicher Kräfte« gesehen. Hitlers Juristen erweiterten den Begriff um einen Gesinnungstatbestand. Sie bezeichneten Gewalt als rechtswidrig, wenn sie dem »gesunden Volksempfinden« widersprach. Deutschlands Nachkriegsgesetzgeber wechselte bloß das Etikett aus und ersetzte »gesundes Volksempfinden« durch »Verwerflichkeit«.[19]

Vergeistigung der Gewalt

Das hieß: Wegen »Nötigung« machte sich seitdem strafbar, wer »einen anderen rechtswidrig mit Gewalt zu einer Handlung, Duldung oder Unterlassung nötigt« – vorausgesetzt, dass die Gewalttat »zu dem angestrebten Zweck als verwerflich anzusehen ist«. Die Strafrichter des Bundesgerichtshofs erkannten schnell, dass der Paragraf bei politisch motivierten Tätern, die sich von hehren Beweggründen geleitet sehen, nicht griff. Sie feilten an dem Tatbestand so lange herum, bis sie eine Sprachregelung erdacht hatten, die sich als Allzweckwaffe verwenden ließ. Da friedlichen Sitzblockaden anders nicht beizukommen war, erfanden sie etwas Neues: die »Vergeistigung« der Gewalt. Dann gingen sie noch einen Schritt weiter und machten die Gewalt von der Psyche der Adressaten (etwa der Bewacher von Atomraketen) abhängig: wenn die eine Behinderung als Gewalt empfanden, war es auch eine.

Bei dieser extensiven Interpretation, so die Verfassungsrichter, lasse sich nicht mehr mit der vom Grundgesetz verlangten Sicherheit voraussehen, welches Verhalten verboten sein soll und welches nicht. Deshalb stutzten sie die Sitzblockade auf Normalmaß zurecht: keine Straftat, allenfalls eine Ordnungswidrigkeit. Die Fraktion, die »Gesetz und Ordnung« auf ihre Fahnen geschrieben hatte, war über den Spruch empört. Er erzeuge »Rechtsunsicherheit«, sagte CDU-Generalsekretär Peter Hintze; seine Partei widersetze sich entschieden einer »Verwässerung des Gewaltbegriffs«.[20]

Das »Kruzifix«-Urteil und die Folgen

Im Mai 1995 entschied der Erste Senat: »Die Anbringung eines Kreuzes oder Kruzifixes in den Unterrichtsräumen einer staatlichen Pflichtschule, die keine Bekenntnisschule ist, verstößt gegen Artikel 4, Absatz 1 des Grundgesetzes.«[21] Am 10. August 1995, dem Tag, an dem die höchstrichterliche Interpretation der »Glaubens- und Gewissensfreiheit« verkündet wurde, erlebte die Republik ein Inferno. Als einer der Ersten rief der stellvertretende CSU-Vorsitzende Ingo Friedrich offen zum Boykott auf. Er forderte: Bayerische Behörden sollten die Karlsruher Entscheidung einfach ignorieren. Sein Parteikollege Sepp Ranner, Landtagsabgeordneter aus Bad Aibling, ging noch einen Schritt weiter. Er kündigte den Karlsruher Richtern im »Oberbayerischen Volksblatt« Prügel an.[22] Die anderen Parteigrößen standen ihm nicht nach.

Eine kleine Blütenlese: Der Münchner CSU-Vorsitzende Peter Gauweiler fragte, »ob sich das Volk von diesen juristischen Kaziken« wirklich »alles bieten lassen« müsse. Er empfahl unverhohlen den Rechtsbruch: »Es wird eine interessante Prüfung für den Feigheitsgrad unserer Politik sein, ob dieser Spruch tatsächlich vollstreckt wird.«[23] Hans Maier, bayerischer Kultusminister a. D., sprang ihm zur Seite: »Gegen den puren Unsinn und Übermut auch der höchsten Gerichte ist Widerstand geboten.«[24] Was Theo Waigel (CSU) von sich gab, kam der Nötigung eines Verfassungsorgans sehr nahe: Die Richter müssten sich fragen lassen, »ob sie mit dieser Entscheidung nicht auch die Hand an die Wurzel ihres eigenen Gerichts gelegt haben«.[25]

In jenen Tagen führte Ministerpräsident Edmund Stoiber (CSU) – sei es in Interviews, sei es am Rednerpult, sei es vor der geschichtsträchtigen Feldherrnhalle – dem Volk vor, wie sich Rechtsungehorsam als Straßentheater und zugleich als Lehrstück inszenieren lässt. Er gab, mit dem Segen des Episkopats, für alle Mitwirkenden die Losung aus: »Wir respektieren das Karlsruher Urteil, aber wir werden es inhaltlich nicht akzeptieren.«[26]

Offensichtlich war, dass es sich um einen Spruch handelte, den vor allem Katholiken nur schwer nachvollziehen konnten. Doch das liegt in der Natur höchstrichterlicher, kontradiktorischer Entscheidungen, dass jeweils die unterlegene Seite mit wütenden Protesten reagiert. Und das darf sie auch. Im konkreten Fall versank das Gericht unter Bergen von Post. Doch auf die Idee, einem Urteil des Bundesverfassungsgerichts die Gefolgschaft zu versagen, war vor den Aufrührern der CSU noch niemand gekommen.

Münchner »Verfassungsverächter«

Was da im Herbst 1995 geschehen ist, brachte der renommierte Bielefelder Geschichtsprofessor Hans-Ulrich Wehler auf den Punkt: »Die Polemik läuft auf einen Appell zum Verfassungsbruch hinaus.«[27] Die neuen »Verfassungsverächter« gehörten zu dem Kreis, der unaufhörlich vor der PDS warne. Doch »im Vergleich« sei diese Partei »bei Weitem nicht so gefährlich für das gesamte Gemeinwesen wie die hinter der Fassade bürgerlicher Wohlanständigkeit agierenden Advokaten des gekränkten Volksempfindens«.

Theo Waigel gehörte dazu. Auch er hatte im »Bayernkurier« kaum verhüllt zum Widerstand gegen das höchste deutsche Gericht aufgerufen. Doch dessen vermeintlicher Angriff gegen die Werte des christlichen Abendlandes war nicht der einzige Grund für seine Antipathie. Er fühlte sich auch als Bonner Finanzminister tangiert. Ob Zinsbesteuerung oder Existenzminimum – seit Waigel für Steuern zuständig war, hatte ihn Karlsruhe immer gezwungen, neue Gesetze zu erlassen oder alte zu verbessern.[28]

Im August 1995 bescherte ihm das Bundesverfassungsgericht neues Ungemach. Der Zweite Senat kassierte wesentliche Regeln der Erbschafts-, Schenkungs- und Vermögenssteuer; sie seien mit dem Grundgesetz nicht vereinbar.[29] Das Urteil beseitigte eine Ungleichheit von dramatischen Dimensionen. Weil der Grundbesitz niedrig veranschlagt wurde, zahlten die Eigner und Erben winzige Beträge, die Besitzer von Geldvermögen oder Aktienpaketen dagegen mussten bluten.

Die treibende Kraft im Gericht war ein Richter, der den Unionschristen sogar nahestand: Paul Kirchhof. In ihm sah Otto Graf

Lambsdorff, ein Wortführer der Liberalen, den »obersten Steuergesetzgeber der Bundesrepublik«. Tatsächlich hatte der Heidelberger Professor für Steuerrecht, der im Zweiten Senat für »seine« Materie zuständig war, die Regierenden immer wieder angetrieben, das Steuerrecht zu reformieren.[30]

Der Einfluss »interessierter Kreise«

Bei der Erbschafts- und Vermögenssteuer war der Handlungsbedarf unübersehbar. Der Fiskus veranschlagte Immobilien nach sogenannten »Einheitswerten«, die weit unter dem Preis lagen, der auf dem Markt zu erzielen gewesen wäre. Ein Fall aus Norddeutschland illustrierte den Widersinn dieser Berechnungsmethode. Da schenkte ein Vater seiner Tochter eine Million Mark – Schenkungssteuer: rund 91 000 Mark. Um das zu vermeiden, überwies er ihr das Geld mit der Auflage, ein teures Grundstück zu kaufen. Die Geldschenkung verwandelte sich in eine »mittelbare Grundstücksschenkung«. Maßstab der Besteuerung war nun der Einheitswert von 118 600 Mark – Schenkungssteuer: 858 Mark.

War es mit dem Gleichheitsgebot zu vereinbaren, dass dieselbe »Bereicherung« der Beschenkten zu einer Steuerforderung von 858 Mark oder 91 000 Mark führte, je nachdem, ob die juristischen Berater des Vaters eine Geldschenkung oder eine Grundstückschenkung konstruierten? Die Frage stellen, hieß sie beantworten. Dieses Missverhältnis war dem Bundesfinanzhof schon vor Jahren aufgefallen. »Es ist gerichtsbekannt, dass das Scheitern der Bemühungen um eine Reform der Einheitswerte auf den Wunsch interessierter Kreise zurückzuführen ist«, schrieben die Münchener Steuerrichter in einer Entscheidung. Diese »interessierten Kreise« identifizierte der hannoversche Finanzrichter Michael Balke als »Großgrundbesitzer und deren Lobbyisten«.[31]

Ihnen wurde auch nach dem Karlsruher Spruch kein Haar gekrümmt. Die Regierenden hätten, um die Gleichbehandlung sicherzustellen, den Grundbesitz so hoch belasten müssen wie das Kapitalvermögen. Sie konnten aber, der Einfachheit halber, zumindest auf die Vermögenssteuer auch ganz verzichten – Gleichheit auf dem kleinsten gemeinsamen Nenner. Sie gingen diesen bequemen Weg, womöglich deshalb, weil das Urteil komplizierte Vorgaben zur Ermittlung von Vermögen enthielt, die selbst im Senat umstritten waren (Richter Böckenförde hatte heftig opponiert). Wie auch immer: Das Gericht hatte den Gesetzgeber verpflichtet, bis Ende 1996 eine Neuregelung zu treffen. Die Frist verstrich, eine Vermögenssteuer wird seitdem nicht mehr erhoben. Die Reform der Erbschaftssteuer ließ lange auf sich warten.

Ein Novum: die Pressestelle des Gerichts

Zwischenzeitlich hatte Jutta Limbach aus der Krise, die durch die missliebigen Urteile entstanden war, Konsequenzen gezogen: Sie rief Anfang 1996 eine eigene Pressestelle ins Leben. Bis dato hatte es zwar schon eine vorzügliche Pressearbeit gegeben – offen, kooperativ und besser als bei den meisten anderen Gerichten. Doch die dafür zuständigen Präsidialräte der beiden Senate konnten sich dieser Aufgabe, da sie eigentlich anderes zu tun hatten, nicht uneingeschränkt widmen. Jutta Limbach hielt Ausschau und konnte schließlich ihre Pressesprecherin aus Berliner Senatorenjahren gewinnen. Uta Fölster sprang in die Nische, sie betreute das neu geschaffene Amt professionell und effizient. Anschließend machte sie, wie viele Juristinnen, die Jutta Limbach gefördert hatte, noch eine große Karriere. Seit 2008 ist sie Präsidentin des Oberlandesgerichts von Schleswig-Holstein.

Der »Schießbefehl« und seine Urheber

Sieben Jahre nach dem Fall der Berliner Mauer, im Oktober 1996, entschied der Zweite Senat über einen Themenkomplex, der die Menschenverachtung des DDR-Regimes noch einmal in voller Schärfe deutlich werden ließ: die Schüsse an der Mauer.[32] Auf eine fast gespenstische Weise begleiteten Hunderte von stummen Anklägern das Verfahren: die Flüchtlinge, die an der Berliner »Mauer« oder an den »Todesstreifen« der deutsch-deutschen Grenze ihr Leben lassen mussten. Nach der Wende hatte der Bundesgerichtshof einige »Schreibtischtäter« wegen Anstiftung und Beihilfe zum Totschlag zu Freiheitsstrafen verurteilt. Nun, vor dem Bundesverfassungsgericht, beriefen sich die Repräsentanten des Unrechts auf das Recht der freien Welt.

Einen ersten Eindruck von den Segnungen des Rechtsstaates hatten sie bereits gewinnen können. Sie erlebten etwas Ungewohntes: Nämlich, dass sich ein Richter für befangen erklärt. Jutta Limbach wies in ihrer »Selbstablehnung« darauf hin, dass sie sich in ihrem vorangegangenen Amt als Berliner Justizsenatorin »wiederholt über die Strafbarkeit des Missbrauchs staatlicher Gewalt in der DDR in Vorträgen, Interviews und Zeitschriften geäußert« habe.[33] Diese »Umstände« könnten geeignet sein, »Zweifel an meiner Unbefangenheit entstehen zu lassen«. Der Zweite Senat sah das auch so. An die Stelle Jutta Limbachs rückte ein Richter des anderen Senats, der durch Los bestimmt worden war: Udo Steiner, Rechtsprofessor aus Regensburg.

Als Kläger traten in Karlsruhe drei ehemalige Spitzenfunktionäre der DDR auf: Heinz Keßler, der letzte Verteidigungsminister, Fritz Streletz, sein Stellvertreter, und der Suhler SED-Bezirkschef Hans Albrecht. Sie waren vom legendären »Honecker-Prozess« übrig geblieben. Honecker, der Hauptangeklagte, hatte als Krebskranker nach Chile ausreisen dürfen; Ex-DDR-Ministerpräsident Willi Stoph und Stasi-Chef Erich Mielke waren wegen Verhandlungsunfähigkeit ausgeschieden.

Die Kleinen hängt man, die Großen lässt man laufen – das Sprichwort traf in Sachen Todesschüsse an der Grenze ausnahmsweise nicht zu. Grenzsoldaten wurden zwar angeklagt, kamen aber mit vergleichsweise geringen Strafen davon. Der Bundesgerichtshof sagte zur Strafzumessung, sie hätten »in der militärischen Hierarchie ganz unten gestanden« und seien »in gewisser Weise auch Opfer des Grenzregimes gewesen«.[34] Keßler war zu sieben Jahren und sechs Monaten Freiheitsstrafe verurteilt worden, Streletz zu fünf Jahren und sechs Monaten. Beide gehörten bis 1989 dem »Nationalen Verteidigungsrat der DDR« an, der nach Ansicht der Strafrichter die Todesschüsse zu verantworten hatte.

Die »Vergatterung« lautete: »Vernichten!«

Die angeklagten Spitzenfunktionäre beteuerten immer wieder, einen ausdrücklichen Schießbefehl habe es nicht gegeben. Ihnen war in allen Instanzen entgegengehalten worden: Für die »Grenzsoldaten war nicht das geschriebene Wort maßgebend«, sondern Anweisungen, die »ihnen ständig durch ihre Vorgesetzten« vermittelt wurden, »in Ausbildung, Politikunterricht und im täglichen Dienst«.[35] Die Parole lautete: Wenn ihre Flucht auf andere Weise nicht verhindert werden kann, sind Grenzverletzer zu »vernichten«. Dieser Begriff wurde von den Offizieren »bei der sogenannten Vergatterung und der Schulung« ihrer Soldaten benutzt.

Die Verteidigung argumentierte: Alle Befehle und Anordnungen der fraglichen Zeit haben sich an Recht und Gesetz der DDR gehalten; die Sicherungsanlagen an der Grenze dienten dem Zweck, die Staatsgrenze zu schützen; die jeweiligen Rechtsvorschriften, insbesondere das Grenzgesetz, entsprachen internationalen Standards; dies gelte auch für den Gebrauch von Schusswaffen.

Alle diese Einwände bauten für die westdeutsche Justiz eine scheinbar unüberwindliche Hürde auf. Artikel 103 des Grundgesetzes sagt in klarem Deutsch: »Eine Tat kann nur bestraft werden, wenn die Strafbarkeit gesetzlich bestimmt war, bevor die Tat begangen wurde.« Für das Verfassungsgericht war das »Rückwirkungsverbot des Strafrechts absolut« – es diene dem Bürger als »Grundlage dafür, sein Verhalten eigenverantwortlich so einzurichten, dass er eine Strafbarkeit vermeidet«.[36]

Die Frage war: Konnten sich Keßler und Genossen auf dieses Verbot berufen? Galt es auch für begangenes Unrecht, das jedem ins Gesicht springt? Der Bundesgerichtshof beschrieb das Ungeheuerliche: »Die vorsätzliche Tötung von Personen, die nichts weiter wollten, als unbewaffnet und ohne Gefährdung allgemein anerkannter Rechtsgüter die innerdeutsche Grenze zu überschreiten.«[37]

Die Verfassungsrichter sahen das Rückwirkungsverbot nicht verletzt. Zum einen habe auch das Strafgesetzbuch der DDR die vorsätzliche Tötung von Menschen als schweres Unrecht angesehen. Zum anderen würden die Angeklagten nicht an »Maßstäben gemessen, die erst später allgemeine Geltung erlangt hätten«. Es sei kaum anzunehmen, dass ihnen »maßgebliche, für das menschliche Zusammenleben unentbehrliche Grundsätze, die zum unantastbaren Kernbereich des Rechts gehören, nicht auch schon zur Tatzeit bekannt waren«. Das war, genau besehen, eine Erinnerung an das fünfte Gebot: »Du sollst nicht töten!«

Die Fehde zwischen den Senaten

Themenwechsel: Wer miterlebte, was sich Ende 1997 erst hinter den Kulissen und dann auf offener Bühne in Karlsruhe abspielte, dachte spontan an ein anderes Gebot, das der christlichen Nächstenliebe. Die fehlte, als das Gericht zum Schauplatz einer masochistischen Selbstinszenierung wurde. Die »Roten Roben« stritten wie die Kesselflicker, nur eine Spur vornehmer. Der Skandal, den die Medien ins Land trugen, war nicht ohne Reiz. Wenn feine Herrschaften ihre Hemmungen verlieren und Porzellan zertrümmern, wie dazumal die verfeindeten Verfassungsrichter, dürfen sie allgemeiner Aufmerksamkeit sicher sein.

Doch als dann alle Scherben zusammengekehrt waren, standen die Kampfhähne – die mehrheitlich liberalen Richter des Ersten Senats und die mehrheitlich konservativen des Zweiten – ziemlich ramponiert da. Sie hatten sich selbst um ihre Reputation gebracht, indem sie der Öffentlichkeit zwei gegensätzliche Beschlüsse in ein und derselben Sache präsentierten. Ohne es ausdrücklich zu wollen, hatten sie damit zum ersten Mal in der Geschichte des Zwillingsgerichts den Anspruch aufgegeben, mit einer Stimme verbindlich Recht zu sprechen. Bislang galten sie unangefochten als einziger authentischer Interpret der Verfassung. Diese Autorität war nun fragwürdig geworden. Plötzlich durften die Adressaten der Karlsruher Rechtsprechung zwischen zwei Entscheidungen wählen. Sie konnten sich aussuchen, welche sie als »bindend« ansahen.

Im Machtkampf hatten sich beide Lager, blind vor Eifer, aufeinandergestürzt, weil jeder das Recht beanspruchte, dem Volk zu sagen, was wahre Moral bedeutet. Ausgebrochen war der Konflikt wegen der zunächst harmlos klingenden Frage, ob sich ein Mediziner, der die Geburt eines ungewollten Kindes zu verantworten hat, an dessen Unterhalt beteiligen muss.

Der Erste Senat des Gerichts, der eindeutig für das Arzthaftungsrecht zuständig war, bejahte diese Frage aus eigener Kompetenz. Der Zweite Senat wollte ein Wörtchen mitreden. Hinter dessen Verlangen, darüber im Plenum, der Versammlung aller 16 Richter, zu beraten, stand ersichtlich die Hoffnung, dass sich dabei andere Mehrheiten mit einem womöglich anderen Ergebnis ergeben würden. Ein Konsens kam nicht zustande.

Im Gegenteil: Durch die Veröffentlichung der beiden gegensätzlichen Meinungen wurde die Fehde, die seit Monaten zwischen den beiden Senaten schwelte, haarklein vor der Öffentlichkeit ausgebreitet. Eben dies hatte Jutta Limbach verhindern wollen. Als Präsidentin des Gerichts war es ihr zwar verwehrt, mit einem Machtwort einzugreifen, doch sie durfte sich, wie geschehen, um Versöhnung bemühen.

Als abzusehen war, dass die Senate, wie fehlgeleitete Züge, aufeinander losrasen würden, hatte sie alle Kollegen eingeladen. Sie versammelte das Plenum – nicht offiziell, wie vom Zweiten Senat gefordert, sondern inoffiziell und um Harmonie bemüht – im separaten Essraum der Richter. Dort saßen sie dann abends, scheinbar einträchtig, an einer langen Tafel beieinander. Doch auch der Wein, den die Hausherrin einschenken ließ, konnte die Fronten nicht auflockern. Die Kontrahenten beharkten sich mit eben den Argumenten, die sie anschließend zu Papier brachten.

Aktueller Anlass für den Streit war ein Fall, der 14 Jahre zurücklag. 1983 waren zwei Eheleute, aus begründeter Angst, in der Tübinger Universitätsklinik erschienen. Sie hatten schon ein behindertes Kind und wollten über die Risiken einer weiteren Schwangerschaft aufgeklärt werden. Die Mediziner spendeten Trost – und vor allem gute Hoffnung. Im Institut für Humangenetik hielten die Ärzte einen Erbschaden für »äußerst unwahrscheinlich«. Die Gehirnfehlbildung bei der Tochter Annemarie beruhe vermutlich auf einer »pränatalen Störung«, einer Schädigung des Embryos im Mutterleib. Eine Wiederholungsgefahr sei kaum zu befürchten.

1985 wurde Tochter Elisabeth geboren, mit der gleichen Behinderung wie ihre Schwester. Die verzweifelten Eltern gingen vor Gericht. Sie obsiegten in letzter Instanz 1993 beim Bundesgerichtshof in Karlsruhe. Dessen 6. Zivilsenat hatte 1980 seine heftig umstrittene Rechtsprechung zur Arzthaftung eingeleitet. Tenor: Ein Mediziner muss, wie jeder andere Geschäftspartner auch, für die Folgen einer Vertragsverletzung einstehen – zum Beispiel für den Unterhalt von Kindern, die nach einer misslungenen Sterilisation zur Welt gekommen sind.

»Kind als Schaden«

Kirchlich-konservative Kreise argumentierten dagegen: Wer die Haftung von Gynäkologen bejahe, müsse das ungewollte Kind, formal gesehen, als Schaden einstufen; schon dieser theoretische Denkansatz verstoße gegen die Menschenwürde. Der 6. Zivilsenat des BGH setzte sich in den folgenden Jahren wiederholt mit diesen Einwänden auseinander. Er drückte in nüchternen Worten aus, worum es seiner Ansicht nach ging: um die »durch eine planwidrige Geburt ausgelöste Unterhaltsbelastung der Eltern«. Mit dieser Feststellung hafte aber dem Kind »von Rechts wegen nach seiner Geburt kein Makel an«.

Diese Rechtsauffassung missfiel sechs konservativen Richtern im Zweiten Senat. Mit ihrem Eifer, alle Probleme von Zeugung und Geburt in einem Akt richterlicher Enzyklika regeln zu wollen, hatten sie sich 1993 in ihrem Abtreibungsurteil zu einem Ausflug in fremde Gefilde hinreißen lassen. Auch zu dieser Frage, die mit dem Abbruch von Schwangerschaften nichts zu tun hatte, verfassten sie eine Randbemerkung, sechs Zeilen in dem 153 Druckseiten starken Urteil. Die Essenz: »Eine rechtliche Qualifikation des Daseins eines Kindes als Schaden kommt hingegen von Verfassungs wegen nicht in Betracht.«[38] Diese Notiz von 1993 wurde nun 1997, um mitreden zu können, zu einem »tragenden« Grund hochstilisiert.

Die beiden überstimmten Richter Mahrenholz und Sommer hatten sich schon 1993 erschrocken über die Anmaßung ihrer Kollegen gezeigt. Es habe »keine Veranlassung« für diese Ausführungen bestanden. Die beiden senatsinternen Kritiker sprachen von einem »obiter dictum«, wie solche (zumeist überflüssigen) Randbemerkungen unter Juristen genannt werden. Hier auch deshalb, weil jede »Auseinandersetzung« mit der differenzierten BGH-Rechtsprechung fehlte.[39]

Kampf um Kompetenzen

Die zeitlichen Abläufe warfen ein Licht auf die Strategie der »Missionare« im Zweiten Senat. Jeder wusste, dass der Fall, um den sich der gerichtsinterne Streit drehte – die misslungene Sterilisation eines vierfachen Vaters – seit 1992 beim Ersten Senat anhängig war. 1993, also ein Jahr später, formulierten die konservativen Richter in Kenntnis dieser Tatsache, der Zuständigkeit des Ersten Senats, ihre Sechs-Zeilen-Notiz, mit der sie nun ihr Mitspracherecht begründeten.

Die Lunte für den Brand, der dann ausbrach, lag mithin seit vier Jahren unter den Teppichen des Hohen Hauses. Da es für Kompetenzfragen bei Obergerichten Rituale gibt, begann der Streit zwischen den Senaten zunächst auf moderate Weise. Der Erste ließ den Zweiten wissen, dass er in Bälde über die Arzthaftungsprozesse beraten werde. Dann unterrichtete er die Kollegen in groben

Zügen über seine Marschroute. Daraufhin ließ der Zweite dem Ersten ein Memo in die Beratung reichen. Die unmissverständliche Forderung: Die Sache müsse ins Plenum.

Kriegserklärung eines Senats

Als deutlich wurde, dass sich der Erste Senat dazu aus grundsätzlichen Erwägungen nicht bereitfinden würde, fasste der Zweite Senat seinen denkwürdigen Beschluss: eine unverhüllte Kriegserklärung, verbunden mit der Drohung, dass der Text in der amtlichen Sammlung veröffentlicht werde. Was dann auch geschah.[40] Dieses Pamphlet des Zweiten Senats firmierte, nicht eben professionell, unter dem Aktenzeichen des Ersten Senats – ein wundersames Unikat der Rechtsgeschichte, so rar wie der Fehldruck einer Briefmarke.

Die Richter des Ersten Senats ließen sich nicht unter Druck setzen – und entschieden die Rechtsfrage, für die sie nach dem Geschäftsverteilungsplan des Gerichts zuständig waren: Die Rechtsprechung des Bundesgerichtshofes zur Arzthaftung »bei fehlgeschlagener Sterilisation und fehlerhafter genetischer Beratung« verstoße nicht gegen das Grundrecht auf Menschenwürde.[41] Die Haftung, so der Senat, stelle »auch keine Kommerzialisierung dar, die das Kind seines Eigenwertes beraubt«. Nach ständiger Rechtsprechung könnten »Unterhaltspflicht und Elternschaft« aus den verschiedensten Gründen »auseinanderfallen«. Und weiter: »Die Anwendung des Schadensersatzrechts auf personelle Beziehungen« mache den Menschen nicht »zum Handelsgut«.

Zugleich setzten sich die Richter des Ersten Senats eingehend mit dem ultimativen Wunsch des Zweiten nach Einberufung des Plenums auseinander. Sie argumentierten, ein *obiter dictum* gebe keinem das Recht, mitreden zu wollen – es sei denn, die Randbemerkung sei »erkennbar im Begründungszusammenhang für die Entscheidung des Falles erheblich geworden«. Davon konnte bei sechs Zeilen kaum die Rede sein; sie waren nicht mehr als eine Duftmarke. Ergo: Von der nicht existenten Entscheidung des

Zweiten Senats konnte der Erste schlecht »abweichen«, deshalb war die Einberufung des Plenums auch nicht erforderlich. Die Richter des Ersten Senats verkündeten denn auch unbeirrt: Für die Entscheidung in diesem Fall seien sie allein die »nach Gesetz und Geschäftsverteilung berufenen Richter«.

»Der Einstein des Staatsrechts«

Zwischenzeitlich war Ernst-Wolfgang Böckenförde in Pension gegangen, »einer der hervorragendsten Richter, den Karlsruhe je hatte«.[42] Heribert Prantl spendete viele Jahre später in einer Laudatio zum Achtzigsten höchstes Lob: »der Einstein des Staatsrechts.« Als Mitglied des Zweiten Senats (1983–1996) gehörte Böckenförde unbestritten zu den prägenden Figuren des Gerichts – unabhängig, nicht kalkulierbar und immer für eine Überraschung gut. Sein Beispiel lehrte: Was ein Richter im Amt bewegt, können »die Königsmacher« der Parteien, die ihn küren, nicht mal annähernd vorausahnen.

Manchmal schien es so, als ob der Sozialdemokrat und gläubige Katholik zwischen diesen beiden Welten pendelte. Seine unzähligen wissenschaftlichen Schriften, aber auch seine Sondervoten, etwa zur Kriegsdienstverweigerung und zur Parteienfinanzierung, weisen ihn als liberalen, ja als linken Denker aus. Beim Abtreibungsprozess siegte der Katholik in ihm – auf angreifbare Weise. Er hatte lange Jahre der militanten »Juristen-Vereinigung Lebensrecht« angehört, die Abtreibung – wie der Vatikan – für Mord hielt. Als der Verein seine Ziele (vor dem Prozess) offensiv propagierte, trat er 1990 aus. Doch hatte er dadurch, wie der Senat suggerierte, seine Unschuld zurückgewonnen? Das Votum »nicht befangen« überzeugte die besorgten Klägerinnen nicht.

Ein Satz Böckenfördes wird ewig haften bleiben: »Der freiheitliche säkularisierte Staat lebt von Voraussetzungen, die er selbst nicht garantieren kann.« Der Staat, erläuterte er, sei »darauf angewiesen, dass die Bürger gewisse Grundeinstellungen, ein staatstragendes Ethos haben«.[43] Ein großes Wort. Eine einsame Höhe.

Doch auch sie bewahrte einen Intellektuellen seines Formats nicht davor, Wege zu gehen, die andere für Abwege halten. Böckenförde gehörte viele Jahre zu den Jüngern Carl Schmitts.

Nähe zu Carl Schmitt

Schmitt war ein Gelehrter von zweifelhaftem Ruhm. Ein genialer Kopf und brillanter Jurist, mit einem dämonischen Einfluss auf Recht und Politik. Kritische Zeitgenossen hielten ihn für einen »Totengräber der Weimarer Republik«. Mit seinen gewagten Thesen wurde er zum geistigen Wegbereiter des NS-Unrechts. Ein Überzeugungstäter. 1933 forderte er mit seiner unbestrittenen Autorität: Das Recht müsse »ausschließlich und allein vom Geist des Nationalsozialismus beherrscht sein«.[44]

Schmitt gehörte zu den wenigen, denen nach 1945 die Rückkehr an die Universität versagt blieb. Doch er hielt Hof an seinem Wohnort Plettenberg und zog viele junge Wissenschaftler an. Böckenförde stand ihm besonders nahe. Schmitt hatte ihn ursprünglich sogar als Testamentsvollstrecker vorgesehen. Doch er wollte, wie Schmitt-Biograf Mehring vermutet, »Böckenfördes mögliche Chancen als Verfassungsrichter« nicht gefährden.[45]

Prantl versuchte eine Deutung. Böckenförde habe es unternommen, »Carl Schmitts politische Theorie mit der Demokratie zu versöhnen« – »indem er zum einen zwischen dem scharfsinnigen Denker und dem Nazi-Helfer Schmitt trennte, zum anderen dessen politisches Freund-Feind-Denken verwarf«. Dazu bedurfte es der Glaubwürdigkeit, die Böckenförde ausstrahlt. Sie faszinierte auch andere: 2004 erhielt er den »Hannah-Arendt-Preis für politisches Denken«. Außer seinem gewaltigen Werk spricht diese Spannweite für Böckenförde – der Bogen, der sich vom berühmt-berüchtigten Carl Schmitt bis zur jüdischen Emigrantin und Weltbürgerin spannt.

1997 und 1998 waren Jahre dumpfer Ängste. Der Regierung Kohl, die sich anschickte, den Euro endgültig abzusegnen, schlug Misstrauen entgegen. Die Deutschen waren in Sorge um ihre Währung, sie wollten ihre Mark nicht hergeben. Eine Volksabstimmung, wie in anderen europäischen Ländern, wäre katastrophal ausgegangen. Helmut Kohl musste sich darauf einrichten, dass seine Europapolitik auf den Karlsruher Prüfstand kam. Die Verfassungsrichter hatten 1993 im Maastricht-Urteil sein Lieblingsprojekt zwar gebilligt, zugleich aber ihren Willen bekundet, die »Währungsunion nur unter den Voraussetzungen strikter Stabilitätskriterien beginnen zu lassen«.[46]

Von solcher Solidität war Europa am Jahreswechsel 1997/1998 ziemlich weit entfernt. Klar war, dass Paris und Rom das Idealziel von drei Prozent Neuverschuldung nicht erreichen würden. Doch im Vergleich zum Jahr 2011 herrschten – das konnte damals freilich keiner ahnen – paradiesische Zustände. Allen Besorgnissen und Unkenrufen zum Trotz erwartete die Kohl-Regierung vom Bundestag grünes Licht für die Währungsunion, die am 1. Januar 1999 den Euro als »Buchgeld« und am 1. Januar 2002 als »Bargeld« einführen sollte.

Der Widerstand gegen den Euro wuchs. Vier respektable Honoratioren – Professoren und Ex-Bankpräsidenten – entschlossen sich zum gemeinsamen Gang nach Karlsruhe: der Rechtswissenschaftler Schachtschneider und die Wirtschaftswissenschaftler Wilhelm Nölling, Wilhelm Hankel und Joachim Starbatty. Ihr Ziel: Die für April 1998 geplante Abstimmung des Bundestages endgültig oder einstweilen zu verhindern. Ihre Begründung: Eine »Konvergenz der Volkswirtschaften« in Europa sei in den nächsten Jahren nicht zu erwarten, geschweige denn eine »Stabilitätsgemeinschaft«.

Die Kläger beschworen die »Inflationsgefahr«, beklagten die »disharmonische Gestalt der Währungsunion«, die »unterschiedliche Stabilitätskultur« und die mangelnden Vorkehrungen gegen »eine unsolide Haushaltspolitik« in den Mitgliedsländern. Der

Zweite Senat wies am 31. März 1998 ihre Klage zurück, er ging aber, zum Glück für die Regierenden, auf die möglichen Gefahren nicht ein. Die Verfassungsrichter argumentierten auf zwei Ebenen. Sie hielten – juristisch gesehen – den Eintritt in die Währungsunion durch den (von ihnen 1993 gebilligten) Maastricht-Vertrag für gedeckt, und sie schoben – politisch gesehen – den Schwarzen Peter der Bundesregierung und dem Parlament zu.[47]

Beide stünden »für die Sicherung des Geldeigentums in Verantwortung«. Dafür würden ihnen »wirtschaftliche und politische Einschätzungs- und Prognoseräume« zugebilligt. Die Kläger, die »Geldeigentümer«, hätten nicht das Recht, die politischen Entscheidungen im Wege der Verfassungsbeschwerde »inhaltlich überprüfen zu lassen«. Doch deren Argumente waren damit nicht aus der Welt. Bilanz im Jahr 2011: Die pessimistische Prognose der Kläger kam der Wahrheit näher als die optimistische der Regierenden. Theo Waigel sah 1998 in dem Urteil die Bestätigung dafür, »dass der Euro kein Abenteuer ist«. Die »Süddeutsche Zeitung« kommentierte: »Das stimmt nicht. Zur Abenteuerlichkeit des Vorhabens erklären sich die Richter gar nicht.«[48]

Wenige Monate später stand beim Ersten Senat der leidenschaftliche Streit um die Rechtschreibreform an. Doch die Richter scheuten sich, ähnlich wie ihre Kollegen vom Zweiten beim Euro, dem Staat ins Handwerk zu pfuschen. Sie enttäuschten das Heer der Gegner und entschieden am 14. Juli 1998: »Das Grundgesetz enthält kein Verbot, die Rechtschreibung zum Gegenstand staatlicher Regelung zu machen.«[49] Und weiter: »Begrenzende Wirkungen ergeben sich aus der Eigenart der Sprache jedoch nur für Art und Ausmaß einer Regelung, nicht dagegen für eine Regelung überhaupt.« Die Grenze war nach Ansicht des Senats aber nicht überschritten.

Voreilige Information

Doch die Zurückhaltung zahlte sich nicht aus. Der Senat kam in diesem Fall ohne Blessuren nicht davon – aus eigener Schuld. Das Urteil war, noch vor seiner offiziellen Verkündung, durch Indiskretionen in die Presse gelangt. Die Beschwerdeführer, ein Anwaltsehepaar aus Lübeck, Eltern von zwei Schülern, reagierten wütend. Ihr Fall war am 12. Mai 1998 verhandelt, die Urteilsverkündung für den 14. Juli angesetzt worden. Als das Ergebnis – grünes Licht für die Reform – Anfang Juli in der »Frankfurter Rundschau« und im »Focus« zu lesen war, nahmen sie voller Zorn am 6. Juli 1998 ihre Verfassungsbeschwerde zurück.

In ihrem Schriftsatz an das Gericht war zu lesen, sie hätten »mit Empörung« feststellen müssen, »dass gut informierten Kreisen die für den 14. Juli angekündigte Entscheidung bereits vollständig bekannt gegeben wurde, nicht jedoch den Beschwerdeführern selbst«. Im Hinblick »auf diese skandalöse Tatsache« könnten sie »nicht mehr von einem fairen Verfahren ausgehen«.[50] Mehr noch: Die Vorveröffentlichungen ließen sie »eine Absprache zwischen dem Gericht und der Bundesregierung« befürchten.

In so einem Fall war es Beschwerdeführern nicht zu verübeln, wenn sie argwöhnten, dass es die von ihnen vermuteten Kontakte zwischen Karlsruhe und der Hauptstadt nicht erst nach der Beratung, sondern womöglich auch schon vorher gegeben hatte. Das Recht hält für solche Konstellationen einen Begriff bereit: den »bösen Schein«. Das Zwielicht, in das der zuständige Senat in Sachen Rechtschreibreform geraten war, mochte dessen Vorsitzender nicht schweigend hinnehmen.

Hans-Jürgen Papier, damals noch Vizepräsident, schrieb an die Chefredakteure der beiden Blätter, die vorgeprescht waren: »Der Respekt vor den Verfahrensbeteiligten und vor Gerichten gebietet es, auch anscheinend verlässlich zutreffende Informationen über den Ausgang eines Verfahrens nicht ohne Not vor dem festgelegten Verkündungszeitpunkt in den Medien zu verbreiten.«[51] Papier bat, meldete dpa, »auch dann von solchen Vorabmeldungen Abstand zu nehmen, wenn sie durch Indiskretionen ermöglicht würden«. Sie passieren immer wieder.

Über den Weg, den sie nehmen, darf ausnahmsweise spekuliert werden. Alles deutet darauf hin, dass irgendwer in Karlsruhe einem Spezi in Berlin erzählt, was Sache ist – »unter dem Siegel der Verschwiegenheit«, versteht sich. Doch wie die Erfahrung lehrt, verstehen unter Vertraulichkeit beide nicht dasselbe. Der am anderen Ende, der Konfident aus der Politik, ist ohne einen bereitwilligen Kolporteur in den Medien nur ein halber Mensch. Er braucht die Publizität.

Nach den Berliner »Quellen«, die infrage kommen, muss man nicht lange suchen. Es sind Regierungsmitglieder, Abgeordnete, Parteifunktionäre, Beamte. Wenn sie aus der Schule plaudern, dann nicht uneigennützig: Die einen möchten Meinungen manipulieren oder als Prozessgewinner Schlagzeilen machen, die anderen wollen sich einfach wichtig machen oder ein Einflusstor offenhalten. Wer sich mit Herrschaftswissen brüsten kann, erhöht seine Bedeutung.

Die Indizien, die auf Querverbindungen zwischen Karlsruhe und Berlin hindeuten, lassen sich vor diesem Hintergrund jedenfalls nicht einfach vom Tisch wischen. Wer voreilig den Verdacht auf die wissenschaftlichen Mitarbeiter der Richter lenkt, macht sich die Aufklärung zu leicht. Bei den »Hiwis« handelt es sich um junge, nach Karlsruhe abgeordnete Richter, die mit einem Bruch der Amtspflichten ihre gesamte berufliche Existenz aufs Spiel setzen würden. Für wen sollten sie dieses Risiko eingehen? Die Geschwätzigen residieren wohl doch eine Etage höher.

Politisches Umfeld
1998–2002: 14. Bundestag
Bundeskanzler: Gerhard Schröder (SPD)
Vizekanzler: Joschka Fischer (Die Grünen)
Koalition: SPD, Die Grünen

Ende 1998 schlug der Zweite Senat das nächste Kapitel einer unendlichen Geschichte auf. Ihr Titel: Wie der Staat Familien mit Kindern vernachlässigt. Die Geschichte, von der die Rede ist, erzählt von Menschen, die am Rande des Existenzminimums leben – und von ihren Garanten, von denen »da oben«; sie setzen Eltern und Kinder ans Ende der Prioritätenliste, nehmen ihre Sorgen auf die leichte Schulter, treiben wie Wucherer bei ihnen Steuern ein – und sie verantworten eine resignierende Erkenntnis der Bürger, die da lautet: Kinder machen arm.

Vom Einzelfall zum Grundsatzurteil

Das Thema stand zum wiederholten Mal auf der Tagesordnung des Hohen Hauses. Die Richter, allen voran der Steuerrechtler Paul Kirchhof, fühlten sich provoziert, weil sie alle bisherigen Bundesregierungen und einen Bundestag nach dem anderen gebeten, animiert, aufgefordert hatten, sich um eine familiengerechte Reform des Steuerrechts zu kümmern. Ohne Erfolg. Die Richter hatten sogar guten Grund zu der Annahme, dass hinter den Versäumnissen Renitenz und Obstruktion stecken. Der Gesetzgeber nahm Familien als gesellschaftliche Größe nicht wahr oder nicht ernst, weil sie keine homogene Wählergruppe waren.

Der Fiskus setzte sich, als einzige staatliche Instanz, hartnäckig über die höchstrichterliche Rechtsprechung hinweg. Wenn zum Beispiel ein Steuerzahler beim Bundesfinanzhof obsiegte, befolgte der Finanzminister das Urteil nur in diesem Einzelfall. Darüber hinaus erließ er, was kein anderer Bundesminister wagen würde, einen sogenannten »Nichtanwendungs-Erlass«. Danach galt das Urteil nicht automatisch für vergleichbare Fälle, jeder betroffene Bürger musste von Neuem klagen.

Die Lage in Stichworten: Der Staat ging unfreundlich mit den Familien um – und widerborstig mit den höchsten Gerichten. Auf dieses politische Dauerklima stieß der Zweite Senat, als er am 10.November 1998 sein Grundsatzurteil verabschiedete und am 19.Januar 1999 publizierte.[52] Diesmal war den Richtern erkennbar der Kragen geplatzt. Sie formulierten ihren Spruch bestimmt und ultimativ: »Das Gebot der Steuergleichheit fordert zumindest für die direkten Steuern eine Belastung nach der finanziellen Leistungsfähigkeit.« In Klammern zitierten die Richter fünf Senatsurteile, die seit 1976 ebendiese Forderung erheben.

Für die Richter ergab sich zwingend, »dass der Staat das Einkommen des Steuerpflichtigen insoweit steuerfrei belassen muss, als es Mindestvoraussetzung eines menschenwürdigen Daseins ist«. Sie nannten das »Existenzminimum« und forderten: Bei der Berechnung sei der »Unterhaltsaufwand für Kinder« zu berücksichtigen. Schlimm, dass sie in diesem Kontext den Gesetzgeber an eine Binsenweisheit erinnern mussten: »Steuerpflichtige mit Kindern sind wegen ihrer Betreuungspflichten, die ihre Arbeitskraft oder ihre Zahlungsfähigkeit beanspruchen, im Vergleich zu Steuerpflichtigen ohne Kinder steuerlich weniger leistungsfähig.« Wer das außer Betracht lasse, benachteilige die Eltern auf verfassungswidrige Weise.

Um die Bedeutung der Familie für den Staat zu unterstreichen, erinnerten die Richter an eine immer wieder vergessene politische Wahrheit, die heute genauso gilt wie 1999: »Die Kinderbetreuung ist eine Leistung, die auch im Interesse der Gemeinschaft liegt und deren Anerkennung verlangt.« Der Staat müsse Eltern beides ermöglichen: dass sie »teilweise und zeitweise auf eine eigene Erwerbstätigkeit zugunsten der persönlichen Betreuung ihrer Kinder« verzichten, aber auch, dass sie »Familientätigkeit und Erwerbstätigkeit miteinander« verbinden. Die »Süddeutsche Zeitung« kommentierte: Die Verfassungsrichter hätten die »Familienfeindlichkeit des Einkommenssteuerrechts« repariert und seien »in die Rolle des modernen Schutzengels« geschlüpft.[53]

Sittenwidriger Ehevertrag

Nicht nur beim Thema Steuern zeigte sich, dass die Verfassungsrichter an Fragen, die den Bürgern auf den Nägeln brennen, anders herangehen als ihre Zunftkollegen. In Sternstunden wurde immer wieder mal deutlich, wie ihre Bereitschaft, sich in die Situation der betroffenen Menschen zu versetzen, die Rechts- und Wahrheitsfindung fördert. Sie empfanden das Schicksal einer Frau und Mutter nach, die sich – bereits schwanger – per Ehevertrag verpflichtet hatte, im Fall einer Scheidung für sich und das Kind auf Unterhalt zu verzichten.

Sie war 26 und lebte mit ihrem späteren Ehemann seit zwei Jahren zusammen. Als sie schwanger wurde, reagierte sie »hysterisch«, wie er später behauptete. Er ließ sich auf eine Heirat, »damit das

Kind ehelich geboren wird«, erst ein, nachdem sie ihn mit einem Ehevertrag ruhig gestellt hatte. Danach verpflichtete er sich, für »das zu erwartende Kind« im Scheidungsfall 150 Mark im Monat zu zahlen, sie »stellte ihn von allen weiter gehenden Unterhaltsansprüchen des Kindes frei«.

Die Ehe wurde nach 13 Jahren geschieden. Der Sohn beanspruchte Unterhalt von seinem Vater, der gegenüber der Mutter auf den Vertrag pochte. Das Oberlandesgericht Stuttgart, das zu seinen Gunsten entschied, konnte sich auf die Rechtsprechung des Bundesgerichtshofes stützen. Der hatte in einem Parallelfall kaltherzig geurteilt: Abmachungen dieser Art fielen unter die Vertragsfreiheit.

Das sah der Erste Senat des Bundesverfassungsgerichts anders. Die Privatautonomie stoße an ihre Grenzen, wenn »der Vertrag nicht Ausdruck und Ergebnis gleichberechtigter Partnerschaft ist, sondern eine auf ungleichen Verhandlungspositionen basierende einseitige Dominanz eines Ehepartners widerspiegelt«.[54] Die ledige Mutter, die sich »um die Sicherung der eigenen Existenz und der des erwarteten Kindes« sorge, befinde sich in so einer »Situation der Unterlegenheit«. Damit hatte die Klägerin gesiegt. Wie so oft hatte das Urteil zwei Dimensionen: Gerechtigkeit in dem einen Fall und Klarheit für alle anderen.

Vorteile für Rentner, Nachteile für Pensionäre

Das letzte Urteil, das Jutta Limbach in ihrer Amtszeit verkündete, erforderte noch einmal das Fingerspitzengefühl, für das sie berühmt war. Ein Oberstaatsanwalt im Ruhestand hatte gerügt, dass Beamte ihre Pension hoch versteuern müssten, während Rentner vom Fiskus verschont blieben. Der Zweite Senat sah darin auch einen Verstoß gegen das Gebot der Gleichbehandlung, doch er empfahl nicht die (erhoffte) Entlastung der Pensionäre, sondern eine stärkere Belastung der Rentner.[55]

Am Anfang der Urteilsverkündung stand, wie Helmut Kerscher in der SZ anmerkte, »ein beruhigendes Vorwort der Präsidentin Jutta Limbach«.[56] Es gebe keinen Anlass für »Ängste oder Aufruhr in den

Reihen der Rentner«. Weder die unteren noch die mittleren Renten seien betroffen. Dem Gericht lagen nackte Zahlen vor: Danach konnte ein alleinstehender Rentner bis zu 63 048 Mark steuerfrei beziehen, ein Verheirateter bis zu 110 674 Mark. Demgegenüber blieben Pensionen lediglich in Höhe von 22 417 Mark für Alleinstehende sowie 36 835 Mark für Verheiratete steuerfrei. Der Kläger etwa musste für seine Pension von 102 000 Mark und Kapitaleinkünfte von 10 000 Mark rund 45 000 Mark Steuern zahlen.

Es sei »Sache der Politik«, sagte Jutta Limbach, künftig für eine gleichheitsgerechte Besteuerung der Altersbezüge zu sorgen. Die vom Gericht geforderte Reform müsse, so die SZ, »nicht auf einen Schlag« vorgenommen werden. Das Gericht vertraue auf den »steuerrechtlichen und volkswirtschaftlichen Sachverstand« der Regierenden.

In Jutta Limbachs Amtszeit gab es, wie schon erwähnt, ein halbes Jahr vor ihrem Ausscheiden einen glanzvollen Höhepunkt – ihre Rolle als Gastgeberin beim »Bürgerfest« zum 50-jährigen Bestehen des Gerichts. Die Veranstaltung am 7. Juli 2001 war ein Triumph eigener Art: Die höchste Instanz rief und alle kamen. Was an diesem Tag der offenen Tür deutlich wurde, zeugte von einem Reifeprozess, der allmählich und unmerklich zustande gekommen war: vom Bewusstseinswandel durch Rechtsprechung.

Dieses Bild nahm Jutta Limbach mit in ihren Ruhestand, der keiner wurde, weil sie sofort ihr neues Amt als Präsidentin des Goethe-Instituts antrat. Die übliche Festschrift zum Abschied hatte sie sich verbeten. Stattdessen erhielt sie einen schmalen Band mit unterschiedlichen Texten, eine Gabe von Freunden und Weggefährten.[57] An der hatte ein buntes Volk mitgewirkt: Politiker, Künstler, Schriftsteller, Journalisten – ein Kardinal. Das Vorwort zeichnete Loriot.

8

Die Verteidigung der Bürgerrechte

Geht Sicherheit vor Freiheit? Das Gericht sagt Nein.

Die Präsidentschaft von Hans-Jürgen Papier
2002–2010

Hans-Jürgen Papier und Jutta Limbach waren vier Jahre nebeneinander zu besichtigen – er als Vizepräsident und Vorsitzender des Ersten Senats, sie als Präsidentin und Vorsitzende des Zweiten. Der Kontrast fiel jedem ins Auge – Jutta Limbach gab sich locker und ungezwungen, er wirkte dagegen hölzern und ungelenk. Als er im April 2002 das Zepter von ihr übernahm, konnten weder die Auguren noch seine Kollegen ahnen, wie er mit dem Amt wachsen würde. Doch der Wandel vom scheuen Professor zum selbstbewussten, meinungsstarken Präsidenten vollzog sich in Windeseile.

Politisches Umfeld
2002–2005: 15. Bundestag
Bundeskanzler: Gerhard Schröder (SPD)
Vizekanzler: Joschka Fischer (Die Grünen)
Koalition: SPD, Die Grünen

Wie schon Jutta Limbach profitierte er davon, dass ihn die Alteingesessenen zunächst mal unterschätzten. Wer aus dieser Position startet, kann nicht enttäuschen, sondern nur verblüffen. Bei Papier kam hinzu: Jeder glaubte zu wissen, was von einem typischen Rechtsprofessor zu erwarten ist, noch dazu, wenn ihn die CSU nominiert hat. Die Vorurteile fielen schnell in sich zusammen. Im Gegenteil: Die Art, wie er zwischen beiden Rollen – der des Nachdenklichen und der des Entschiedenen – balancierte, überraschte immer wieder, womöglich auch ihn selbst.

Die Attitüde des spröden Gelehrten legte er nur allmählich ab. Er hatte das Flair des deutschen Professors – wie aus dem Lehrbuch der Typologie. Wer ihm zuhörte, dachte nicht an den Temperamentvollen, der seine Studenten mitreißt, eher an den Strengen, der hohe Ansprüche stellt – an den, der den Spruch »mehr sein als scheinen« vorlebt, für den es nur darauf ankommt, ob einer etwas zu sagen hat. Und das hatte er. Mit seiner Bereitwilligkeit, Interviews zu geben, übertraf er alle Vorgänger. Doch seine kühle Diktion schlug sich in allen Dialogen nieder; er überhörte witzige, pointierte oder provokante Stichworte – und steuerte sofort auf den Kern einer Frage zu, falls es einen gab.

Die Präzision und Stringenz seiner Gedanken wog allemal den Mangel an Temperament auf. Papier rief Erinnerungen an das Bild des stets korrekten Preußen wach. Die Vorstellung war schon deshalb nicht abwegig, weil er tatsächlich Urberliner ist. Er wurde dort 1943 als Sohn eines Bäckermeisters geboren, er studierte und promovierte an der »Freien Universität«. Die Assoziation »Preuße« traf auch deshalb zu, weil sich der CSU-Mann einen Teufel um seine Partei scherte, wenn es um die Sache ging. Viel Freude haben die Unionspolitiker, die ihn einst nominierten, an ihm nicht gehabt.

Bändiger der Politik

Von Ausnahmen abgesehen. Als es in seinem Senat um die Homo-Ehe ging, nahm er den Standpunkt der Bayerischen Staatsregierung ein und gab eine entsprechende »abweichende Meinung« zu Protokoll. Er sah, wie er später hinzufügte, das Institut der Ehe gefährdet, das »um seiner Dignität willen einen besonderen Schutz« der Rechtsordnung beanspruche.[1] Am meisten gefordert in seiner Amtszeit wurde er von der Sicherheitshysterie des politischen Lagers, dem er entstammte.

Dass in dieser Phase ein prinzipienfester Jurist an der Spitze stand, kam nicht nur dem Gericht zugute – es stärkte auch den Glauben der Bürger an die Belastbarkeit des Rechtsstaates. Papier ließ keinen Zweifel daran, dass er an Kernaussagen des Grundgesetzes von niemandem rütteln lässt. Diese Konsequenz wurde deutlich bei einem Gedankenspiel, das rechtskonservative Professoren und Politiker pflegen: Darf die Polizei milde Folter anwenden, wenn sie begründete Hoffnung hat, dadurch das Ziel des nächsten Terroranschlages herauszubekommen? Papier antwortete auf eine entsprechende Interview-Frage: »Auf keinen Fall. Jede Form der Folter ist für mich unvereinbar mit der Garantie der Menschenwürde.«[2]

Als er ausschied, hatte er den Gipfel richterlicher Unabhängigkeit erreicht. Die Blätter rühmten ihn als »Bändiger der Politik« und nannten ihn respektvoll und dankbar einen »unbeugsamen Wächter des Rechtsstaates«. Das ließ sich nicht voraussehen, als er sein Amt antrat. Er war zwar kein unbeschriebenes Blatt, aber nicht annähernd so bekannt wie Benda, Herzog oder Limbach zum Zeitpunkt ihrer Wahl. Doch die Kompetenz des Professors, der an der Münchner Universität Verfassungsrecht und Grundrechtsdogmatik lehrte, war unbestritten. Zumindest der politischen Klasse war er als Vorsitzender der Unabhängigen Kommission zur Überprüfung der DDR-Parteivermögen bekannt geworden.

Lobby für Schwächere

Am Anfang wusste keiner genau, wie sein Name auszusprechen ist. Er war in diesem Punkt penibel. Vorsichtshalber gab er die Sprachregelung vor: »Es hat sich eingebürgert, die erste Silbe zu betonen und die zweite Silbe nicht französisch auszusprechen.«[3] So eine Passage kam ihm, weil geläufig, leicht über die Lippen. Ansonsten musste er sich populäre Aussagen mühsam abringen. Als er gefragt wurde, ob er sein Gericht – wie Jutta Limbach – eine »Lobby für Schwächere« nennen würde, sagte er: »Der Satz ist zwar plakativ und nicht im strengen Sinne juristisch, aber ich würde ihn trotzdem unterstreichen.«[4]

Der nüchterne Jurist kam auf nüchterne Weise in sein hohes Amt, ohne Festakt oder Feier. Bundespräsident Johannes Rau händigte ihm am 10. April 2002 die Ernennungs- und Jutta Limbach die Entlassungsurkunde aus; Winfried Hassemer übernahm an ihrer Stelle den Vorsitz im Zweiten Senat, Gertrude Lübbe-Wolff ersetzte sie als Richterin. Das Gericht war wieder komplett. Die beiden Senate konnten zur Tagesordnung übergehen.

Papiers Erster Senat bastelte an einem Urteil, mit dem das Gericht am 26. Juni 2002 Neuland betrat. Wer genauer hinsah, entdeckte eine bislang unbekannte Herausforderung für den Staat. Die Regierung hatte sich in kritischer Situation – erstmalig – an eine riskante Aufgabe herangewagt. Sie warnte die Bevölkerung vor gepanschtem Wein und nannte die Verursacher beim Namen. Die Firmen, die nun am Pranger standen, erlitten Umsatzeinbußen und klagten. Diese Gelegenheit nahm der Erste Senat wahr, um eine neue Staatsaufgabe zu definieren: die des warnenden und aufklärenden Schutzpatrons.

Glykol im Wein

Gegenstand des Urteils war der sogenannte »Glykolskandal«, der Jahre zuvor die Öffentlichkeit, namentlich aber die Weinliebhaber, aufgeschreckt hatte. Damals machte eine Schreckensmeldung die Runde: Österreichische Weine enthielten das Frostschutzmittel »Dethylenglykol«. Der Erste Senat beschrieb die Stimmung jener Tage: »In der Bevölkerung herrschte eine erhebliche Beunruhigung«; keiner habe gewusst, welche Weine verunreinigt und was für »gesundheitliche Folgen« zu befürchten waren. Deshalb ließ die Bundesregierung eine Liste der ungenießbaren Weine aufstellen.[5]

»Um dem Verbraucher eine Identifizierung« der mit dem chemischen Lösungsmittel verlängerten Weine zu ermöglichen, wurden auch »die Namen der Abfüller« genannt. Zwei betroffene Weinkellereien klagten, weil ihnen die Kunden davongelaufen waren. Für den Rufschaden und dessen Folgen wollten sie in Karlsruhe den Staat verantwortlich machen. Die Antwort des Senats geriet zu einem Privatissimum über die Rolle des Kapitalismus unter dem Dach des Grundgesetzes. Denn den Klagen konnte, genau besehen, nur der – irrtümliche – Glaube zugrunde liegen, dass die Gewerbefreiheit grenzenlos ist, dass sie selbst dem Schaden stiftenden Unternehmer ein Recht auf Anonymität einräumt.

Indem die Kläger dieses Recht für sich reklamierten, bestritten sie den anderen Marktteilnehmern das Recht auf Information. Das Gericht entlarvte diese Arroganz der Macht. Die Kläger – und viele andere Betuchte – hatten offenbar die aberwitzige Vorstellung, dass die in der Verfassung verbürgte Berufsfreiheit den Unternehmern zwei Privilegien beschert: sie vor nahezu allen Beeinträchtigungen bewahrt, und sie von nahezu allen Fesseln befreit. Die Verfassungsrichter zerstörten diese Blütenträume: Das Grundrecht schütze nicht »vor der Verbreitung zutreffender und sachlich gehaltener Informationen am Markt« – selbst wenn sich »die Inhalte auf einzelnen Wettbewerbspositionen nachteilig auswirken«.[6] Sprich: Wenn das Geld nicht mehr in der Kasse klingelt.

Wettbewerb aus Karlsruher Sicht

So liberal wie der Erste Senat hatten sich viele Kapitalisten den Wettbewerb vermutlich nicht vorgestellt. »Ein am Markt tätiges Unternehmen«, so die Richter, »setzt sich der Kommunikation und damit auch der Kritik der Qualität seiner Produkte oder seines Verhaltens aus.« Gegen »belastende« Aussagen könne sich das betroffene Unternehmen »seinerseits marktgerecht durch Informationen wehren«. Genau da lag in diesem Fall das Problem. Die konkreten Befunde der Lebensmittelchemiker – Glykol im Wein – waren auch mit einer Werbekampagne nicht aus der Welt zu schaffen. Die Richter nahmen den »Bossen« noch eine weitere Illusion: Kein Unternehmen habe einen Anspruch darauf, »nur so von anderen dargestellt zu werden, wie es gesehen werden möchte oder wie es sich und seine Produkte selber sieht«.

Damit rückte das Urteil die Perspektive der Konsumenten vom Rand ins Zentrum. Zu den Aufgaben der »Staatsleitung« gehöre, die Bürger zu informieren. Dies gelte besonders für Bereiche, in denen die Aufklärung der Bevölkerung »auf interessengeleiteten, mit dem Risiko der Einseitigkeit verbundenen Informationen beruht«. Oder anders: Wenn die Wirtschaft flunkert und versucht, aus Dreck Gold zu machen, darf der Staat mit der Wahrheit aushelfen.

Am selben Tag und mit ähnlicher Begründung räumten die Richter dem Staat das Recht ein, in angemessener Form vor Jugendsekten zu warnen.[7] Beide Voten wirken wie aus einem Guss – da wurde die Handschrift des Richters Wolfgang Hoffmann-Riem sichtbar. Dem nächsten großen Urteil des Ersten Senats war dagegen der Dissens, der zu einer Kampfabstimmung führte, überall anzumerken. Kein Wunder: Es ging um ein ideologisch aufgeladenes Thema, um die Anerkennung homosexueller Lebenspartnerschaften. Der Prozess machte unter dem Kürzel »Homo-Ehe« Schlagzeilen.[8]

Streit um die »Homo-Ehe«

Die CDU-regierten Länder Bayern, Sachsen und Thüringen klagten gegen das von einer rot-grünen Mehrheit im Bundestag verabschiedete Gesetz. Es erlaubt Homosexuellen (Frauen wie Männern), eine Lebenspartnerschaft einzugehen – durch Vertragsabschluss vor einer Behörde. Sie führen einen gemeinsamen Namen, sorgen füreinander und erben voneinander. Nach einer mündlichen Verhandlung am 9. April 2002 entschied das Gericht am 17. Juli 2002 zugunsten des Gesetzes – mit einer 5:3-Mehrheit. Papier gab, wie erwähnt, ein Sondervotum ab.

»Die Rechtsfolgen der Lebenspartnerschaft sind«, heißt es im Urteil, »zum Teil den Rechtsfolgen der Ehe nachgebildet«. Just dieser Umstand hatte die Gegner erbost. Günter Beckstein, damals bayerischer Innenminister, argumentierte in der mündlichen Verhandlung: Aus dem im Grundgesetz verbürgten Schutz von Ehe und Familie ergebe sich ein »Abstandsgebot« für andere Formen der Partnerschaft. Die klagenden Länder operierten mit Schlagworten: Die Ehe werde »durch Nivellierung ihres besonderen Schutzes beraubt«; sie habe deshalb Anspruch auf einen »Exklusivitätsschutz«. Die Sonderstellung begründe »ein Abbildungsverbot für die rechtliche Ausgestaltung anderer Partnerschaften«, sie dürften »kein getreues Abbild der Ehe herstellen«.[9]

Das Gesetz hatte, woran die »Welt« erinnerte, »zu einer scharfen Kontroverse zwischen der Deutschen Bischofskonferenz und der rot-grünen Bundesregierung geführt«. Das Blatt entdeckte geistige Verwandtschaften: »Die Unionsländer lehnen sich in ihrer Argumentation an die Lehre der Kirchen, vor allem der katholischen, an.«[10] Also an eine Definition, die auf Geschlechtsverschiedenheit abstellt – und die Möglichkeit, Nachkommen zu erzeugen. Papier knüpfte in seiner »abweichenden Meinung« genau da an: Im Grundrechtsschutz der Ehe liege eine »Institutionsgarantie«; deren »Strukturprinzipien«, etwa die »Verschiedengeschlechtlichkeit der Partner«, dürfe der Gesetzgeber keinesfalls missachten.[11]

Elemente eines Glaubenskrieges

Aus der Distanz betrachtet, steckten in dem Prozess alle Elemente eines Glaubenskrieges. Statt zu argumentieren, legten die klagenden Länder Bekenntnisse ab. Sie beriefen sich unentwegt auf den Schutz der Ehe, ohne sagen zu können, warum und wie Lebenspartnerschaften diese Garantie gefährden. Unter dem Strich blieb nur eines haften: Da taten Gegner eines Gesetzes ihr Unbehagen kund – und gaben wortreich zu verstehen, dass ihnen die ganze Richtung nicht passt. Das Urteil reagierte adäquat, mit aufklärender Milde. Die Ehe werde durch das Gesetz, schrieben die Richter, »weder geschädigt noch sonst beeinträchtigt«; ihr drohten »keine Einbußen durch ein Institut, das sich an Personen wendet, die keine Ehe miteinander eingehen können«.

Ein Appell zu Toleranz schwang mit. Die fünf Richter konnten und wollten aus dem Gebot des Grundgesetzes, die Ehe zu begünstigen, kein Gebot herauslesen, andere Lebensformen zu benachteiligen. Sie hielten fest: Das strittige Gesetz entziehe der Ehe »keine Förderung, die sie bisher erfahren hat«, sie nehme »lediglich eine andere Lebensgemeinschaft unter ihren Schutz«. Ihrem Vorsitzenden Papier hielten sie entgegen: Die eingetragene Lebenspartnerschaft sei »auch keine Ehe mit falschem Etikett«, wie er meine, »sondern ein Aliud zur Ehe«, also etwas gänzlich anderes.

Das Urteil hatte, was nicht immer gelingt, eine befriedende Wirkung. Die Bundesregierung war »beglückt«, wie ihr Sprecher Uwe-Karsten Heye betonte.

Der Grünen-Rechtspolitiker Volker Beck, einer der Hauptinitiatoren des Gesetzes und selbst homosexuell, sprach von einem »Sieg auf ganzer Linie«. Die Union kündigte für den Fall eines Wahlsieges an, das Gesetz zu respektieren.[12]

Das war guter politischer Stil. Doch der ist auf dem glatten Parkett der Großen leider keine Selbstverständlichkeit. Davon musste sich Ende 2002 der Zweite Senat überzeugen. Streitgegenstand war diesmal ein Eklat im Bundesrat, der sich am 22. März 2002 sogar vor den Augen der Fernsehnation abgespielt hatte. Schmierentheater oder temperamentvolles Duell? Auf die Frage, wie die lautstarken Hahnenkämpfe zu bewerten waren, gab es auch in Karlsruhe zwei Antworten.

Spektakel im Bundesrat

In dem Verfassungsstreit steckte Brisanz. Es ging darum, ob das wichtige hochumstrittene Zuwanderungsgesetz, ein Herzensanliegen der rot-grünen Koalition, korrekt zustande gekommen war. Die CDU-regierten Länder waren dagegen. Im Bundesrat kam es auf die Haltung des Landes Brandenburg an. Doch die Potsdamer Koalition aus SPD und CDU war in dieser Frage zerstritten – ein Umstand, der die Prozedur erschwerte. Denn Artikel 51 des Grundgesetzes bestimmt: »Die Stimmen eines Landes können nur einheitlich abgegeben werden.«

Aus dem Versuch, dieser Vorschrift zu genügen, wurde ein Politkrimi. Der Schriftführer des Bundesrates rief jedes Land einzeln auf. Als er bei Brandenburg angekommen war, meldeten sich zwei Vertreter, einer stimmte mit Ja, einer mit Nein. Der amtierende Präsident Klaus Wowereit, SPD-Bürgermeister von Berlin, stellte fest, Brandenburg habe »nicht einheitlich« abgestimmt. Dass er sich mit diesem indirekten Nein nicht begnügte, sondern noch mal nachhakte, löste einen Tumult im Saal aus – und war dann Gegenstand des anschließenden Verfassungsstreits. Das Protokoll hielt fest:

Wowereit: »Ich frage Herrn Ministerpräsidenten Stolpe, wie das Land Brandenburg abstimmt.« Manfred Stolpe: »Als Ministerpräsident des Landes Brandenburg erkläre ich hiermit Ja.« Stolpes CDU-Stellvertreter Jörg Schönbohm rief dazwischen: »Sie kennen meine Auffassung, Herr Präsident.« Er hatte sich zuvor in einer Erklärung zu dem Dissens im Land geäußert, sein Nein begründet, aber zugleich angemerkt, es »wäre niemandem zu vermitteln, wenn die Koalition daran zerbräche«.

»In gewagter Weise ausgereizt«

Danach war die Hölle los. Peter Müller aus dem Saarland: »Das ist unmöglich!« Zurufe: »Verfassungsbruch!«. Roland Koch aus Hessen: »Das ist unglaublich, das ist glatter Rechtsbruch!« Wowereit: »Herr Koch, ich bitte Sie, sich auch zu mäßigen!« Roland Koch: »Nein, ich mäßige mich nicht!« Trotz heftiger Proteste fragte Wowereit Stolpe ein weiteres Mal. Stolpe sagte wieder Ja. Wowereit ließ zusammenzählen und stellte als Präsident das Ergebnis fest: »Das ist die Mehrheit. Der Bundesrat hat dem Gesetz zugestimmt.«

Der Bundespräsident, dem das Gesetz zur Unterschrift vorgelegt wurde, war sichtlich irritiert. Jedenfalls machte Johannes Rau aus seinem Unmut keinen Hehl. Er rügte: Bei der Verabschiedung des Gesetzes sei »eine verfassungsrechtliche Vorschrift in gewagter Weise ausgereizt und damit eine politische Kampfsituation auf die Spitze getrieben worden.« Tatsächlich hatten die Kombattanten Rau ungeniert in Geiselhaft genommen. Sie setzten zwangsläufig seine Reputation aufs Spiel, säten Misstrauen in seine Amtsführung und stellten seine Unparteilichkeit in Frage – die einen für den Fall, dass er das Gesetz unterzeichnet, die anderen für den Fall, dass er seine Unterschrift verweigert.

Rau setzte seinen Namen unter das Gesetz und folgte damit einem überlieferten Brauch. Der besagt: Der Präsident unterschreibt, wenn die Norm nicht »zweifelsfrei und offenkundig« verfassungswidrig ist. Rau fügte sich, aber er verhehlte nicht, dass er eine Klärung der offenen Rechtsfragen durch das Bundesverfassungsgericht für wünschenswert hielt: Wer letzte Klarheit schaffen wolle, dem stehe »der Weg dazu jetzt offen«. Die CDU-Länder, ohnehin zum Gang nach Karlsruhe entschlossen, ließen sich das nicht zweimal sagen. Sie reichten Klage ein.

Neuer Tiefpunkt

Theaterdonner gab es auch in Karlsruhe. Die mündliche Verhandlung im Oktober 2002 löste hektische Spekulationen aus. Manche Frage vom Richtertisch hatte die Fantasie der Prozessparteien und der Prozessbeobachter beflügelt. Federführender Richter in diesem Fall, der sogenannte Berichterstatter, war der Bonner Staatsrechtler Udo Di Fabio. Welche Linie der konservative Jurist verfolgte, war einigermaßen klar. Offen blieb bis zuletzt die Haltung der vier Richter vom links-liberalen Flügel. Es gab Vorberichte über den angeblichen Versuch, einen von ihnen »umzudrehen«. Papier reagierte empört: »Dass ein angebliches Abstimmungsergebnis einer Entscheidung, die noch gar nicht ergangen war, in die Öffentlichkeit getragen wird, das war ein neuer Höhepunkt, oder genauer Tiefpunkt.«[13]

Da das Urteil zum Abstimmungsergebnis nichts sagte, blieben etwaige Verführungskünste hinter den Kulissen das süße Geheimnis des Senats. Hätten die vier Linken geschlossen mit Nein gestimmt, wäre die Klage abgewiesen worden. Zwei, die Richterinnen Lerke Osterloh und Gertrude Lübbe-Wolff, gaben eine »abweichende Meinung« ab. Es musste also mindestens einer der beiden anderen – Winfried Hassemer oder Bertold Sommer – das Zünglein an der Waage gewesen sein.

Das Schlusswort war klar. Der Zweite Senat erklärte am 18. Dezember 2002 das Zuwanderungsgesetz wegen fehlender

Zustimmung des Bundesrates für nichtig.[14] Fünf (oder sechs) von acht Richtern hielten Wowereits Verhandlungsführung für unstatthaft. Begründung: Nachdem feststand, dass die Stimmabgabe Brandenburgs »uneinheitlich« war, habe kein Anlass bestanden, Stolpe ein zweites Mal zu befragen; das verbiete sich, »wenn ein einheitlicher Landeswille erkennbar nicht besteht und nach den gesamten Umständen nicht zu erwarten ist, dass ein solcher noch während der Abstimmung zustande kommen werde«; zumindest aber hätte Wowereit nach dem »Ja« von Stolpe Schönbohm noch mal fragen müssen, ob er bei seinem »Nein« bleibe.

Eine gänzlich andere Deutung dieser Abläufe gab das Votum der beiden Abweichlerinnen.[15] Die »Nachfrage« Wowereits sei keineswegs ungewöhnlich oder unangebracht gewesen. Im zweiten Durchgang habe das Land dann einheitlich abgestimmt: Es gab ein »Ja«, kein »Nein«. Schönbohm habe nur angemerkt: »Sie kennen meine Auffassung, Herr Präsident.« Das Grundgesetz verlange nicht, »dass die Vertreter eines Landes einheitlicher Auffassung sind«, es stelle »ausschließlich auf die Einheitlichkeit der Stimmabgabe ab«.

NPD-Verfahren endet unrühmlich

Am 18. März 2003 stellte der Zweite Senat das Verbotsverfahren gegen die NPD ein – ohne sich mit der Gefährlichkeit der rechtsradikalen Partei beschäftigt zu haben.[16] Die Gründe dafür, von denen noch die Rede sein wird, waren schnell vergessen. Haften blieb nur das peinliche Resultat, das den Ruf Deutschlands nachhaltig beschädigt hat. So deutlich wie bei dieser Entscheidung ist die Doppelfunktion der höchsten Instanz – einerseits Gericht, andererseits Verfassungsorgan – nie sichtbar geworden. Verfassungsrecht und Verfassungspolitik gerieten in einen unheilvollen Widerstreit. Beide Aspekte ließen sich sogar einzelnen Personen im Senat zuordnen. In diesem Fall genügten drei Anhänger der reinen Lehre, um den Prozess vorzeitig zu beenden.

Übrig blieb ein historisches Datum. Es erinnerte im Laufe der Zeit nicht mehr an ein Urteil, sondern nur noch an ein Desaster. Wie bei allen zurückliegenden Ereignissen (Wahlsiegen, Rücktritten, Skandalen) reduzierten sich die Zusammenhänge allmählich auf ein Schlagwort – hier: Verbot der NPD scheitert in Karlsruhe. Die Frage, wer die Blamage zu verantworten hatte, das Gericht oder die Antragsteller aus der Politik, trat mit jedem Jahr mehr in den Hintergrund. Diese Verkürzung ist fatal für das Image des Hauses. Die Richter erwecken in Fällen wie diesem den tödlichen Eindruck, dass sie sich, wenn es zum Schwur kommt, ihrem Auftrag entziehen und der Öffentlichkeit Steine statt Brot anbieten.

Antisemitisch, rassistisch, antidemokratisch

Der Zweite Senat hätte ein Trauma der deutschen Geschichte aufarbeiten können. Nun schien es so, als ob die Zeit stehengeblieben wäre; als ob sich 2003 wiederholte, was 1933 schiefgelaufen war; als ob die Feinde der Demokratie, wie 70 Jahre zuvor, ungehindert durchmarschieren könnten. Es ging um dieselbe Ideologie, die Deutschland schon einmal ins Verderben geführt hatte. Vor Gericht stand eine »Bewegung«, die nach herrschender Ansicht in ihrem Gesamtbild nationalsozialistisch, antisemitisch, rassistisch sowie antidemokratisch geprägt ist: die NPD. Deshalb hatten drei Staatsorgane – Bundesregierung, Bundestag und Bundesrat – beantragt, diese Partei zu verbieten. Begründung: Sie lege die »Basis für die organisierte Unterwanderung des Rechtsstaates, vergifte das politische Klima, erzeuge Angst und verführe junge Menschen zu gewalttätigem Fremdenhass«.[17]

Tatsächlich wurden die Verbotsanträge nach einem Sommer der rechten Gewalt eingereicht. Anschläge auf Synagogen und jüdische Friedhöfe erschreckten das In- und Ausland. Neonazis hetzten Farbige in ostdeutschen Städten zu Tode. Mancherorts errichteten Skinheads »rechtsfreie Zonen«. 2002 war das Jahr, in dem das Innenministerium 10 579 ausländerfeindliche, rassistische oder antisemitische Straftaten registrierte.[18]

Zum Schluss waren es fast 600 Seiten Material, das die Antragsteller auf den Richtertisch legten. Die Verhandlung war für Februar 2002 angesetzt. Da schlug – Ende Januar – ein Anruf aus dem federführenden Bundesinnenministerium in Karlsruhe wie eine Bombe ein. Eher beiläufig erfuhren die Richter, dass ein Kronzeuge, der dem Vorstand der Partei angehörte, vom Verfassungsschutz als V-Mann geführt wurde. Das Gericht sagte daraufhin den Prozesstermin ab. Heribert Prantl brachte den Skandal auf den Punkt. Der Innenminister habe, schrieb er in der SZ, »den höchsten Richtern verschmutztes Beweismaterial vorgelegt«. Es gebe »nichts zu beschönigen«. Denn »auf die Tiraden des Rechtsextremisten Wolfgang Frenz stützten sich die Verbotsanträge«.[19]

Sperrminorität bei Parteiverboten

Kritiker schrieben empört, die Panne grenze an Prozessbetrug, zeuge aber zumindest von »Dummheit«, »Inkompetenz« und grober Fahrlässigkeit. Die Folgen waren gravierend. Sie führten zu einer Zerreißprobe im Zweiten Senat. Da nur das Verfassungsgericht befugt ist, ein Parteiverbot auszusprechen, liegt die Messlatte hoch. Um jedes Risiko einer Manipulation auszuschließen, müssen sechs von acht Richtern dem Antrag zustimmen. Oder anders: Es genügen drei, um ein Parteiverbot scheitern zu lassen. Sie stellen eine Sperrminorität dar. Im Fall der NPD stoppten Winfried Hassemer und Lerke Osterloh (beide von der SPD vorgeschlagen) sowie Siegfried Broß (von der Union) den Prozess.

Sie sahen in der Tatsache, dass der Verfassungsschutz die rechtsextreme Partei nicht nur beobachtet, sondern bis in den Vorstand mit V-Leuten durchsetzt hatte, »ein nicht behebbares« Hindernis. Ihr Hauptargument: Das verfassungsgerichtliche Parteiverbot sei die schärfste Waffe des demokratischen Rechtsstaates gegen seine organisierten Feinde. Es erfordere deshalb »ein Höchstmaß an Rechtssicherheit, Transparenz, Berechenbarkeit und Verlässlichkeit des Verfahrens«. Spitzel auf der Führungsebene schwächten die Stellung der Partei vor Gericht. »Sie verfälschen unausweichlich die rechtsstaatlich notwendige freie und selbstbestimmte Selbstdarstellung der Partei im verfassungsgerichtlichen Prozess.«[20] Die drei Puristen sahen keine Chance mehr für einen fairen Prozess. Lerke Osterloh sagte bei ihrem Abschied am 14. Januar 2011, sie hoffe, die Regierenden seien gewarnt und versuchten nie wieder, mit dem Gericht »ein Blinde-Kuh-Spiel zu betreiben«. Wegen des speziellen Quorums bei Parteiverboten verantworteten die drei allein die Einstellung des Verfahren – wie sonst eine Richtermehrheit.

Gegen den Missbrauch der Freiheitsrechte

Vier Richter – hier paradoxerweise eine »unterlegene« Mehrheit – waren nicht bereit, vorzeitig das Handtuch zu werfen. Hans-Joachim Jentsch, Udo Di Fabio, Rudolf Mellinghoff (alle von der Union vorgeschlagen) und Bertold Sommer (von der SPD) gaben ihre Gegenansicht zu Protokoll: Ob der Einsatz von V-Leuten die NPD in ihrer Verteidigung beeinträchtige, hätte, so ihr Einwand, in einer mündlichen Verhandlung geklärt werden können und müssen. Der »Grundsatz der Amtsermittlung« erlaube dem Gericht, jeder Zweifelsfrage nachzugehen, auch »möglichen Verstößen gegen den Grundsatz des fairen Verfahrens«.[21]

Die Mehrheit, die das Verfahren gern fortgesetzt hätte, verwies auf die wehrhafte Verfassung. Ihr Ziel: Sie wolle sich nicht durch den Missbrauch der von ihr gewährleisteten Freiheitsrechte vorführen lassen. Der Senat kapituliere zu früh, wenn er »ein Verfahrenshindernis« annehme, »ohne die konkrete Gefährlichkeit der Partei« zu untersuchen.[22] Klärungsbedürftig sei vor allem, ob von der NPD »in parteitypisch organisierter Weise Angriffe auf die Würde des Menschen« ausgingen.

Ein schwacher Trost: Wenn der Dissens geheim geblieben wäre, stünde das deutsche Recht noch ärmer da. Bekannt wäre dann nur das magere Resultat, mit dem man die Öffentlichkeit hätte schlecht abspeisen können. Denn die Frage nach dem Umgang mit der NPD hat nicht nur den Senat gespalten, sie spaltet auch die

Nation. Der Spruch, der auf viele formalistisch wirkte, bedurfte der Transparenz. Sonst wäre das Odium der Einäugigkeit am Gericht haften geblieben.[23] Warum die Publikation abweichender Meinungen wichtig ist, mag ein Vergleich illustrieren. Wenn der Bundesgerichtshof die Sache zu entscheiden gehabt hätte, wäre nur das Votum zugunsten der NPD bekannt geworden – kein Wort darüber hinaus. Die Verfassungsrichter gewinnen an Glaubwürdigkeit, weil sie sich zu ihren Widersprüchen bekennen dürfen.

Das Kopftuchverbot bleibt in der Schwebe

Nach dem unrühmlichen Ausgang des NPD-Verfahrens im März 2003 war bei vielen Beobachtern der Eindruck entstanden, dass der Zweite Senat – wie ein scheuendes Pferd – vor jeder Hürde zögert und dann, statt zu springen, um das Hindernis herumläuft. Ein halbes Jahr später, am 24. September 2003, wiederholte sich das Schauspiel. Der leidenschaftliche Streit um die Frage, ob eine Lehrerin ihren Unterricht mit Kopftuch abhalten darf, ging ohne eine befriedigende Antwort zu Ende. Dieses Problem, so das Urteil, müsse der Gesetzgeber lösen.[24]

Der Musterfall, der in Karlsruhe anstand, hatte schon vorher die Gemüter erregt – und das herkömmliche Rechts-links-Schema durcheinandergebracht. Die Konservativen wollten das christliche Abendland vor Überfremdung schützen, die Liberalen muslimische Frauen vor religiöser Bevormundung und Unterdrückung. Doch wer die Klägerin hörte, stellte fest, dass alle diese Besorgnisse am Problem vorbeigingen.

Fereshta Ludin, 1972 in Kabul geboren, 1987 nach Deutschland gekommen, 1995 eingebürgert, hatte nach ihrem Studium im Jahr 1998 die Zweite Staatsprüfung für das Lehramt an Grund- und Hauptschulen bestanden (für die Fächer Deutsch, Englisch und Gemeinschaftskunde). Weil sie nicht bereit war, ihr Kopftuch im Unterricht abzulegen, lehnte das Oberschulamt ihre Einstellung als Lehrerin ab. Begründung: »Das Kopftuch ist Ausdruck kultureller Abgrenzung und damit nicht nur religiöses, sondern auch politisches Symbol.«[25] Alle drei Instanzen der Verwaltungsgerichtsbarkeit bestätigten das Verdikt »Eignungsmangel«.

Zur mündlichen Verhandlung vor dem Bundesverfassungsgericht am 3. Juni 2006 kam die Klägerin mit einem Kopftuch aus hellem Tuaregblau. Sie ergriff auch selbst das Wort und sagte, dieses Kopftuch sei »ein Teil ihrer religiösen Identität und ihrer Person«.[26] Sie betrachte sich als Deutsche und teile die freiheitlich-demokratischen Werte dieses Landes. Doch sie müsse sich seit Jahren gegen die bösartige Unterstellung wehren, dass sie die Unterdrückung der Frau befürworte. Dabei habe sie aus Protest dagegen ihre Heimat verlassen.

Ihr Anwalt hatte schriftlich vorgetragen: Die vom Schulamt angeführten Gefährdungen seien »lediglich abstrakt-theoretischer Natur«. Als seine Mandantin im »Vorbereitungsdienst« unterrichtet habe, sei es weder zu Konflikten noch zu ernsthaften Schwierigkeiten gekommen. Das Gericht hörte mehrere Sachverständige zum Thema »frühe Indoktrination mit Glaubensinhalten«, doch die Antworten waren mager, da seriöse Forschungsergebnisse fehlten.

Steinbruch der Worte

Das Urteil, das mit 5:3 Stimmen erging, war ebenfalls mager. Alle Vorentscheidungen zulasten der Klägerin wurden aufgehoben. Sie hatte gewonnen, aber damit noch keine Lehrerstelle. Denn die Begründung machte ihren scheinbaren Sieg gleich wieder zunichte. Der Senat habe die Entscheidungen aufgehoben, sagte der Vorsitzende Winfried Hassemer, »weil wir der Meinung sind, dass nicht Behörden und Gerichte über die Frage eines Kopftuches einer Lehrerin zu entscheiden haben, sondern der demokratisch legitimierte Gesetzgeber«.[27] Das Gericht habe sich »vielleicht geschickt, aber nicht weise verhalten«, kommentierte die »Welt«.[28] Die drei überstimmten Richter Jentsch, Di Fabio und Mellinghoff hatten es härter ausgedrückt: »Der Aufgabe, eine verfassungsrechtliche Grundsatzfrage zu beantworten, ist der Senat nicht gerecht geworden, obwohl der Fall entscheidungsreif ist.«[29]

Helmut Kerscher beklagte in der SZ: »Zu sehr ist das Urteil ein Steinbruch der Worte, zu widersprüchlich ist die überraschende Grundaussage, dass Lehrern das Tragen eines Kopftuches im Unterricht aufgrund eines Gesetzes verboten werden darf – und im Übrigen erlaubt ist.«[30] Eine Woche später zitierte Kerscher einen Verteidiger des Urteils, den gerade ausgeschiedenen Verfassungsrichter Bertold Sommer, der in seiner Amtszeit mit dem Fall befasst war. Sommer sprach in seiner Abschiedsrede von einer teilweise »unangemessenen, kränkenden Wortwahl«. Er sah den Konflikt aus einer anderem Perspektive: Die Debatte sei nun dort angekommen, »wo sie hingehöre, nämlich in die Gesellschaft und in die Parlamente«.[31]

Der Kampf um die Privatsphäre

Genau dort hatte der explosive Fall, den Papiers Senat im März 2004 entschied[32], seinen Anfang genommen. Hier war die Debatte im Sinne Sommers verlaufen: 1996/1997 mit leidenschaftlichen Auseinandersetzungen in der Gesellschaft, 1998 mit kontroversen Beratungen im Bundestag, 2003 mit einem heftigen Schlagabtausch beim Verfassungsgericht – nicht nur in den Plädoyers, sondern auch in der Urteilsberatung. Das Stück, das gespielt wurde, hieß »Der Große Lauschangriff«. Seine Erfinder in der Politik nannten ihn schamhaft »elektronische Raumüberwachung«. Auch der Gesetzgeber gab dem Angriff auf die Privatsphäre der Bürger einen betont harmlosen Anstrich: »Abhören und Aufzeichnen des nichtöffentlich gesprochenen Wortes mit technischen Mitteln«.

Diese Stichworte beschrieben nur unzureichend einen folgenschweren Handstreich gegen das Grundgesetz. Die Väter und Mütter der Verfassung hatten den Artikel 13 klar und für jedermann verständlich formuliert, wie ihr ganzes Werk: »Die Wohnung ist unverletzlich«. Doch für die makellose Sprache fehlte den Sicherheitsfanatikern jedes Gespür. Sie taten dem Grundgesetz – nicht zum ersten Mal – Gewalt an. Um das Eindringen in die privaten vier Wände von Bürgern rechtlich abzusichern, fügten sie den schlichten vier Worten einen Rattenschwanz von Schachtelsätzen hinzu, alle in einem miserablen Deutsch. Die Verfassung las sich nun wie eine Hackfleischverordnung.

Das Wortungetüm verzerrte über Nacht das Gesicht der Politik. Kaum war das Gesetz vom 4. Mai 1998, das die »Wohnraumüberwachung« erlaubte, in Kraft, da zeigte sich auch schon, wie viele Teufel im Detail steckten. Wer von Amts wegen mit dem Machwerk zu tun hatte, musste sich unweigerlich die Hände schmutzig machen – wie ein lausiger Dieb mindestens dreimal in fremde Wohnungen einsteigen: erst die Räume auskundschaften, dann die Wanze verstecken und sie zum Schluss wieder herausschmuggeln.

Die Bundesländer standen vor der Aufgabe, für diesen Krimi Personal zu rekrutieren. Sie planten, Hausverwalter, Stromableser, Schlüsseldienste und Schornsteinfeger als Amtshelfer zu verpflichten, um die Wanzen in den Privatwohnungen anzubringen. Stadtwerke sollten die Stromzufuhr für Alarmanlagen zeitweise abschalten, damit beim Wildern in der Privatsphäre nichts schiefläuft. Petra Pau, die als PDS-Abgeordnete ständig für den »Schnüffelstaat« der SED in Haftung genommen wurde, zahlte es den Pharisäern heim: »Es ist frappierend, wie viele Anleihen die Lausch- und Spähexperten der Bundesrepublik Deutschland inzwischen bei der verblichenen DDR nehmen.«[33]

Damit nicht genug. Die westlichen »Experten« eiferten den einst verachteten östlichen Kollegen nicht nur nach – sie wollten sie nun sogar noch übertreffen. Wolfgang Bosbach, Innen- und Rechtspolitiker der CDU-Fraktion, forderte ungeniert: »CDU und CSU plädieren in der Tat dafür, auch die optische Wohnraumüberwachung zu ermöglichen.«[34] Zum großen Lauschangriff sollte also noch der große Spähangriff kommen.

Doch die Union betrieb das Abhörprojekt nicht allein. Sie brauchte zur Veränderung des Grundgesetzartikels 13 im Bundestag eine

Zweidrittelmehrheit. Die bekam sie auch. Teile der SPD stimmten dafür. In der FDP war es schon im Vorfeld der Gesetzgebung, die sich von 1996 bis 1998 hinzog, zu einer Zerreißprobe gekommen. Als eine Mitgliederbefragung zugunsten des obskuren Gesetzes ausging, erklärte Bundesjustizministerin Sabine Leutheusser-Schnarrenberger im Januar 1996 unter Tränen ihren Rücktritt.

Für sie war das geplante Gesetz eine Nagelprobe auf den Rechtsstaat. Gegen die Absicht der anderen Rechtspolitiker, die organisierte Kriminalität effizienter zu bekämpfen, hatte sie nichts einzuwenden. Doch sie wollte nicht hinnehmen, dass dazu die Axt ans Grundgesetz gelegt wurde – nach dem Motto: Der Zweck heiligt die Mittel. Da streikte die aufrechte Liberale. Sie war es denn auch, die gemeinsam mit den beiden FDP-Veteranen Gerhart Baum und Burkhard Hirsch das Bundesverfassungsgericht anrief.

»Entwanzung des Rechts«

Was dabei herauskam, überschrieb die SZ mit drei Worten: »Entwanzung des Rechts«.[35] Der Erste Senat hatte die Änderung des Grundgesetzes zwar geschluckt, den staatlichen Schnüfflern aber so viele Fesseln angelegt, dass von dem »großen« Lauschangriff praktisch nichts übrig blieb. Die Richter erklärten die Privaträume weitgehend für tabu. »Bei Beobachtungen ist aber ein unantastbarer Kernbereich privater Lebensgestaltung zu wahren.«[36] Gemeint seien »Gefühlsäußerungen, Äußerungen des unbewussten Erlebens sowie Ausdrucksformen der Sexualität«.

Besonderen Schutz genieße »regelmäßig die Privatwohnung«. Sie »ist als ›letztes Refugium‹ ein Mittel zur Wahrung der Menschenwürde«. Das gelte vor allem in der Sphäre von »Ehe und Familie«, namentlich aber für den »Intimbereich«. Sobald Fahnder in diese Zone vorstießen, müssten sie ihre Überwachung sofort abbrechen und ihre Aufzeichnungen vernichten. »Eine zeitliche und räumliche ›Rundumüberwachung‹ wird regelmäßig schon deshalb unzulässig sein, weil die Wahrscheinlichkeit groß ist, dass dabei höchst persönliche Gespräche abgehört werden.«[37]

Zwei Mitgliedern des Senats, den Richterinnen Renate Jaeger und Christine Hohmann-Dennhardt, ging das Urteil nicht weit genug. Aus ihrer Sicht war schon die Änderung des Grundgesetzartikels 13 selbst verfassungswidrig. Sie erinnerten an ihre drei Kollegen, die 1970 in ihrer »abweichenden Meinung« zum »Abhörurteil« die Gefahr von »Geheimmikrofonen« beschworen hatten, aber als Schwarzmaler und Panikmacher nicht ernst genommen wurden. Die beiden Damen urteilten nicht minder hart: Es gelte heute, »nicht mehr den Anfängen, sondern einem bitteren Ende zu wehren«.[38]

CDU-Konto namens »Zaunkönig«

Die Vision von einem bitteren Ende blitzt in der Politik immer wieder mal auf. Nach einem Finanzskandal im Jahr 2000, der bundesweit Aufsehen erregt hatte, holte sich die CDU 2004 in Karlsruhe eine Abfuhr. Statt die schmutzigen Geldgeschäfte ihres hessischen Landesverbands auf sich beruhen zu lassen, klagte die Partei gegen einen Strafbescheid des Bundestagspräsidenten; der hatte ihr wegen der Manipulationen die staatlichen Alimente gekürzt, um 21 Millionen Euro.[39] Die Union musste büßen, weil die Hessen ein Schwarzkonto namens »Zaunkönig« in Liechtenstein unterhalten und die Erträge »wahrheitswidrig als Vermächtnisse von jüdischen Mitbürgern deklariert« hatte.[40]

Die Verfassungsrichter billigten im Juni 2004, dass der Bundestagspräsident die Schlawiner bestraft und ihnen den Geldhahn zugedreht hatte. Seine Maßnahme diente, so der Zweite Senat, dem »Schutz eines Verfassungsgutes«, in diesem Fall dem »Transparenz- und Publizitätsgebot«, dem alle politischen Parteien zu gehorchen hätten. Wenn eine diese Pflicht verletze und dafür bestraft werde, liege darin keine »Verletzung des Willkürverbots«.[41]

Im Oktober 2004 ließ derselbe Senat ganz Europa aufhorchen. Die Entscheidung in der Sache hätte keinen aufgeregt. Sie erging zugunsten eines unehelichen Vaters, der um das Umgangsrecht mit seinem Kind kämpfte; dieser Fall »Görgülü« beschäftigte jahrelang die Justiz, weil das Oberlandesgericht in Naumburg beharrlich Urteile aus Karlsruhe ignorierte. So hatte es auch ein Urteil des Europäischen Gerichtshofs für Menschenrechte (EGMR) in Straßburg, das zu mehr Menschlichkeit mahnte, in den Wind geschlagen. Nun rügten die Verfassungsrichter: Die Naumburger hätten den entscheidenden Straßburger Spruch »nicht in ausreichendem Maße gewürdigt«.[42]

Deutsches oder europäisches Recht?

Doch dieses – scheinbar europafreundliche – Resultat konnte nicht darüber hinwegtäuschen, dass die zentrale Botschaft des Bundesverfassungsgerichts eine andere war: Der Zweite Senat pochte unübersehbar auf die deutsche Souveränität. Deutlich wurde dabei eine Rivalität, die im europäischen Recht institutionell angelegt ist. In Europa gibt es zwei oberste Gerichtshöfe – den bereits genannten EGMR in Straßburg und den Europäischen Gerichtshof (EuGH) in Luxemburg. Es lag in der Natur der Sache, dass es zwischen diesen beiden und Karlsruhe immer wieder Streit um das letzte Wort geben würde. Im Kern ging es stets um die Frage: Welches Recht hat Vorrang – das deutsche oder europäische?

Nach Karlsruher Ansicht steht die Straßburger Definition der Menschenrechte »im Range eines Bundesgesetzes« – oder anders: nicht über, sondern unter dem Grundgesetz. Der EGMR wurde auf den zweiten Platz verwiesen. Seine Urteile dienten »als Auslegungshilfen für die Bestimmung von Inhalt und Reichweite von Grundrechten«.[43] Das Grundgesetz verzichte »nicht auf die im letzten Wort der deutschen Verfassung liegende Souveränität«; es wolle »keine jeder verfassungsrechtlichen Begrenzung und Kontrolle entzogene Unterwerfung unter nichtdeutsche Hoheitsakte«.[44] Die FAZ sprach von einem »Signal an die internationale Gemeinschaft«: »Deutschland ist rechtstreu, aber nicht um den Preis der eigenen Grundwerte.«[45]

Das Echo war keineswegs einmütig. Andere fanden, das Urteil sei ein »unnötiger Affront«.[46] Beide Positionen spiegelten die verschiedenen Perspektiven, aus denen die europäische Integration betrachtet wird. Kaum überraschend, dass der Europarat betonte, die Urteile des EGMR seien »verbindlich«[47]; dessen Präsident Luzius Wildhaber beklagte, Karlsruhe habe »die Autorität seines Gerichts beschädigt«.[48]

Hans-Jürgen Papier versuchte, die Wogen zu glätten: »Es geht nicht um Machtfragen oder um Rivalitäten.« Dann fügte er hinzu: Man solle aber, »was die Aufgaben und die Zuständigkeiten der jeweiligen Gerichte betrifft, eine Feinabstimmung vornehmen, damit unnötige Konflikte und Reibungsverluste vermieden werden«.[49] Er gab damit die Richtung an. Die »Feinabstimmung« gelang mal besser und mal schlechter. »Konflikte und Reibungsverluste«, von denen immer wieder die Rede sein wird, waren programmiert.

Europäischer Haftbefehl

Der nächste Konflikt – diesmal mit der EU und ihrem Luxemburger Gericht – war schneller da als gedacht. Ein knappes Jahr später. Eigentlich schon früher. Weil im Frühjahr 2005 eine Entscheidung über den »Europäischen Haftbefehl« anstand und die Richter des Zweiten Senats offensichtlich Zweifel an dessen Bestand hatten, stoppten sie mit einer Anordnung die Auslieferung des Deutsch-Syrers Mamoun Darkazanli.[50] Er saß am 24. November 2004 schon in der startklaren Abendmaschine von Berlin nach Madrid.[51] Der Schnellschuss aus Karlsruhe war der Anfang eines schmerzhaften Prozesses, an dessen Ende geklärt werden musste, wo die deutsche Souveränität beginnt und wo sie endet.

Die Frage entzündete sich am »Europäischen Haftbefehl«, den die 25 europäischen Fachminister unter sich ausgehandelt hatten. Seit August 2004 gab es keine langwierigen Auslieferungsverfahren mehr. Deutschland musste nun bei 32 aufgelisteten Delikten auf Anforderung eines anderen EU-Mitgliedsstaates Staatsbürger ausliefern. Das Ergebinis war aberwitzig: »Ein österreichischer, italienischer oder spanischer Staatsanwalt kann einen Deutschen in Deutschland sehr viel leichter und schneller verhaften lassen als ein deutscher Staatsanwalt.«[52]

Der in diesem Fall federführende Verfassungsrichter Udo Di Fabio konstruierte in der mündlichen Verhandlung, die am 13. und 14. April 2005 stattfand, einen Fall, der das Absurde des europäischen Deals deutlich machte. »Im Kölner Karneval gibt ein Deutscher einer Niederländerin gegen deren Willen einen Zungenkuss.«[53] Die Zudringlichkeit gilt nach ihrem Heimatrecht als strafbare Vergewaltigung. Die wiederum ist im Katalog der 32 Delikte für den Haftbefehl aufgeführt. »Müsste nun«, fragte Di Fabio, »der Deutsche in die Niederlande ausgeliefert werden?«

Unterwürfiger Bundestag

Bis zur Anhörung im April waren bereits 19 Deutsche ins Ausland überstellt worden – zum Teil wegen Lappalien. Einer kam nach zwei Tagen wieder frei, eine Verkäuferin aus München erst nach fünf Monaten. Gegen sie lag ein vager Verdacht vor: Sie habe in Graz einen Kreditvertrag ihres angeblich betrügerischen Ehemannes unterschrieben.[54] Ihre Odyssee war durch ein deutsches Gesetz gedeckt, das die europäischen Regeln übernommen hatte. Vor Gericht traten nicht nur deren sträfliche Schwächen zutage, die Erörterungen zeigten auch, wie unterwürfig der Bundestag europäische Vorgaben abnickt. Die Abgeordneten vernachlässigen (das wurde in den folgenden Jahren immer deutlicher) ihre Pflichten als gewählte Vertreter des Volkes – und winken, denkfaul und müde, die europäischen Texte ohne nähere Prüfung durch.

Vom Gericht zum Haftbefehl befragt, stotterte der CDU-Abgeordnete Siegfried Kauder, diese Aufgabe sei über ihn gekommen »wie eine Heimsuchung«, der Grünen-Abgeordnete Christian Ströbele bekannte: »Ich habe zugestimmt. Ich habe es nicht für richtig gehalten, aber ich habe mich für normativ unfrei gehalten.«[55] Genau das war er nicht, wie später das Urteil exakt darlegte.

Ähnliche Blößen gab sich die Bundesregierung. Sie verriet in ihrer Stellungnahme, dass sie die differenzierte Rechtsprechung des Gerichts zu Europa nicht begriffen hatte – oder frech ignorieren wollte. (Die Minister liefen damit »ins offene Messer«, wie einst Präsident Zeidler ihren Vorgängern prophezeit hatte.) Der Zweite Senat monierte in seinem Urteil pointiert zwei Interpretationen der Regierung: zum einen die »Annahme«, dass die »Rechtsinstrumente« der EU insgesamt »Vorrang« hätten – »auch gegenüber nationalen Grundrechten« –, zum anderen den (nicht eben klugen) Rat: »Sollte das Bundesverfassungsgericht Bedenken gegen die Vereinbarkeit der angegriffenen Entscheidungen mit den deutschen Grundrechten haben, komme eine Vorlage an den Europäischen Gerichtshof in Betracht.«[56]

Schutz »der vertrauten Rechtsordnung«

Den Gefallen taten die Richter den Regierenden nicht. Sie entschieden, wie zu erwarten, den Fall selbst – und erklärten am 18. Juli 2005 das fragliche Gesetz für »nichtig«.[57] Ihnen ging es um die Essentials der deutschen Verfassung – wie sehr, zeigte sich an der Tatsache, dass sie über einen unschönen Nebenaspekt hinwegsahen; der Beschwerdeführer, ein deutscher Staatsangehöriger syrischer Herkunft, stand in Verdacht, Al Qaida logistisch unterstützt zu haben.

Doch auch er durfte den Schutz von Artikel 13 des Grundgesetzes beanspruchen. Klarer Wortlaut: »Kein Deutscher darf an das Ausland ausgeliefert werden.« Der Zweck dieser Vorschrift, so die Verfassungsrichter, liege nicht darin, »den Betroffenen einer gerechten Bestrafung zu entziehen«. Es gehe um etwas anderes: Bürger dürften »nicht gegen ihren Willen aus der ihnen vertrauten Rechtsordnung entfernt werden«; jeder Deutsche solle »vor den Unsicherheiten einer Aburteilung unter einem ihm fremden Rechtssystem und in für ihn schwer durchschaubaren fremden Verhältnissen bewahrt werden«.[58]

Der Vorwurf des Gerichts an den Bundestag: Die Abgeordneten hätten die ihnen (auch nach den europäischen Vorgaben) eröffneten Spielräume für eine möglichst »grundrechtsschonende Umsetzung« in deutsches Recht nicht genutzt und ausgeschöpft; vor allem nicht dafür gesorgt, »dass die Einschränkung des Grundrechts auf Auslieferungsfreiheit verhältnismäßig ist«. In Anspielung auf Ströbele, der sich »normativ unfrei« gefühlt hatte, befanden die Verfassungsrichter: Der deutsche Gesetzgeber müsse nun »in normativer Freiheit unter Beachtung der verfassungsrechtlichen Maßstäbe erneut« entscheiden, also eine Auslieferung nur unter strengen Voraussetzungen erlauben.[59]

Es gab drei »abweichende Meinungen«[60]: »Dem Richter Siegfried Broß ging das Urteil nicht weit genug, der Richterin Gertrude Lübbe-Wolff zu weit, dem Richter Michael Gerhardt sogar viel zu weit.«[61] Je nach Temperament schlossen Beobachter daraus auf einen hoffnungslos zerstrittenen Zweiten Senat – oder auf ein Klima hoher Streitkultur.

Der Bundestag wird aufgelöst

Die nächste Bewährungsprobe stand den Diskutanten bereits ins Haus. Dabei wurde deutlich, warum die Fachwelt den Zweiten Senat gelegentlich als »Staatsgerichtshof« tituliert. Bundeskanzler Gerhard Schröder (SPD) sah sich und seine Partei in einem politischen Tief, er strebte deshalb Neuwahlen an. Doch vorher musste der Bundestag aufgelöst werden. Ließ das Grundgesetz diesen Sonderweg zu? Die Antwort auf diese Frage war nicht leicht. Um instabile Regierungen wie in der Weimarer Republik zu vermeiden, hatten die Väter und Mütter des Grundgesetzes zwei bequeme Wege versperrt: Der Bundespräsident durfte – anders als einst der Reichspräsident – das Parlament nicht aus eigener Machtvollkommenheit auflösen, und der Bundestag hatte nicht das Recht zur Selbstauflösung.

Es blieb nur ein Weg zu vorzeitigen Neuwahlen, der über Artikel 68 des Grundgesetzes: Wenn der Regierungschef die »Vertrauensfrage« stellt und dafür »nicht die Zustimmung der Mehrheit« findet, »kann der Bundespräsident auf Vorschlag des Bundeskanzlers binnen einundzwanzig Tagen den Bundestag auflösen«. Das ist einfach, wenn dem Kanzler die Mehrheit wirklich abhandenkommt, und wird problematisch, wenn er seine Abstimmungsniederlage lenkt, wenn er – die Stimmen seiner Koalition zusammengezählt – rechnerisch eine Mehrheit hat. Diese »unechte Vertrauensfrage«, wie Juristen sagen, hatte das Verfassungsgericht bereits einmal abgesegnet – 1982 zugunsten von Helmut Kohl.

Unbestritten: Das Grundgesetz erlaubte keine leichtfertige Auflösung des Bundestages. Dreh- und Angelpunkt war mithin die Handlungsfähigkeit des Kanzlers. Stand er, bildlich gesprochen, mit dem Rücken zur Wand? Dann war die Vertrauensfrage auch legitim. Schröder hatte in seiner Regierungserklärung vom 14.März 2003 radikale Reformen angekündigt, die unter dem Stichwort »Agenda 2010« bekannt wurden. Seine Ziele (»fördern und fordern«) waren nicht populär und kosteten Wählerstimmen. Landtagswahlen gingen verloren, am 22. Mai die entscheidende in Nordrhein-Westfalen; dort musste die SPD nach Jahrzehnten die Regierung abgeben.

In der eigenen Partei brodelte es. Schröder hatte im März 2004 den Vorsitz an Franz Müntefering abgegeben. Doch die Stimmung besserte sich nicht. Schröders Mehrheit im Bundestag war auf drei Stimmen zusammengeschmolzen. Rebellen in der eigenen Fraktion drohten, ihm die Stimme zu verweigern oder die Partei zu verlassen. Er war erpressbar geworden. Schröder entschloss sich in dieser dramatischen Situation zu einem Schritt nach vorn. Er konnte, wenn er wollte, glänzende Reden halten. Die Rede, mit der er am 1. Juli 2005 die Vertrauensfrage begründete, gehörte zu seinen besten.

Er sprach ungeschminkt von »einer Kette zum Teil empfindlicher und schmerzlicher Wahlniederlagen«, räumte ein, dass die Agenda 2010 »zum wiederholten Mal ursächlich« für diese Abstrafungen gewesen sei – und erklärte dann: »Es ist daher ein Gebot der Fairness und Aufrichtigkeit gegenüber den Bürgerinnen und Bürgern, gegenüber meiner Partei, gegenüber dem Partner in der Koalition, gegenüber dem Hohen Haus und auch gegenüber mir selbst, die Vertrauensfrage zu stellen.«[62] Dort, »wo Vertrauen nicht mehr vorhanden« sei, dürfe »öffentlich nicht so getan werden, als gäbe es dieses Vertrauen«.

Der Bundestag versagte ihm, wie erwartet und erwünscht, eine Mehrheit, Bundespräsident Horst Köhler löste den Bundestag auf und setzte Neuwahlen für den 18. September 2005 fest. Zwei Abgeordnete, die ihre Rechte geschmälert sahen, riefen das Verfassungsgericht an: Werner Schulz (Die Grünen) und Jelena Hoffmann (SPD). Der Zweite Senat verhandelte am 9. August ihre Klage. Den Vorsitz führte der renommierte Frankfurter Rechtsprofessor und ehemalige hessische Datenschutzbeauftragte Winfried Hassemer; der Vizepräsident des Gerichts war bekannt »für seine humorvolle, aber auch straffe Verhandlungsführung«.[63]

Nur »ein gefühltes Misstrauen«?

Gemeinsam mit dem Berichterstatter Udo Di Fabio stellte er, gerafft, den Streitstoff vor. Die Kläger argumentierten, das »gefühlte Misstrauen«, auf das sich Schröder berufen habe, sei keine ausreichende Grundlage. Die Proteste aus den eigenen Reihen widerspiegelten nur »das breite politische Meinungsspektrum« innerhalb der Partei, sie seien »Ausdruck der vom Grundgesetz geforderten innerparteilichen Demokratie«. Das stärkste Argument der Kläger: Hier finde ein Angriff auf »das parlamentarische Regierungsprinzip« statt – »nicht das Parlament kontrolliere dann den Kanzler, sondern der Kanzler kontrolliere das Parlament und die Mehrheitsfraktionen«.[64]

Gerhard Schröder ließ sich von einer Doppelbegabung vertreten, von Bernhard Schlink, dem angesehenen Berliner Staatsrechtler, der durch seinen Roman »Der Vorleser« weltberühmt geworden war.

Was hier zählte, war das Ergebnis. Der Zweite Senat wies durch Urteil vom 25. August 2005 die Klagen ab (im Ergebnis mit 7:1 Stimmen, bei der Bewertung 5:3).[65] Die Neuwahlen konnten mithin, wie geplant, am 18. September stattfinden. In seinen Gründen orientierte sich das Gericht an der politischen Wirklichkeit. Ob eine Regierung »noch handlungsfähig« sei, hänge »maßgeblich davon ab, welche Ziele sie verfolgt und mit welchen Widerständen sie aus dem parlamentarischen Raum zu rechnen hat«. Die Einschätzung habe Prognosecharakter und sei »an höchstpersönliche Wahrnehmungen und abwägende Lagebeurteilungen gebunden«.

Die Gefahr einer leichtfertigen Auflösung des Bundestages sah das Gericht nicht: »Drei Verfassungsorgane« (der Kanzler, das Parlament, der Bundestagspräsident) hätten es »in der Hand«, dies zu verhindern.

Politisches Umfeld
2005–2009: 16. Bundestag
Bundeskanzlerin: Angela Merkel (CDU)
Vizekanzler: Franz Müntefering (SPD), ab 2007 Frank-Walter Steinmeier (SPD)
Koalition: CDU/CSU, SPD

Von einer weiteren Barriere sprach das Gericht nicht. Denn ein Kanzler, der die Vertrauensfrage stellt, muss nicht nur mit dem Bundestag, dem Bundespräsidenten und am Schluss mit dem Bundesverfassungsgericht rechnen – er muss vor allem den Wähler fürchten. Gerhard Schröder zahlte mit seinem Amt. Die Ära »Merkel« begann.

Sicherheitsgesetze auf dem Prüfstand

Zum Jahreswechsel 2005/2006 stand das nackte Grauen auf dem Terminplan der Gerichts. Die apokalyptischen Bilder vom Attentat auf das World Trade Center am 11. September 2001 hatten verspätet ihren Weg in die »Residenz des Rechts« gefunden. Nach dem Terrorakt waren auch hierzulande Güterabwägungen ins Spiel gekommen, die zuvor undenkbar schienen. Politiker begannen, Leben gegen Leben aufzurechnen. Sie verabschiedeten 2005 ein sogenanntes Luftsicherheitsgesetz, das den Abschuss eines Flugzeugs erlaubt, »wenn nach den Umständen davon auszugehen ist«, dass es »gegen das Leben von Menschen eingesetzt werden soll«. Das hieß: Mord von Amts wegen.

Ob dieser radikale Wandel von einer freiheitlichen Demokratie zu einer Kriegsgesellschaft im Frieden rechtens war, prüfte das

Bundesverfassungsgericht in einer mündlichen Verhandlung am 9.November 2005. Das Urteil erging am 15. Februar 2006.[66] In dem Streit steckte nicht nur dieser einmalige juristische Sprengstoff – er förderte auch eine unkontrollierbare Bedrohung zutage, die jeden anging. Die Deutschen, in der Mehrzahl begeisterte Ferienflieger, hörten und lasen, was Sachverständige in Karlsruhe von sich gaben. Die Pilotenvereinigung Cockpit warnte: Festzustellen, was in einem entführten Flugzeug passiere, sei »je nach Sachlage von großen Unsicherheiten geprägt«, »von Anfang an mit dem Makel einer Fehlinterpretation behaftet«.[67]

Wer in den Urlaub flog, musste also doppelt Angst haben – dass Kidnapper die Maschine entführen, aber auch dass Erfüllungsgehilfen der Staatsmacht sie versehentlich abschießen. Streng genommen ging es in Karlsruhe aber nicht um ein juristisches, sondern um ein ethisches Problem. Die Anhänger des umstrittenen Gesetzes argumentierten: Das Verbot, dass der Staat nicht töten darf, könne nicht stärker sein als das Gebot, Leben zu schützen und zu retten.[68] Das Leben der Passagiere sei ohnehin verloren, ihre Situation ähnele der von Soldaten, die sich für das Ganze aufopfern. In vergleichbaren Situationen, etwa bei Geiselnahmen, erlaube das Polizeirecht den finalen Todesschuss.

Die Parallele offenbart allerdings auch die Schwäche der Argumentation. Ein Scharfschütze der Polizei zielt nicht auf Unschuldige, sondern auf den Verbrecher. Dagegen gerät der Kanonier, der eine Passagiermaschine abschießen soll, in schwere Gewissensnöte. Auf ihn nimmt das Gesetz keine Rücksicht. Er muss, wenn es darauf ankommt, ein paar hundert unschuldige Fluggäste umbringen.

Vieles sprach dafür, dass sich der Gesetzgeber mit dieser Norm übernommen hatte. Heribert Prantl schrieb in der »Süddeutschen Zeitung«: Der Todesschuss »sprengt das Rechtssystem«.[69] Das Luftsicherheitsgesetz sei »der untaugliche Versuch, das Unregelbare zu regeln«. Es suggeriere, rügte der Kommentator, »die Legalisierung des nicht Legalisierbaren«.

Wie dünn das Eis ist, auf dem Befürworter wie Gegner einer Abschusserlaubnis balancieren, zeigte der Zwischenruf des Harvard-Juristen Alan Dershowitz. Er ging von einem bekannten Fall aus: »Ein entführtes Flugzeug mit 300 Passagieren fliegt auf einen Wolkenkratzer zu.« Dershowitz provozierte: Wenn sich nur zehn Leute im Gebäude aufhielten, greife man die Maschine besser nicht an. Wenn tausend im Turm seien, müsse man den Aggressor abschießen. »Die Zahlen entscheiden über die moralische Abwägung.«[70]

Lebensfremde Fiktion

Es gab viele Fragen und ebenso viele Antworten. Die Richter hatten das letzte Wort: Das Luftsicherheitsgesetz sei »mit dem Grundgesetz unvereinbar und nichtig«. Sie stützten sich auf die Garantien der Menschenwürde und der körperlichen Unversehrtheit. Es sei daher schlechterdings unvorstellbar, unschuldige Menschen in hilfloser Lage vorsätzlich zu töten. Die Annahme, dass Passagiere in die eigene Tötung einwilligten, sei eine lebensfremde Fiktion.[71]

Die weitere These schließlich, dass die Geiseln selbst »Teil einer Waffe geworden seien und sich als solche behandeln lassen müssten«, empörte die Verfassungsrichter. Sie reagierten entsprechend scharf: Diese Auffassung bringe geradezu unverhohlen zum Ausdruck, dass die Opfer nicht mehr als Menschen wahrgenommen werden. Sie würden dadurch, »dass ihre Tötung als Mittel zur Rettung anderer benutzt wird, verdinglicht und entrechtlicht«.

Juristisch wurde die Streitfrage mit dem höchstrichterlichen Urteil verbindlich beantwortet. Danach verstößt jedes Gesetz, das Töten von Amts wegen erlaubt, gegen die Verfassung. Doch damit ist der denkbare Konflikt nicht gelöst. Wenn sich der 11. September wiederholt, muss einer entscheiden. Das Recht lässt ihn nun allein – und hinterher muss er sich verantworten. Der Senat habe nicht entschieden, sagte Gerichtspräsident Hans-Jürgen Papier, wie ein gleichwohl vorgenommener Abschuss strafrechtlich zu beurteilen wäre.[72]

Wolfgang Schäuble (CDU), in jenen Tagen Bundesinnenminister, war über die Karlsruher Rechtsprechung erzürnt. Ihm ging die Auslegung der Freiheitsrechte ersichtlich zu weit; er suchte deshalb den Konflikt, besonders mit seinem Parteifreund Hans-Jürgen Papier. Das Urteil in Sachen Todesschuss ließ an Deutlichkeit nichts zu wünschen übrig. Doch Schäuble und Verteidigungsminister Franz Josef Jung wollten sich mit dem Spruch nicht abfinden. Sie suchten einen juristischen Ausweg – nach dem Motto: Wenn die Verfassung dem todbringenden Gesetz im Wege steht, muss sie eben geändert werden.

Schäuble contra Papier

Beide dachten laut nach, die Opposition protestierte und der Koalitionspartner bremste. Die Kontroverse beschäftigte naturgemäß auch die Medien. In einem Interview wiederholte Papier wesentliche Passagen des Urteils. Kern seiner Aussage: »Die Menschenwürdegarantie kann selbst durch eine Verfassungsänderung nicht eingeschränkt werden.«[73] Schäuble, der mit ebendieser Grenzüberschreitung geliebäugelt hatte, reagierte verärgert. Er ging zum Angriff über und rügte den Gerichtspräsidenten mit ungewöhnlicher Schärfe: »Ich verstehe, dass manche Verfassungsrichter gern Ratschläge geben würden. Dazu sind sie aber nicht demokratisch legitimiert.«[74] Im Eifer des Gefechts hatte Schäuble offenbar übersehen, dass der unerbetene »Ratschlag«, den er da von sich wies, gar keiner war. Papier hatte lediglich die »Ewigkeitsgarantie« des Grundgesetzes (Artikel 79 III) wiedergegeben, die tatsächlich an der Menschenwürde nicht rütteln lässt.

Schäuble gab keine Ruhe, er setzte die Fehde fort: »Wer Gesetze gestalten will, sollte sich bemühen, Mitglied des Deutschen Bundestages zu werden.«[75] Papier, gerade zu einem Vortrag in Tutzing, verwahrte sich gegen unziemliche Versuche, das Gericht in die Schranken zu verweisen; das passiere vor allem »im Bereich sogenannter Sicherheitsgesetzgebung«; solche Attacken träfen »den Nerv des Verfassungsstaates«.[76]

Der Streit um diese zentrale Frage – mehr Sicherheit oder mehr Freiheit? – beherrschte die letzten Amtsjahre Papiers. Die Linie, die der Erste Senat unter seinem Vorsitz verfolgte, missfiel Bundesinnenminister Schäuble und allen konservativen Rechtspolitikern. Es kam Schlag auf Schlag: Nach dem Großen Lauschangriff und dem Luftsicherheitsgesetz fiel auch die sogenannte Rasterfahndung dem Karlsruher Rotstift zum Opfer. Sie gehörte, wie viele andere hysterische Maßnahmen, zu den Reaktionen auf den Terroranschlag vom 11. September 2001.

Rasterfahndung bedeutete: Sicherheitsbehörden fragten bei Einwohnermeldeämtern oder Hochschulen bestimmte Daten ab – nach einem groben Muster: »Student«, »männlich«, »muslimisch«, »unauffällig«. Der nächste Schritt: »32 000 solcher Datensätze wurden in die Datei ›Schläfer‹ eingestellt und mit weiteren Datenbeständen des Bundeskriminalamtes abgeglichen, Treffer waren solche, bei denen zwei Kriterien beim Abgleich übereinstimmten.«[77]

Geklagt hatte ein Betroffener: ein 28-jähriger Marokkaner islamischen Glaubens, der an der Universität Duisburg studierte. Der Erste Senat des Bundesverfassungsgerichts entschied am 4. April 2006 zu seinen Gunsten.[78] »Eine präventive polizeiliche Rasterfahndung« sei nur dann verfassungskonform, wenn »eine konkrete Gefahr für hochrangige Rechtsgüter« bestehe – etwa für den »Bestand der Sicherheit des Bundes« oder »für Leib, Leben oder Freiheit einer Person«. Davon könne »im Vorfeld der Gefahrenabwehr« nicht die Rede sein. Auch »eine allgemeine Bedrohungslage« wie nach dem 11. September reiche nicht aus.

Der drohende Überwachungsstaat

Großer Lauschangriff, Luftsicherheitsgesetz, Rasterfahndung – die Republik war auf dem Weg zum Überwachungsstaat. Im Jahr 2006 häuften sich die Meldungen über das maßlose Wunschdenken der Sicherheitsbehörden. Hinter dieser ausufernden Strategie steckte Bundesinnenminister Wolfgang Schäuble. Als Nächstes plante er die »Online-Durchsuchung«. Dazu musste er allerdings, buchstäblich Gewehr bei Fuß, ein Urteil aus Karlsruhe abwarten. Dort verhandelte der Erste Senat des Verfassungsgerichts am 10. Oktober 2007, gleichsam im Vorgriff auf eine bundesweite Regelung, über ein entsprechendes Gesetz aus Nordrhein-Westfalen.

Was es mit dieser Ermächtigung zum Ausspähen für eine Bewandtnis hatte, erläuterte der Altliberale Gerhart Baum (1978 bis 1982 Innenminister im Kabinett von Helmut Schmidt). Er hatte gemeinsam mit zwei seelenverwandten Streitgenossen, mit Burkhard Hirsch und Sabine Leutheusser-Schnarrenberger, ein hysterisches Sicherheitsgesetz nach dem anderen in Karlsruhe zu Fall gebracht. Er nannte den Computer bildhaft das »ausgelagerte Gehirn« des Menschen; nun beschrieb er, was dessen Durchsuchung für die Freiheitsrechte bedeutete. Der Staat erhalte dadurch »die Möglichkeit, sich mit einem einzigen Zugriff fast vollständig über die Neigungen und Kontakte eines Bürgers zu informieren und nahezu ein Persönlichkeitsprofil zu erstellen – und dies heimlich«.[79] Baum fand das noch schlimmer als den Großen Lauschangriff. »Nicht einmal eine langfristige Überwachung einer Person würde den Behörden ein so umfassendes Bild über sie geben.«

Computer-Grundrecht

Die Freiheitskämpfer stießen in Karlsruhe (nicht zum ersten Mal) auf offene Ohren. Denn beim zuständigen Berichterstatter, dem Verfassungsrichter Wolfgang Hoffmann-Riem, war der Rechtsstaat in den besten Händen. Die Antwort der höchsten Instanz verursachte denn auch ein Erdbeben im Zentrum der Politik. Der Spruch vom 27. Februar 2008 ließ nicht nur die Politiker aufhorchen, sondern auch alle Besitzer eines Computers, mithin die meisten Bürger. Papiers Erster Senat überraschte die Republik mit einem neuen Grundrecht. Es kam mit einem etwas spröden Namen daher: »Grundrecht auf Gewährleistung der Vertraulichkeit und Integrität informationstechnischer Systeme.«[80] Daraus wurde schnell und kurz das »Computer-Grundrecht«.

Das Urteil war ein Warnschuss für Schäuble. Er musste seine weitreichenden Pläne revidieren. Eine »heimliche Infiltration« sei verfassungsrechtlich nur zulässig, »wenn tatsächliche Anhaltspunkte einer konkreten Gefahr für ein überragend wichtiges Rechtsgut bestehen«. Eine hohe Hürde. Das Gericht legte noch zwei weitere dazu: »den Vorbehalt richterlicher Anordnung« und strenge »Vorkehrungen, um den Kernbereich privater Lebensgestaltung zu schützen«. Mithilfe eines »zweistufigen« Konzepts: Es sei sicherzustellen, dass ein Ausspähen der persönlichen Sphäre »unterbleibt«; wenn trotzdem empfindliche Daten erfasst worden seien, müssten sie »unverzüglich gelöscht und ihre Verwertung ausgeschlossen werden«.

Mit den Fesseln für die »Online-Durchsuchung« war eine weitere Freiheitsbeschränkung gefallen. Die vierte. Eine fünfte und sechste sollten folgen. Bereits zwei Wochen nach der Online-Blamage erklärte der Erste Senat die »automatisierte Massenerfassung von Autokennzeichen« für verfassungswidrig. Das Gericht kassierte am 11. März 2008 zwei einschlägige Gesetze, eins aus Hessen, eins aus Schleswig-Holstein.[81]

Normenbestimmtheit und Normenklarheit

Beide Regelungen verletzten das allgemeine Persönlichkeitsrecht von betroffenen Autofahrern; sie genügten weder dem Gebot der Normenbestimmtheit noch dem der Normenklarheit und auch nicht dem Prinzip der Verhältnismäßigkeit. Denn sie machten eine »systematische, räumlich weit reichende Sammlung von Informationen über das Bewegungsverhalten von Fahrzeugen und damit auch von Personen mit relativ geringem Aufwand möglich«. Beispiel: Hat einer zur selben Zeit und am selben Ort geparkt, wo eine missliebige Demonstration stattfand? Höchstrichterliche Bilanz: Die »automatisierte« Erfassung dürfe »nicht anlasslos erfolgen oder flächendeckend durchgeführt werden«. Die Korrespondentin Ursula Knapp pointierte: »Erst einmal sammeln und dann schauen, wofür man die Informationen sonst noch brauchen kann, ist verboten.«[82]

Man habe den Eindruck, »dass die acht Richterinnen und Richter bei der Formulierung dieses Leitsatzes schon an Schäuble gedacht haben«. Jedenfalls war an die unbeschränkte Verwendung von Mautdaten, die Berlin anvisierte, nun nicht mehr zu denken.

»Ohne Wenn und Aber«

Es waren Tage und Monate, in denen die Frage, wann sich der Rechtsstaat zu Tode schützt, den politischen und den juristischen Diskurs beherrschte. Auf dem Höhepunkt der Debatte traf sich Papier mit dem Rechts-Kolumnisten des »Spiegel« Thomas Darnstädt zu einem Live-Gespräch in der voll besetzten Alten Aula der Universität Heidelberg. Papier pochte darauf, dass Gefahren »nur mit den Mitteln des Rechtsstaates« bekämpft werden dürften, und er widersprach dem abstrusen Wunsch von konservativen Politikern, »Tatverdächtige« oder »Störerverdächtige« einfach »als Feinde der Rechtsordnung rechtlos zu stellen«.[83]

Darnstädt hakte nach: Ob die Menschenwürde »im schlimmsten Notfall einschränkbar« sei? Papier: »Die Menschenwürde ist nicht abwägbar, sie ist vor allen Dingen auch nicht wegwägbar.« Der »Kerngehalt der Menschenwürde« sei »strikt zu schützen«. Er bekräftigte: »Ohne Wenn und Aber.«

Papier äußerte hier seine persönliche Meinung. Er wusste sich aber nicht allein. Ihn stützte eine lange Reihe von regierungskritischen Urteilen seines Senats. Das nächste stand schon an. Rund 35 000 Bürger, so viele wie nie zuvor, hatten eine Sammelklage (150 Seiten stark) gegen die »Vorratsdatenspeicherung« eingereicht. Das angegriffene Gesetz, im November 2007 von der Großen Koalition verabschiedet, trat Anfang 2008 in Kraft. Es verfügte, dass sämtliche Festnetz-, Mobilfunk- und E-Mail-Daten für einen Zeitraum von sechs Monaten gespeichert werden – massenhaft, ohne Anlass, ohne konkreten Verdacht.

Politisches Umfeld
Seit 2009: 17. Bundestag
Bundeskanzlerin: Angela Merkel (CDU)
Vizekanzler: Guido Westerwelle (FDP)
Koalition: CDU/CSU, FDP

Die Bundesregierung hatte zwar nur eine EU-Richtlinie umgesetzt, war bei der Ausgestaltung aber, wie die Kläger rügten, weit über die europäischen Intentionen hinausgegangen. Das deutsche Gesetz praktiziere eine »Totalprotokollierung«, dadurch würden 80 Millionen Bürger grundlos wie potenzielle Straftäter behandelt. Die Kläger repräsentierten einen Querschnitt der Republik: Ärzte, Anwälte und Journalisten, die um ihr Berufsgeheimnis fürchteten, aber auch Bürgerrechtler aller Schattierungen – nicht zuletzt wieder Gerhart Baum, Burkhard Hirsch und Sabine Leutheusser-Schnarrenberger; sie blieb der Verhandlung im Dezember 2009 lieber fern, weil sie (inzwischen Bundesjustizministerin im Kabinett Merkel) nicht mit gespaltener Zunge plädieren wollte.

Mit ihrem Urteil vom 2. März 2010 gelang den Richtern des Ersten Senats ein Meisterstück juristischer Feinabstimmung.[84] Sie erklärten den deutschen Zugriff auf die sensiblen Daten der Bürger für verfassungswidrig, ohne an der europäischen Vorgabe, der Richtlinie, zu rühren. Sie ersparten sich damit eine Anrufung des Europäischen Gerichtshofes, was sie scheuen wie der Teufel das Weihwasser. Und sie umgingen den Super-GAU: die Annullierung einer europäischen Norm.

Als Segen erwies sich hier wieder die Gründlichkeit des Gerichts – den Sachverhalt bis ins letzte Detail aufzuklären und ihn dann schonungslos darzustellen. Der Leser des Urteils erfährt, was ihm der Gesetzgeber zumuten wollte: Bei der »Speicherung« handele es sich »um einen besonders schweren Eingriff mit einer Streubreite, wie sie die Rechtsordnung bisher nicht kennt«; sie beziehe sich »auf Alltagshandeln, das im täglichen Miteinander elementar und für die Teilnahme am sozialen Leben in der modernen Welt nicht mehr verzichtbar« sei.

Das Urteil hält minutiös fest: die gespeicherten Daten erlaubten »tiefe Einblicke in das soziale Umfeld und die individuellen Aktivitäten« – »bei umfassender und automatisierter Auswertung bis in die Intimsphäre«. Festgehalten würden »Daten, Uhrzeit und Ort von Telefongesprächen«. Der Blick auf einen längeren Zeitraum ermögliche »detaillierte Aussagen zu gesellschaftlichen oder politischen Zugehörigkeiten sowie persönlichen Vorlieben, Neigungen und Schwächen« – kurzum die »Erstellung aussagekräftiger Persönlichkeits- und Bewegungsprofile«.

Zufällig in einer Funkzelle

Auch brave Bürger, die sich gern mit dem Satz beruhigen »Wer ein gutes Gewissen habe, brauche den Staat nicht zu fürchten«, werden durch das höchstrichterliche Urteil eines Besseren belehrt: Demjenigen, der »zu einem ungünstigen Zeitpunkt in einer bestimmten Funkzelle gewesen« oder »von einer bestimmt Person kontaktiert worden« ist, stehe Ärger ins Haus; ihm drohe, dass er »in weitem Umfang Ermittlungen ausgesetzt« sei oder »unter Erklärungsdruck« gerate. Auch dem Missbrauch sei Tür und Tor geöffnet. Für die »Vielzahl verschiedener privater Anbieter«, die speichern müssten, könne keiner garantieren.

Entsprechend streng formuliert das Gericht seine Bedingungen für die Zukunft: »Erforderlich sind hinreichend anspruchsvolle und normenklare Regelungen hinsichtlich der Datensicherheit, der Datenverwendung, der Transparenz und des Rechtsschutzes.« Und weiter: »Der Abruf und die unmittelbare Nutzung der Daten« seien nur dann »verhältnismäßig«, wenn sie »überragend wichtigen Aufgaben des Rechtsgüterschutzes dienen«. Die Gründe waren im Senat umstritten. Teile des Urteils sind mit unterschiedlichen Mehrheiten (7:1; 6:2; 4:4) zustande gekommen. Das interessiert die Fachwelt, für den Bürger zählt das Ergebnis.

Mitte März 2010 endete Papiers Präsidentschaft. Die Verkündung des Urteils zur Vorratsdatenspeicherung am 2. März war seine letzte Amtshandlung – und zugleich das Schlussglied einer langen Kette von Entscheidungen im Spannungsfeld zwischen Sicherheit und Freiheit. Kurz zuvor, am 9. Februar, hatte er eine nicht weniger brisante Entscheidung verlesen. Sie bescherte der Republik wiederum eine Neuschöpfung des Ersten Senats: »Das Grundrecht auf Gewährleistung eines menschenwürdigen Existenzminimums.«[85]

In diesem Fall gewährten die Verfassungsrichter der Politik einen größeren Spielraum. Sie nannten keine konkreten Summen, rügten aber die undurchsichtige Ermittlung der »existenznotwendigen Aufwendungen«. Und sie mahnten: Der Gesetzgeber müsse dieses Minimum, anders als bisher, »in einem transparenten und sachgerechten Verfahren realitätsgerecht sowie nachvollziehbar« bemessen, »auf der Grundlage verlässlicher Zahlen und schlüssiger Berechnungsverfahren«.

Kein Herz für Kinder

Was sie, weniger nachsichtig, mit Blick auf das Heer der hilfsbedürftigen Kinder sagten, enthielt politischen Sprengstoff, der lange nachwirken dürfte. Es ging immerhin um eine beängstigend große Bevölkerungsgruppe. Denn zu den 6,73 Millionen Hartz-IV-Empfängern gehörten allein 1,75 Millionen Kinder unter 15 Jahren.[86] Sie erhielten 60 Prozent des Regelsatzes für Erwachsene (214 Euro), bei den 15- bis 18-Jährigen waren es 80 Prozent (276 Euro). Eine nicht nachvollziehbare Schätzungsmethode. Die Richter redeten den Politikern ins Gewissen: »Kinder sind keine kleinen Erwachsenen.«[87]

Sie gingen mit den Sachwaltern des Staates, die das Leben der Jugend aus dem Blick verloren hatten, streng ins Gericht. »Der Bedarf«, verlangten sie, »hat sich an den kindlichen Entwicklungsphasen auszurichten«. Der bisherige Abschlag vom Satz der Erwachsenen beruhe »auf einer freihändigen Setzung ohne irgendeine empirische und methodische Fundierung«. Vor allem Schüler hätten einen zusätzlichen Bedarf: »Schulmaterialien, wie Schulbücher, Schulhefte oder Taschenrechner«, auch »Nachhilfeunterricht«. Ohne Deckung dieser Kosten drohe »hilfebedürftigen Kindern der Ausschluss von Lebenschancen«. Die Richter legten die Messlatte für das Existenzminimum hoch – sie orientiere sich »an dem, was für die Persönlichkeitsentfaltung eines Kindes erforderlich ist«. Ob die politische Klasse begriffen hatte, dass es mit milden Gaben je nach Haushaltslage nun nicht mehr getan war, musste sich erst noch erweisen. Federführend für dieses menschlich mitfühlende Urteil, das den Staat zugunsten der Ärmsten in die Pflicht nahm, war Ferdinand Kirchhof. Der von der CDU nominierte Tübinger Rechtsprofessor übernahm kurz nach der Verkündung von Papier den Vorsitz im Ersten Senat und zugleich das Amt des Vizepräsidenten. Mit seinem nicht eben regierungsfreundlichen Hartz-IV-Spruch bewegte er sich auf der Linie seines Vorgängers – als ein von Parteiwünschen unabhängiger Richter.

Mit den beiden letzten fulminanten Grundsatzurteilen schied Papier – auf dem Höhepunkt seiner Richterlaufbahn – am 15. März 2010 aus dem Amt. In den letzten Tagen davor bezeichnete er die Entscheidung zur Vorratsdatenspeicherung »als eine der wichtigsten« seiner Amtszeit. Er erinnerte an die Kernaussage des Urteils: »Dass das Verbot einer Totalüberwachung zur Identität der Verfassung Deutschlands gehört«.[88] Das Zitat klang wie ein Vermächtnis.

9

Beginn einer neuen Ära

Das Gericht auf dem Weg nach Europa

Die Präsidentschaft von Andreas Voßkuhle seit 2010

15. März 2010. Präsidentenwechsel, Generationswechsel. Auf den ersten Blick: Der neue Präsident Andreas Voßkuhle (Jahrgang 1963) könnte der Sohn seiner Vorvorgängerin Jutta Limbach (Jahrgang 1934) sein, die bis 2002 amtierte. Auf den zweiten Blick: Nach einem Revirement, das schubweise verlief, war Voßkuhle nicht mehr das einzige junge Gesicht in Karlsruhe. Jutta Limbach, die große alte Dame des Verfassungsrechts, traf bei einem Festakt im Januar 2011 auf ein Ensemble, das aus lauter Neuen bestand. Nach einem weiteren Revirement im Februar gehörten dem Hohen Haus, außer dem 47-jährigen Voßkuhle, drei 51-Jährige, eine 46-Jährige und zwei 42-Jährige an – im Plenum waren das sieben von 16.

Politisches Umfeld
Seit 2009: 17. Bundestag
Bundeskanzlerin: Angela Merkel (CDU)
Vizekanzler: Guido Westerwelle (FDP), ab 2011 Philipp Rösler (FDP)
Koalition: CDU/CSU, FDP

Das hieß: In Karlsruhe bekamen immer mehr Richter das Sagen, die Deutschlands Nachkriegsgeschichte nur noch aus Büchern kennen. Voßkuhle wurde ein Jahr nach der »Spiegel«-Affäre geboren; während die 68er aufbegehrten, spielte er im Kindergarten; als 1973 der Prozess um Willy Brandts Ostverträge die Gemüter erhitzte, kam er ins Gymnasium; mit dem Grundgesetz hat er sich, »zum ersten Mal ganz bewusst in Abiturszeiten bei der Vertrauensfrage von Helmut Kohl 1982 auseinandergesetzt«, in der Schule habe man sich darüber die Köpfe heiß geredet.[1]

Die neuen Jahrgänge wechselten mit einem gänzlich anderen Bewusstsein als ihre Vorgänger in die »Residenz des Rechts«. Das allein besagte noch nicht viel. Doch langsam deutete sich an, dass mit den Jüngeren manches anders wurde – nicht auf revolutionäre Weise, aber um wahrnehmbare Nuancen. Voßkuhle, seit 2008 Vizepräsident, hatte seine Feuerprobe bereits hinter sich. Ihm war es gelungen, bei dem Urteil zum Lissabon-Vertrag den Zweiten Senat, der bis dato als ungemein schwierig, wenn nicht gar zerstritten galt, unter einen Hut zu bringen: im Ergebnis einstimmig, in den Gründen 7:1.

Wie er Rechts- und Wahrheitsfindung gern betreiben würde, ließ der neue Präsident in Gesprächen und Interviews durchblicken – etwa bei seiner Antwort auf die Frage, was »die Neuen«, die in den achtziger Jahren das juristische Handwerk erlernt haben, nach Karlsruhe mitbringen. Da gab er mehr als einen diskreten Hinweis auf verändertes Denken und Handeln: Er glaube, »dass Leute meiner Generation etwas entideologisierter denken«.[2] Sie seien »vielleicht eher gewohnt, in Teams zu arbeiten«, »auch etwas kommunikativer«.

Für Voßkuhle bilden, wie sich herausschälte, das Diskurs- und das Kollegialprinzip eine Einheit. In seiner Antrittsrede am 14. Mai 2010 hielt er fest: »Kollegialgerichte mit acht Senatsmitgliedern sind keine Orte der persönlichen und politischen Selbstverwirklichung; hier zählt allein das verfassungsrechtliche Argument.«[3] Für den intellektuellen Hochleistungssportler, der nach einem kurzen Mittagsschlaf in die zweite Hälfte des Tages startet, lag die Betonung auf dem letzten Halbsatz.

Das bessere Argument

Denn dem »Argument« – dem besseren, versteht sich – misst er einen hohen Stellenwert bei. Am Beispiel des Ersten Senats thematisierte er »die direkten Einflussmöglichkeiten eines Wissenschaftlers auf die Verfassungsrechtsentwicklung«; sie sei »wohl nirgendwo als so groß zu veranschlagen« wie in Karlsruhe. Voßkuhle hielt fest:

»Nicht von ungefähr tragen viele wegweisende Urteile, Beschlüsse und Sondervoten die persönliche Handschrift von einzelnen Staatsrechtslehrern.«[4] Er nannte die Namen der drei (Richter-)Professoren, die aufeinander folgend die Presse- und Meinungsfreiheit, das Versammlungsrecht und den Datenschutz in Deutschland verankert haben: Konrad Hesse (1975–1987), Dieter Grimm (1987–1999) und Wolfgang Hoffmann-Riem (1999–2008).

Die Art, wie er deren Einfluss betonte, ließ nur den Schluss zu: Für ihn lassen sich das Kollegialprinzip und die Dominanz des Besseren sehr wohl miteinander vereinbaren. Voßkuhle glaubt an die Macht des Wortes – und er vertraut darauf, »dass man in einem offenen, fairen Diskurs zu besseren Lösungen kommt«. Wer in der Minderheit sei, »seine Argumente aber stark und einleuchtend« präsentiere, zwinge die Mehrheit dazu, »ihre Begründung zu verbessern«. Es gehe nicht »um Sieg oder Niederlage, sondern um gemeinsame, hochwertige Entscheidungen«.[5]

»Ich bin kein Lagerbewohner«

Solche Zielvorgaben erklären, warum es den Richtern heute besser gelingt als früher, die Aufspaltung in politische Lager zu vermeiden. Wenn Voßkuhle gesteht, dass Ideologie nicht im Vordergrund seines Denkens stehe, schreibt er fort, was bereits im letzten Jahrzehnt begonnen hatte. Die nachwachsende Generation schleppte keine Hypothek mehr mit sich herum. Sie war nicht schuld an der missglückten Vergangenheitsbewältigung, nicht beteiligt an der zwiespältigen Studentenrevolution und nicht belastet durch den quälenden Ost-West-Konflikt.

Ihr war das verbissene Rechts-links-Schema der APO ebenso fremd wie die zwanghafte Parteitreue der Väter. Voßkuhle, von der SPD nominiert, aber kein Parteimitglied, beschrieb seine Position so: Er fühle sich »den sozialdemokratischen Grundgedanken« nahe, sei »aber kein Lagerbewohner«.[6] Was er an anderer Stelle sagte, könnte die SPD nicht besser formulieren: »Sozialdemokratie bedeutet für mich in erster Linie Sympathie und Interesse für die Nichtmächtigen in der Gesellschaft, staatliche Verantwortung für die Gemeinwohlentwicklung, Solidarität unter den Bürgerinnen und Bürgern sowie den Willen, die gesellschaftlichen Verhältnisse zu verbessern im Sinne einer grundsätzlichen Reformbereitschaft.«[7]

Mit dem abwägenden Gelehrten an der Spitze des Gerichts können die politischen Parteien leben. Dass ihre Wahl auf einen fiel, der nicht polarisiert, war das Resultat eines mühsamen Lernprozesses. Zuvor hatten die Talentsucher der vorschlagsberechtigten SPD einen anderen Wissenschaftler auf ihrer Agenda, den Würzburger Staatsrechtler Horst Dreier. Sie ließen den Namen, nicht eben professionell, durchsickern, ohne sich vorher mit der Union abgestimmt zu haben.

Dreier geriet zwischen die Mühlsteine widerstreitender Interessen. Die katholischen Kräfte in CDU/CSU argwöhnten, dass er »den Schutz von Embryonen nicht in der gebotenen Weise ernst nehme«.[8] Strikte Anhänger des Folterverbots zweifelten (wegen einer missverständlichen Fußnote) an seiner Standhaftigkeit in Sachen Menschenwürde. Expräsident Ernst Benda brachte das Dilemma auf den Punkt: »Dreier repräsentiert in fundamentalen Fragen unserer Werteordnung nicht den gesellschaftlichen Konsens.«[9] Ärgerlich war nicht, dass ihm die nötige Zweidrittelmehrheit versagt blieb, ärgerlich waren die Umstände. Dreier kam nie zu Wort, dem Kandidaten für eines der höchsten Ämter im Staat wurde das »rechtliche Gehör« versagt.

Idealer Kandidat

Das unwürdige Ende der Prozedur fiel auf die dilettantischen Akteure zurück. Sie mussten aufs Neue nach einem Kandidaten suchen, der für kurze Zeit das Amt des Vizepräsidenten übernahm, um dann im März 2010 den ausscheidenden Chefpräsidenten Papier zu beerben. Doch die »Königsmacher« hatten gelernt. Sie belasteten Andreas Voßkuhle nicht mit dem Odium der sprichwörtlich zweiten Wahl, sondern signalisierten einen entschlossenen Neuanfang, eine Zäsur im Ausleseverfahren mit ausgewogenen Kriterien.

Ihre Wahl fiel dann auf einen Wissenschaftler, dessen Vita sich wie das Rollenbuch für einen idealen Kandidaten las: 1998 Habilitation (im Alter von 34 Jahren), 1999 Professor und Direktor des Instituts für Staatswissenschaft und Rechtsphilosophie an der Universität Freiburg, 2004 Dekan der Fakultät, 2008 Rektor der Universität. Wer hinter dem Gelehrten, der kinderlos mit einer Vorsitzenden Richterin am OLG Karlsruhe verheiratet ist, den Menschen sucht, wird beim Studium von zwei Reden fündig, in denen er seine Vorgänger (an der Uni und im Verfassungsgericht) würdigte.

Voßkuhle versuchte, jenseits der biografischen Daten persönliche Eigenheiten der beiden herauszuarbeiten, sie gedanklich zu verdichten und sprachlich zu erfassen. Dabei wurde deutlich, was ihm wesentlich erschien. Mit dem Ergebnis dieser Spurensuche gab er auch manches von sich selber preis. An dem scheidenden Rektor Wolfgang Jäger beeindruckte ihn dessen »mentale Kraft«; wer daran zweifle, »dass allein der Wille manchmal Berge versetzen kann«, werde durch ihn eines Besseren belehrt; »dieser Wille hat Wege geebnet, Kräfte freigesetzt, Widerstand und Zweifel überwunden«.[10] An seinem Vorgänger im Gericht gefiel ihm: Hans-Jürgen Papier habe das Beratungszimmer und den Gerichtssaal »nie als Bühne für Selbstdarstellung und mehr oder weniger emphatische Rhetorik, sondern als Orte der Arbeit am Verfassungsrecht« angesehen.[11] Er tut es ihm gleich.

Präsident, privat

Das Bild des neuen Präsidenten wäre indessen unvollständig, wollte man ihn nur über seine Konzentration auf das Recht, namentlich das Verfassungsrecht, beschreiben. Bisweilen blinkt etwas auf, das einen Menschen »wie du und ich« zeigt. Da verrät er: »Krimis sind für mich auch eine schöne Möglichkeit, über das Leben zu lernen, wie überhaupt Literatur den Zugang zur Welt eröffnet.« Und weiter: »Wenn ich mir die Frage stelle, wodurch ich mehr gelernt habe, durch wissenschaftliche Bücher oder Belletristik, würde ich sagen müssen: durch große Romane.«[12] Als er das sagte, las er gerade Leo Tolstois »Krieg und Frieden«.

Beim Meditieren über den Begriff »Heimat« kam der gebürtige Detmolder sogar ins Schwärmen. Er reproduzierte »romantisierende Erinnerungen« an die Kindheit: »Schwäne füttern in Bad Meinberg, Nachtwanderungen auf das Hermannsdenkmal, der erste Kuss im Palaisgarten«, die Gerüche »der alten Schule, in meinem Fall des damaligen Leopoldinum I«. Voßkuhle schlug in seiner »Festansprache zum 100-jährigen Bestehen des Lippischen Heimatbundes« im Sommer 2008 einen großen Bogen – vom Bekenntnis »Ich bin ein Lipper« über einschlägige Reminiszenzen bei Heinrich Böll, Günter Grass und Max Frisch bis hin zu juristischen Anknüpfungspunkten: dem Wort »Heimat« im Grundgesetz, dem Recht auf Freizügigkeit, der Staatsangehörigkeit und dem Schutz vor Zwangsausbürgerungen.[13]

Voßkuhle trat an die Spitze eines Gerichts, das in ein würdiges Alter gekommen war. Das schlug sich nicht nur in der Entscheidungssammlung nieder, die 2011 beim 126. Band ankam, sondern auch in beeindruckenden Zahlen. Zwischen dem 7. September 1951 und dem 31. Dezember 2010 wurden 452 Gesetze ganz oder teilweise für verfassungswidrig erklärt. In derselben Zeit gingen 188 810 Verfahren ein, darunter 182 151 Verfassungsbeschwerden. 2,4 Prozent hatten Erfolg. Auch diese niedrige Quote konnte die Bürger nicht vom Gang nach Karlsruhe abhalten. Das Vertrauen in die höchste Instanz blieb über Jahrzehnte ungetrübt. Aus gutem Grund: Das Gericht urteilt bürgerfreundlich und erledigt 68,7 Prozent aller Verfahren innerhalb eines Jahres.

Der neue Präsident war mithin auch Chef eines juristischen Großbetriebes. Er schlüpfte mit sichtlichem Vergnügen in die neue Rolle. Eingeweihte bewunderten, wie er in einer Feierstunde am 14. Januar 2011 zwei alte Kollegen verabschiedete und zwei neue in ihr Amt einführte. Ein Altgedienter kommentierte: »Das Amt passt ihm wie ein Maßanzug.« Voßkuhle benutzte diese Gelegenheit, um am Beispiel der scheidenden Kollegin Lerke Osterloh deutlich zu machen, was ein (fleißiger) Verfassungsrichter in seiner Amtszeit leistet: Sie habe zu den »stillen Stars« des Hauses gehört, als Berichterstatterin 35 Senatsentscheidungen im Steuer- und Finanzverfassungsrecht vorbereitet und 2624 Kammerentscheidungen verfasst.[14]

Konfrontation zwischen Karlsruhe und Straßburg

Voßkuhles Laudatio endete mit dem Hinweis auf eine »abweichende Meinung«, die Lerke Osterloh gemeinsam mit dem ebenfalls ausscheidenden Richter Siegfried Broß und dem noch amtierenden Richter Michael Gerhardt abgegeben hatte.[15] Das Sondervotum betraf die nachträglich angeordnete Sicherungsverwahrung für allgemeingefährliche Kriminelle – und damit ein Thema, das 2010 zu einem Konflikt mit dem Europäischen Gerichtshof für Menschenrechte in Straßburg führte. Die drei »Abweichler« hatten 2004, anders als ihr Senat (der »Zweite«), das brisante Problem ähnlich beurteilt wie 2010 die Europa-Richter.

Zu beantworten war (und ist) eine schier unlösbare Rechtsfrage: Was soll mit einem Schwerverbrecher, etwa einem Sexualtäter, geschehen, von dem – auch nachdem er seine Strafe verbüßt hat – immer noch eine Gefahr für die Allgemeinheit ausgeht? Darf er, weil er begründete (oder unbegründete) Furcht einflößt, unbefristet, notfalls für immer, eingesperrt werden?

Richtern, die das entscheiden sollen, werden differenzierte Güterabwägungen abverlangt. Sie haben die Wahl zwischen zwei Positionen, die nur schwer miteinander zu vereinbaren sind: auf der einen Seite stehen die ehernen Prinzipien des Rechts, auf der anderen nüchterne Sachzwänge (wie kann die Bevökerung vor unkontrollierbaren Gewalttätern geschützt werden?). Puristen contra Pragmatiker.

Eherne Prinzipien? Sowohl die europäische Menschenrechtskonvention als auch das deutsche Grundgesetz enthalten dieselbe Garantie: »Keine Strafe ohne Gesetz«. Diese Vorschrift, auch »Rückwirkungsverbot« genannt, verspricht dem Bürger zweierlei: Wenn er sich gesetzestreu verhält, darf er nicht durch eine rückwirkende Rechtsnorm nachträglich ins Unrecht versetzt werden; wenn er eine Strafe, die gegen ihn verhängt wurde, verbüßt hat, ist er ein freier Mann.

Doch es gibt Kriminelle, die jeden Anhänger dieser »reinen Lehre« in schwere Gewissenskonflikte stürzen. Als das Thema 2004 in Karlsruhe anstand, fanden die Richter des Zweiten Senats in den Akten die Prozessgeschichte eines besonders unheimlichen Täters, der 1984 seine Nachbarin ermordete, weil sie nicht mit ihm schlafen wollte. Er hatte ihre Fenster eingeschlagen und war dann in das Schlafzimmer eingedrungen, in dem die junge Frau (die Schwägerin seiner Verlobten) mit ihrem zweijährigen Sohn schlief. »Als sie erwachte und ankündigte, sie werde die Polizei rufen, erschlug er sie mit einem Zimmermannshammer. Bei Entdeckung der Tat zwei Tage später hockte das Kind blutverschmiert und unterkühlt neben dem Leichnam seiner Mutter.«[16]

Der Mörder, noch nach DDR-Recht zur höchstmöglichen Jugendstrafe von 15 Jahren verurteilt, kam 1991 zur Bewährung frei. Knapp zwei Monate später fiel er über eine 20-Jährige her, die er in einer Gaststätte kennen gelernt und nach Hause begleitet hatte. »Enttäuscht über die Zurückweisung seiner Annäherungsversuche, stach er im Hausflur in Tötungsabsicht mit einem Springmesser auf sie ein und würgte sie.« Ihre Hilfeschreie weckten die Eltern, er flüchtete. »Die Verletzungen der Frau führten zu Nervenschädigungen und einer Gehbehinderung.«

Strafe nach der Strafe?

Das lag lange zurück. Im März 2002 hatte der Täter alle gegen ihn verhängten Strafen vollständig verbüßt. Doch mehrere Gutachter warnten »eindringlich vor einer Entlassung«, sie hielten einen »Rückfall für vorprogrammiert«. Die Strafvollstreckungskammer des Landgerichts Halle wies ihn daraufhin in eine sozialtherapeutische Anstalt ein, nachträgliche Sicherheitsverwahrung nach Landesrecht.

Eine »Unterbringung« wie diese, (eine rückwirkend verlängerte Sicherheitsverwahrung) führte zu einer Verurteilung der Bundesrepublik durch den Europäischen Gerichtshof für Menschenrechte in Straßburg, der die deutsche Sicherungsverwahrung für eine Strafe nach der Strafe hält. Diese Sonderform des Einsperrens war im November 1933 durch die Nazis ins deutsche Strafrecht eingeführt worden. Sie erlaubte, »gefährliche Gewohnheitsverbrecher« auf unbefristete Zeit in Gewahrsam zu nehmen. Die Regel blieb auch nach der Hitler-Ära in Kraft. 1975 wurde »die Unterbringung« auf zehn Jahre begrenzt, 1998 die unbefristete wieder eingeführt – für hochgradig gefährliche Täter.

Sie ist, wie Heribert Prantl, Politikchef der »Süddeutschen Zeitung« festhielt, »die drakonischste Sanktion, die das deutsche Strafrecht kennt, sie ist der Quasi-Ersatz für die Todesstrafe«.[17] Der Täter bleibe hinter Gittern, »solange er als öffentliches Risiko gilt« – nun nicht mehr »wegen der Schuld, die er auf sich geladen hat, sondern wegen seiner allgemeinen Gefährlichkeit«. Fazit: »Diese ›Maßregel der Sicherung‹ endet im Zweifel erst mit dem Tode.«

»Wegschließen, und zwar für immer!«

Die Rückkehr zur unbegrenzten Verwahrung war die Reaktion auf scheußliche Untaten. Sie hatten in der Bevölkerung ein Gefühl zunehmender Bedrohung erzeugt und die Politiker aufgescheucht. Zwar war die Zahl der Sexualmorde an Kindern von durchschnittlich neun pro Jahr auf durchschnittlich drei zurückgegangen[18], doch dem Grauen, das jede neue Kinderleiche auslöste, ließ sich mit keiner Statistik beikommen. Letzter Anstoß: der Mord an der siebenjährigen Natalie Astner; sie wurde 1996 im oberbayerischen Epfach auf dem Weg zur Schule entführt, sexuell missbraucht und getötet – von einem einschlägig vorbestraften, wegen guter Führung vorzeitig aus der Haft entlassenen Täter.

Kanzler Gerhard Schröder, der ein feines Gespür für die Stimme des Volkes hatte, gab die Parole aus: »Wegschließen, und zwar für immer.«

Das war leicht gesagt, aber, wie sich herausstellte, mit der Menschenrechtskonvention nicht in jedem Fall vereinbar. Der Straßburger Gerichtshof verurteilte die Bundesrepublik 2010 in einem vergleichbaren Fall zu 50 000 Euro Schmerzensgeld. Kläger war hier ein mehrfach vorbestrafter Serientäter, der seit seinem 15. Lebensjahr immer wieder vor Gericht stand, zuletzt 1986 wegen versuchten Raubmords. Er erhielt eine Freiheitsstrafe von fünf Jahren; außerdem Sicherungsverwahrung, die zu jener Zeit auf zehn Jahre begrenzt war. Er hätte im Herbst 2001 auf freien Fuß gesetzt werden müssen, doch inzwischen war die Befristung vom Bundestag gestrichen worden, der Mann blieb hinter Gittern. Ein Verstoß gegen das Rückwirkungsverbot?

Hier wurde der Dissens zwischen dem deutschen und dem europäischen Gericht deutlich: Die Straßburger entschieden 2010 im Fall »Reinhard M. against Germany«, Sicherungsverwahrung sei auch eine Strafe und unterliege damit dem Rückwirkungsverbot.[19] Die Karlsruher hatten 2004 befunden, Sicherungsverwahrung sei keine Strafe, sondern eine »Maßregel«, die der Einweisung psychisch Kranker in eine geschlossene Anstalt gleiche.

Helmut Kerscher, SZ-Korrespondent in Karlsruhe, skizzierte Dynamik und Dimension des Problems: »Es gibt keine andere Karlsruher Entscheidung, die so wenig Menschen betrifft und so viele umtreibt wie das Grundsatzurteil zur Sicherungsverwahrung.« Er hatte recht. »Direkt betroffen« waren 300 sogenannte Hangtäter, »indirekt« jedoch weite Teile der Bevölkerung. Auf deren Angst ging das Gericht ein und betonte »den Schutz potenzieller Opfer vor potenziellen Straftätern«.[20]

Rundum-Überwachung: 2,6 Millionen Euro pro Jahr

Dieser Spruch fiel 2004 in Karlsruhe, der Gegenspruch 2010 in Straßburg, sechs Jahre später. Zwar konnte sich zunächst nur der erfolgreiche Kläger auf ein Urteil des Menschengerichtshofes berufen. Doch es war klar: Jeder weitere der mehr als 150 Betroffenen würde ebenfalls in Straßburg obsiegen. Es schien deshalb ratsam, die Sicherungsverwahrung auf eine solidere Grundlage zu stellen. Eine Reform, die am 1. Januar 2011 in Kraft trat, versuchte die Quadratur des Kreises. Sie beschränkte die Regelung weitgehend auf »Schwerstverbrecher« und regelte penibel, auf welche Weise und wie oft die Gefährlichkeit des Täters überprüft werden muss; die Art der Unterbringung sollte sich deutlich vom Gefängnisaufenthalt unterscheiden.

Als problematisch erwies sich die Behandlung der »Altfälle«, bei denen das Rückwirkungsverbot eindeutig verletzt worden war. Die Rundum-Überwachung von Entlassenen wurde teuer, für jeden Einzelnen waren 24 Polizisten nötig, Finanzexperten schätzten die Kosten auf »2,6 Millionen Euro pro Person und Jahr«.[21] In der Frage, wie zu verfahren sei (entlassen oder nicht?), waren die Oberlandesgerichte und auch die Strafsenate des BGH uneins.

Mit einem Befreiungsschlag wischte der Zweite Senat am 4. Mai 2011 alle halbherzigen Lösungsversuche (des Gesetzgebers und der Gerichte) vom Tisch. Die Verfassungsrichter »beugten« sich nicht dem Europäischen Gerichtshof für Menschenrechte (EGMR), wie manche meinten – sie folgten (im Wesentlichen einstimmig) der überzeugenden Bewertung von ehernen Regeln, die sich im deutschen und im europäischen Recht kaum unterscheiden.[22] Tenor: Die Sicherungsverwahrung muss sich deutlich von der Strafe unterscheiden – durch »einen freiheitsorientierten und therapiegerichteten Vollzug«. Der Unterschied zur Strafe soll für den »Untergebrachten« und die »Allgemeinheit« deutlich erkennbar sein. Zu Erledigung stellten die Richter dem Gesetzgeber ein Ultimatum: 31. Mai 2013. Für die Zwischenzeit erließen sie strenge Auflagen: Die Fortdauer der Sicherungsverwahrung (in den »Altfällen«) war nur noch dann statthaft, »wenn eine hochgradige Gefahr schwerster Gewalt- oder Sexualstraftaten aus konkreten Umständen oder dem Verhalten des Untergebrachten abzuleiten« war; zudem musste er an einer »psychischen Störung« leiden. Mit diesem Urteil hatte das Bundesverfassungsgericht seinen Beitrag zur Europafreundlichkeit geleistet – und sich dazu überwinden müssen, wie nach vorangegangenen Bemerkungen Voßkuhles zu vermuten ist.

Schon beim mündlichen Termin im Frühjahr 2011 hatte sich Naheliegendes aufgedrängt: Dass die höchsten Instanzen in Europa gut daran täten, wenn sie nicht um das letzte Wort, sondern um das bessere Argument stritten. Unter dem Aspekt von »trial and errror« schälte sich heraus, dass die Europa-Richter womöglich mit einem zu groben Raster arbeiten. In der gerügten Bundesrepublik saßen 2008 etwa 2900 »Lebenslängliche« hinter Gittern, in Frankreich dagegen 8700 und in Großbritannien sogar mehr als 16000. In den Mittelpunkt rückte zudem, dass neben dem Rückwirkungsverbot noch ein anderes Rechtsgut auf der Waage liegt: die begründeten Sicherheitsinteressen der Bürger. Die Schutzpflicht des Staates für sie habe Straßburg, so Voßkuhle, »nur ganz am Rande in den Blick genommen«.[23]

Die Staatsgewalt geht vom Volke aus – auch in Europa

Unterschiedliche Auffassungen zwischen Karlsruhe auf der einen und Straßburg/Luxemburg auf der anderen Seite hatte es zwar immer wieder gegeben. Doch der Dissens in Sachen Sicherungsverwahrung war für die Deutschen eine neue Erfahrung – und eine Konfrontation von neuer Qualität. Andreas Voßkuhle reagierte denn auch mit verhaltener Kritik: Die Straßburger »hätten Deutschland beispielsweise eine Frist von zwei Jahren zur Umsetzung gewähren können, wie wir das in vergleichbaren Fällen auf nationaler Ebene auch machen«.[24] Und Voßkuhle setzte nach: »Der Ausbau des europäischen Gerichtsverbundes wird nur mit einem respektvollen Umgang untereinander gelingen.«

In dem Thema »Sicherungsverwahrung« steckte juristischer und politischer Sprengstoff. Deutlich wurde dabei: Die Verfassungsrichter müssen sich immer wieder mit zwei Gegenspielern arrangieren, den europäischen Richtern und den Berliner Politikern. Voßkuhle erinnerte daran: Das Bundesverfassungsgericht habe in seinem Grundsatzurteil 2004 »ein deutliches ›Abstandsgebot‹ zwischen Sicherungsverwahrung und Strafe« formuliert. Er sei überzeugt: »Hätte die Politik dieses Abstandsgebot beachtet und umgesetzt, dann hätte der Europäische Menschengerichtshof Deutschland nicht verurteilt.«[25]

Voßkuhles Bedauern lenkte den Blick auf Defizite der politischen Arbeit. Unübersehbar: Parlament und Regierung machen um komplizierte Probleme gern einen großen Bogen. Die Gründe dafür lassen sich nur erahnen. Vor manchen Themen, etwa dem schleichenden Verlust der nationalen Identität, haben die Politiker längst kapituliert – bei anderen, wie der Sicherungsverwahrung, scheuten sie sechs Jahre lang (von 2004 bis 2010) vor der schwierigen Hürde.

Das Lissabon-Urteil kam einstimmig zustande. Offenbar haben hier der konservative Berichterstatter Di Fabio und der liberale Vorsitzende Voßkuhle an einem Strang gezogen. Der Spruch förderte eine weitere peinliche Wahrheit zutage: Die Abgeordneten des Bundestages nehmen ihre ureigensten Rechte nicht wahr, sie müssen (per Urteil) zum Jagen getragen werden. Schwer begreiflich, warum sie den Regierenden in Berlin und Brüssel nicht energisch klarmachen, dass an ihnen keiner vorbeikommt. Vieles spricht dafür, dass sie Europa wie eine schöne Frau betrachten – blind vor Entzücken; den Verfassungsrichtern fällt bei der verführerischen Dame, um im Bild zu bleiben, eher ein solider Ehevertrag ein.

Die »Ewigkeitsgarantie« des Grundgesetzes

Ihr Lissabon-Urteil liest sich denn auch stellenweise wie eine Lektion in Staatsbürgerkunde. Abraham Lincoln könnte Pate gestanden haben. Er sagte 1863: »Demokratie ist Regierung des Volkes durch das Volk für das Volk.« Die ebenso schlichte wie präzise Erklärung beansprucht beides: den Rang eines klassischen Zitats und zeitlose Geltung. Lincolns Gedanke schlug sich am 30. Juni 2009 im Karlsruher Votum zum Lissabon-Vertrag nieder.[26] Das Gericht übersetzte ihn in die Sprache des Verfassungsrechts: »Das Wahlrecht begründet einen Anspruch auf demokratische Selbstbestimmung«, es garantiert »freie und gleiche Teilhabe an der in

Deutschland ausgeübten Staatsgewalt«, zugleich »die Einhaltung des Demokratiegebots« und schließlich die »Achtung der verfassungsgebenden Gewalt des Volkes«.[27]

Das Gericht erinnerte, seltsamerweise ist das in Deutschland immer wieder nötig, an das oberste Gebot der Verfassung: »Alle Staatsgewalt geht vom Volke aus.« Das Versprechen gelte ohne Wenn und Aber, und es falle unter die »Ewigkeitsgarantie« der Verfassung. Um das zu unterstreichen, zitierten die Richter noch einmal die beiden Grundgedanken, auf denen die deutsche Wertordnung beruht: »Das demokratische Prinzip ist nicht abwägungsfähig; es ist unantastbar.« Außerdem: Das Grundgesetz setzt »die souveräne Staatlichkeit Deutschlands nicht nur voraus, sondern garantiert sie auch«.[28]

Dies war der »Prüfungsmaßstab«, den die Richter an den europäischen Vertrag und an das deutsche Begleitgesetz legten. Der Vertrag hielt ihrem strengen Blick stand, doch das Gesetz, das ihn in der Bundesrepublik verankern sollte, fiel durch. Ergo: Die Abgeordneten des Deutschen Bundestages hätten »leichtfertig Rechte an die Brüsseler Bürokratie übertragen«, es seien »Kompetenzen verschleudert worden, auf die das Parlament nicht verzichten kann, will es nicht die Verfassung brechen«.[29] Genau besehen, war das Urteil jedoch eine Aufmunterung für die Abgeordneten. Das Gericht sah »im Bundestag das wichtigste Organ, um eine wirksame Kontrolle der Europäischen Union zu gewährleisten – das EU-Parlament in Straßburg falle dafür aus, weil seine Zusammensetzung demokratischen Standards nicht ausreichend genüge«. Namentlich einen Satz im Urteil lasen die euphorischen Europäer (in Berlin wie in Brüssel) gar nicht gern: »Das Bundesverfassungsgericht hat im Rahmen seiner Zuständigkeit gegebenenfalls zu prüfen, ob diese Prinzipien gewahrt sind.«[30]

Norbert Lammert (CDU), der Präsident des Deutschen Bundestages, bedankte sich beim Gericht »ausdrücklich« für die »Stärkung der Rolle des Parlaments«, verstieg sich dann aber zu einer nicht nur ungewöhnlichen, sondern auch unverständlichen Kritik. Ihm missfiel die »Betonung nationaler Souveränität«, die »mit Blick auf die realen Verhältnisse längst nicht mehr existiert«. Er merkte ironisch an, sie sei als »Denkfigur natürlich wunderschön«.[31] Doch dann fuhr er schweres Geschütz auf: »Für ein oberstes Gericht, das eine Verfassung zu interpretieren hat, die es gibt, und nicht eine, die man gerne hätte, ist die Inflationierung eines Kriteriums, das in der Verfassung gar nicht vorkommt, schon ein vergleichsweise kühner Zugriff.«

Kultur des Respekts

Mit dieser Philippika erwies sich der oberste Repräsentant der Legislative keinen guten Dienst; was er von sich gab, lief auf eine Selbstentlarvung hinaus. Wer, wie er, darauf beharrt, dass er den Begriff »nationale Souveränität« nirgendwo finden kann, hat den Geist der Verfassung nicht verstanden. Von der Präambel des Grundgesetzes über die »Verfassungsgrundsätze« in Artikel 20 und das »Wahlrecht« in Artikel 38 bis zur »Ewigkeitsgarantie« in Artikel 79 ist, ohne es besonders zu betonen, von nichts anderem als von nationaler Souveränität die Rede.

Voßkuhle, zu dem Armutszeugnis befragt, redete Klartext: »Für einen Nichtjuristen sind das starke Worte. Sie dienen kaum dazu, eine Kultur des Respekts zu fördern. Ganz abgesehen davon sind sie in der Sache wenig überzeugend, um es vorsichtig zu formulieren.«[32] Voßkuhle wunderte sich, weil er in persönlichen Gesprächen den Eindruck gewonnen hatte, dass Herr Lammert das Gericht »ansonsten sehr schätzt«.

Wenn er das tut, wäre das zum Wohl der Bürger. Sie bekommen Angst, wenn sie jeden Tag sehen, wie dicht Segen und Fluch der europäischen Einheit beieinander liegen. Umso mehr sind die Abgeordneten und ihr Präsident gefordert. Ihnen müsste zu denken geben, dass die vier Professoren, die einst gegen den Maastricht-Vertrag und die Einführung des Euro klagten (und dafür als Miesmacher verschrien wurden), mit ihren Warnungen recht behalten haben. Das Lissabon-Urteil appelliert an die Parlamentarier, sich nicht peu à peu selbst abzuschaffen, und verpflichtet sie, Obacht zu geben: Die europäische Vereinigung dürfe »nicht so verwirklicht werden, dass in den Mitgliedstaaten kein ausreichender Raum zur politischen Gestaltung der wirtschaftlichen, kulturellen und sozialen Lebenverhältnisse mehr bleibt«.[33]

Das Ende der Solitärstellung

2011, das Jahr, in dem das Gericht 60 Jahre alt wird, verlockt zu einem Blick in die Zukunft. Erkennbar ist bereits, dass Voßkuhle bis 2020, dem Ende seiner Amtszeit, zwei Probleme ins Haus stehen: die personelle Erneuerung des gesamten Gerichts und eine permanente Herausforderung durch die beiden europäischen Konkurrenzgerichte. Für beides ist er gerüstet – für den Umgang mit Menschen durch sein Naturell, für die Lösung von Konflikten mit einem nüchternen Verstand.

Voßkuhle hat von der Zukunft ziemlich präzise Vorstellungen. Wenn er sie äußert, wird klar, dass die streng klingenden Postulate des Lissabon-Urteils nur Teil eines größeren Ganzen sind. Er reklamiert zwar immer wieder nationale Souveränität, doch er wirbt zugleich in Wort und Schrift für einen europäischen »Gerichtsverbund«. Es sieht so aus, als ob er selber wüsste, dass er sich da auf einem schmalen Grat bewegt. Einerseits macht er sich lustig über Beobachter, die das Verhältnis zwischen seinem Gericht und den europäischen Konkurrenten »mit oft martialischem Vokabular« beschreiben, die von einem »Krieg der Richter« reden, endlich »Feuer« und »Rauch« sehen wollen. Sein Kommentar dazu: »Wer Duelle liebt, sollte ins Kino gehen.«[34] Andererseits räumt er ein: »Mitunter knirscht es auch mal, und das kommt in den besten Familien vor.« Doch das Bemühen, »gemeinsame Lösungen« zu finden, werde dadurch »nicht beeinträchtigt«, sondern »eher befördert«.[35]

Was immer Voßkuhle sagt oder schreibt – ein Credo zieht sich durch alle Beiträge: sein Bekenntnis zum Wettbewerb der Argumente. Und er sieht diesem Wettbewerb, der mehr und mehr auf der europäischen Bühne spielt, zuversichtlich entgegen. Voßkuhle, der die drei europäischen Gerichte gelegentlich »das Terzett« nennt, erläuterte, was er unter dem Begriff »Verbund« versteht: Es gehe nicht um »Über- oder Unterordnung«, sondern um eine »angemessene Verantwortungsteilung und Zuordnung in einem komplexen Mehrebenenverbund«.[36]

Einen »dissonanten Dreiklang« befürchtet der Präsident nicht, doch er räumt ein: Das Verhältnis der drei Gerichte sei »komplex« und befinde sich »in einem dynamischen Entwicklungsprozess«; da komme es schon mal zu »unterschiedlichen Auffassungen«. Zwischen dem BGH und dem Verfassungsgericht habe es am Anfang auch »Spannungen und Animositäten« gegeben – »so was legt sich«.[37]

Voßkuhle erwartet eine wechselseitige Befruchtung: »Ähnlich wie Sprachen wirken auch Gerichte wie verschieden geschliffene Prismen, die unterschiedliche Rechts- und Weltansichten reflektieren, zugleich aber auch ermöglichen.«[38] Der Poet ergänzt das schöne Bild, Selbstbescheidung klingt an. Karlsruhe verliert, so Voßkuhles unbarmherzige Bilanz, im Zuge der fortschreitenden Internationalisierung und Europäisierung seine »Exklusivität«, es nimmt »keine verfassungsrechtliche Solitärstellung« mehr ein. Ins Alltagsdeutsch übersetzt: Die Zeiten, in denen sein Haus nach einem geflügelten Wort »nur noch den blauen Himmel über sich« hatte, sind unwiederbringlich vorbei.

Nachwort

Das Stichwort vom »noch lebenden Zeitzeugen«, einem »der letzten«, fiel beiläufig und meinte mich. Es erinnerte an Vergänglichkeit – und war gleichwohl die Initialzündung für dieses Buch. Denn der Befund stimmte: Ich habe das Bundesverfassungsgericht tatsächlich von Anfang an beobachtet. Diese frühe Bekanntschaft verdanke ich meinem akademischen Lehrer Professor Martin Draht. Er begeisterte mich 1949/1950 für das Verfassungsrecht, und lenkte 1951 meinen Blick nach Karlsruhe. Er war dort Richter der ersten Stunde, ich fing gerade an, über Recht und Justiz zu schreiben.

In die »Residenz des Rechts« verpflanzt hat mich dann Rudolf Augstein. Das hat eine Vorgeschichte. Über die »Spiegel«-Affäre ist zwar alles gesagt. Doch eine Episode fehlt noch. Als er 1962 allein in seiner Gefängniszelle saß, war er beim Grübeln über Schuld und Unschuld von selbst auf eine – wie er fand – wirklich vorwerfbare Unterlassungssünde gestoßen; auf eine, die mit Sicherheit nicht strafbar war. Er hatte entdeckt, dass in Karlsruhe, dem Ort der Haft, eine Redaktionsvertretung seines Blattes fehlte. In seiner Zwangslage vermisste er einen »Spiegel«-Reporter in der Nähe. Damals keimte und reifte der Plan, später einen eigenen Korrespondenten in die Zentrale der »Dritten Gewalt« zu entsenden. Die Suche dauerte ziemlich lange, schließlich fiel die Wahl auf mich.

Das bedeutete: Ich bekam die Chance, auf der Beletage der Justiz das deutsche Recht zu studieren. Ich lernte sieben von neun Präsidenten persönlich kennen – und viele große Richter bei der Arbeit. Was ich damals nicht ahnte: Es kamen dabei 62 Semester (inklusive Doktorarbeit) heraus – und am Schluss diese Chronik. Ihr Entstehen haben zwei gute Freunde und Kollegen mit wohlwollend-kritischem Blick begleitet: Professor Dr. Rudolf Gerhardt und Dr. Helmut Kerscher, der Stichwortgeber. Sie kennen die Materie, sie haben ein Sensorium für Sprache. Beiden möchte ich ganz herzlich für ihr aufmunterndes Echo danken – ebenso meinem Nachfolger in Karlsruhe, Dietmar Hipp, für seine Akribie beim abschließenden, sorgfältigen Gegenlesen.

Karlsruhe, im Mai 2011.

Glossar

BAK	Die »Bundesassistentenkonferenz« wurde 1968 in Marburg als hochschulpolitische Interessenvertretung gegründet und bestand bis zu ihrer Selbstauflösung im Jahre 1974.
BGB	Bürgerliches Gesetzbuch
BGH	Bundesgerichtshof
BHE	Der »Bund der Heimatvertriebenen und Entrechteten« war eine politische Partei in der Bundesrepublik Deutschland in der Zeit von 1950 bis 1961. Sie vertrat die Interessen der Flüchtlinge und Vertriebenen.
BVerfG	Bundesverfassungsgericht
DP	Die »Deutsche Partei« war von 1949 bis 1960 an der Bundesregierung beteiligt. Sie vertrat nationalkonservative Postitionen.
DDP	Die »Deutsche Demokratische Partei« war eine liberale Partei von 1918 bis 1930.
EGMR	Europäischer Gerichtshof für Menschenrechte (Straßburg)
EuGH	Europäischer Gerichtshof (Luxemburg)
EVG	Die »Europäische Verteidigungsgemeinschaft« sollte nach dem Ausbruch des Kalten Krieges der Schaffung einer europäischen Armee dienen. Das Projekt scheiterte 1954, als es im französischen Parlament keine Mehrheit erhielt. Im Jahr darauf wurde die

westdeutsche Wiederbewaffnung statt durch eine EVG durch den Nato-Beitritt der Bundesrepublik ermöglicht.

FDGO »Freiheitliche demokratische Grundordnung«, zentraler Begriff des Grundgesetzes, bezeichnet die Prinzipien der politischen Ordnungs- und Wertvorstellungen, auf denen die rechtsstaatliche Demokratie beruht.

FDJ »Freie Deutsche Jugend«, einzige staatlich anerkannte Jugendorganisation der DDR.

JPK »Justizpressekonferenz Karlsruhe«, Zusammenschluss der beim Bundesverfassungsgericht, Bundesgerichtshof und Generalbundesanwalt akkreditierten Journalisten.

KPD Kommunistische Partei Deutschlands, gegründet 1919, wurde 1956 in Westdeutschland verboten.

MfS Ministerium für Staatssicherheit, dahinter verbirgt sich der berüchtigte Inlands- und Auslandsgeheimdienst der DDR, auch als Stasi bekannt.

NAG Das 1950 verkündete Gesetz über die Notaufnahme von Deutschen in das Bundesgebiet (kurz: »Notaufnahmegesetz«) regelte die Aufnahme von Flüchtlingen aus der DDR und Ostberlin.

NPD Die 1964 gegründete »Nationaldemokratische Partei Deutschlands« ist programmatisch mit der NSDAP eng verwandt, sie wird vom Bundesamt für Verfassungsschutz als rechtsextrem eingestuft.

OLG Oberlandesgericht

OVG Oberverwaltungsgericht

RAF Die »Rote Armee Fraktion« war eine linksextremistische terroristische Vereinigung in der Bundesrepublik Deutschland. Sie wurde 1970 unter anderem von Andreas Baader, Gudrun Ensslin, Horst Mahler und Ulrike Meinhof gegründet. 1998 erklärte sie ihre Selbstauflösung.

SBZ »Sowjetische Besatzungszone«, eine der vier Zonen, in die Deutschland 1945 von den alliierten Siegermächten aufgeteilt wurde. 1949 ging die SBZ in dem Staatsgebiet der neu gegründeten »Deutschen Demokratischen Republik« (DDR) auf.

SED »Sozialistische Einheitspartei Deutschlands«, im Frühjahr 1946 in der Sowjetischen Besatzungszone durch eine Zwangsvereinigung von KPD und Ost-SPD entstanden.

SDS »Sozialistischer Deutscher Studentenbund«, politischer Studentenverband in der früheren Bundesrepublik und Westberlin (1946–1970).

SRP Die »Sozialistische Reichspartei« war eine offen nationalsozialistisch ausgerichtete Partei in der Bundesrepublik Deutschland, die sich selbst in der Tradition der NSDAP sah. Die SRP war die erste Partei, die im Rahmen eines Parteiverbotsverfahrens durch das Bundesverfassungsgericht verboten wurde.

StGB Strafgesetzbuch

StPO Strafprozessordnung

ZPO Zivilprozessordnung

Anmerkungen

Einführung

1 Rudolf Smend in: »Verfassungsgerichtsbarkeit«, Hrsg. Peter Häberle, Darmstadt 1976, S. 330

1. Kapitel: Hermann Höpker-Aschoff (1951–1954)

1 »Spiegel«, 11.2.1953
2 »Der Status des Bundesverfassungsgerichts«, in »Jahrbuch des Öffentlichen Rechts der Gegenwart«, Neue Folge, Band 6, 1957, S. 110–221, hier 156, künftig »Statusbericht«
3 Fußnote 1 (Fn.), S. 9
4 Fn. 1, S. 9
5 Fn. 1, S. 12
6 zitiert im Bundestagsprotokoll, 4.3.1953, S. 12097
7 BVerfGE 2, 79 ff, 86 (BVerfGE = Entscheidungssammlung, Band 125)
8 Heinz Laufer, »Verfassungsgerichtsbarkeit und politischer Prozess«, Tübingen 1968, S. 402, Fn. 58 (Das 623 Seiten starke wissenschaftliche Werk ist eine der gründlichsten Untersuchungen über die Rolle des Gerichts in der Bundesrepublik.)
9 BVerfGE 2, 83
10 BVerfGE 2, 98
11 Siehe Fn. 8, S. 469
12 Bundestagsprotokoll, 4.3.1953, S. 12098
13 Ebd., S. 12103
14 Bulletin der Bundesregierung, 12.12.1952, Nr.198, S. 1731
15 Erklärung des BVerfG-Plenums, 14.3.1953
16 Richard Häußler: »Der Konflikt zwischen Bundesverfassungsgericht und politischer Führung«, Berlin 1994, S. 24
17 Laufer: S. 334, Fn. 62
18 »Das Bundesverfassungsgericht 1951–1971«, Karlsruhe 1971, S. 228
19 Klaus-Detlev Godau-Schüttke: »Der Bundesgerichtshof – Justiz in

Deutschland«, Berlin 2005, S. 362
20 Statusbericht, S. 206
21 Laufer, S. 313
22 Laufer, S. 171, Fn. 5
23 »Süddeutsche Zeitung« (SZ), 15.2.1955
24 Gotthard Wöhrmann: »Änderungsnovellen zum Bundesverfassungsgerichtsgesetz und weitere Reformüberlegungen«, in: D. C. Umbach/Th.Clemens: »Bundesverfassungsgericht«, 1992, Heidelberg, S. 133–136
25 Laufer, S. 178 ff
26 BVerfGE 2, 276
27 BVerfGE 2, 276, 277
28 BVerfGE 2, 274
29 BVerfGE 2, 1 ff (11)
30 BVerfGE 2, 12
31 BVerfGE 2, 19
32 BVerfGE 2, 68, 69

2. Kapitel: Josef Wintrich (1954–1958)

1 »Die Welt«, 12.3.1954
2 »Neue Zeitung«, 20.3.1954
3 »Die Zeit«, 25.3.1954
4 »Münchner Merkur«, 21.3.1954
5 SZ, 22.3.1954
6 Ebd.
7 »Die Zeit«, 25.3.1954
8 Heinz Laufer, aaO., S. 237
9 Stenografisches Protokoll des Bundestages, 31.Sitzung, 21.4.1950
10 »Spiegel«,1.12.1954, S. 5
11 Ebd., S.5
12 Ebd., S.6
13 Ebd., S.7
14 Munzinger-Archiv 51/1958
15 BVerfGE 5, 85–393, S. 5, Leitsätze
16 BVerfGE 5, 135f
17 »Der Kommunismus ist tot«, in: SZ, 12.7.2010
18 BVerfGE 25, 230, 235
19 BVerfGE 6, 32 ff
20 BVerfGE 6, 389 ff
21 Entscheidungen des Bundesgerichtshofes in Strafsachen, 6. Band, S. 46 f (53)
22 BVerfGE 8, 1 ff
23 www.bmi.bund.de »Der öffentliche Dienst in Deutschland«, S. 31
24 BverfGE 8, 51 ff
25 BverfGE 7, 377 ff
26 BVerfGE 7,198 ff

3. Kapitel: Gebhard Müller (1959–1971)

1 Bundespräsident Gustav Heinemann in seiner Rede zur Verabschiedung Gebhard Müllers. In: »Das Bundesverfassungsgericht« 8.12.1971, Verlag C. F. Müller, Karlsruhe 1972, S. 13
2 Ebd., S. 33

3 Raimund Weible: »Zum letzten Mal fällt das Beil«, Schwäbisches Tagblatt, Tübingen 18.2.2009
4 »Spiegel«, 19.1.1955, S. 15
5 Heinz Laufer, siehe Fn. I,11, S. 201
6 Zitiert bei Heinz Laufer, S. 32, Fn. 166
7 BVerfGE 10, 59 ff
8 KDV – Zentralstelle für Recht und Schutz der Kriegsdienstverweigerer aus Gewissensgründen e.V, 26345 Bockhorn, »Kurze Chronik der Zentralstelle KDV«, 2.3.2007
9 BVerfGE 12, 45 ff
10 »Spiegel« 11/1961, S. 18 f (24)
11 Ebd., S. 22
12 Heinz Laufer, siehe Fn I 11, S. 474
13 Hans Leyendecker: »Sorgen Sie dafür, dass das aufhört!«, in: SZ, 7./8.8.2010
14 Richard Häußler, S. 47
15 Siehe Fn. 10, S. 18
16 Bundestagsprotokoll der 147. Sitzung, 8.3.1961, S. 8308 D – 8309 C
17 Ebd., S. 8317 B-C
18 Siehe Fn. 10, S. 19
19 SZ und »Frankfurter Allgemeine Zeitung« (FAZ) , 16.3.1961
20 Heinz Laufer, siehe Fn. I 11, S. 472
21 BVerfGE 12, 354 ff. – Rolf Lamprecht: »Vom Untertan zum Bürger – Die Erfolgsgeschichte der Grundrechte«, Baden-Baden, 1999, S. 235 f
22 Regierungserklärung, 29.10.1957, BT III/1957, Protokollseiten 19/20
23 »Spiegel«, 19.4.1961, S. 24,25
24 Ebd.
25 Ebd.
26 »Spiegel«, 26.4.1961, S. 28 f (37)
27 BVerfGE 12, 367
28 »Spiegel« 35/1963, S. 18 ff
29 SZ, 20. 8.1963
30 FAZ, 20.8.1963
31 SZ, 22.8.1963
32 »Stuttgarter Zeitung«, 20.8.1963
33 »Stuttgarter Zeitung«, 21.8.1963
34 Siehe Fn. 29
35 Siehe Fn. 30
36 Siehe Fn. 31
37 Siehe Fn. 29
38 Siehe Fn. 31
39 Siehe Fn. 29
40 »Die Welt«, 28.8.1963
41 BVerfGE 16, 194 ff
42 Rolf Lamprecht: »Die Lebenslüge der Juristen – Warum Recht nicht gerecht ist«, München 2008, S. 101 f
43 Siehe Fn. I 6, Klaus-Detlev Godau-Schüttke, S. 361 f (364)

44 BVerfGE 30, 157 ff
45 Ebd., S. 370
46 BVerfGE 20, 162–230
47 BGHSt 15, 17f
48 »Spiegel« 34/1966, Presseecho zum Urteil, S. 9 f (10)
49 BVerfGE 20, 175
50 BVerfGE 20, 174, 175
51 BVerfGE 20, 174
52 BVerfGE 23, 127 f; 191 f
53 »Spiegel« 13/1968. Für die Zeit seiner Korrespondententätigkeit bei den Obersten Gerichtshöfen zwischen 1968 und 1998 hat der Autor auf seine Berichte aus Karlsruhe zurückgegriffen.
54 BVerfGE 25, 44 ff
55 »Spiegel« 11/1969
56 BVerGE 25, 167
57 »Das Bundesverfassungsgericht 1951–1971«, S. 1 ff, S. 7. ff, Karlsruhe 1971
58 BVerfGE 30, 1 ff; Rolf Lamprecht, Wolfgang Malanowski: »Richter machen Politik – Auftrag und Anspruch des Bundesverfassungsgerichts«, Frankfurt, 1979
59 BVerfGE 9, 95
60 BVerfGE 30, 33 ff; 42
61 Rolf Lamprecht: »Richter contra Richter – Abweichende Meinungen und ihre Bedeutung für die Rechtskultur«, Baden-Baden, 1992
62 »Das Bundesverfassungsgericht 8. Dezember 1971«, Karlsruhe, 1972, S. 37

4. Kapitel: Ernst Benda (1971–1983)

1 »Spiegel« 30/ 1971
2 Bayerischer Rundfunk, Alpha-Forum, 27. 4. 1999
3 Wie Fn. 1
4 »Das Bundesverfassungsgericht – 8. Dezember 1971«, Festakt, Karlsruhe 1972, S. 41
5 »Spiegel« 51/1971
6 BVerfGE 33,23 ff
7 BVerfGE 33, 35 ff
8 BVerfGE 33, 1 ff, mit allen im Folgenden geschilderten Details
9 BVerfGE 33, 11
10 BVerfGE 34, 269 ff
11 BVerfGE 35, 79 ff
12 »Spiegel« 50/1972
13 »Spiegel« 23/1973
14 BVerfGE 35, 148 ff (150)
15 »Spiegel« 24/1973
16 BVerfGE 35, 202 ff
17 Richard Häußler, I Fn. 18, S. 55
18 BVerfGE 35, 1 ff (8, 9)
19 BVerfGE 35, 171 f
20 BVerfGE 35, 246 f, »Spiegel« 25/1973
21 BVerfGE 35, 257 f
22 FAZ, 27.6.1973

23 Richard Häußler, I Fn. 18, S. 62
24 Rolf Lamprecht: »Zur Demontage des Bundesverfassungsgerichts – Beweissicherung und Bestandsaufnahme«, Baden-Baden 1996, S. 128ff
25 Verlautbarung der BVerfG-Pressestelle vom 13.7.1973
26 BVerfGE 36, 1 ff
27 »Spiegel«, 32/1973
28 BVerfGE 27,6 (5, 204; 7, 205; 45, 228)
29 BVerfGE 41, 323; 332; 341 – »Spiegel« 19/1976
30 BVerfGE 42, 364 – »Spiegel« 50/1976
31 »Spiegel« 46/1974
32 BVerfGE 39, 1 ff, »Spiegel« 10/1975
33 BVerfGE 39, 68 ff
34 Hermann Schreiber: »... bes. in sittlicher Hinsicht«, »Spiegel«, 10/1975, S. 74, 75
35 Richard Häußer, aaO., S. 67, Fn. 214
36 Siehe Fn. 2
37 Nomos Verlag, Baden-Baden 1987
38 BVerfGE 39, 334
39 »Spiegel« 31/1975
40 BVerfGE 39, 378 f (383)
41 BVerfGE 40, 296
42 »Spiegel«, 46/1975
43 BVerfGE 45, 187 ff (192)
44 Ebd., S. 245
45 BVerfGE 46, 162
46 BVerfGE 46, 163
47 BVerfGE 46, 165
48 Helmut Kerscher, SZ, 3. 6. 2010
49 BVerfGE 48, 127 ff
50 BVerfGE 49, 24 ff
51 BVerfGE 49, 89 ff
52 BVerfGE 50, 290 ff
53 »Spiegel« 10/1979
54 »Spiegel« 30/1980
55 BVerfGE 54, 208 ff
56 BVerfGE 62, 1 ff
57 »Spiegel« 16/1983
58 BverfGE 65, 1 ff; »Spiegel« 51/1983
59 Siehe Fn. 2

5. Kapitel: Wolfgang Zeidler (1984–1987)

1 BVerfGE 40, 356
2 BVerfGE 40, 296 (330)
3 »Spiegel« 26/1970
4 »Spiegel« 50/1984
5 BVerfGE 67, 256 ff
6 BVerfGE 67, 213 ff
7 BVerfGE 67, 219
8 »Spiegel« 19/1984
9 BVerfGE 66, 116
10 BVerfGE 69, 1 ff
11 »Spiegel« 18/1985
12 BVerfGE 69, 315 ff
13 »Spiegel« 31/1985
14 BVerfGE 70, 324 ff
15 »Spiegel« 4/1986
16 BVerfGE 73, 40 ff

17 Rolf Lamprecht in: »Spiegel« 30/1986
18 BVerfGE 73, 103 ff

6. Kapitel: Roman Herzog (1987–1994)

1 Roman Herzog: »Liebe ist kein Rechtsbegriff«, in Kerscher, Landfried, Mahrenholz (Hrsg.): »Lamprecht im Spiegel«, Baden-Baden 1995
2 »Spiegel« 17/1991, S. 83
3 Ebd., S. 87
4 Bernd Rüthers: »Entartetes Recht – Rechtslehren und Kronjuristen im Dritten Reich«, München 1988, S. 41 ff
5 »Spiegel« 13/1994, S. 29
6 Ebd., S. 86
7 Bild.de, 15.4.2008
8 »Spiegel« 38/1994
9 BVerfGE 77, 170 ff
10 »Spiegel« 53/1987, S. 50 ff
11 BVerfGE 77, 234 ff
12 BVerfGE 79, 256 ff
13 Rolf Lamprecht: »Die Lebenslüge der Juristen – Warum Recht nicht gerecht ist«, München 2002, S. 90 ff
14 BVerfGE 80, 367 ff
15 »Spiegel« 3/1991, S. 185 f
16 BVerfGE 83, 130 ff
17 »Spiegel« 12/1991
18 BVerfGE 84,9 ff
19 »Spiegel« 4/1991
20 »Spiegel« 18/1991
21 BVerfGE 84,90 ff und 84,133 ff
22 »Spiegel« 36/1994
23 BVerfGE 84,128
24 Siehe Fn. 22
25 BVerfGE 87,181 ff und 90,60 ff
26 BVerfGE 57,295
27 BverfGE 73,118 ff
28 BVerfGE 85,314
29 BVerfGE 88, 203 ff
30 »Spiegel« 50/1992
31 BVerfGE 88, 338 ff
32 BVerfGE 89, 155 ff
33 »Spiegel« 42/1993 (13/1992; 51/1992; 21/1993; 26/1993)
34 BVerfGE 89,1 ff; SPIEGEL 28/1993
35 BVerfGE 89,214 ff; SPIEGEL 49/1993
36 »Spiegel« 12/1993; 13/1993
37 Rolf Lamprecht: »Bis zur Verachtung«, »Spiegel« 47/1993, S. 76 f
38 »Spiegel« 9/1994

7. Kapitel: Jutta Limbach (1994–2002)

1 Rolf Lamprecht, Auszug aus einer Freundesgabe zum Abschied: »Zur Akzeptanz des Selbstverständlichen«, in: »Recht so, Jutta Limbach«, 2002, Baden-Baden, S. 67 ff

2 BVerfGE 90,286 ff
3 »Spiegel« 14/1993; 15/1993; 26/1993
4 »Spiegel« 29/1994
5 BVerfGE 90, 345; »Frankfurter Rundschau« (FR), 13.7.1994; SZ, 13.7.1994; FAZ, 13.7.1994; »Stuttgarter Zeitung«, 13.7.1994
6 BVerfGE 90, 381 f
7 Helmut Kerscher, »Schneewittchen kann abtreten«, in: SZ, 19.11.1994
8 Wie zuvor
9 BVerfGE 92, 277 ff
10 BVerfGE 92, 307, 308
11 Rolf Lamprecht: »Verrat ist Verrat«, »Spiegel« 22/1995, S.37
12 Heribert Prantl: »Die heimliche Amnestie«, in: SZ, 24.5.1995
13 NJW 1994, 2943
14 FAZ, FR, »Die Welt«, 21.9.1994
15 FAZ, 21.9.1994
16 FAZ, 21.9.1994
17 Rolf Lamprecht: »Zur Demontage des Bundesverfassungsgerichts – Beweissicherung und Bestandsaufnahme«, Baden-Baden, 1996, S. 54
18 BVerfGE 92,1 ff
19 Rolf Lamprecht: »Zur Demontage des Bundesverfassungsgerichts – Beweissicherung und Bestandsaufnahme«, Baden-Baden, 1996, S.31 f
20 Neue Osnabrücker Zeitung, 17.3.1995
21 NJW 1995, 2477ff, BVerfGE 93,1 ff, »Spiegel« 33/1995, S.22 ff
22 »Spiegel« 33/1995, S. 19, 22, 23
23 »Bild«, 11.8.1995
24 SZ, 14./15.8.1995
25 FAZ, 17.8.1995
26 SZ, 13.9.1995
27 »Die Zeit«, 1.12.1995
28 »Spiegel« 34/1995
29 BVerfGE 93,121 ff
30 »Spiegel« 35/1995
31 Siehe Fn. 28
32 BVerfGE 95,96 ff
33 BVerfGE 91, 226 f
34 SZ, 13.11.1996
35 BVerfGE 95, 108
36 BVerfGE 95,131
37 Ebd., S.135
38 BVerfGE 88,296
39 BVerfGE 88,358
40 BVerfGE 96,409 ff
41 BVerfGE 96, 375 ff
42 Heribert Prantl: »Der Einstein des Staatsrechts«, in: SZ, 18./19.9.2010
43 »Freiheit ist ansteckend«, Interview mit Christian Rath, in: taz, 23.9.2009
44 Bernd Rüthers: »Entartetes Recht – Rechtslehren und Kronjuristen im Dritten

Reich«, München 1988, S. 184,107
45 Reinhard Mehring: »Carl Schmitt – Aufstieg und Fall«, München 2009, S.573
46 »Spiegel« 28/1997
47 BVerfGE 97,350 ff
48 SZ, 3.4.1998
49 BVerfGE 98, 218 ff (246)
50 »Handelsblatt«, 8.7.1998
51 »Tagesspiegel«, 11.7.1998
52 BVerfGE 99, 216 ff (232–234)
53 Heribert Prantl: »Schutzengel in roten Roben«, in: SZ, 20.1.1999
54 BVerfGE 103, 89 ff (101, 103)
55 BVerfGE 105, 73 ff
56 Helmut Kerscher: »Fordernde Zurückhaltung«, in: SZ, 7.3.2002
57 Uta Fölster, Christina Stresemann: »Recht so, Jutta Limbach – zum Abschied verfasst für die Präsidentin des Bundesverfassungsgerichts«, Baden-Baden, 2002

8. Kapitel: Hans-Jürgen Papier (2002–2010)

1 »Spiegel« 30/2002, S.52
2 Thomas Darnstädt, Dietmar Hipp: Gespräch mit Hans-Jürgen Papier, in: »Spiegel« 39/2003, S.31
3 SZ, 7.2.1998
4 Siehe Fn. 1
5 SZ, 31.7.2002; FR, 31.7.2002
6 BVerfGE 105,252 ff (265)
7 BVerfGE 105,279 ff
8 BVerfGE 105,313 ff
9 BVerfGE 105,321,322
10 »Die Welt«, 12. 7. 2001
11 BVerfGE 105, 357 f (359)
12 FAZ, 18.7.2002
13 SZ, 13.2.2003
14 BVerfGE 106, 310 ff
15 BVerfGE 106, 337 ff
16 BVerfGE 107, 339 ff
17 BVerfGE 107, 339 ff (343)
18 »Berliner Zeitung«, 19.3.2003
19 SZ, 24.1.2002
20 BVerfGE 107, 368, 369
21 BVerfGE 107, 388
22 BVerfGE 107, 388
23 Rolf Lamprecht: »Die Lebenslüge der Juristen«, München, 2.Aufl. 2008, S. 125 f
24 BVerfGE 108, 282 ff
25 Ebd., S.284
26 SZ, 4.6.2003
27 FAZ, 25.9.2003
28 »Die Welt«, 25.9.2003
29 BVerfGE 108,337
30 SZ, 4.10.2003
31 SZ, 11.10.2003
32 BVerfGE 109, 279 ff
33 »Der Tagesspiegel«, 7.7.2003
34 FR, 1.7.2003
35 SZ, 4.3.2004
36 BverfGE 109, 279 ff; 313, 314

37 Ebd., 323
38 Ebd., 391
39 BVerfGE 111, 54
40 BVerfGE 111, 62
41 BVerfGE 111, 82, 83
42 BVerfGE 111, 307 ff, 315
43 BVerfGE 111, 317
44 Ebd., 319
45 Reinhard Müller, in: FAZ, 23.10.2004
46 Christian Rath, in: »Kölner Stadtanzeiger«, 20.10.2004
47 SZ, 23.10.2004
48 »Spiegel«, 25.10.2004
49 FAZ, 9.12.2004
50 BVerfGE 112, 90
51 »Die Zeit«, 6.4.2005
52 SZ, 13.4.2005
53 FAZ, 14.4.2005
54 »Spiegel« 16/2005
55 »Berliner Zeitung«, 15.4.2005
56 BVerfGE 113, 283
57 BVerfGE 113, 273 ff
58 Ebd., 293
59 Ebd., 315
60 Ebd., 319; 327; 339
61 SZ, 19.7.2005
62 Bundestag, 185. Sitzung vom 1. Juli 2005. Plenarprotokoll 15/185, S. 17465 ff
63 Das Parlament, 22.–29.8.2005
64 BVerfGE 114, 141
65 BVerfGE 114, 121 ff
66 BVerfGE 115, 118 ff
67 Ebd., 155
68 SZ, 9.11.2005
69 Heribert Prantl: »Lasst alle Hoffnung fahren«, in: SZ, 10.11.2005
70 »Die Zeit«, 15. 12. 2005
71 Urteil des BVerfG vom 15.2.2006, AZ: 1 BvR 357/05
72 Helmut Kerscher, in: SZ, 16.2.2006
73 »Spiegel«, 14.1.2008
74 »Welt am Sonntag«, 20.1.2008
75 FAZ, 11.3.2009
76 taz, 17.3.2009
77 SZ, 24.5.2006
78 BVerfGE 115, 320 ff
79 SZ, 6.8.2007
80 BVerfGE 120, 274 ff
81 BVerfGE 120, 378 ff
82 Ursula Knapp, in: FR, 12.3.2008
83 Siehe Fn. 73
84 BVerfGE 125, 260 ff
85 BVerfGE 125, 175 ff
86 »Spiegel« 8/2010
87 BVerfGE 125, 246,247
88 Wolfgang Janisch, Helmut Kerscher: Interview mit Hans-Jürgen Papier, in: SZ, 6.3.2010

9. Kapitel: Andreas Voßkuhle (seit 2010)

1 Frank Bräutigam, Karl-Dieter Möller: »Andreas Voßkuhle – ›primus inter

pares‹«, NJW-aktuell, im Profil Heft 22/2010

2 Dietmar Hipp, Alfred Weinzierl: Gespräch mit Andreas Voßkuhle, in: »Spiegel« 11/2010

3 Antrittsrede vom 14.5.2010, offizielles Redemanuskript

4 Andreas Voßkuhle: »Wie betreibt man offen(e) Rechtswissenschaft?«, in: Wolfgang Hoffmann-Riem »Offene Rechtswissenschaft«, Tübingen 2010, S.153 ff (155)

5 Siehe Fn. 2

6 Ebd.

7 Christian Rath, Interview mit Andreas Voßkuhle, in: »Badische Zeitung«, 18.3.2010

8 Ursula Knapp, in: »Der Tagesspiegel«, 2.2.2008

9 »Spiegel«, 18.2.2008

10 Redemanuskript

11 Rede zum Festakt am 14.5.2010, S. 2

12 »Neue Westfälische«, 10.7.2010

13 Redemanuskript S. 2,3

14 Redemanuskript S.5

15 BVerfGE 109, 244 ff

16 BVerfGE 109, 203

17 SZ, 21.10.2003

18 »Spiegel«, 20.10.2003

19 Aktenzeichen 19359/04

20 SZ, 6.2.2004

21 »Welt online«, 11.8.2010

22 Urteil des Bundesverfassungsgerichts vom 4.5.2011, Az: 2 BvR 2365/09

23 Wolfgang Janisch, in: SZ, 9.2.2011

24 Andreas Voßkuhle im Gespräch mit Wolfgang Janisch und Heribert Prantl, in: SZ, 18.10.2010

25 Ebd.

26 BVerfGE 123, 267 ff

27 Ebd., S. 340

28 Ebd., S. 343

29 René Pfister: »Zwerge der Demokratie«, in: »Spiegel«, 10.8.2009

30 BVerfGE 123,350

31 Norbert Lammert: »Europa der Bürger – parlamentarische Perspektiven der Union nach dem Lissabon-Vertrag«, Festvortrag am 1.12.2009 in der Humboldt-Universität zu Berlin

32 SZ, 18.10.2010

33 BVerfGE 123, 267 (Leitsatz 3)

34 Siehe Fn. 23

35 Helmut Kerscher und Heribert Prantl im Gespräch mit Andreas Voßkuhle, in: SZ, 8.8.2009

36 Andreas Voßkuhle: »Der europäische Verfassungsgerichtsverbund«, in: »Neue Zeitschrift für Verwaltungsrecht«, 1/2010, 15.1.2010, S. 3

37 Siehe Fn. 2

38 Siehe Fn. 35, S. 7 und 8

Personenregister

Sachregister